普通高等学校财经类核心课程教材系列

微观经济学

WEIGUAN JINGJIXUE

邓春玲 主 编

韩 爽 副主编

东北财经大学出版社

Dongbei University of Finance & Economics Press

大连

ⓒ 邓春玲 2013

图书在版编目（CIP）数据

微观经济学／邓春玲主编 . —大连：东北财经大学出版社，
2013.8（2014.9 重印）

（普通高等学校财经类核心课程教材系列）
ISBN 978-7-5654-1205-9

Ⅰ . 微… Ⅱ . 邓… Ⅲ . 微观经济学–高等学校–教材
Ⅳ. F016

中国版本图书馆 CIP 数据核字（2013）第 125311 号

东北财经大学出版社出版
（大连市黑石礁尖山街 217 号 邮政编码 116025）
教学支持：（0411）84710309
营 销 部：（0411）84710711
总 编 室：（0411）84710523
网 址：http://www.dufep.cn
读者信箱：dufep @ dufe.edu.cn

大连永盛印业有限公司印刷 东北财经大学出版社发行

幅面尺寸：170mm×240mm 字数：472 千字 印张：23 插页：1
2013 年 8 月第 1 版 2014 年 9 月第 2 次印刷

责任编辑：朱 艳 王 斌 责任校对：贺 鑫
封面设计：张智波 版式设计：钟福建

ISBN 978-7-5654-1205-9
定价：36.00 元

前　言

经济学像物理学一样是一门科学，经济学家长期以来一直将物理学视为科学的典范，因为物理学完全用数学语言表达了它想要表达的观点，经济学家试图把经济学也变成像物理学那样的自然科学，但是，经济学不同于自然科学，它是社会科学，而且素有"社会科学的皇后"之称。经济学作为社会科学与自然科学的本质差别是，它具有鲜明的人文特征，它研究人类的行为，而且是在市场联系中研究人类行为。由于稀缺性、选择与资源配置是人类经济生活及其变化的重要特征，因此，经济学家会思考这样一些问题：市场是如何运行的？财富是如何被生产和被破坏的？人们的生活水平是如何被提高和被降低的？简言之，经济学关注的是财富、收入、选择、生活水平和经济增长等问题，这些是每一个人都非常关心的问题。在经济学发展的历史长河中，涌现出无数的经济学家，他们为回答上述问题构筑了宏伟的经济学大厦，这座大厦的基石就是"经济人"假设。

假设是经济学理论建立的前提。其中，最基本、最首要的一个初始假设就是关于人的行为假设，西方主流经济学关于人的行为基本假设就是"经济人"假设，这一假设认为人有两个基本特点：自利和理性。所谓自利，它包括两方面的基本含义：一是指人的经济行为只受个人利益的驱使；二是指个人的目的是追求个人效用最大化，即个人在经济活动中的目的，是以尽量少的花费换取尽量多的效用，或是以尽量少的投入换取尽量多的产出。所谓理性，它包括三方面的基本含义：一是人在行动时必须进行成本-收益分析，即个人在经济活动中，既关注收益，也关心成本，或是取得最大收益，或是把支付的成本降到最低。二是人具有完备的知识和稳定而有序的偏好体系，即个人在进行经济活动时具备关于所处环境的各方面知识，并且能对个人偏好进行理性排序。三是个人拥有最强的计算能力，即人们能计算出各种备选方案中哪个可以达到其偏好尺度上的最高点。所以，"经济人"被看做是具有自利动机和追求最大化的完全理性人。这样，"经济人"假设就成为西方主流经济学分析的逻辑起点和基石，如果这块基石被抽去了，那么整个西方经济学这座大厦就将如同多米诺骨牌一样倒塌。

"经济人"假设在古典经济学那里只是粗糙的原矿石，经新古典经济学之手得到加工和提炼后，当代大多数经济理论仍然继续将其作为构筑自己理论大厦的奠基石。与此同时，试图撬开"经济人"这块基石的努力却从未停歇过。面对反对者的种种攻击和指责，"经济人"看来似乎不行了，但他却死里逃生，奇迹般地活了下来，成为"长命百岁"的"经济人"。

　　在"经济人"假设基础上构筑的经济学理论体系,包括微观经济学与宏观经济学两个组成部分。本书主要介绍其中的一个组成部分——微观经济学。微观经济学是以单个经济单位(居民户、厂商)为考察对象,研究单个经济单位的经济行为,以及相应的单项数值如何决定。例如,它研究单个厂商作为生产者如何把有限的资源分配在各种商品的生产上以取得最大利润,单个居民户作为消费者如何把有限的收入分配在各种商品的消费上以取得最大效用;它还研究单个厂商的生产量、成本,使用的生产要素的数量和利润如何确定,生产要素所有者的收入如何决定,单位商品的效用、供给量、需求量、价格如何决定等等。可见,微观经济学是要解决生产什么、如何生产和为谁生产的问题。微观经济学主要包括以下内容:价格理论、消费者行为理论、生产者行为理论、厂商均衡理论、分配理论、一般均衡理论与福利经济学、市场失灵与微观经济政策等。其中,价格理论是微观经济学的中心。

　　本书在编写过程中,吸收了国内外教学和科研的最新研究成果,既力求充分体现科学性、先进性、全面性、系统性,又力求做到通俗易懂、生动活泼,并在内容和体系上有所创新。本书有两大鲜明特色:(1)每章都附有经济生活中的案例及对案例的评论——"画龙点睛"。(2)每章最后都介绍两位著名的经济学家及其贡献,包括诺贝尔经济学奖获得者。

　　本书由邓春玲担任主编,深圳大学韩爽担任副主编并负责部分撰写和统稿工作,辽宁省微生物科学研究院邓春海副研究员参与了部分绘图编写工作,东北财经大学西方经济学专业的研究生曹文娟、林莎和张慧(深圳大学)参与了部分编写校正工作。书中不足之处,恳请读者不吝赐教。

　　本书在编写过程中参考和借鉴了国内外有关学者的研究成果,在此一并表示衷心的感谢!本书的出版是在东北财经大学出版社朱艳编辑的大力支持和帮助下完成的,在此向她道一声:谢谢!

邓春玲

2013 年 5 月于东北财经大学师圣居

目　录

第 1 章

导　言

学习目标

通过本章的学习，了解经济学的研究对象、经济学的特征、经济学的演变，掌握稀缺性与选择、资源配置与资源利用等概念，熟悉经济学的研究方法及其分析工具。

1.1 什么是经济学

1.1.1 经济学名称的由来

在古代欧洲，一切学问都被冠以"哲学"，甚至科学也依附于哲学，"哲"意为聪慧，它是使人聪明的学问。经济学从哲学分化出来而真正成为一门独立的学科始于工业资本主义时代。而在早期，经济学从属于哲学、神学、政治学、法律学等。如古希腊思想家亚里士多德的《政治学》里涉及经济问题，中世纪经院哲学里包含经济内容，英国古典经济学家亚当·斯密于 1751 年在格拉斯哥大学主讲的道德哲学课程里包括神学、伦理学（内含心理学）、法学和政治学（内含政治经济学内容）。经济学在当时的大学里尚未成为一门独立的学科。1776 年亚当·斯密的《国富论》的问世标志着经济学作为一门独立的学科正式面世。但是，经济分析的种子在西方文明的发祥地古希腊早已播下。古希腊思想家色诺芬在其所著的《经济论》中最早使用了"经济"一词，其原意是"家庭管理"。在色诺芬时代，家庭是社会的经济单位，奴隶们分属于各个奴隶主家庭，家庭管理实际上就是研究如何搞好奴隶制田庄的组织和管理。所以，最初的经济学所要解决的问题就是有关家庭财产管理这门学问的。亚里士多德在他的《政治学》中继续按照色诺芬所赋予的含义使用经济学这个名词，从而在整个中世纪，经济学都不过是一门关于个别家庭、个别庄园如何致富的学问，至于有关商业、货币流通、国家财政等涉及整个国家的经济问题都被学者们放在政治学或伦理学中讨论。后来，法国重商主义者孟克列钦于 1615 年出版了《献给国王和王后的政治经济学》一书，第一次提出了"政治经济学"这个名词，"政治经济学"是在"经济学"前面加了"政治"两个字构成的。"政治"一词在希腊文中的意思是"社会的"或"国家的"，孟克列钦将书名定为《政治经济学》是想说明他书中所论述的已不是家庭管理问题，而是涉及整个国家的或社会的经济问题。自此以后，"政治经济学"这一名称在英法两国被普遍使用，并作为一门学科的名称被确定下来。直到 1890 年，马歇尔出版了《经济学原理》，使经济学由一门主要研究整个国家如何致富的学问，转变为主要研究个别消费者行为、个别生产者行为以及这两方面行为对价格的决定机制的学问。此后，"经济学"一词正式取代"政治经济学"而为广大西方经济学者所接受。

1.1.2 经济学研究对象

1）稀缺性与选择

西方经济学认为，稀缺性的存在与选择的必要引起了经济学的产生。这正如天文学产生于游牧民族确定季节的需要，几何学产生于农业中丈量土地的需要，经济学则产生于稀缺性和选择性的需要。

什么是稀缺性呢？西方经济学家把满足人类欲望的物品分为"自由取用物品"

和"经济物品"。如果物品价格为零又能满足人们的需要，则称为自由取用物品，如空气、阳光等。"自由取用物品"是无限的。经济物品是指有用且稀缺的物品，人们必须为使用经济物品付出一定的代价，因此，经济物品具有大于零的价格，经济物品也称为商品。"经济物品"是有限的，经济学从根本上说就是研究如何使用经济物品以满足人们欲望的需要。而且在人类生活中"经济物品"占有十分重要的地位。由于一方面用来满足人类欲望的"经济物品"是有限的，而另一方面人类的欲望却是无限的，所以，相对于人类无限欲望而言，"经济物品"总是不足的。或者说生产这些物品所需要的资源总是不足的，这就是稀缺性。这里所说的稀缺性，不是指物品或资源的绝对数量的多少，而是指相对于人类欲望的无限性来说，再多的物品和资源也是不足的。从这种意义上说，稀缺性是相对的。但从另一种意义上说，稀缺性又是绝对的，因为稀缺性存在于一切时代和一切社会，如从历史上来看，无论是落后的原始社会还是发达的资本主义社会都存在稀缺性；从现实中来看，无论是贫穷的不发达国家，还是富裕的发达国家都存在着稀缺性。由此看来，稀缺性是人类社会永恒的问题。所以它又是绝对的。

　　什么是选择性呢？选择是由稀缺性引起的，因为同一种物品或资源都有不同的用途，人类欲望也有轻重缓急之分，因此，在用有限的物品与资源去满足人类的不同欲望时就必须做出选择。

　　所谓选择就是如何利用现有资源去生产"经济物品"，来更好地满足人类的欲望。具体来说，选择就是要解决这样三个问题：第一，生产什么物品和各生产多少；第二，如何生产这些物品；第三，为谁而生产这些物品。这三个问题即"生产什么"、"如何生产"、"为谁生产"被认为是人类社会共有的基本经济问题。也就是说由于资源的稀缺性，任何一个社会都毫无例外地面临着这三个基本的选择问题。经济学正是为了解决这些问题而产生的。这三个问题被称为资源配置问题。西方经济学常以大炮和黄油为例来说明选择问题，大炮—黄油一例是以稀缺性为背景的，这一比喻最早出现于纳粹德国。20世纪30年代末，希特勒政府已将德国的大量工业生产转向了军备生产。这导致了包括黄油在内的一些日常生活必需品的短缺。赫尔曼·戈林为了安抚公众的抱怨，曾发表了一个著名的演讲，在演讲中他宣称："我们必须在大炮与黄油之间做出选择。"后来，西方经济学就以大炮和黄油为例来说明选择问题，具体来说：

　　第一，生产什么物品和生产多少物品。也就是说，是生产大炮还是生产黄油？或者生产多少大炮？生产多少黄油？即在大炮和黄油的生产上做出选择。

　　第二，如何生产这些物品。即用什么方法来生产大炮和黄油。是多用资本、少用劳动，采用资本密集型生产方法？还是多用劳动、少用资本，采用劳动密集型生产方法？不同的方法可以达到相同的产量，但效率不同。

　　第三，为谁生产这些物品，即生产出来的产品如何分配，这就是说大炮和黄油按什么原则分配给社会各阶级以及各成员？

2) 经济学的定义

经济学定义是个有较大争议的问题，经济学家从不同角度给经济学下了定义。英国经济学家 L·罗宾斯给经济学所下的定义是：经济学是一门科学，它把人类行为作为目的与可以有其他用途的稀缺资源之间的关系来研究。这个定义强调了稀缺性及选择问题，被西方经济学界广泛接受。其他的定义都是在此基础上发展而来的。

美国出版的《国际社会科学百科全书》中对经济学下的定义是：按广泛接受的定义，经济学是研究稀缺资源在无限而又有竞争性的用途中间配置的问题，它是一门研究人与社会寻求满足他们的物质需求与欲望的方法的社会科学，这是因为他们所支配的东西不允许他们去满足一切愿望。

美国著名经济学家萨缪尔森给经济学下的定义是：经济学研究人和社会如何作出最终抉择，在使用或不使用货币的情况下，来使用可以有其他用途的稀缺的生产性资源来在现在或将来生产各种商品，并把商品分配给社会的各个成员或集团以供消费之用。它分析改善资源配置所需的代价和可能得到的利益。

以上定义都强调了经济学是在资源得到充分利用的假设下来研究资源配置问题。但在现实生活中却存在着严重的资源利用不足。所以，有些西方经济学家试图将这一定义进一步扩大。不仅包括资源配置还包括资源利用，于是，又引申出资源利用这样三个问题：

第一，为什么资源得不到充分利用？即充分就业问题。也就是说，为什么大炮和黄油的产量达不到最大？与此相关的问题是：如何能使稀缺的资源得到充分利用，如何使大炮和黄油的产量达到最大。这就是西方经济学所说的"充分就业"问题。

第二，为什么产量不能始终保持最大？即经济波动与经济增长问题。也就是说，为什么大炮与黄油的产量不能始终保持最大？尽管资源并没有变，但产量却有时高，有时低。与此相关的问题是：如何使大炮和黄油的产量不断地增长。这就是西方经济学所说的"经济波动与经济增长"问题。

第三，解决以上问题必然涉及货币购买力的变动问题，即通货膨胀问题。因为现代社会是一个以货币为交换媒介的商品社会，货币购买力的变动对以上各种问题的解决影响很大。这样，解决以上各种问题就必然涉及货币购买力的变动问题。这就是西方经济学所说的"通货膨胀"问题。

以上这三个问题被称为："资源利用"问题。这样一来，西方经济学研究的范围就扩大了，不仅包括资源配置，而且包括资源利用问题。

美国经济学家里普赛和斯泰纳在他们所编的《经济学》中就认为经济学应该研究的问题是：包括资源配置和资源利用问题。它们是：第一，生产什么产品与劳务和生产多少？第二，用什么方法生产这些产品与劳务？第三，产品的供给如何在社会成员中进行分配？以上三个问题属于微观经济学研究范围。第四，一国资源是充分利用了还是有一些被闲置，从而造成了浪费？第五，货币和储蓄的购买力是不变的呢？还是由于通货膨胀而下降了呢？第六，一个社会生产物品的能力是一直在增长呢？还是仍然没变呢？前三个问题属于微观经济学研究的范围，后三个问题属于宏观经济学研究的范围。可见，在当代西方经济学中，按研究对象来划分可以分为微观经济学与宏观经济学两个部分。微观经济学主要是研究资源配置问题，宏观经济学主要是研究资源利用问题。

综上所述，西方经济学的研究对象是：研究资本主义制度下如何解决资源配置与资源利用问题。

1.1.3　经济学的特征

经济学的特征之一：强调假设的重要性。

假设是理论分析的必要模式，是一种抽象。它可以使我们排除次要因素，分析主要因素。例如，"经济人"假设就是西方经济学最基础的假设，它是在对经济过程中的人的动机和行为进行描述的基础上，通过分析与提炼抽象出来的。"经济人"具有两个基本特征——自利和理性。正是有了"经济人"假设的抽象，西方经济学建立了比较完整和成熟的理论体系。但是，现实人并非全都自利、并非全都理性。针对"经济人"假设的非现实性，"经济人"假设常常遭到责难。有人试图以此推翻和否定西方经济学理论体系。但这种尝试至今未能成功。其原因何在？为什么"经济人"在遭到如此漫长严酷的批判和考验之后，仍能"死里逃生"，成为"长命百岁"的"经济人"？我们知道，假设是所有科学建立理论的必要前提，假设即使不符合实际，也不能说明由此推出的结论就站不住脚。判断理论是否有效的标准并不是看假设是否与现实完全相符，而是看理论解释和预测实际现象的能力。因此，只要能在假设与现实之间建立起合乎逻辑的联系，那么，假设及由此推出的结论就算是有效的了。因此，要求假设必须百分之百的符合现实，要求理论能够解释和预测所有实际现象，等于是扼杀科学研究本身，那就不会有任何理论可言。马克思曾说，如果理论与现实完全一致，那么理论就是多余的。所以，建立理论必须以假设抽象为前提。如果不进行抽象，把所有因素同时考虑和分析，那么理论分析势必寸步难行。这就像是在研究一张比例与原图一样的地图，根本不可能，也没有必要。因此，如果把"经济人"看成是一种建立理论的必要前提，是一种抽象，那么，"经济人"不可能百分之百符合现实人，也没有必要百分之百符合现实人，否则就不能称其为抽象。所以，问题的关键不在于抽象，而在于是否科学的抽象。

经济学强调假设的重要性这一特征尤为突出，以至于广为流传这样一个经济学故事。从前有三个不幸的人，分别是物理学家、化学家、经济学家共乘一条船。船遭遇风浪而失事，他们被抛到一个荒岛上，岛上找不到任何食物。有一听罐头被海水冲到岸上，但没有工具，如何打开这听罐头便成了问题。物理学家用石头和树枝做了一个杠杆系统，对罐头施加压力，没能打开罐头；化学家用燃烧树皮和树叶的办法，把罐头放在水中煮沸，但还是没能把罐头打开。这时物理学家和化学家气急败坏地转向一直非常傲慢地站在一旁的经济学家问："你说怎么办？"经济学家慢条斯理地说："假设我有一把开罐头刀……"这个故事虽然是一则笑话，但说明了经济学分析问题和解决问题都是从假设开始的。事实上，物理学和化学研究也需要做简单化的假设，因为假设是所有科学的共同特征。例如，在几何学里"点"被假设成没有大小，"线"被假设成没有粗细，"面"被假设成没有厚薄；在力学里，物体的运动被假设成没有摩擦，这些假设也是不符合实际的。但为什么经济学家的假设总是被人拿出来当做笑柄，以此来讽喻经济学家呢？其缘由大概是由于经济学家把简单化的假设运用到人类行为的分析中，而人类行为与无生命的物质相比更为我们所熟知。因此，我们对经济学家的简单化假设就更敏感。

经济学的特征之二：强调预测的重要性。

著名经济学家、1976年诺贝尔经济学奖获得者弗里德曼认为，理论就是预测的工具，能正确预测未来的理论就是好理论，预测功能好的理论，同样也是解释功能好的理论。在某种程度上，预测就是解释，当一个理论预测正确时，它的假设也必定是正确的，否则就不能推导出正确的预测。因此，正确的理论就是能够进行预测的理论。弗里德曼预测至上的观点也遭到一些经济学家的反对，引起一场反对风暴。著名经济学家、1970年诺贝尔经济学奖获得者萨缪尔森极力主张解释优先于预测。但是，有的经济学家认为，实际上解释与预测之间不可兼得，理论要么解释经济体或某种市场为什么按照一定的方式发展变化，要么是预测变量的未来值，不可能两方面都做得很好。达尔文的进化论就是一个很好的例子，该理论根据物种灭绝的事实，对生物进化问题做了很好的解释，但他不能很好地预测下一个物种的出现。

对于经济学的这一特征也流传这样一个故事：一位经济学家搭乘一架四个引擎的飞机，由美国的纽约飞往英国的伦敦，途中不明飞行物体撞击了飞机，发出一声闷响，飞机下坠。此时，飞行员告诉乘客们有一只引擎坏了，乘客们到达伦敦的时间将延迟半小时。过了一会，同样的事情发生了，飞行员又一次告诉乘客第二只引擎坏了，飞机到达时间将延迟一个半小时。后来，不可思议的事情再一次发生，第三只引擎也坏了，现在飞机到达的时间将延迟五个小时。这时，经济学家转过身来，对后排的乘客说："按照这样的比率，如果最后一只引擎坏了，我们会整夜待在这里！"这则笑话说明基于过去的经验对未来进行预期是经济学的核心特征，但我们如何基于过去来推测未来，则成为极具挑战性的问题。现实生活中是否存在着类似这则笑话说的把旅行时间和引擎失灵的数目简单关联，得出错误的结论和预期，而没有注意到引擎失灵带来的可怕的、不可逆转的后果——机毁人亡！

经济学的特征之三：强调约束条件的重要性。

英国经济学家马克·布劳格认为，经济学的任何一项知识命题都是趋势定律。所谓趋势定律就是当其他条件不变得到满足才成立的定律或假说。所以，他把经济学的陈述比喻成一张期票，只有在其他条件不变得到考虑时才能兑现的期票。这表明经济学是强调约束条件的。张五常在他的老师赫舒拉发的书《价格理论及其应用》中的序言中写道：赫舒拉发的经济学问的重点是他永远从局限条件的指定起笔,去处理任何问题。他说,《价格理论及其应用》来来去去讲的都是局限条件的变化对选择行为的影响。经济学强调不同约束条件下会得出不同结论的这一特征由此可见一斑。再如,微观经济学的供求定理也是在其他条件不变得到满足时才成立的,如此等等,不胜枚举。

对于经济学的这一特征也有这样一则笑话:一家公司在某报纸的分类广告栏中登出一则招聘经济学家的广告,广告中写道:申请人应是"一只手(one-handed)"。有一位长着两只手、困惑不解的经济学家打电话到该公司询问何故,得到的答复是:"我们对所雇佣的经济学家感到厌倦了,因为他们回答问题时总是说,一只手……另一只手……(on the one hand……and on the other……)。"这则笑话说明经济学家回答问题总是"一方面……另一方面……",因为经济学家做出不同的假设,会有不同的结果,所以经济学家的回答总是模棱两可。对于经济学家来说,面对实际问题往往难以给出确定的答案,因为经济理论是在其他条件不变的情况下做出的,而经济学家又无法"基于其他条件不变"去回答实际问题,因为我们无法保证其他因素完全不变。所以,经济学家的答案往往很多,不是唯一的。如果你向十位经济学家提出同一个问题,你将得到至少十一种看法。这说明任何一位经济学家都会提出至少两种看法,而且说明经济学家之间的意见很难达成一致。以至于有这样一种说法,只有经济学这门学科才会出现两个观点相反的人分享诺贝尔经济学奖这种情况。

1.1.4 经济学的演变

经济学的演变从整个经济学发展历史来看,它从萌芽到现在已有几百年的历史了,它大体经历了以下几个时期。

第一个时期:前古典经济学时期。这一时期包括古代、中世纪的经济思想和重商主义。这一时期是经济学知识的原始积累时期,重商主义是这一时期的最后形态,重商主义时期(15—17世纪中叶)是西方经济学的萌芽阶段。就像资本主义原始积累构成资本主义生产方式的前史一样,重商主义构成了西方经济学的前史。

第二个时期:古典经济学时期。从17世纪中叶到19世纪70年代前为止,是西方经济学的创立和发展阶段。这一时期的代表人物有配第、斯密、李嘉图、布阿吉尔贝尔、魁奈、杜尔哥、西斯蒙第、马尔萨斯、萨伊、约翰·穆勒等。按照经济理论的发展逻辑:危机—革命—综合—新的危机—新的革命—新的综合……于是,这一时期斯密实现了西方经济学中的第一次革命——斯密革命,建立了古典经济学理论体系,其标志是斯密于1776年出版了《国富论》,把矛头直接指向重商主义的经济思想和政策,批判了重商主义的国家干预经济、参与经济活动的主张,提出了自由放任的经济思想,抨击了重商主义的只有对外贸易才是财富来源的观点,明确提出了劳动价值论,指出利润来源于剩余劳动。在这一时期,发生了经济学说史上的第一次折中——约翰·穆勒综合。约翰·穆勒在1848年出版的第一本具有里程碑意义的经济学教科书《政治经济学原理》中把斯密的生产费用说、詹姆斯·

穆勒等人的工资基金说、西尼尔的节欲论、李嘉图的地租论等进行了一个混合折中，由于他的经济理论全面系统地吸收和综合了前人成果，因此曾长期被看做是李嘉图之后古典经济学的最大权威。

第三个时期：新古典经济学时期，从19世纪70年代到20世纪30年代，是微观经济学的形成与建立时期，以"边际革命"为标志。19世纪70年代，奥国经济学家门格尔、英国经济学家杰文斯、法国经济学家瓦尔拉斯三个居住在不同地方的人几乎同时提出了边际效用价值论，开始了边际革命。这一理论反对劳动价值论，认为商品的价值不是取决于商品中所包含的客观的劳动量，而是取决于人们对商品效用的主观评价，这是一种与古典经济学对立的主观价值论。用主观心理评价决定商品价格，这是在世界观上对古典经济学劳动价值论的革命。在边际效用论中还产生了一种新的分析方法，即边际分析方法。从数学上讲，边际量是总量函数的一阶导数，这与当时数学中微积分理论的发展成熟密切相关，这种用数学分析进行研究的方法，是一种方法论上的革命，使经济学进入了一个新的时期。由边际革命直接导引出了以马歇尔经济学为主要代表的新古典经济学的形成和发展。在这一时期，经济学说史上发生了第二次折中——马歇尔综合。马歇尔在1890年出版的第二本具有里程碑意义的经济学教科书《经济学原理》中提出了具有首创意义的均衡价格论，使他成为经济学上的第一个真正的集大成者。马歇尔发现，在边际主义学派同他们攻击的对象即古典学派之间（革命与反革命之间）竟然还有许多共同点：如在价值方面，尽管价值源泉问题各执一端，但在价格论上却都遵循着供求论的框架，而如果将价值论和供求论统一起来，则在价值源泉问题上两种对立的观点在供求论的框架内便可各得其所。在分配论方面，尽管双方观点各异，但是都认为分配论不过是价值论的延伸和具体运用，既然在价值论上有共同点，那么也就不难发现分配论上的共同点。特别是边际主义学说从根本上来说也是一种为自由竞争资本主义制度进行论证的学说，它以财产私有和自由竞争为前提，既以其边际效用论证了市场机制之功能，又以其边际生产力分配说明了自由竞争条件下的分配制度的公平合理性，这实际上为古典学派的自由放任经济学说作了进一步的补充和强化，而且边际主义者在政策主张上也总是鼓吹自由放任主义。于是，马歇尔就把两者进行折中，他把主观的、心理的边际效用价值论归结为决定需求、消费、买方的力量，把客观存在的劳动价值论归结为决定供给、生产、卖方的力量，当两种力量相等时，就处于相对静止、不再变动的均衡状态，形成均衡价格。这样一来，均衡价格论就把原来古典经济学和边际主义完全对立的世界观、价值论折中为一体。在方法论上，马歇尔在坚持古典经济学家李嘉图的演绎推理的同时，又广泛运用了边际革命者的边际分析法，因此，马歇尔的折中是世界观的折中、价值论的折中和研究方法的折中，这种三重意义上的折中，使革命者边际主义和被革命者古典经济学这两个革命和反革命从对立、互相排斥变成了互补，于是西方经济学通过边际主义革命，直到马歇尔，最后形成了新古典经济学。之所以被称为"新古典经济学"，只是在古典经济学前加了个"新"字，一方面说明它仍然保留了古典经济学的传统，因为从 19 世纪 70 年代边际革命开始到 20 世纪 30 年代结束，新古典经济学同样把古典经济学的自由放任作为最高准则；但另一方面，它已不像古典经济学那样只重视对生产的研究，而是转向了消费、需求，他们把资源配置作为经济研究的中心，论述了价格如何使社会资源达到最优，并且以新的方法，从新的角度来论述自由放任的思想。所以，从这种意义上说，新古典经济学既是古典经济学的延续，但又有所不同，它是成为近代西方经济学中继古典学派之后的新的主流学派。

第四个时期：现代经济学时期，这一时期经历了两个阶段。

第一阶段是凯恩斯主义时代，即 20 世纪 30—60 年代末，是宏观经济学的建立与发展时期，以凯恩斯革命为标志。在 30 年代之前，在西方经济学中居正统地位的一直是新古典经济学，他们坚信资本主义经济可以通过市场上自由竞争的自动调节达到充分就业的均衡境地，因此，不可能发生普遍性生产过剩的经济危机。但是，面对 20 世纪 30 年代资本主义世界经济大危机和大萧条，新古典经济学家们在理论上和政治上都无法给予解释和解决，新古典经济学面临危机，于是爆发了凯恩斯革命，其标志就是他在 1936 年出版的《就业、利息和货币通论》。他在理论、方法和政策三个方面都提出了不同于传统的观点和主张。在理论上，凯恩斯反对萨伊定律，萨伊认为供给本身创造自己的需求，需求是供给的函数，凯恩斯从理论上推翻了这种观点，他认为供给是需求的函数，从而抛弃了"储蓄会自动地转化为投资"的传统观点，由于三大心理规律，即边际消费倾向规律、资本边际效率和流动偏好规律的作用，导致有效需求不足，从而必然产生大规模失业、生产过剩的经济危机。在方法论上，凯恩斯回到了重商主义研究的宏观经济问题，开创了宏观经济分析方法，即总量分析。他关心经济中的总量，如总产量或收入总量，总消费、总投资、总就业量，特别是关心总支出如投资支出、消费支出、政府购买支出等所产生的收入效应。他认为只有需求增加了，特别是投资需求增加了，才能刺激生产。在政策上，凯恩斯反对新古典经济学的"自由放任"，提出了国家干预经济生活的政策主张。凯恩斯反危机政策有三个特点：国家调节和干预经济生活是其前提；财政政策是其重心；举债支出是其手段。面对凯恩斯对新古典经济学的革命，萨缪尔森于 1948 年出版了第三本具有里程碑意义的教科书《经济学》，开始了经济学上的第三次折中——萨缪尔森综合。在萨缪尔森看来，以凯恩斯理论体系为代表的现代经济学不过是恢复传统经济学充分就业假定前提的手段。因为传统经济学是以充分就业为其假定前提，而凯恩斯的理论是研究如何实现充分就业，一旦实现充分就业，两者的相对地位就要转化，凯恩斯的理论就要逐渐失去其重要性，反而会被传统理论取而代之。这样，凯恩斯的理论不仅不是攻击新古典经济学理论，使其濒于毁灭的对手，反而是把它从死亡线上拯救过来的恩人。因为实现充分就业后，恢复了传统的假定前提，其理论又可大行其道。萨缪尔森还阐明了新古典经济学理论和其革命者凯恩斯理论的逻辑关系，这就是：它们是适用于两种不同条件下的理论，因此，两者可以并存，整个凯恩斯的理论和新古典的理论可以结合在一起。他首创了"新古典综合（neo-classical synthesis）"一词来概括这种理论体系上的结合，于是，凯恩斯经济学和新古典经济学一起构成了现代宏观经济学和微观经济学的两个理论体系的基础。新古典综合派出现后，一直处于第二次世界大战后西方经济学新的正统地位。

第二阶段是 20 世纪 70 年代初至今，是学派林立的时代。20 世纪 70 年代出现的滞胀意味着高失业率和高通胀率并存而并非替代关系，这就从根本上动摇了菲利普斯曲线，从而动摇了新古典综合的宏观经济学体系，因为新古典综合派的宏观经济学体系主要是由 IS 曲线、LM 曲线和菲利普斯曲线构成的，因此，滞胀的现实从经验上批判了占统治地位的凯恩斯主义，动摇了新古典综合派的正统地位。这时反凯恩斯主义的学派得到了发展的机会，于是，经济自由主义和政府干预主义两大思潮的争辩达到了白热化的程度。两大思潮内部又涌现出许多学派，如主张经济自由主义的学派有货币学派、供给学派、理性预期学派（新古典宏观经济学）等。在主张政府干预的学派中，除了原凯恩斯主义外，还有新凯恩斯主义经济学。在各种反凯恩斯主义学派中，真正动摇凯恩斯主义宏观经济学大厦根基的是新古典宏观经济学，这一学派因使用了理性预期这一概念而被称为理性预期学派，其创始人是卢卡斯。就像 20 世纪 30 年代大萧条推动了凯恩斯主义的发展一样，70 年代的滞胀也有助于促进新古典宏观经济学的形成。总之，20 世纪 70 年代的滞胀动摇了新古典综合学派的正统地位，使其面临危机，于是爆发了理性预期革命。面对理性预期革命的冲击，按照经济学发展的规律，西方经济学将面临着第四次综合，下一次综合是谁，不得而知，但可以肯定的是，经济学将随着新的综合的到来进入一个新历史时期。贝尔和克里斯多尔在《经济理论的危机》论文集的前言中，探讨了新的理论体系综合的各种可能性，他们说"假如我们看到一种知识结构在分化瓦解，发现它的碎片形成了相互对抗的学派，那么最终会带来的东西——如果我们钻研一下任何科学的历史——将是一种综合了更多内容的新的结构。虽然要讲出它会是什么样子还为时过早，我们猜想它将会在不同程度上，把这里提出的各种论点包含的因素结合在一起"。

1.2　微观经济学与宏观经济学

1.2.1　微观经济学

1）微观经济学的含义

"微观"的英文为"micro"，它来源于希腊文"μικρο"，原意是"小"。微观经济学是以单个经济单位（居民户、厂商）为考察对象，研究单个经济单位的经济行为，以及相应的单项数值如何决定。

例如，它研究单个厂商作为生产者如何把有限的资源分配在各种商品的生产上以取得最大利润；单个居民户作为消费者如何把有限的收入分配在各种商品的消费上以取得最大效用；它还研究单个厂商的生产量、成本，使用的生产要素的数量和利润如何确定；生产要素所有者的收入如何决定；单位商品的效用、供给量、需求量、价格如何决定等等。

可见，微观经济学是要解决生产什么、如何生产和为谁生产的问题。

2）微观经济学的主要内容

微观经济学主要包括以下内容：价格理论、消费者行为理论、生产者行为理论、厂商均衡理论、分配理论、一般均衡理论与福利经济学、市场失灵与微观经济政策等。其中价格理论是微观经济学的中心。

3）微观经济学的形成

从经济学演变的历程来看，微观经济学的形成可以追溯到 17 世纪中期。从那时直到 19 世纪中期，经济学家在研究国民财富增长的同时，也研究了商品的价值决定、收入分配等问题，提出了各种价值理论，探讨了价格机制的作用，这些都是现代微观经济学的萌芽。19 世纪 70 年代奥地利学派的门格尔（同时有英国的杰文斯和法国的瓦尔拉）提出了"边际效用价值论"，并经他的继承者维塞尔，特别是庞巴维克，发展成为一个完整的理论体系。西方经济学中边际效用理论的提出为微观经济学奠定了理论基础。19 世纪末 20 世纪初英国经济学家马歇尔集各家经济学之大成，创立了均衡价格理论，从而确立了微观经济学的基本内容。20 世纪 30 年代以后，英国经济学家琼·罗宾逊、美国经济学家张伯伦在均衡价格理论的基础上提出了厂商均衡理论，这样，使微观经济学最终形成。

1.2.2 宏观经济学

1）宏观经济学的含义

"宏观"的英文为"marco"，它来源于希腊文"μακρο"。原意是"大"。宏观经济学是以整个国民经济活动为考察对象，研究经济中各有关总量的决定及其变化。

例如，宏观经济学研究国民收入与总就业量如何决定；全社会消费、储蓄投资数量和占国民收入的比率如何决定；货币流通量和流通速度、价格水平、利息率如何决定；它还研究经济中为什么会有波动；如何实现稳定的经济增长等等。

2）宏观经济学的主要内容

宏观经济学主要包括以下内容：国民收入决定理论、经济周期理论、经济增长理论、货币与通货膨胀理论、宏观财政与货币政策等。其中国民收入决定理论是宏观经济学的中心。

3）宏观经济学的形成

从经济学演变的历程来看，在 17 世纪中期以后，西方经济学家所研究的国民财富增长、社会总资本的再生与流通等问题都涉及经济的总量问题。19 世纪末 20 世纪初资本主义社会经济危机严重，促使经济学家从整个国民经济的角度来研究经济波动、物价水平等问题。特别是在 30 年代的经济危机之后，资本主义国家政府需要把本国国民经济作为一个整体来制定经济政策，这样才能避免政策执行中各经济部门之间可能会产生的矛盾。但制定这样的经济政策必须以能够反映国民经济全貌的统计资料作为依据，这就要求国民收入的统计工作深入到国民经济各领域和各部门中去。因此，国民收入核算理论体系就由此而建立。它成为宏观经济学的重要前提。1936 年凯恩斯的《就业、利息和货币通论》一书的出版，标志着宏观经济理论的建立。以后宏观经济学不断发展，成为西方经济学中的一个重要组成部分。

综上所述，无论微观经济学，还是宏观经济学都是在假定制度不变的前提下来讨论问题，都是在资本主义制度下对经济问题进行定量分析，显而易见，都是为资本主义制度服务的。这一点从微观经济学和宏观经济学的形成与确立的历史过程来看也是十分清楚，微观经济学与宏观经济学的形成与确立是与资本主义社会的发展相适应的。微观经济学的基本内容是在自由竞争资本主义时期形成的，它之所以把资源的充分利用作为既定的前提，从而重点研究资源配置问题，是因为它确信市场经济和完善的资本主义可以依靠自身的调节来实现稳定的增长，所以，经济学的任务就是要为经济活动主体更好地配置资源，以谋取最大的利润而服务。20 世纪以后，资本主义由自由竞争发展到垄断，于是出现了厂商理论，以修补原来以自由竞争为前提的微观经济理论，使微观经济学进一步为垄断资本主义服务。但是，30年代的资本主义经济大危机宣告了微观经济学关于资本主义可以靠自由竞争实现充分就业的理论的破产。为了医治经济危机的创伤，要求国家全面干预经济生活，资本主义由垄断资本主义发展到国家垄断资本主义，于是产生了为国家垄断资本主义服务的宏观经济学。作为一个理论体系，西方经济学虽然不能成为我们制定社会经济发展战略和政策方针的指导思想，但这并不意味着西方经济学中没有任何可供我们参考、借鉴的有益成分。无论从理论上还是从实践上看，西方经济学都具有广泛的用途。

1.3　经济学的研究方法

为了说明西方经济学的研究方法，必须区分实证经济学与规范经济学。亚当·斯密的好友休谟在 1739 年出版的《人性论》中提出了一个著名的论断：人们不能从"是"中推断出"应该是"。这一论断后来被称为"休谟的铡刀"。这一论断表明"是"属于事实判断领域，"应该是"属于价值判断领域。例如，我们不能从"小 A 偷东西"这一事实判断来说明"小 A 偷东西是可耻的"这一价值判断。"休谟的铡刀"在事实判断领域和价值判断领域之间做了"一刀切"的严格的逻辑区分，它成为人们公认的区分实证与规范经济学的基本标准。后来，约翰·N. 凯恩斯（他是更有名望的约翰·M. 凯恩斯的父亲）在 1891 年的论著中，再次告诫人们，要把实证经济学和规范经济学区分开来，不要混淆这两种经济学的不同方法。

1.3.1　实证经济学与规范经济学

1）实证经济学的含义和特点

（1）实证经济学的含义

实证经济学是超脱或排斥一切价值判断，只考虑建立经济事物之间关系的规律，并在这些规律的作用之下，分析和预测人们经济行为的效果。

所谓价值判断，就是要判断某一经济事物是好还是坏，即对社会有无价值。可见，西方经济学中所说的价值判断的"价值"不是商品价值那种意义上的价值，而是指经济事物的社会价值，即某一事物是好还是坏的问题，所谓好坏就是对社会是有积极意义，还是有消极意义。价值判断属于社会学范畴，具有强烈的主观性与阶级性，实证经济学认为为了使经济学具有客观科学性，就要避开价值判断问题。

（2）实证经济学的特点

第一，它要回答的是"是什么"的问题。即它要确认事物本身，描述有关经济现象的特征，研究经济本身的规律与内在逻辑，分析经济变量之间的关系，并用于进行解释与预测。

第二，它所研究的内容具有客观性，它的结论是否正确可以通过经验事实来进行检验。所谓客观性是指它所研究的内容以及所得出的结论是不以人们的意志为转移的。

2）规范经济学的含义和特点

（1）规范经济学的含义

规范经济学是以一定的价值判断为基础，提出某些标准作为分析处理经济问题的标准，树立经济理论的前提作为制定经济政策的依据，并研究如何才能符合这些标准。

从含义中可见规范经济学是从一定的价值判断出发来研究问题。因此，是否以一定的价值判断为依据，是实证经济学与规范经济学的重要区别之一。

（2）规范经济学的特点

第一，它要回答的是"应该是什么"的问题，即要说明事物本身是好还是坏，是否符合某种价值判断，或者它对社会有什么意义。

第二，它所研究的内容没有客观性，所得出的结论无法通过经验事实进行检验。因为规范经济学是从一定的价值判断出发来研究问题，所以它所得出的结论就要受到不同价值观的影响。不同阶级地位的人，具有不同价值判断标准的人，对同一事物的好坏会作出绝对相反的评价，谁是谁非没有什么绝对标准，从而也就无法进行检验，从以上两点来看规范经济学要研究经济现象的是与非、善与恶。

实证经济学与规范经济学的区别可通过下面这个例子得到具体的说明。例如，对经济增长问题进行研究，如果从实证经济学的角度来研究，则要说明经济增长的标准是什么（即确认经济事物本身），影响经济增长的因素是什么（即分析经济变量之间的关系）等问题，在研究这些问题中所得出的结论是否正确可以通过事实来检验。假定我们在分析决定某一产量增长的因素时发现，如果资本量增加1%，劳动量增加1%，则该产量就可增加1%，然后，我们可以在实际中检验一下这种发现是否正确，即按这一发现在实际中增加资本量和劳动量各1%，如果产量果然也增加了1%，那就证明这一发现是正确的。

如果从规范经济学的角度来研究，就要说明对一个社会来说，经济增长究竟是好事还是坏事，各人从不同的立场观点，不同的伦理与不同的道德观念出发对这一问题会有不同的看法。如上例某产量增长问题，有人从增长会给社会经济带来福利的增长的角度出发，认为某产量的增长是一件好事；有人则从增长会给社会带来环境污染的角度出发，认为某产量的增长是一件坏事。上述两种观点，谁是谁非很难讲清楚，无法通过事实来检验。再如，报纸头版刊登的关于通货膨胀的情况和原因的文章可以称为实证经济学。相反，同一份报纸上的关于应该如何控制通货膨胀的社论则属于规范经济学的范例。

以上介绍了实证经济学和规范经济学的含义、特点，从中可以看出它们之间的差别，但它们也并不是绝对互相排斥的。规范经济学要以实证经济学为基础，而实证经济学也离不开规范经济学的指导，如上例在研究某一产量的增长时是用实证的分析方法，但从经济上决定该产量的增长率时，首先要从规范的角度说明这种增长究竟有什么社会意义。所以，实证经济学是基础，但又离不开规范经济学的指导。一般说来，越是具体的问题，实证的成分越多，而越是高层次带有决策性的问题，越具有规范性。

以上我们介绍了四个概念：实证经济学与规范经济学，微观经济学与宏观经济学，我们要把这四个概念区分开。实证经济学与规范经济学所强调的是用不同的方法来研究经济问题。用实证的方法研究则是实证经济学，用规范的方法研究则是规范经济学。而实证与规范的区别就是：是否以价值判断为基础。可见，实证经济学与规范经济学的划分是强调研究方法不同，这种划分与微观经济学和宏观经济学的划分不同。微观经济学与宏观经济学的划分是强调研究对象不同，研究资源配置问题的是微观经济学，研究资源利用问题的是宏观经济学。微观经济学与宏观经济学基本上都是用实证方法来进行研究，因此，基本上都属于实证经济学。但也含有规范经济学的成分。其中微观经济学中所涉及的社会福利就带有规范分析的内容，一般都把它独立出来，形成经济学中的另一个分支——福利经济学。

在西方经济学的发展中，早期强调从规范的角度来分析经济问题，19世纪中期以后，则逐渐强调实证的方法。许多西方经济学家认为，要使经济学能成为真正的科学就必须抛开价值判断问题，使经济学实证化；有些西方经济学家强调规范经济学问题，但在西方经济学中主要内容仍然是实证经济学。西方经济学家认为只有经济学实证化，才能使经济学成为像物理学、化学一样的真正科学。但是，也有许多经济学家认识到经济学并不能完全等同于物理学、化学这些自然科学，它也无法完全摆脱规范问题，即无法回避价值判断，因此，应该在经济学中把实证方法和规范方法结合起来。

1.3.2 实证分析的方法

实证分析的方法就是实证经济学的研究方法，它是当代西方经济学中最主要的分析方法，微观经济学与宏观经济学都属于实证经济学，因此，我们在介绍西方经济学的研究方法时，重点介绍实证分析的方法。

1）经济模型的建立与经济理论的形成

（1）经济模型的建立

经济理论和经济模型有着密切的关系，经济理论可以用经济模型来表示，经济模型被认为是经济理论的简明说法，是一种"简化的现实图画。"所谓经济模型是指用来描述所研究的经济现象的有关经济变量之间相互关系的理论结构。经济模型被认为是经济理论的简明说法。西方经济学家大都重视利用经济模型进行经济理论研究工作，有的甚至认为：理论研究简单说来就是建立模型。因为要对经济各种现象的活动进行真正的描述分析和解释，不可能像化学家或生物学家那样进行有控制的实验和观察，经济的一切分析都只能借助抽象，即借助于假设，把次要的因素排除，从而建立起简化的经济模型来进行推理、判断和预测。否则，将使经济分析难以进行。因此，经济模型就是根据一定的假设条件排除了次要因素之后建立起来的描述现实经济世界最基本的经济关系的模式。

经济模型一般有三种，语言文字模型，几何图形模型和数学方程模型。例如，在分析需求和供给共同决定某一商品的价格和交易时，如果用 D、S、P 分别表示商品的需求量、供给量和价格，那么，所建立的数学方程模型为：

D=f（P）   (1)
S=f（P）   (2)
D=S   (3)

在上述方程式（1）和方程式（2）中，即在需求和供给两个方程中，除价格之外的其他变量都舍弃掉了，如消费者的偏好等。方程式（3）说明的是均衡条件，供给和需求的数量相等。除了数学方程模型外，还可用几何图形模型分析供给和需求共同决定某一商品的价格和交易，如图 1-1 所示。

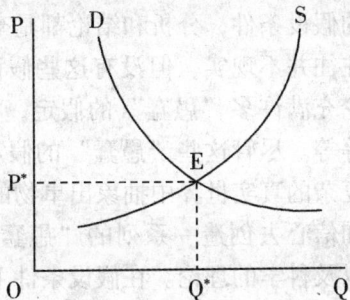

图 1-1　几何图形模型

总之，对所考察的经济现象，通过抽象和简化建立经济模型，并从中得出逻辑预测，最后对预测进行验证的过程就是经济理论研究，然后对这一分析过程及其结果所做的系统性和概括性地论述就是经济理论。

（2）经济理论的形成

经济学家在运用实证经济学的方法研究经济问题时，就是要提出用于解释经济现象的理论，并根据理论做出预测，用事实来检验理论，这就是经济理论的形成过程。具体来说，理论是由定义、假设、假说和预测所组成的。

第一，定义。所谓定义是对经济学所研究的各种变量规定出明确的含义。经济研究中的变量是一些可以取不同数值的量，经济分析中常用的变量可以分为内生变量和外生变量、存量和流量。内生变量是在一个体系内或在一个模型中可以得到说明的变量。外生变量是在一个体系内或在一个模型中不能得到说明的变量。例如，在某种商品（比如小麦）的均衡价格决定模型中，小麦的供给量与需求量是内生变量，它们是这个经济模型需要分析的变量，可以在方程体系内得到解释，并可以进行求解。在该方程体系中，其他商品的价格则是外生变量，不能在该方程体系中得到解释和求解。因此，外生变量是那些不由经济模型研究的外在因素决定的变量，但它可以影响并进而决定内生变量。一个变量究竟是外生变量还是内生变量视它在方程中的作用而定。在一个方程体系中是内生变量的量，在另一个方程体系中有可能成为外生变量；而在一个方程体系中是外生变量的量，在另一个方程体系中有可能成为内生变量。例如，在其他商品均衡价格决定的模型中，小麦的数量与价格都可能成为外生变量。而在一个一般均衡体系中，所有商品的价格与数量都是内生变量。

存量是指一定时点上存在的变量的数值。例如，某一国家在某一时点上所拥有的人口量、某一企业在某一时点上所拥有的资本量、某一商店在某一时点上所库存的某种商品量等，称为存量。流量是指一定时期内发生的变量的数值。例如，某一国家在某一时期内（例如一年）的国民收入或某一国家一年内的人口出生数、某一企业在一年内的投资量、某一商店在某一个月卖出的某种商品量等，称为流量。

第二，假设。所谓假设是理论所适用的条件。因为任何理论都是有条件的、相对的，所以假设在理论的形成中是非常重要的。西方经济学家在分析问题时特别重视假设条件，离开了一定的假设条件，分析和结论都是毫无意义的。虽然在形成理论时，所假设的某些条件往往并不现实，但没有这些假设就很难得出正确的结论。许多人都难以接受经济理论充满许多"愚蠢"的假定，如效用最大化、一般均衡、完全自由竞争、同质产品等等。尽管这些"愚蠢"的假定不"像"现实经济生活，但是它们帮助我们在纷繁复杂的真实世界中抽象出事物的本质，从而更好地把握经济现象。因此，要有勇气和信心去创造一系列的"愚蠢"假定，只要这些假定能产生具有意义的洞察力，以及科学的理论。在假设条件下得出理论，就像自然科学在严格的限定条件下分析自然现象一样，这是一种分析问题的方法。

第三，假说。所谓假说是对两个或更多的变量之间关系的阐述，即未经证明的理论。在理论的形成中，假说也是十分重要的，这种假说往往是对某些现象的经验性概括或总结，但要经过验证才能说明它是否能成为具有普遍意义的理论。因此，假说也并不是凭空产生的，它仍然来源于实际。

第四，预测。所谓预测是根据假说对未来进行预测。科学的预测是一种有条件性的说明，其形式是"如果……就会……"。预测是否正确，是对假说的验证。正确的假说的作用在于它能正确的预测未来。

综上所述，在形成一种理论时，其程序是：首先要对所研究的变量的含义做出明确的规定；然后在一定的假设条件下提出假说，并根据这一假说对未来进行预测；最后，用经验事实来验证预测，如果预测是对的，那么这种假说就是正确的理论，反之，如果预测是错的，那么这种假说就是要被否定，或要进行修改，以形成正确的理论。西方经济学家的许多理论都是用这种方法形成的，这就是实证分析方法。其经济理论或经济模型的建立过程可以用图1-2来表示。

定义（循着建立模型的四个步骤进行修正）修正

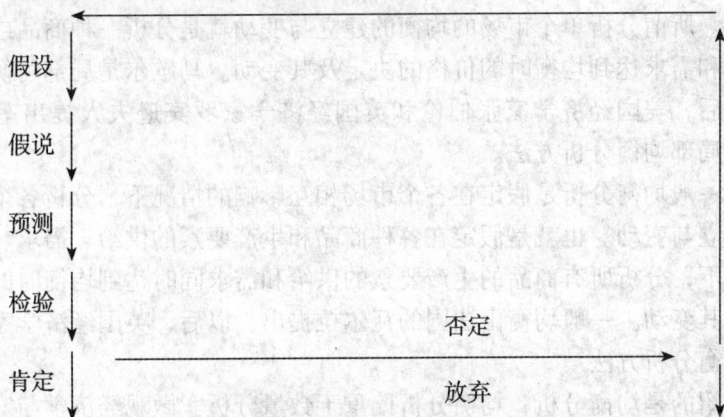

假设

假说

预测

检验　　　　　　　　　　　否定

肯定　　　　　　　　　　　放弃

图1-2　经济理论或经济模型的建立

总之，经济学家是通过利用经济理论或经济模型来对经济变量进行分析的，并对经济现象进行解释、对经济主体行为及其结果进行预测。但是，由于经济学是联系市场来研究人类行为的一门社会科学，它所描述的经济变量之间的关系非常复杂，因此，经济学不可能像物理学等自然科学那样对变量之间的关系描述得那样精确。同时，经济学家在利用经济模型对经济变量进行预测时也很难达到较高的准确性。

2）实证分析工具

在运用经济方法分析经济问题时，还涉及具体的分析工具，在这里我们介绍在经济学中应用最广的均衡分析与非均衡分析，静态分析与动态分析。

（1）均衡分析与非均衡分析

均衡是物理学中的名词，它是指当一物体同时受到方向相反的两个外力的作用，并且这两种力量恰好相对等时，该物体由于受力相等而处于静止的状态，这种状态就是均衡。

19 世纪末的英国经济学家马歇尔把这一概念引入经济学中，主要是指经济中各种对立的变动着的力量处于一种力量相当、相对静止、不再变动的状态。均衡一旦形成之后，如果有另外的力量使它离开原来的均衡的位置，则会有其他力量使它又恢复至均衡。例如，供求是经济中的两种对立的力量，供求一旦形成之后，如果这时价格上涨，供给会增加，使得供给离开原来的均衡位置，这时又会有其他力量使它恢复到原来的均衡。因为供给增加，其结果是供过于求，必然价格下跌，于是供给又减少，使得供给又回到原来的均衡位置。西方经济学家把均衡看做是理想状态，总结出它存在的条件，然后用来对现实的经济现象进行分析，力求使社会经济的整体或局部由失衡转向均衡。

①均衡分析。均衡分析是分析各种经济变量之间的关系，说明均衡的现实条件及其变动。均衡分析又可以分为局部均衡分析与一般均衡分析。

首先，局部均衡分析是假定在其他条件不变的情况下，分析单个市场的均衡的建立与变动。所谓分析单个市场的均衡的建立与变动就是分析一种商品或一种生产要素的供给和需求达到均衡时的价格的决定及其变动。马歇尔是局部均衡分析的代表人物。此后，美国经济学家张伯伦和英国经济学家罗宾逊夫人提出垄断竞争理论，发展了局部均衡分析方法。

其次，一般均衡分析是假定在各个市场相互影响的情况下，分析各个市场之间的均衡的建立与变动。也就是假定在各种商品和生产要素的供给、需求、价格相互影响的情况下，分析所有商品的生产要素的供给和需求同时达到均衡时的价格和产量的决定及其变动。一般均衡由法国的瓦尔拉提出，以后，英国经济学家希克斯发展了一般均衡分析方法

以上介绍的是均衡分析，均衡分析偏重于数量分析。微观经济学与宏观经济学中运用的主要分析工具是均衡分析。

②非均衡分析。非均衡分析认为经济现象及其变化的原因是多方面的、复杂的，不能单纯用有关变量之间的均衡与不均衡来加以解释，而主张以历史的、制度的、社会的因素作为分析的基本方法。即使是量的分析，非均衡也不是强调各种力量相等时的均衡状态，而是强调各种力量不相等时的非均衡状态。

（2）静态分析与动态分析

第一，静态分析。静态分析是考察一定时期内各种变量之间的相互关系，根据既定的外生变量值来求得内生变量值的分析方法。

第二，动态分析。动态分析是考察各种变量在不同时期的变动情况，在动态分析中需要区分变量在时间上的先后差别，研究不同时点上的变量之间的相互关系。

总之静态分析和动态分析的基本区别就在于，静态分析不考虑时间因素，是一种横断面的分析。而动态分析考虑时间因素，是一种时间序列的分析。或者说，静态分析是研究经济现象的相对静止状态，而动态分析是研究经济现象的发展变化过程。

把均衡分析与静态分析和动态分析结合在一起，就产生了三种分析工具：静态

均衡分析、比较静态均衡分析、动态均衡分析。在微观经济学和宏观经济学中这三种分析工具都得到运用。

（3）静态均衡分析、比较静态均衡分析、动态均衡分析

第一，静态均衡分析。静态均衡分析是说明各种经济变量达到均衡的条件，着重说明的是：什么是经济变量的均衡状态和达到均衡状态所需的条件，而不论及达到均衡状态的过程及其所需的时间。

第二，比较静态均衡分析。比较静态均衡分析是说明从一种均衡状态变动到另一种均衡状态的过程。即原有的条件变动时均衡状态发生了相应的变化，并把新旧均衡状态进行比较，而不论及怎样从原来的均衡状态过渡到新的均衡状态的实际过程。

第三，动态均衡分析。动态均衡分析是在引进时间因素的基础上说明均衡的实际变化过程。即说明某一时点上经济变量的变动如何影响下一时点上该经济变量的变动，以及这种变动对整个均衡变动的影响。因此，着重说明的是：各种变量如何随着时间的推移而从前一个均衡到后一个均衡的运动调整过程。而不涉及如何确定均衡状态或决定均衡的因素，实质上它是探讨不均衡状态下的变动和调整。

以上介绍的是实证分析方法所涉及的实证分析工具。此外，还有归纳分析、演绎分析、计量分析等等。微观经济学的主要内容是进行实证分析，但是对某一些问题也进行规范分析。

本章小结

1. 经济学的研究对象：经济学的研究对象是研究资本主义制度下如何解决资源配置与资源利用问题。具体来说，资源配置要解决这样三个问题：第一，生产什么物品和各生产多少；第二，如何生产这些物品；第三，为谁生产这些物品。这三个问题即"生产什么"、"如何生产"、"为谁生产"被认为是人类社会共有的基本经济问题。资源利用要解决这样三个问题：第一，为什么资源得不到充分利用，即充分就业问题。第二，为什么产量不能始终保持最大，即经济波动与经济增长问题。第三，解决以上问题必然涉及货币购买力的变动问题，即通货膨胀问题。

2. 经济学的特征：经济学的特征之一是强调假设的重要性；经济学的特征之二是强调预测的重要性；经济学的特征之三是强调约束条件的重要性。

3. 经济学的演变：经济学的演变从整个经济学发展历史来看，它从萌芽到现在已有几百年的历史了，它大体经历了以下几个时期：

第一个时期是前古典经济学时期，这一时期包括古代、中世纪的经济思想和重商主义。这一时期是经济学知识的原始积累时期，重商主义是这一时期的最后

形态，重商主义时期（15—17世纪中叶）是西方经济学的萌芽阶段。就像资本主义原始积累构成资本主义生产方式的前史一样，重商主义构成了西方经济学的前史。

第二个时期是古典经济学时期，从17世纪中叶到19世纪70年代前为止，是西方经济学的创立和发展阶段。这一时期斯密实现了西方经济学中的第一次革命——斯密革命，建立了古典经济学理论体系，其标志是斯密于1776年出版了《国富论》。

第三个时期是新古典经济学时期，从19世纪70年代到20世纪30年代，是微观经济学的形成与建立时期，以"边际革命"为标志。在这一时期，经济学说史上发生了第二次折中——马歇尔综合。马歇尔在1890年出版的第二本具有里程碑意义的经济学教科书《经济学原理》中提出了具有首创意义的均衡价格论。

第四个时期是现代经济学时期，这一时期经历了两个阶段，第一阶段是凯恩斯主义时代，即20世纪30—60年代末；第二阶段是20世纪70年代初至今，是学派林立的时代。其中第一阶段是宏观经济学的建立与发展时期，以凯恩斯革命为标志。在这一时期，面对凯恩斯对新古典经济学的革命，萨缪尔森于1948年出版了第三本具有里程碑意义的教科书《经济学》，开始了经济学上的第三次折中——萨缪尔森综合。于是，凯恩斯经济学和新古典经济学一起构成了现代宏观经济学和微观经济学的两个理论体系的基础。萨缪尔森建立的新古典综合派出现后，一直处于第二次世界大战后西方经济学新的正统地位。

4. 微观经济学和宏观经济学：微观经济学是以单个经济单位（居民户、厂商）为考察对象，研究单个经济单位的经济行为，以及相应的单项数值如何决定。宏观经济学是以整个国民经济活动为考察对象，研究经济中各有关总量的决定及其变化。宏观经济学是以整个国民经济活动为考察对象，研究经济中各有关总量的决定及其变化。

5. 实证经济学与规范经济学：实证经济学是超脱或排斥一切价值判断，只考虑建立经济事物之间关系的规律，并在这些规律的作用之下，分析和预测人们经济行为的效果。规范经济学是以一定的价值判断为基础，提出某些标准作为分析处理经济问题的标准，树立经济理论的前提作为制定经济政策的依据，并研究如何才能符合这些标准。实证经济学与规范经济学的本质区别是：前者回答"是什么"的问题，后者回答"应该是什么"的问题。

关键词

资源配置与资源利用　稀缺性与选择　经济物品与自由取用物品　局部均衡与一般均衡

思考题

1. 微观经济学研究哪些问题？

2. 内生变量与外生变量的联系和区别是什么？存量和流量的联系和区别是什么？

3. 经济学家是否假设每一个人都是自利和理性的？你能举出非自利行为与非理性行为的例子，并说明这些行为所导致的重大经济行为的后果吗？

4. 人类能够提前几个星期甚至几个月预测地震，但由于预测地震有时会导致不必要的恐慌，这种恐慌甚至比地震更可怕，所以有人建议应该对预测地震保密，甚至主张禁止预测研究。你认为这种观点是如何看待人的理性的？

5. 举出经济学能做出的可靠的经济预测的例子，经济学家在哪些方面还无法进行解释和预测？

6. 从哪些方面可以判断经济学是一门科学？

7. 实证经济学与规范经济学有什么区别？

8. "社会中的贫富分化正日益严重，政府应加大对富人的税收征管，以救济穷人。"分析这句话属于实证分析？规范分析？还是两者兼而有之。

9. 微观经济学和宏观经济学与实证经济学和规范经济学的联系和区别是什么？

10. 什么是均衡分析？静态分析与动态分析有什么区别？

案例

案例1 "经济人"与"经济学帝国主义"

自斯密提出"经济人"假设思路以来，"经济人"成为西方主流经济学赖以建立和发展的核心概念，借助于"经济人"是自利和理性的抽象，西方主流经济学建立了比较完整和成熟的理论体系。正是这个"经济人"构成了主流经济学分析的逻辑起点，构筑了经济学大厦的基石。如果这块基石被抽去了，那么，整个西方经济学这座大厦就如同多米诺骨牌一样倒塌。

1992年诺贝尔经济学奖得主贝克尔把"经济人"假定运用于婚姻、犯罪、家庭等非经济领域的分析，他的理论囊括了人类的全部行为，使得经济学具有了帝国主义倾向。他认为男人和女人决定是否结婚、婚后决定是否要孩子，或是否离婚，都是比较成本收益的结果，选择的依据都是效用最大化。只有在预期结婚比单身生活好时才结婚，预期离婚会增加福利时就离婚，而生儿育女如同购买某种耐用消费品，人们"购买"子女是因为他们预期能够获得的效用足以补偿他们的支出。至于犯罪也是基于一种理性选择，当某人从事违法行为的预期效用超过了将时间和其他资源用于从事其他活动所带来的效用时，此人便从事违法活动。此外，人们是否进行教育训练和医疗保健等人力资本投资，也要进行成本收益分析，当预期效用大于当前支出所带来的效用时，人们便会进行这项投资。贝克尔因这种分析方法而获得了"经济学帝国主义大师"的称号。

画龙点睛

对贝克尔的经济学帝国主义的做法学界有争议。一直以来，经济学都被称为是"社会科学的皇后"，而贝克尔的经济学帝国主义则使经济学由"皇后"变成了"皇帝"。1998年诺贝尔经济学奖得主阿玛蒂亚·森曾严厉批评经济学帝国主义，他认为贝克尔是一个"聪明绝顶的人走上错误的道路"。伦敦经济学院教授马克·布劳格称贝克尔的这种做法是"杀鸡用牛刀"。尽管如此，1992年诺贝尔经济学奖颁给了贝克尔，这表明他为"经济人"模式在非经济领域的运用做出了开拓性的贡献。

案例 2　　　　　　　　　　经济学是否是一门科学?

关于经济学的学科性质问题，有许多回答，归纳起来有以下几种观点：(1) 经济学是先验科学。它不是来自于经验，而是来自于逻辑演绎。因为经济学进行试验是不可能的，经济学的先验定理不可能来自实验，它在逻辑上先于经验，人们只能借助于先验的定理来理解行动。(2) 经济学类似于数理科学。1983年罗森伯格发表了《经济学不是科学，那它是什么?》的一文，他认为经济学是"处于纯公理系统与应用几何学的交叉点上的，类似于数学的一个分支"。林德支持"经济学是社会科学中的物理学"的观点，因为"经济学和物理学一样也是一门具有相同的普遍目的的科学"。(3) 经济学是趋势科学。经济学的一切理论命题事实上都是趋势定律，所谓趋势定律就是如果其他情况保持不变的条件得到满足时才适用的定律和假说。所以，布劳格说："经济学中的一项趋势陈述可以被看成是一张期票，只有在其他情况不变这个条件得到详细阐明和考虑时，才能兑现"。(4) 经济学是人文科学。它是一门可以把科学的精确性和人文方面的诗意集于一身的科学，是以"快乐"为人类行为的最终目的的。(5) 经济学不是科学。凡伯伦首次提出"经济学为什么还不是一门发达的科学"，经济学被人戏称为"裸体的皇帝"。艾克纳组织一些经济学家编写了《经济学为什么还不是一门科学》的书。(6) 经济学尚未成为一门合格的科学，但经济学正继续走向科学。这是大多数人的观点。(7) 科学哲学界中对"经济学到底是不是科学"也有争论：一是否定论，库恩认为经济学还不算是科学；二是肯定论，夏佩尔和达尔顿认为经济学当然是科学；三是半科学论，如拉卡托斯的科学研究纲领表明的。(8) 斯蒂芬·科尔用六个变量将科学分为不同的层级——层级的顶端和层级的底部。这六个变量是：理论的成熟性、定量化、认知共识、预言能力、过时的速度、增长的速度。处于科学层级顶端的是高度成熟的理论；研究受范式指导；高水平的严密性；思想用数学语言表达；

高水平的共识；具有可证实的预言能力；当旧理论过时了表明知识进行了有意义的积累；新知识增长速度相当快。反之，是科学层级的底部。按照这种标准，物理学的科学性最高，其次是化学、生物学、经济学、心理学、社会学、政治学、历史学、哲学、宗教、文学……层级顶端的学科是典型的自然科学，而层级底部的学科是典型的人文科学。

画龙点睛

关于经济学是否是科学的争论众说纷纭，那么科学的标准是什么？一般来说，科学的特点是：实证性、客观性、系统性、普遍性、精确性、检验性、预测性。长期以来，经济学一直将物理学视为科学的典范，因为物理学完全用数学语言表达了它所要表达的东西，经济学家试图把经济学变成像物理学那样的自然科学。但经济学不是自然科学，而是社会科学，经济学作为社会科学与自然科学的本质差别是它具有鲜明的人文特征。它研究人类的行为，而且是在市场联系中研究人类行为。因此，经济学家会思考这样两个问题：一是市场是如何运行的？二是不同于市场的选择是什么？在经济学发展的历史长河中涌现出许许多多的经济学家，他们有的思考前一个问题，有的思考后一个问题，但十分罕见的是有一位经济学家同时思考了这两个问题，他就是马克思。

小资料

小资料1 　　　　　　　　　　**现代经济学之父——斯密**

亚当·斯密（Adam Smith，1723—1790）出生于苏格兰科克第的一个海关官员家庭，是英国古典政治经济学的杰出代表。斯密14岁考入格拉斯哥大学，学习数学和哲学。1740年，17岁的斯密以优异的成绩获得奖学金进入英国牛津大学。毕业后于1748年到爱丁堡大学讲授修辞学和文学，1751年返回母校格拉斯哥大学讲授逻辑学和道德哲学。1759年，斯密出版了他的第一部著作《道德情操论》，此书的出版引起了社会的广泛重视，斯密也因此而赢得了声誉。斯密曾与著名的发明家瓦特相识并成为朋友，他曾经支持瓦特改进蒸汽机的实验活动。1764年，斯密辞去了大学教授的职务，成为青年贵族布克莱公爵的私人教师，并陪同公爵到欧洲大陆旅行。在这期间，他在法国结识了法国著名的启蒙思想家伏尔泰、重农学派的创始人魁奈和著名代表人物杜尔哥，这对他的经济学说的形成有很大的影响。1767年，他辞去私人教师的职务返回家乡专心从事《国富论》的写作，经过近10年的刻苦努力，于1776年完成了这部巨著。《国富论》的问世，标志着政治经济学作为一门独立的学科正式面世，斯密因此而成为现代经济学之父。斯密一生写的著作很多，但问世出版的很少。斯密生前出版的著作只有两部，即《道德情操论》和《国民财富的性质和原因的研究》（简称《国富论》，据说，如今要是有人能发现该书的第一版上、下两本，收藏家愿出 5 万美元购买）。在这两部著作中斯密给后人留下两个谜："价值之谜"和"利己与利他之谜"。所谓"价值之谜"即"钻石和水的悖论"：水的使用价值很大，但价值很小，钻石的使用价值很小，但价值很大。对这种矛盾现象斯密没有做出解释，直到边际革命之后，经济学家用边际效用价值论解开了这个价值之谜。所谓"利己与利他之谜"，即斯密著作中的利己与利他的矛盾。他在《国富论》中说明人是利己的，从而奠定了"经济人"的假定思路，成为西方经济学的逻辑起点。而他在《道德情操论》中说明了人是利他的，有同情之心，是"道德人"。那么，斯密是否真的就把人设想为一会儿利他，一会儿利己这样一种具有人格分裂的人呢？由于斯密临终前烧毁了他的全部手稿，只给后人留下这两部著作，这就给后人留下了这个谜。既然是谜，就有无数猜想。有的经济学家不承认谜的存在；有的认为利己与利他的矛盾只是表面现象，并不是真正的矛盾，因而"经济人"与"道德人"是统一的。

小资料 2　　　　　经济学的最后一个通才——萨缪尔森

保罗·萨缪尔森（Paul A. Samuelson，1915—2009），美国经济学家，麻省理工学院经济学教授，由于在动态经济学方面的贡献，于 1970 年获得第二届诺贝尔经济学奖这一殊荣，成为第一位获得诺贝尔经济学奖的美国经济学家。

1935 年，年仅 20 岁的萨缪尔森在美国著名高校芝加哥大学获得文学学士学位，于同年继续在该校攻读硕士学位，并于一年后获得芝加哥大学文学硕士学位；1941 年，26 岁的萨缪尔森以优秀的成绩获得了哈佛大学理学博士学位，1940 年，萨缪尔森进入麻省理工学院任教，并在这完成了他全部的教学生涯；1947 年，美国经济学会授予萨缪尔森约翰·贝茨·克拉克奖。萨缪尔森在数学方法一步步进入到经济学的主流分析方法范围的过程中，作出了里程碑式的贡献。

萨缪尔森教授被人们誉为凯恩斯主义的集大成者和经济学的最后一个通才。据说萨缪尔森一开始的兴趣很广泛，面临专业选择问题，后来他发现经济学最适合他，他说他第一次从经济学教科书中吮吸第一滴甘泉时，就像王子亲吻睡美人一样。

第2章

供求理论

学习目标

通过本章的学习，了解需求和供给的含义及其影响因素，明了需求曲线与供给曲线的形成；掌握需求定理和供给定理的内容，特别是要重点掌握均衡价格和均衡产量的决定；此外，要了解需求价格弹性的含义与计算方法，在此基础上理解供给价格弹性、需求交叉弹性与收入弹性的含义；熟悉价格理论的政策含义及其运用；了解蛛网理论的基本内容。

2.1　需求理论

微观经济学所要解决的是资源配置问题。具体说是要解决"生产什么"、"如何生产"、"为谁生产"的问题。在市场经济中,这一问题是通过价格机制来解决的。因此,微观经济学的核心是价格理论。在当代西方经济学中最流行的价格理论是马歇尔的均衡价格理论,他用需求和供给来说明价格的决定。所以,掌握微观经济学就必须从需求与供给入手。

2.1.1　需求的含义

需求是指消费者在一定时期内在每一价格水平上愿意而且能够购买的商品量。

从需求的定义来看,作为需求要具备两个条件:第一,有购买欲望;第二,有购买能力。这两者缺一不可,缺少任何一个条件都不成其为需求。因此,需求必须是既有购买欲望又有购买能力的有效需求。不同时具备这两个条件,只能是"潜在的需求"。

2.1.2　影响需求的因素

影响需求的因素除了商品本身的价格以外,还有其他一些因素影响商品价格,这些因素包括经济因素和非经济因素。例如,消费者的收入水平、嗜好的变动、社会人口的数量及其组成、消费者对未来的预期、其他商品的价格、社会制度、风俗习惯、地域等。下面我们分别分析以上这些因素对需求的影响。

1）商品本身的价格

一般来说,商品本身的价格是影响需求的因素。商品价格上升,需求量就减少;商品价格下降,需求量就增加。

2）其他商品的价格

由于各种商品之间有着不同的关系,因此,其他商品价格的变动也会影响某种商品的需求。各种商品之间的关系无非有两种:一种是互补关系;另一种是替代关系。互补关系是指两种商品共同满足一种欲望。它们之间是互相补充的。例如,汽车和汽油就是这种互补关系。这种有互补关系的商品,当一种商品价格上升时,对另一种商品的需求就减少,如当汽车的价格上升时,对汽油的需求就会减少。因为汽车价格上升,对汽车需求就减少,从而对汽油的需求也就减少。反之,当一种商品价格下降时,对另一种商品的需求就增加。总之,两种互补商品之间价格与需求呈反方向变动。替代关系是指两种商品可以互相代替来满足同一种欲望。它们之间是可以互相替代的。例如,羊肉与牛肉就是这种替代关系。这种有替代关系的商品,当一种商品价格上升时,对另一种商品的需求就增加。如当羊肉价格上升时,对牛肉的需求就会增加。因为羊肉价格上升,人们就少吃羊肉,转而多吃牛肉,从而对牛肉的需求增加。反之,当一种商品价格下降时,对另一种商品的需求就减少。总之，两种替代商品之间价格与需求呈同方向变动。

3) 消费者的收入水平以及社会收入分配平等程度

一般来说，收入水平增加和收入分配平等会使需求增加；反之，收入水平下降和收入分配不平等会使需求减少。因此，现实生活中，人们的收入水平和收入分配平等程度是影响需求的因素之一。

4) 消费者的偏好

消费者的偏好以及社会消费风尚的改变对需求的影响很大，当消费者对某种商品的偏好增强时，这种商品的需求量就会增加。当然，消费者的偏好要受种种因素的限制，但大众传播媒介以及广告可以在一定程度上影响消费者的偏好，从而对需求产生很大影响。

5) 人口数量与结构的变动

人口数量的增加会使需求增加，人口数量减少会使需求数量减少。人口结构的变动主要是影响需求的构成，从而影响某些商品的需求。例如人口老龄化会减少对时尚服装以及儿童用品的需求，但会增加对老年保健用品的需求。

6) 政府的消费政策

在政府的政策方面，如果政府对某商品实行配给制，必然会限制消费者对商品的需求。另外，如果政府实行提高利率的政策就会减少消费，而实行消费信贷制度则会鼓励消费，从而增加需求。

7) 消费者对未来的预期

消费者对未来的预期包括对自己的收入水平的预期和对商品价格水平的预期。如果消费者预期未来收入水平上升，商品价格水平也上升，他就会增加现在的需求；反之，如果消费者预期未来收入水平下降，商品价格水平也下降，他就会减少现在的需求。

总之，影响需求的因素是多种多样的。有些因素主要是影响需求欲望，如消费者偏好和消费者对未来的预期；有些因素主要是影响需求能力，如消费者收入水平；这些因素共同作用决定了需求。

如果把影响需求的因素作为自变量，把需求作为因变量，则可以用函数关系来表示影响需求的因素与需求量之间的关系，这种函数就是需求函数。

2.1.3　需求函数

需求函数是指用函数关系来表示的影响需求的因素与需求量之间关系的函数。

如果用 D 代表需求，a，b，c，d，…，n 代表影响需求的因素，则需求函数公式为：

D=f (a, b, c, d, …, n)

如果假定其他因素不变，只考虑商品本身的价格与该商品的需求量的关系，并以 P 代表价格，则需求函数为：

D=f（P）

我们可以把消费者在不同价格水平下对某商品的需求量用需求表来表示，如表2-1所示。

表2-1   消费者对某商品的需求表

价格与数量组合	价格（元）	需求量（斤）
A	2	100
B	4	80
C	6	60
D	8	40
E	10	20

表2-1表示的是消费者在每一价格水平下对某商品的需求量，这种表明商品的价格与需求量之间关系的表称为需求表。根据上述需求表可以做出需求曲线。

2.1.4 需求曲线

需求曲线是表示价格与需求量关系的曲线，它向右下方倾斜。根据表2-1可以做出一条需求曲线，如图2-1所示。

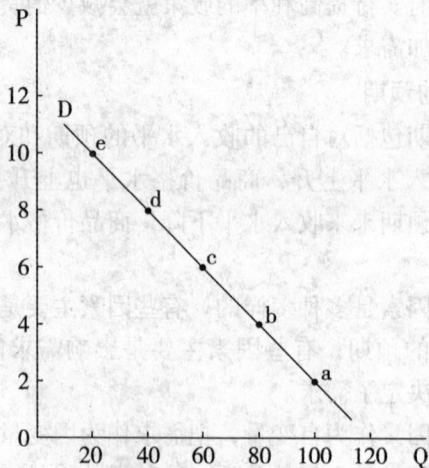

图2-1 需求曲线

在图2-1中，横轴代表需求量用Q表示，纵轴代表价格用P表示，D代表需求曲线。图2-1中的需求曲线是一条直线，实际上，需求曲线可以是直线型的，也可以是曲线型的。当需求函数是线性函数时，相应的需求曲线是一条直线。当需求函数是非线性函数时，相应的需求曲线是一条曲线。从图中可见，需求曲线是一条向右下方倾斜的线。这表明价格与需求量之间存在着反方向变动的关系，由此可得出一个需求规律。

2.1.5 需求规律

需求规律的基本内容是：在其他条件不变的情况下，需求量随着价格的上升而减少，随着价格的下降而增加。

需求规律强调的是影响需求的其他因素不变，也就是说，需求规律是在假定影响需求的其他因素不变的前提下，来研究商品本身价格与需求量之间的关系。离开了这一前提，需求规律就无法成立。此外，需求规律是对一般商品而言的，对某些特殊商品而言，需求规律就不适用。这些特殊商品主要有以下几种：第一，炫耀性商品。某些用来表示人们社会身份的炫耀性消费的商品，往往是价格下降需求减少，价格越高需求量越大。例如古玩、字画、珠宝等商品；第二，吉芬商品。某些生活必需的低档商品，在特定的条件下如闹饥荒的时候，往往是价格上升需求量增加，这种商品称为吉芬商品。[①] 第三，投机性商品。如股票、黄金等价格发生较大幅度变动时，需求呈现出不规则的变化。

2.1.6 个别需求与市场需求

1）个别需求

在一定时期内，某个消费者对一种商品的需求叫做个别需求。

2）市场需求

某个市场所有消费者对某种商品的总需求量叫做市场需求，或称总需求。

个别需求的总和就是市场需求。因此，把市场上各个消费者的个别需求曲线水平相加就是该种商品的市场需求曲线。由于个别需求曲线总是向右下方倾斜，所以，市场需求曲线也是向右下方倾斜，如图 2-2 所示。

图 2-2 中的 D_1、D_2、D_3 分别是三个消费者的个别需求曲线，D 是这三条需求曲线的水平和，因此是该商品的市场需求曲线。从 D 上任意一点 E 向纵轴作垂线得 EE_0，EE_0 与 D_1、D_2、D_3 的交点分别为 E_1、E_2、E_3，则 $EE_0 = E_0E_1 + E_0E_2 + E_0E_3$。市场需求曲线是微观经济学的最重要的概念之一。

2.1.7 需求量的变动

当影响需求的其他因素不变时，商品本身价格的变动所引起的需求量的变动是在同一条需求曲线上的移动，这种变动称为需求量的变动。需求量的变动并不改变需求函数和需求表或需求曲线。如图 2-1 所示，在需求曲线 D 上，从 a 点到其他各点的变动就是需求量的变动，向左上方变动表示需求量减少，向右下方变动表示需求量增加。

---

① 吉芬商品是 19 世纪英国经济学家吉芬发现的，他发现在 1845 年爱尔兰大灾荒时，马铃薯价格上升需求量反而增加。因此，人们把具有这种特点的商品称为吉芬商品。

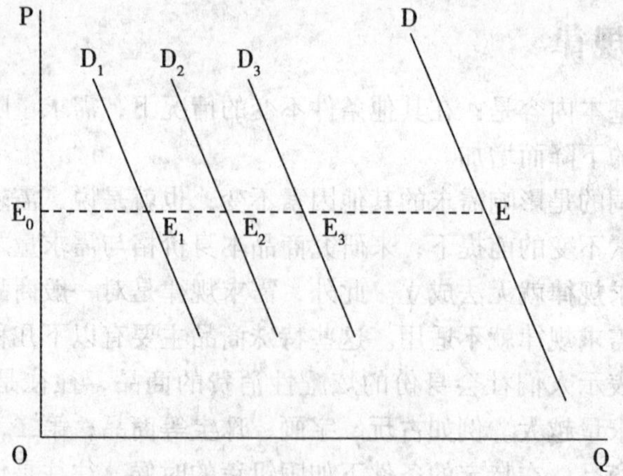

图 2-2　市场需求曲线

2.1.8　需求的变动

当商品本身的价格不变时，由于其他因素的变动所引起的需求量的变动是整个需求曲线的移动，这种变动称为需求的变动。需求的变动改变了需求函数和需求表或需求曲线。

可用图 2-3 来说明需求的变动。

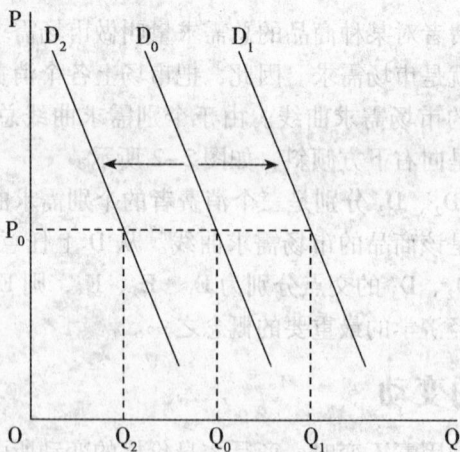

图 2-3　需求的变动

在图 2-3 中，需求曲线由 D_0 移至 D_1 和 D_2 都表示需求的变动。当需求曲线向右移动时，即从 D_0 移到 D_1，则表示需求的增加；当需求曲线向左移动时，即从 D_0 移到 D_2，则表示需求的减少。例如，在商品价格不变条件下，如果消费者收入增加，人们就会增加对商品的购买量，则需求曲线就会向右移。反之，如果消费者收入减少，人们就会减少商品的购买量，则需求曲线就会向左移。如图 2-3 所示，收入增加了，在同样的价格水平 P_0 时，需求从 Q_0 增加到 Q_1，则需求曲线由 D_0 移到 D_1；收入减少了，在同样的价格水平 P_0 时，需求从 Q_0 减少到 Q_2，则需求曲线

由 D_0 移到 D_2。可见，需求曲线向右移动是需求增加，向左移动是需求减少。

2.2 供给理论

2.2.1 供给的含义

供给是指生产者在一定时期内在每一价格水平上愿意而且能够出售的商品量。

从供给的定义来看，作为供给也要具备两个条件：第一，有出售愿望；第二，有供应能力。这两者缺一不可，缺少任何一个条件都不成其为供给。因此，供给必须是既有出售愿望又有供给能力的有效供给。在生产者的供给中既包括新生产的产品，也包括过去生产的存货。

2.2.2 影响供给的因素

影响供给的因素除了商品本身的价格以外，还有其他一些因素，例如，厂商所要达到的目的；现有的技术水平；其他商品的价格；成本以及厂商对未来的预期等等。下面我们分别分析以上这些因素对供给的影响。

1）商品本身的价格

一般来说，商品本身的价格是影响供给的因素。商品价格上升，供给量增加；商品价格下降，供给量减少。

2）其他商品的价格

在两种互补商品之间，一种商品的价格上升，对另一种商品的供给增加；反之，一种商品的价格下降，对另一种商品的供给减少。例如，钢笔和墨水，钢笔价格上升，墨水的供给增加；钢笔的价格下降，墨水的供给减少。总之，互补品价格与供给呈同方向变动。在两种替代品之间，一种商品的价格上升，对另一种商品的供给减少；反之，一种商品的价格下降，对另一种商品的供给增加。例如，空调和电风扇，空调价格上升，电风扇的供给就会减少；反之，空调价格下降，电风扇的供给就会增加。总之，替代品与价格呈反方向变动。

3）生产者的目标

在微观经济学中，一般假设生产者的目标是利润最大化，即生产者供给的多少取决于这些供给能否给他带来最大利润。利润大，供给就多，反之则反是。

4）生产的技术水平

技术进步可以大大提高生产效率，使得厂商能够在既定的资源条件下生产出更多的产品，从而增加供给，增加利润。

5）生产成本

如果生产要素价格下降，会使产品的生产成本减少，那么，在产品价格不变的情况下，利润就会增加，从而供给增加；反之，如果生产要素价格上升，会使产品的生产成本增加，那么，在产品价格不变的情况下，利润就会减少，从而供给减少。

6）政府的政策

在政府的政策方面，如果政府采用鼓励投资与生产的政策（例如减税），就可以刺激生产，增加供给；反之，如果政府采用限制投资与生产的政策（例如增税），就会抑制生产，减少供给。

7）生产者对未来的预期

如果生产者对未来的经济持乐观态度，则会增加供给；如果生产者对未来的经济持悲观的态度，就会减少供给。

总之，影响供给的因素是多种多样的，这些因素共同作用决定了供给。

如果把影响供给的因素作为自变量，把供给作为因变量，则可以用函数关系来表示影响供给的因素与供给量之间的关系，这种函数就是供给函数。

2.2.3 供给函数

供给函数是指用函数关系来表示的影响供给的因素与供给量之间关系的函数。

如果用 S 代表供给，用 a，b，c，d，…，n 代表影响供给的因素，则供给函数公式为：

S=f (a, b, c, d, …, n)

如果假定其他因素不变，只考虑商品本身的价格与该商品的供给量的关系，并以 P 代表价格，则供给函数公式为：

S=f (P)

我们可以把生产者在不同价格水平下对某商品的供给用供给表来表示，如表2-2所示。

表 2-2 　　　　　　　生产者对某商品的供给表

价格与数量组合	价格（元）	供给量（斤）
A	2	20
B	4	40
C	6	60
D	8	80
E	10	100

表 2-2 表示的是生产者在每一价格水平下对某商品的供给量，这种表示商品的价格与供给量之间关系的表称为供给表。根据上述供给表可以做出供给曲线。

2.2.4 供给曲线

供给曲线是表示价格与供给量关系的曲线，它向右上方倾斜。它可以是直线也可以是曲线。根据表2-2可以做出一条供给曲线，如图2-4所示。

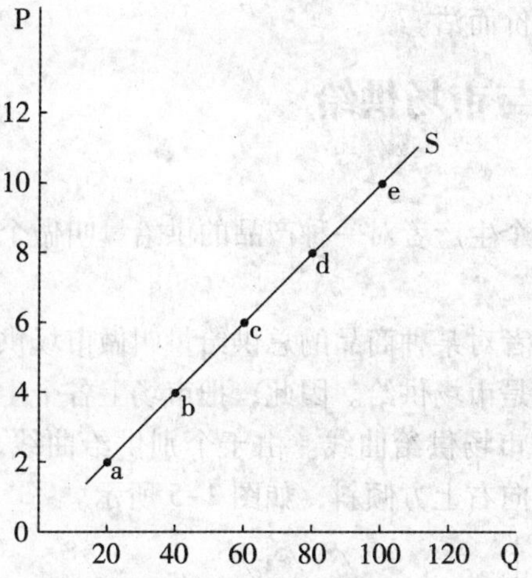

图 2-4　供给曲线

在图 2-4 中，横轴代表供给量用 Q 表示，纵轴代表价格用 P 表示，S 代表供给曲线。图 2-4 中的供给曲线是一条直线，实际上，供给曲线可以是直线型的，也可以是曲线型的。当供给函数是线性函数时，相应的供给曲线是一条直线。当供给函数是非线性函数时，相应的供给曲线是一条曲线。从图中可见，供给曲线是一条向右上方倾斜的线。这表明价格与供给量之间存在着同方向变动的关系，由此可得出一个供给规律。

2.2.5　供给规律

供给规律的基本内容是：在其他条件不变的情况下，供给量随着价格的上升而增加，随着价格的下降而减少。

供给规律强调的是影响供给的其他因素不变，也就是说，供给规律是在假定影响供给的其他因素不变的前提下，来研究商品本身价格与供给量之间的关系。离开了这一前提，供给规律就无法成立。此外，供给规律是对一般商品而言的，对某些特殊商品而言，供给规律就不适用。这些特殊商品主要有以下几种：第一，古董、历史文物和名画等商品的供给。这些商品的供给数量是固定的，价格上升，供给量也无法增加。第二，劳动的供给。在一般情况下，劳动的供给在劳动的价格即工资小幅度上升时，供给会增加。但当工资增加到一定程度时，如果再增加，劳动的供给不仅不会增加，反而会减少。这是因为当工资提高到一定程度后，劳动者觉得自己的工资收入已足以维持基本开支的需要，于是，倾向于把更多的时间作为闲暇来安排，而不是用于工作。所以，随着工资进一步提高，人们对收入的偏好不如以前强烈，而对闲暇（如娱乐、旅游等）的偏好增强，劳动者仅用较少的工作时间来获得原先需要较多工作时间才能获得的维持基本开支需要的工资收入，从而使得劳动供给量减少。第三，有价证券和黄金的供给。在证券和黄金市场上，当价格小幅度波动时，供给量按正常情况变动；而当价格大幅度波动时，供给量将出现不规则变化，人们会观望，待价而沽。

2.2.6 个别供给与市场供给

1）个别供给

在一定时期内，某个生产者对一种产品的供给量叫做个别供给。

2）市场供给

某个市场所有生产者对某种商品的总供给量叫做市场供给，或称总供给。

个别供给的总和就是市场供给。因此，把市场上各个生产者的个别供给曲线水平相加就是该种商品的市场供给曲线。由于个别供给曲线总是向右上方倾斜，所以，市场供给曲线也是向右上方倾斜，如图2-5所示。

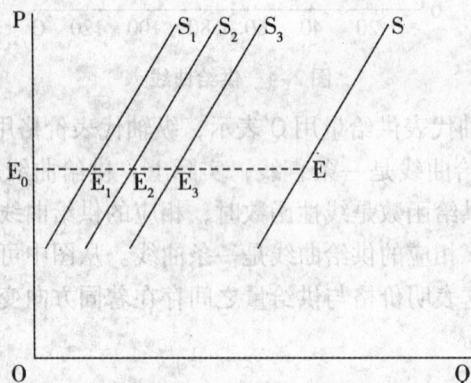

图2-5 市场供给曲线

图2-5中的S_1、S_2、S_3分别是三个生产者的个别供给曲线，S是这三条供给曲线的水平和，因此是该商品的市场供给曲线。从S上任意一点E向纵轴作垂线得EE_0，EE_0与S_1、S_2、S_3的交点分别为E_1、E_2、E_3，则$EE_0 = E_0E_1 + E_0E_2 + E_0E_3$。

2.2.7 供给量的变动

当影响供给的其他因素不变时，商品本身价格的变动所引起的供给量的变动是在同一条供给曲线上的移动，这种变动称为供给量的变动。供给量的变动不改变供给函数和供给表或供给曲线。如图2-4所示，在供给曲线S上，从a点到其他各点的变动就是供给量的变动，向右上方变动表示供给量的增加，向左下方变动表示供给量减少。

2.2.8 供给的变动

当商品本身的价格不变时，其他因素的变动所引起的供给量的变动是整个供给曲线的移动，这种变动称为供给的变动。供给的变动改变了供给函数和供给表或供给曲线。

可以用图2-6来说明供给的变动。

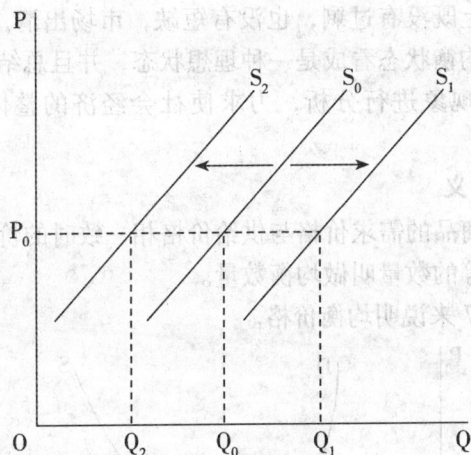

图 2-6 供给的变动

在图 2-6 中，供给曲线由 S_0 移至 S_1 和 S_2 都表示供给的变动。当供给曲线向右移动时，即从 S_0 移到 S_1，则表示供给的增加；当供给曲线向左移动时，即从 S_0 移到 S_2，则表示供给的减少。例如，在商品价格不变条件下，如果生产成本下降，生产者就会增加产量，则供给曲线就会向右移。反之，如果生产成本上升，生产者就会减少产量，则供给曲线就会向左移。如图 2-6 所示，生产成本下降了，在同样的价格水平 P_0 时，供给从 Q_0 增加到 Q_1，则供给曲线由 S_0 移到 S_1；生产成本上升了，在同样的价格水平 P_0 时，供给从 Q_0 减少到 Q_2，则供给曲线由 S_0 移到 S_2。可见，供给曲线向右移动是供给增加，向左移动是供给减少。

2.3 均衡价格理论

2.3.1 均衡价格的决定与市场均衡的形成

均衡是物理学中的名词，马歇尔把这一概念引入经济学中，主要是指：经济中各种对立的，变动着的力量处于一种力量相当，相对静止，不再变动的状态。均衡可分为局部均衡和一般均衡。局部均衡是假定在其他条件不变的情况下，分析一种商品或一种生产要素的供给和需求达到均衡时的价格决定，在这里所讲的均衡价格就属于局部均衡的分析。一般均衡是分析所有市场的供求同时达到均衡时的价格决定，一般均衡的具体内容将在第 7 章介绍。

均衡价格理论表明，价格不是单独由需求决定，也不是单独由供给决定，而是由需求和供给二者共同决定。当价格上涨时，供给量增加，但需求量减少，供给量超过需求量，出现过剩，这就会使价格下降；当价格下降时，需求量增加，但供给量减少，需求量超过供给量，出现短缺，即供不应求，这就会使价格上涨。两种相反的力量相互作用的结果，最终使某一商品的需求量和供给量在某一价格水平上正好相等。这时，市场上既没有过剩，也没有短缺，市场出清，处于一种均衡状态。微观经济学就把这种均衡状态看成是一种理想状态，并且总结出它存在的条件，然后用来对现实的经济现象进行分析，力求使社会经济的整体或局部由失衡转向均衡。

1）均衡价格的含义

均衡价格是一种商品的需求价格与供给价格相一致时的价格。在均衡价格上需求量和供给量正好相等的数量叫做均衡数量。

下面我们用图2-7来说明均衡价格。

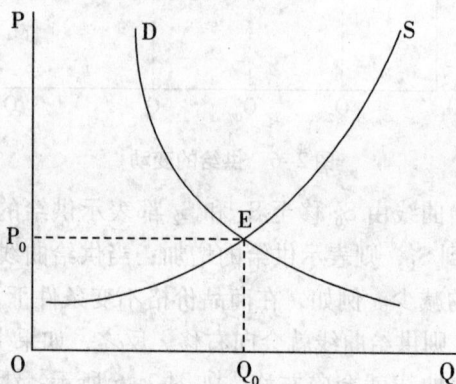

图2-7　均衡价格的决定

在图2-7中，横轴OQ代表数量，纵轴OP代表价格，D代表需求曲线，S代表供给曲线，D与S相交于E点，这时需求量等于供给量，决定了均衡价格为OP_0，均衡数量为OQ_0。可见，均衡价格是由需求和供给两种力量共同决定的。

2）均衡价格的形成

均衡价格是在供求的相互作用中形成的。由于市场上的需求和供给经常处于变化之中，市场上的实际价格必然要受到这种变化的影响。因此，均衡价格不一定是市场的实际价格，均衡价格只是在需求和供给不变的情况下形成的价格，或者说，均衡价格实际上是需求与供给这两种力量达到一致时的市场价格。虽然均衡价格不一定是市场的实际价格。但是，研究均衡价格的形成可以说明实际市场价格的变动及其变化趋势。

首先，我们用表2-3来说明均衡价格的形成。

表2-3　　　　　　　　　　　均衡价格的形成

供给量（斤）	价格（元）	需求量（斤）
20	2	100
40	4	80
60	6	60
80	8	40
100	10	20

在表 2-3 中，当价格低于 6 元时，需求量大于供给量，这时价格必然上升；当价格高于 6 元时，需求量小于供给量，这时价格必然下降；当价格等于 6 元时，需求量等于供给量，这时就实现了均衡。均衡价格为 6 元，均衡数量为 60 斤。

其次，我们用图 2-8 来说明均衡价格的形成。

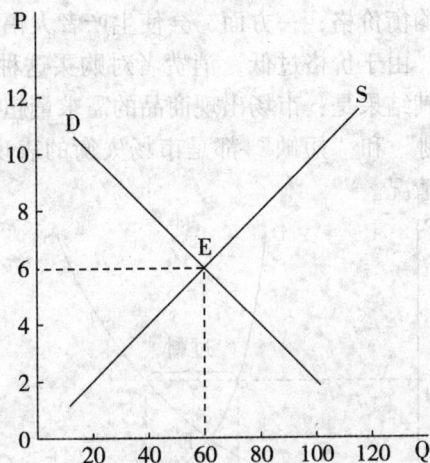

图 2-8 均衡价格的形成

由图 2-8 可见，当市场价格高于均衡价格 6 元时，供给量超过需求量，即供过于求，这意味着卖者不能按照现行价格出售他想出卖的所有商品，于是价格有下降的压力。这样，由于供过于求市场价格必然下降，一直降到 6 元为止，这时供给量和需求量相等都为 60 斤，市场实现了均衡。反之，当市场价格低于均衡价格 6 元时，需求量超过供给量，即供不应求，这意味着买者不能按照现行价格买到他想买的商品，于是价格有上升的动力。这样，由于供不应求市场价格必然上升，一直上升到 6 元为止，这时供给量和需求量相等都为 60 斤，市场又实现了均衡。

由此可见，均衡价格是通过市场供求关系的自发调节而形成的，是买卖双方都愿意接受并愿意继续保持下去的价格，是在没有外部力量影响时不会自行变化的价格，如果有外部力量的作用，这种均衡状态就会被打破。而市场价格一旦背离均衡价格，则会有自动恢复均衡的趋势。也就是说，由于供求的相互作用，一旦达到稳定的均衡以后，如果有某种力量使市场实际价格背离均衡价格，就会有另外一种力量使它恢复到原来的均衡位置。这种情形就像一条线所悬着的一块石子，如果离开了它的均衡位置，地心引力将立即有使它恢复均衡位置的趋势一样。[1]

3）市场失衡中的过剩和短缺

在现实经济中，商品一旦进入市场，并不一定处于市场均衡状态。商品的市场

---

① 阿弗里德·马歇尔. 经济学原理 [M]. 陈良璧，译. 北京：商务印书馆，1997：37.

价格可能高于均衡价格，也可能低于均衡价格。如果商品的市场价格高于均衡价格，一方面，会使生产者大幅度地增加产量，造成商品供给过多；另一方面，由于价格过高，消费者对购买这种商品的意愿大为减弱，使商品的需求量减少。其结果是：市场出现商品的供给量超过需求量，即供过于求的"过剩"状态。反之，如果商品的市场价格低于均衡价格，一方面，会使生产者大幅度地减少产量，造成商品供给过少；另一方面，由于价格过低，消费者对购买这种商品的意愿大为增强，使商品的需求量增加。其结果是：市场出现商品的需求量超过供给量，即供不应求的"短缺"状态。"过剩"和"短缺"都是市场失衡的表现。图 2-9 表示了市场失衡中的过剩和短缺的情况。

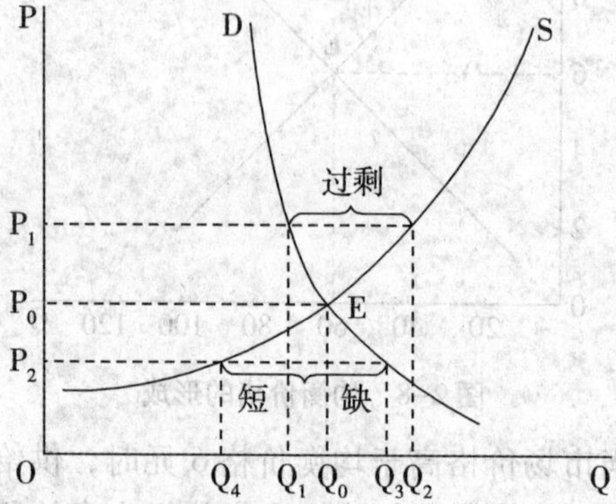

图 2-9　市场失衡中的过剩和短缺

图 2-9 表明，当市场价格高于均衡价格时，即 $OP_1 > OP_0$。这时需求量为 OQ_1，供给量为 OQ_2，$OQ_2 > OQ_1$，$OQ_2 - OQ_1 = Q_1Q_2$ 为供给过剩部分，这样，市场价格必然下降，一直降到 OP_0 的均衡价格为止，从而实现供求相等的均衡数量，此时市场上的过剩现象消除了。相反地，当市场价格低于均衡价格时，即 $OP_2 < OP_0$。这时，需求量为 OQ_3，供给量为 OQ_4，$OQ_3 > OQ_4$，$OQ_3 - OQ_4 = Q_3Q_4$ 为供给短缺部分，这样，市场价格必然上升，一直上升到 OP_0 的均衡价格为止，最后达到供求相等的均衡数量，此时市场上的短缺现象消除了。

由此可见，在市场失衡状态下，市场竞争会调节供给和需求并进而调节价格，即逐步消除过剩和短缺现象，使市场趋向均衡。价格高于或低于均衡价格的情况只能是暂时的，不可能长久。因为生产者之间竞相推销商品的竞争会使过高的价格具有下降的趋势，而消费者之间的竞争往往具有抬高价格的作用。所以市场竞争既可使过高的价格下降，又可使过低的价格上升。过剩和短缺在市场竞争中不断得到调节，最终使市场达到既无过剩也无短缺的市场出清状态，这时市场均衡就实现了。

2.3.2　需求与供给的变动对均衡的影响

由上分析可知，均衡价格是需求和供给不变时唯一可以保持下去的价格。也就是说，均衡价格是在没有外部力量影响时不会自行变化的价格，如果有外部力量的作用，这种均衡状态就会被打破。但是，市场上供求经常处于变化之中，由于市场价格的均衡和数量的均衡是由需求与供给这两种力量所决定的，因此，任何一方的变动都会引起均衡的变动。

1）需求变动对均衡的影响

在供给不变的情况下，需求增加会使需求曲线向右平移，从而使得均衡价格和均衡数量都增加；反之，需求减少会使需求曲线向左平移，从而使得均衡价格和均衡数量都减少。我们用图2-10来说明需求的变动对均衡的影响。

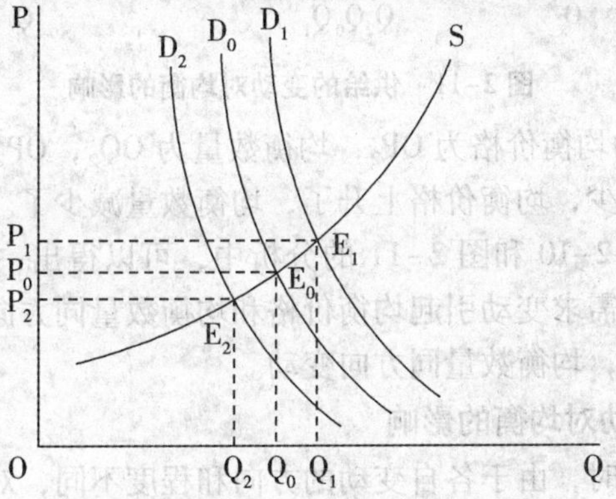

图2-10 需求的变动对均衡的影响

在图2-10中，D_0 是原来的需求曲线，D_0 与供给曲线 S 相交于 E_0，决定了均衡价格为 OP_0，均衡数量为 OQ_0。

当需求曲线由 D_0 移动到 D_1 时，意味着需求的增加，这时 D_1 与供给曲线 S 相交于 E_1，决定了新的均衡价格为 OP_1，均衡数量为 OQ_1。$OP_1>OP_0$，$OQ_1>OQ_0$，这表明，由于需求的增加，均衡价格上升了，均衡数量也增加了。

当需求曲线由 D_0 移动到 D_2 时，意味着需求的减少，这时 D_2 与供给曲线 S 相交于 E_2，决定了新的均衡价格为 OP_2，均衡数量为 OQ_2，$OP_2<OP_0$，$OQ_2<OQ_1$。这表明，由于需求的减少，均衡价格下降了，均衡数量也减少了。

2）供给变动对均衡的影响

在需求不变的情况下，供给增加会使供给曲线向右平移，从而使得均衡价格下降，均衡数量增加；反之，供给减少会使供给曲线向左平移，从而使得均衡价格上升，均衡数量减少。我们用图2-11来说明供给的变动对均衡的影响。

在图2-11中，S_0 是原来的供给曲线，S_0 与需求曲线 D 相交于 E_0，决定了均衡价格为 OP_0，均衡数量为 OQ_0。

当供给曲线由 S_0 移动到 S_1 时，意味着供给的增加，这时 S_1 与需求曲线 D 相交于 E_1，决定了新的均衡价格为 OP_1，均衡数量为 OQ_1，$OP_1<OP_0$，$OQ_1>OQ_0$，这表明，由于供给的增加，均衡价格下降了，均衡数量增加了。

当供给曲线由 S_0 移动到 S_2 时，意味着供给的减少，这时 S_2 与需求曲线 D 相

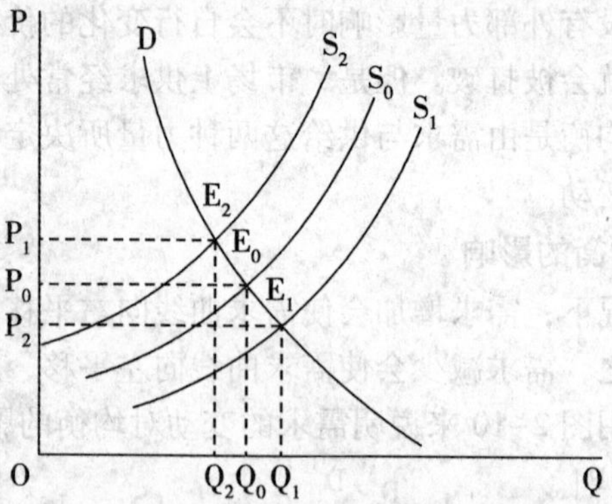

图2-11 供给的变动对均衡的影响

交于 E_2，决定了新的均衡价格为 OP_2，均衡数量为 OQ_2，$OP_2 > OP_0$，$OQ_2 < OQ_0$。这表明，由于供给的减少，均衡价格上升了，均衡数量减少了。

综上所述，由图2-10和图2-11的分析中，可以得出一个供求定理：在其他条件不变的情况下，需求变动引起均衡价格和均衡数量同方向变动；供给变动引起均衡价格反方向变动，均衡数量同方向变动。

3）供求同时变动对均衡的影响

当供求同时变动时，由于各自变动的方向和程度不同，对均衡价格和均衡数量的影响也不同，大致分为以下几种情况。

（1）供求同向变动

第一，当供求变动方向相同，均衡数量总是随供求增减而增减，如图2-12所示。

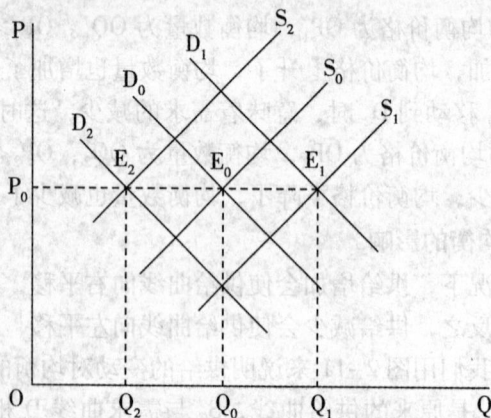

图2-12 均衡数量与供求增减的变化

第二，当供求变动方向相同，如果变动程度相等，则均衡价格不变；如果需求增加大于供给增加，或需求减少小于供给减少，则均衡价格上升；如果需求增加小于供给增加，或需求减少大于供给减少，则均衡价格下降（如图2-12和图2-13所示）。

需求增加
大于
供给增加

（a）

需求减少
小于
供给减少

需求增加
小于
供给增加

（c）

需求减少
大于
供给减少

（b）

（d）

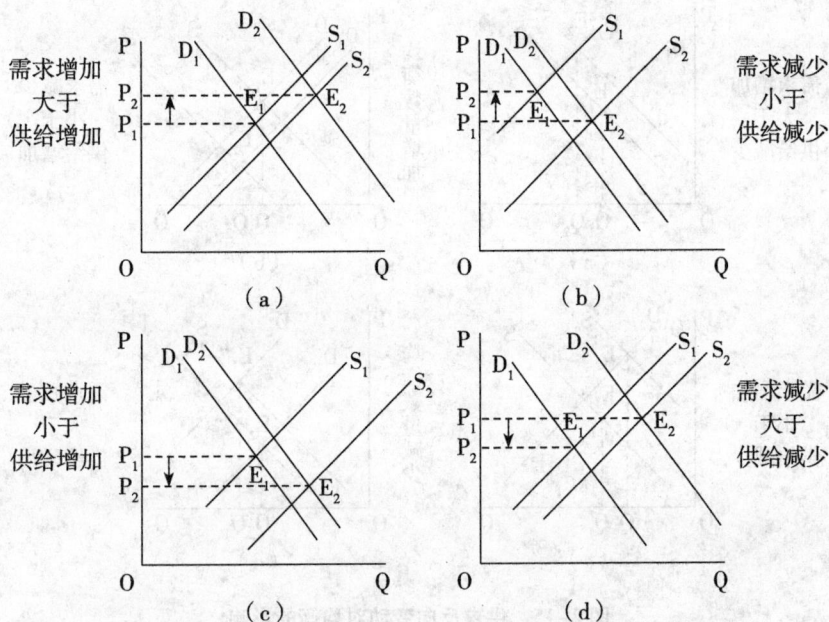

图2-13 供求同向变动对均衡的影响

（2）供求反向变动

第一，当供求变动方向相反，均衡价格总是按照需求变动的方向变动，如图2-14所示。

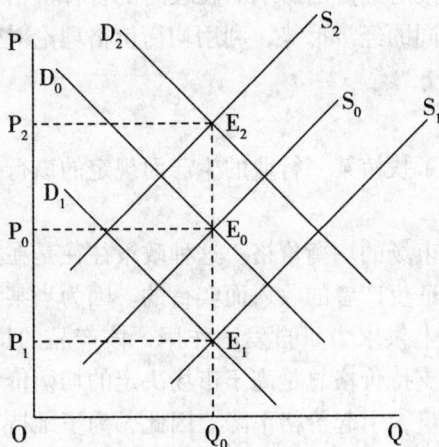

图2-14 均衡价格与供求增减的变化

第二，当需求变动方向相反，如果供求增减程度相等，则均衡数量不变；如果需求增加大于供给减少，或需求减少小于供给增加，则均衡数量增加；如果需求增加小于供给减少，或需求减少大于供给增加，则均衡数量减少（如图2-14和图2-15所示）。

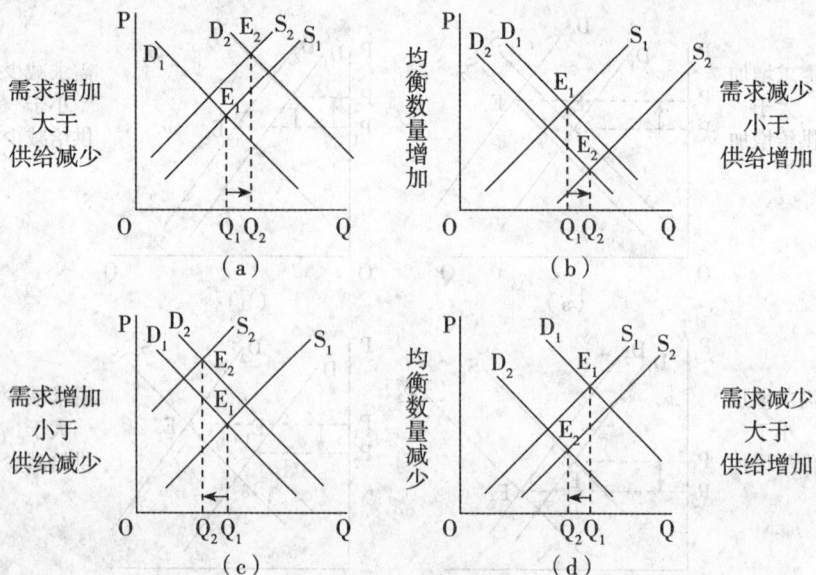

需求增加
大于
供给减少

均衡数量增加

需求减少
小于
供给增加

（a）　　　　　　　（b）

需求增加
小于
供给减少

均衡数量减少

需求减少
大于
供给增加

（c）　　　　　　　（d）

图2-15　供求反向变动对均衡的影响

2.3.3　均衡价格理论的运用：支持价格与限制价格

　　均衡价格理论在实际经济生活中具有广泛的应用价值，运用均衡价格理论可以分析政府的各种价格政策对经济的影响。在政府的各种价格政策中，支持价格与限制价格就是政府根据不同的经济形势，利用均衡价格理论对价格进行管制和干预的结果。

1）支持价格

　　支持价格是政府为了扶植某一行业的生产而规定的该行业产品的最低价格，又称最低限价。

　　支持价格一定高于市场的均衡价格。这种政策往往是在某种产品存在严重供给过剩的情况下，为了保证生产者的收入而实行的。因为当某种产品的产量供给大量过剩时，如果听任市场上供求力量自发的作用，该产品的均衡价格将处于很低水平。所以，政府实行的支持价格总是高于市场决定的均衡价格。当价格高于均衡价格时，供给量超过需求量，引起价格下降。因此，为了维持支持价格，不至于使支持价格下降，政府就要收购供给过剩的产品，强制地使供给量在支持价格上等于需求量。

　　支持价格政策的目的是为了扶持某些行业的发展，许多国家一般都对农产品实行支持价格政策。支持价格政策所产生的后果是供给大于需求，出现了供给过剩，为了能维持支持价格，政府就要收购过剩产品，用于储备、出口或援外。支持价格政策的作用是，一方面，可以稳定农业生产，减缓经济危机对农业的冲击；调整农业内部结构；扩大农业投资，促进农业现代化。另一方面，由于支持价格政策实质上是政府给予补贴，使政府财政支出增加。

2）限制价格

限制价格是政府为了限制某一行业的生产而规定的该行业产品的最低价格，又称为最高限价。

限制价格一定低于市场的均衡价格。这种政策往往是在某种商品的需求量很大而供给又不足的情况下，为了防止价格急剧上涨而实行的。因为当某种商品的需求量很大而供给严重短缺时，如果听任市场上供求力量自发的作用，该产品的均衡价格将处于很高水平。所以，政府实行的限制价格总是低于市场决定的均衡价格。当价格低于均衡价格时，需求量超过供给量，引起价格上升。因此，为了维持限制价格，不至于使限制价格上升，政府就要实行配给制，强制地使需求量在限制价格上等于供给量。

限制价格政策的目的是为了抑制某些产品的价格上涨，尤其是为了应对通货膨胀而采取的措施。限制价格政策一般是在战争或自然灾害等特殊时期使用的政策。同时，政府对一些垄断性很强的公用事业，有时也会采取限制价格政策。限制价格政策所产生的后果是需求大于供给，出现了供给不足，为了维持这种限制价格，政府就要实行配给制，市场上会出现抢购现象与黑市交易。限制价格政策的作用是：一方面，有利于社会平等的实现；有利于社会安定。另一方面，由于限制价格政策是使价格低于均衡价格，价格水平低不利于刺激生产，从而会使产品长期存在短缺现象；价格水平低不利于抑制需求，从而会在资源缺乏的同时造成严重的浪费；限制价格下所实行的配给制会引起腐败等不良社会风气。

下面可以用图2-16来说明支持价格政策和限制价格政策所产生的后果。

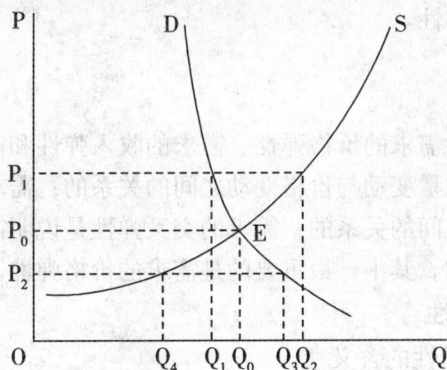

图2-16 支持价格与限制价格

从图2-16中可以看出，该行业产品的均衡价格为OP_0，均衡数量为OQ_0。如果政府为了支持该行业的生产，确定了产品的支持价格为OP_1，$OP_1>OP_0$，即支持价格高于均衡价格。这时需求量为OQ_1，而供给量为OQ_2，$OQ_2>OQ_1$，即供给大于需求。$OQ_2-OQ_1=Q_1Q_2$为供给过剩部分。为了能维持支持价格，政府就要收购过剩产品，用于储备、出口或援外。

如果政府为了防止物价上涨,确定了这种产品的限制价格为 OP_2,$OP_2<OP_0$。即限制价格低于均衡价格,这时需求量为 OQ_3。而供给量为 OQ_4,$OQ_3>OQ_4$,即需求大于供给,$OQ_3-OQ_4=Q_3Q_4$,为供给不足部分。为了维持这种限制价格,政府采用配给制,市场上就会出现抢购现象和黑市交易。

2.4 弹性理论

通过第一节和第二节的介绍,我们已经知道,价格的变动会引起需求量或供给量的变动。但是,不同商品,需求量或供给量对价格变动的反应程度是不同的。有的商品价格变动幅度大,而需求量或供给量变动幅度小;有的商品价格变动幅度小,而需求量或供给量变动幅度大。弹性理论正是要说明价格变动比率与需求量或供给量的变动比率之间的关系。

"弹性"是一个物理学名词,意指某一物质对外界力量的反应力。如一弹簧因受力不同其反应程度也不同。在经济学中,弹性是指当经济变量之间存在函数关系时,一变量对另一变量变化的反应程度。例如,需求量和供给量与价格之间存在函数关系,价格变化后,需求量和供给量会发生变化。那么,需求量或供给量对价格变化的反应程度,即为需求弹性或供给弹性。弹性理论最早由 19 世纪法国经济学家古诺提出的,以后,由马歇尔发展为一个完整的理论,20 世纪以后,西方经济学家将这一理论运用于实际。这些经济学家有:英国的庇古、斯通,美国的穆尔、舒尔茨等。

下面我们先介绍价格的变动比率与需求量的变动比率之间的关系,即需求弹性,然后再介绍供给弹性。

2.4.1 需求弹性

需求弹性可以分为需求的价格弹性、需求的收入弹性和需求的交叉弹性。需求的价格弹性是说明需求量变动与价格变动之间的关系的;需求的收入弹性是说明需求量变动与收入变动之间的关系的;需求的交叉弹性是说明需求量变动与其他商品价格变动之间的关系的。其中,最重要的是需求的价格弹性。

1)需求的价格弹性

(1)需求的价格弹性的含义

需求的价格弹性是用来衡量价格变动的比率所引起的需求量变动的比率,即衡量需求量变动对价格变动的反应程度。需求的价格弹性又称需求弹性。

各种商品的需求弹性是不同的,有的商品需求弹性大,即价格变动幅度小,需求量变动幅度大;有的商品需求弹性小,即价格变动幅度大,需求量变动幅度小。需求弹性的大小可用需求弹性的弹性系数来表示。

(2)需求的价格弹性的弹性系数

需求量变动的比率与价格变动的比率的比值就是需求的价格弹性的弹性系数。

可见，它就是用价格变动的相对量与需求变动的相对量之比求得。由于现实生活中一般都用百分比来表示价格和需求量变动的相对量，所以，需求的价格弹性的弹性系数等于需求量变动的百分比除以价格变动的百分比。

如果以 E_d 代表需求的价格弹性的弹性系数，P 代表价格，ΔP 代表价格的变动量，则 $\dfrac{\Delta P}{P}$ 为价格变化的相对量。Q 代表需求量，ΔQ 代表需求的变动量，则 $\dfrac{\Delta Q}{Q}$ 为需求变化的相对量。那么，根据定义，需求的价格弹性的弹性系数公式为：

$$E_d = \frac{\dfrac{\Delta Q}{Q}}{\dfrac{\Delta P}{P}} = \frac{\Delta Q}{Q} \cdot \frac{P}{\Delta P} = \frac{\Delta Q}{\Delta P} \cdot \frac{P}{Q}$$

这里应该注意的是：因为价格与需求量呈反方向变动，所以需求弹性的弹性系数应为负值。但是，为了方便起见，在实际运用中，弹性一般都取其绝对值。例如：某商品的价格由原来的每单位 5 元下降为 4 元，需求量由原来的 20 单位增加到 30 单位，那么，该商品的需求弹性可计算如下：

由于，$\Delta P = P_2 - P_1 = 4 - 5 = -1$，$\Delta Q = Q_2 - Q_1 = 30 - 20 = 10$

则有，$E_d = \dfrac{\Delta Q}{\Delta P} \cdot \dfrac{P}{Q}$

进一步有，$|E_d| = \left| \dfrac{\Delta Q}{\Delta P} \cdot \dfrac{P}{Q} \right| = \left| \dfrac{10}{-1} \times \dfrac{5}{20} \right| = |-2.5| = 2.5$

（3）需求的价格点弹性和弧弹性

弹性分为点弹性（曲线上某一点的弹性）和弧弹性（一条弧线的弹性）两种，其计量方法和公式，图示也有两种。

第一，需求的价格点弹性。

需求的价格点弹性是指需求曲线上某一点的弹性，它是在价格发生了微小的变化后引起需求量变化的百分比。根据数学中求极值的原理，点弹性就是假设价格变量趋向于零时的需求弹性。需求的价格点弹性的公式为：

$$E_d = \lim_{\Delta P \to 0} \frac{\Delta Q}{\Delta P} \cdot \frac{P}{Q} = \frac{dQ}{dP} \cdot \frac{P}{Q}$$

在公式中，$\dfrac{dQ}{dP}$ 为需求函数 Q 对 P 的一阶导数，公式表示当价格变量趋向于零（$\Delta P \to 0$）时的需求弹性。

假设某商品的需求函数为 Q = 100 − 0.4P，当价格为 100 元时，商品需求量为 50 斤，则该商品需求的价格点弹性的计算结果如下：

由于，$E_d = \dfrac{dQ}{dP} \cdot \dfrac{P}{Q}$

则有，$|E_d| = \left| \dfrac{dQ}{dP} \cdot \dfrac{P}{Q} \right| = \left| -0.4 \times \dfrac{100}{50} \right| = |-0.8| = 0.8$

下面还可以用几何推导法求出点弹性的几何表达式。假设有一条需求曲线 dd，我们现在要计算它上面的一点 A 的弹性，如图 2−17 所示。

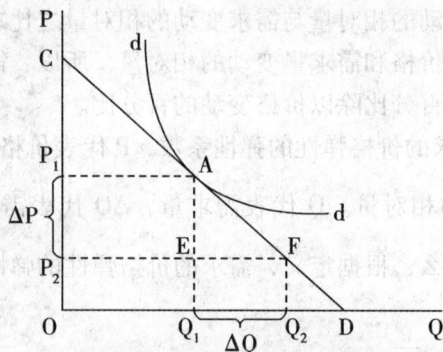

图 2-17 需求曲线的点弹性

在图 2-17 中，首先，过 A 点作一条 dd 的切线 CD，其次，假定价格由 OP_1 降到 OP_2，那么，需求量就从 OQ_1 增到 OQ_2。那么价格变化的绝对量是 P_1P_2，价格变化的相对量为 $\dfrac{P_1P_2}{OP_1}$；需求量变化的绝对量为 Q_1Q_2，需求量变化的相对量为 $\dfrac{Q_1Q_2}{OQ_1}$。即有：

$$\Delta P = P_1P_2 \quad \Delta Q = Q_1Q_2 \quad P = OP_1 \quad Q = OQ_1$$

根据弹性定义，则：

$$E_d = \frac{Q_1Q_2}{OQ_1} \div \frac{P_1P_2}{OP_1} = \frac{Q_1Q_2}{P_1P_2} \cdot \frac{OP_1}{OQ_1} \qquad ①$$

$$\frac{Q_1Q_2}{P_1P_2} = \frac{EF}{EA} = \frac{Q_1D}{Q_1A} = \frac{Q_1D}{OP_1} \qquad ②$$

将 $\dfrac{Q_1Q_2}{P_1P_2} = \dfrac{Q_1D}{OP_1}$ 代入①式，则：

$$E_d = \frac{Q_1D}{OP_1} \cdot \frac{OP_1}{OQ_1} = \frac{Q_1D}{OQ_1} = \frac{AD}{CA}$$

于是得出如下结论：需求曲线上任何一点的弹性等于该点沿切线到横轴的距离与到纵轴的距离之比。

由上述结论可知：如果需求曲线是直线，这条直线的中点的弹性为 1，中点以下的弹性小于 1，中点以上的弹性大于 1，如图 2-18 所示。

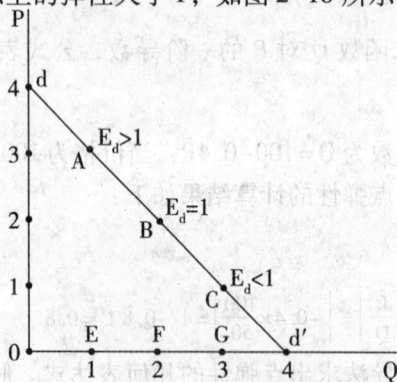

图 2-18 线性需求曲线的点弹性

在图 2-18 中，我们利用几何法推导出的点弹性的表达式就可以计算出需求dd′上任一点弹性。如下所示。

B 点的弹性是：Bd′÷Bd＝Fd′÷OF＝2÷2＝1

A 点的弹性是：Ed′÷OE＝3÷1＝3

C 点的弹性是：Gd′÷OG＝1÷3＝0.33

从上可见，在最高价格上弹性就大，在最低价格上，弹性小。

第二，需求的价格弧弹性

需求的价格弧弹性是指需求曲线上两点之间的弹性，它是在价格变化一定幅度时引起的需求量变化的百分比。一般人们用需求曲线上某一段弧的基期变量值与报告期变量值相加后的平均值来计算弹性系数，即需求的弧弹性＝$\dfrac{\text{数量变化}}{\text{平均数量}}$÷$\dfrac{\text{价格变化}}{\text{平均价格}}$，这样求出的值实际上就是这段弧的中点的弹性。因此，又称需求的价格弧弹性的中点公式。

需求的价格弧弹性的公式为：

$$E_d = \frac{\dfrac{\Delta Q}{(Q_1 + Q_2)\ /2}}{\dfrac{\Delta P}{(P_1 + P_2)\ /2}} = \frac{\Delta Q}{\Delta P} \cdot \frac{P_1 + P_2}{Q_1 + Q_2}$$

在实际生活中，价格和商品数量的变化通常具有离散型的特点。如果我们用定义弹性公式去求弹性值，就会由于基期与报告期的选择不同，弹性值就不同。或者说，弹性值会由于是沿着需求曲线上行还是下行（即价格是上升还是下降）而有所不同。例如，当 T 恤衫的价格从 80 元上升到 100 元，需求量从 110 件减少到 100 件，根据需求弹性公式，价格上升后的弹性系数计算结果如下：

$$E_d = \frac{\Delta Q}{\Delta P} \cdot \frac{P}{Q} = \left| \frac{-10}{20} \times \frac{80}{110} \right| \approx |-0.36| \approx 0.36$$

但是，如果价格从 100 元下降到 80 元时，其需求量从 100 件增加到 110 件，根据需求弹性公式，价格下降后的弹性系数计算结果如下：

$$E_d = \frac{\Delta Q}{\Delta P} \cdot \frac{P}{Q} = \left| \frac{10}{-20} \times \frac{100}{100} \right| = |-0.5| = 0.5$$

上述计算结果如图 2-19 所示。

在图 2-19 中，当价格上升时，在需求曲线上就表现为从 b 点到 a 点的滑动。当价格下降时，在需求曲线上就表现为从 a 点到 b 点的滑动。显然，在需求曲线上一段弧的弹性，由于涨价和降价所产生的需求的价格弹性系数是不同的。这主要是由于在计算价格和商品数量变化百分比时先后所选用的基数值不同，使得在同一段弧上从 a 点到 b 点的弹性和从 b 点到 a 点的弹性不同。为了解决这一问题，就可以用需求曲线上某一段弧的基期变量值与报告期变量值相加后的平均值来计算弹性系数，求出的值就是这段弧的弹性。可见，弧弹性实际上就是一函数某一区间的平均弹性。

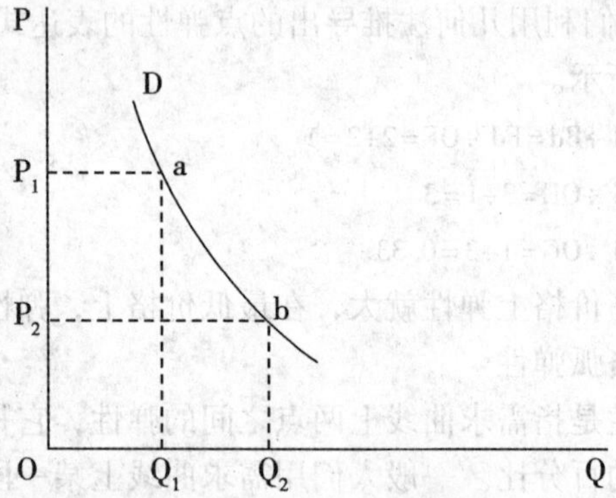

图2-19 需求的价格弧弹性

根据需求的价格弧弹性公式，我们可以计算出上例中 T 恤衫的弧价格弹性，其计算结果是：

$P_1 = 80 \quad Q_1 = 110 \quad P_2 = 100 \quad Q_2 = 100$

于是有：$\Delta P = 20 \quad \Delta Q = -10$

则：$E_d = \dfrac{\Delta Q}{\Delta P} \cdot \dfrac{P_1 + P_2}{Q_1 + Q_2} = \left| \dfrac{-10}{20} \times \dfrac{80 + 100}{110 + 100} \right| \approx |-0.43| \approx 0.43$

这样，不管是价格上升还是价格下降，计算所得的需求价格弹性系数都是0.43。可见，用这种计算方法的弧弹性，无论选择谁为基期和报告期，弹性值都是一样的。

综上所述，点弹性是需求数量上一个无穷小的相对变动对价格上一个无穷小的相对变动之比，点弹性概念是以微分方法来表示。因此，点弹性的逻辑性是严密的。如果我们在对价格和数量进行大量观察的基础上作统计计算，使得一条需求曲线为已知时，就可利用精确的计算公式即点弹性公式。但是，在现实生活中我们常常只能得到极其贫乏的数据，这些数据可能只是购买一种商品所得到的少数价格和需求量的观察资料。这样一来，另一种价格弹性的计算公式即弧弹性公式就成为必要的选择。

（4）线性需求弹性的特征

如果把不同线性需求曲线放在一个坐标系里对它们的弹性进行比较，根据点弹性的几何表达式，则可发现线性需求弹性的特征如下：

第一，如果价格相同，不同线性需求曲线的弹性可以用曲线与纵轴的截距高低来测定。截距越高，弹性越小；截距越低，弹性越大（如图2-20所示）。

第二，如果线性需求曲线相交于纵轴的同一点，即纵轴截距相同，如果此时价格相同，则弹性相同，如图2-21所示。

（5）需求的价格弹性的分类

对于不同商品来说，需求弹性是不同的，根据需求弹性系数的大小不同，可以把需求弹性分为五种情况。

第一，$E_d = 0$，称需求完全无弹性。

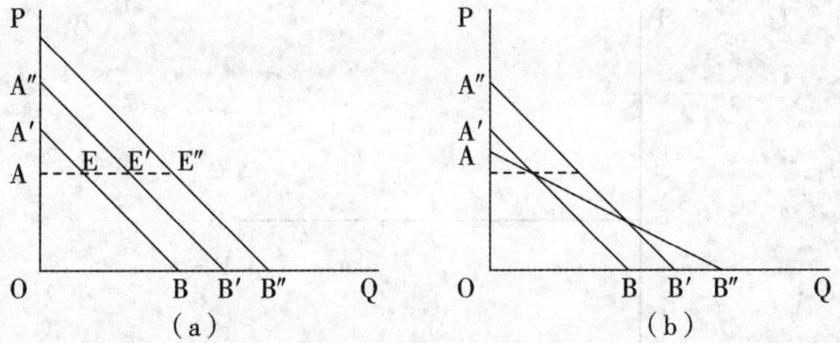

（a）　　　　　　　　　　　（b）

图 2-20　线性需求曲线特征之一

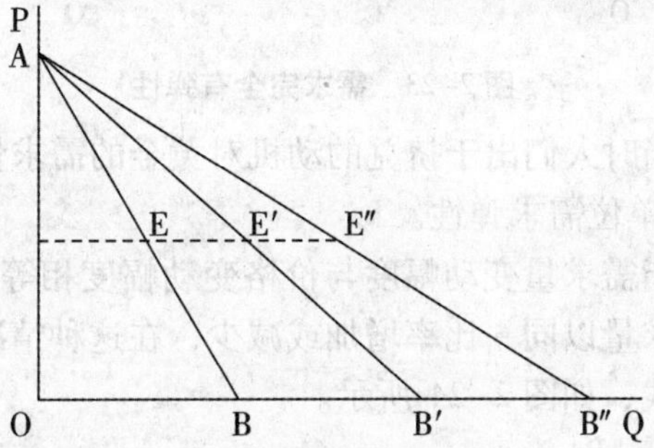

图 2-21　线性需求曲线特征之二

需求完全无弹性是指无论价格如何变动，需求量都不会变动，即 $E_d = 0$。在这种情况下，需求曲线反映在图形上是一条与横轴垂直的线，如图 2-22 所示。

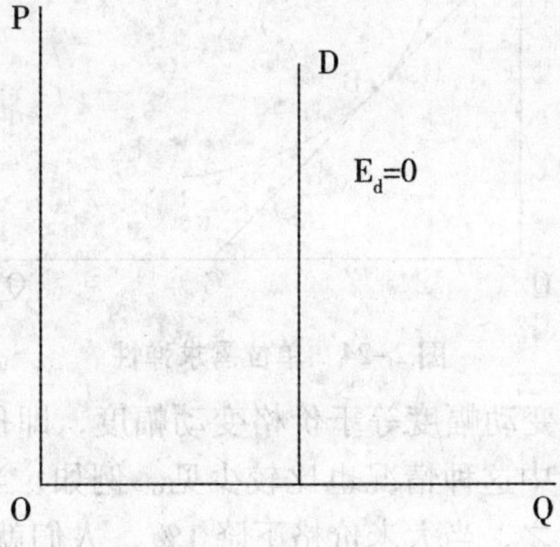

图 2-22　需求完全无弹性

图 2-22 表明无论价格上升还是下降需求量并不发生变动。这是一种极端情况，比较罕见。例如，棺材、火葬这样的商品和劳务就属此种情况。

第二，$E_d = \infty$，称需求完全有弹性。

需求完全有弹性是指价格为既定时，需求量是无限的，即 $E_d = \infty$。在这种情况下，需求曲线反映在图形上是一条与横轴平行的直线，如图 2-23 所示。

图 2-23 表明当价格既定时，需求量就趋于无穷大。这也是一种极端情况，比较罕见。例如，在 1979 年发生世界经济危机期间，美元与 1 盎司黄金的比价曾经

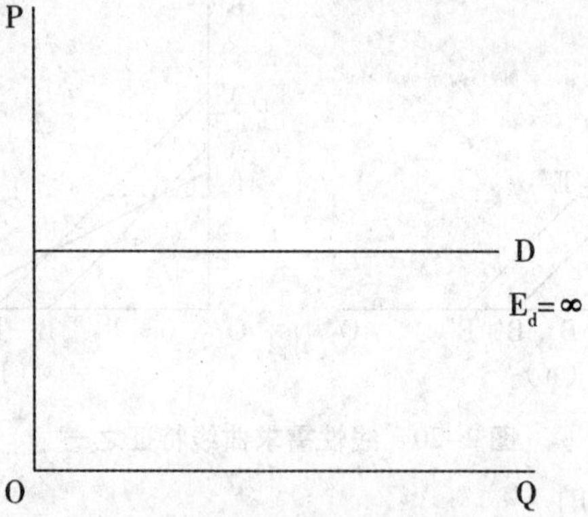

图 2-23 需求完全有弹性

突破 800 美元大关，当时人们出于挤兑的动机对黄金的需求量无穷大。

第三，$E_d = 1$，称单位需求弹性。

单位需求弹性是指需求量变动幅度与价格变动幅度相等，即 $E_d = 1$。此时，价格下降或上升，使需求量以同一比率增加或减少，在这种情况下，需求曲线反映在图形上是一条正双曲线，如图 2-24 所示。

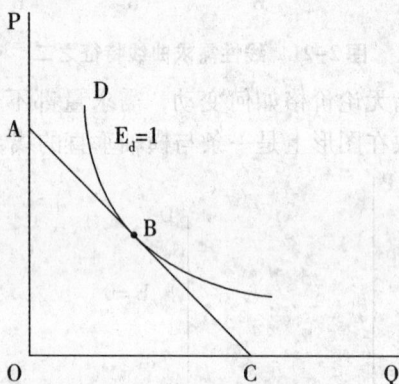

图 2-24 单位需求弹性

图 2-24 表明需求量变动幅度等于价格变动幅度，即价格变动 1% 后，需求量也变动 1%。在现实生活中这种情况也比较少见。例如，当大米价格上升 1%，人们就减少需求量 1%；反之，当大米价格下降 1%，人们就增加需求量 1%。显然，人们不会按这个比例来消费。

第四，$E_d > 1$，称需求富有弹性。

需求富有弹性是指需求量变动幅度大于价格变动幅度，即 $E_d > 1$。需求富有弹性又称需求弹性充足或需求弹性大。此时，$E_d < \infty$，说明需求不是完全有弹性，它的弹性是 $E_d > 1$，即表示 $\dfrac{\Delta Q}{\Delta P} > 0$，它又表示 $\Delta Q > \Delta P$，即需求量的变化大于价格的变化。在这种情况下，需求曲线反映在图形上是一条坡度较平滑的曲线，如图 2-25 所示。

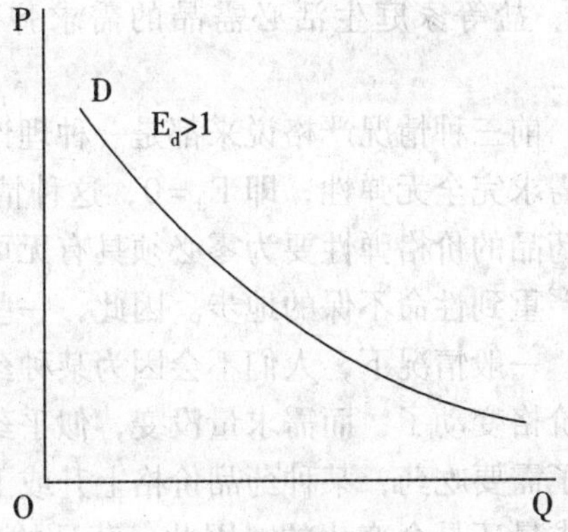

图2-25 需求富有弹性

图2-25表明需求量的变化幅度大于价格变化幅度。例如，某物品价格下跌1%，而需求量增加2%，则其需求富有弹性，为2，$E_d>0$，说明这种物品属于需求富有弹性的商品或者说其需求弹性大，这也是日常生活中常见的一种情况。一般来说，高级轿车、高级美容术、高水平的音乐会等奢侈品和费用昂贵的享受性劳务的需求弹性大。

第五，$E_d<1$，称需求缺乏弹性。

需求缺乏弹性是指需求量变动幅度小于价格变动幅度，即$E_d<1$。需求缺乏弹性又称需求弹性不足或需求弹性小。此时，$E_d>0$，说明需求不是完全无弹性，而是有一些弹性，这个弹性就是$E_d<1$，即表示$\dfrac{\Delta Q}{\Delta P}<1$，它又表示$\Delta Q<\Delta P$，即需求量变化幅度小于价格变化幅度。在这种情况下，需求曲线反映在图形上是一条坡度较陡的曲线，如图2-26所示。

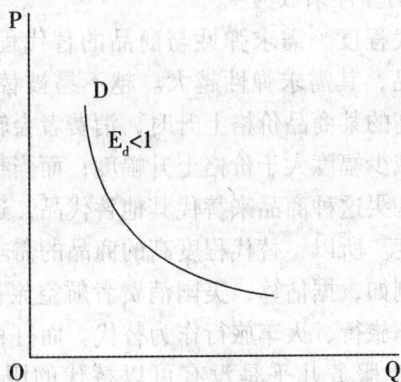

图2-26 需求缺乏弹性

图2-26表明需求量的变化幅度小于价格变化的幅度。例如，某物品价格上升1%，而需求量只减少0.5%，则其需求弹性为0.5，即$E_d<1$，说明这种物品属于需求缺乏弹性的商品，或者说其需求弹性小，这是日常生活中常见的一种情况。一

般说来，粮食、食用油、盐等家庭生活必需品的需求弹性小，药品的需求弹性更小。

在上述五种情况中，前三种情况严格说来都是一种理论上的假定，在现实生活中是罕见的。比如说，需求完全无弹性，即 $E_d = 0$，这种情况在现实生活中有没有呢？拿药品来说，一种药品的价格弹性要为零必须具有无可替代的特性，也就是非吃不可，如果不吃就要严重到性命不保的地步。因此，一些治疗癌症、艾滋病的药品属于这种情况。另外，一般情况下，人们不会因为某种药品的价格下降了，没病也买来吃，这说明药品价格变动了，而需求量没变，似乎药品也是需求完全无弹性的。但是，如果人有病了需要吃药，某种药品价格上升或下降，病人可能会减少药量或增加药量，因而需求量还是会变化的。因此，药品的价格弹性不一定都为零。一般来说，凭医生处方才能买到的药弹性小，它是针对一定疾病的，不能乱吃。所以，在现实生活中，一般情况下需求完全无弹性是不大可能的，需求完全有弹性和单位需求弹性也是如此，它们都是理论上的假定。

在现实生活中，绝大多数商品的需求弹性是属于需求富有弹性或者需求缺乏弹性。一般来说，奢侈品和享受性服务的需求弹性大，而生活必需品的需求弹性小。

（6）影响需求的价格弹性的因素

影响某种商品需求弹性大小的因素很多，其中主要有以下几个因素：

第一，商品的需求强度。需求弹性与商品的需求强度反方向变化。一般说来，消费者对生活必需品的需求强度大且比较稳定，因而，生活必需品的需求弹性小。例如，粮食、蔬菜的弹性一般都小；而消费者对奢侈品的需求强度小且不稳定，因而其需求弹性大。例如，到国外旅游这类消费的需求弹性都大。根据一些美国经济学家在 20 世纪 70 年代的估算，在美国，土豆的弹性系数为 0.31，咖啡的弹性系数为 0.25，到国外旅行的弹性系数为 4。

第二，商品的可替代程度。需求弹性与商品的替代程度同方向变化。一般来说，越易于被替代的商品，其需求弹性越大。越不易被替代的商品其需求弹性越小。因为，当替代程度高的某商品价格上升时，消费者会转向购买其他替代品，这意味着该商品需求量的减少幅度大于价格上升幅度；而当替代程度高的某商品价格下降时，消费者会增加购买这种商品来替代其他替代品，这意味着该商品需求量增加幅度大于价格下降幅度。所以，替代程度高的商品的需求弹性大。反之，替代程度低的商品的弹性小。例如，据估算，美国消费者航空旅行的需求弹性为 2.4，主要是因为航空旅行有汽车旅行、火车旅行作为替代。而打官司要请律师，没人能替代他的服务，所以，法律服务几乎是没有可以替代的服务，西方学者测算其为 0.5。另外，对一种商品的定义越明确、范围越狭窄，意味着这种商品的相近的替代品越多，则该商品的需求弹性就越大。例如，一种特定牌号的香烟要比一般香烟的需求更有弹性，而一般香烟又比烟丝更有弹性。

第三，商品的用途广泛性。需求弹性与商品用途的广泛性同方向变化。一般来说，用途广泛的商品需求弹性大，而用途少的商品需求弹性小。因为，如果某种商品用途广泛,当其价格上涨时,消费者只会购买较少的数量用于最重要的方面,这意味着需求量减少幅度会大于价格上升幅度;当其价格下降时,消费者就会大大增加购买量,这意味着需求量增加幅度会大于价格下降幅度。反之则反是。例如,美国的电力需求弹性为1.2,这与其用途广泛有关,而小麦的需求弹性为0.08,这与其用途少有关。

第四,商品的时间长短。需求弹性与商品的时间长短同方向变化。在这里,时间长短有两层含义:第一层含义是指消费者调节需求量的时间,即消费者对价格变动的适应过程。一般而言,价格变化后,消费者要有一个了解价格变化、调整消费支出的过程。因此,需求弹性的大小与消费者调节需求量的时间,即适应期的长短同方向变化。时间越长,消费者就越容易用一种商品替代另一种商品,弹性就越大。例如,电的价格比天然气的价格下降了,那么一天之内电的消耗量不会大大增加,但是,在较长时间内,人们就会逐渐用电炉取代煤气炉,电的需求弹性就越大。再如,汽油的短期价格弹性小,长期价格弹性大。因为时间长之后,人们会用省油的小型车代替耗油的大型车。据美国经济学家估计,汽油的短期价格弹性为0.1,2~3年为期的价格弹性为0.25,5年为0.49,10年为0.8,15年为1.3。时间长短的第二层含义是指商品使用时间的长短。使用时间长的耐用品的需求弹性大,使用时间短的非耐用品的需求弹性小。据测算,美国电冰箱、汽车之类耐用品的需求弹性在1.2~1.6之间,而报纸、杂志之类这种看完就无用的印刷品的需求弹性是0.1,鞋的弹性是0.5。

第五,商品的支出比重。需求弹性与商品的支出比重同方向变化。一般来说,消费者在某商品上的支出在家庭总支出中所占的比重大,该商品的需求弹性就越大;反之,消费者在某商品上的支出在家庭总支出中所占的比重小,该商品的需求弹性就越小。例如,汽车在家庭支出中所占的比重大,弹性就大,在美国其弹性为1.2~1.5;香烟占家庭支出比重小,弹性就小,在美国其弹性为0.3~0.4。

总之,某种商品需求弹性的大小是由上述这些因素综合决定的,不能只考虑其中一种因素,必须同时考虑多种因素。每一种因素对于一种商品的需求弹性的影响可能是相互促进的,也可能是相互抵消的。在这种情况下,哪一种因素占的比重大,哪一因素就起决定作用。例如,某商品用途广泛,但无相关替代品,其需求弹性可能不大;某商品替代品很多,但在家庭支出中占很小的比例,其弹性可能很小。此外,还有很多因素对需求弹性产生影响。诸如地域差别、消费习惯、商品质量、售后服务、收入水平等因素。

(7) 需求的价格弹性与总收益的关系

当某种商品的价格变动时,它的需求弹性的大小和由价格变动所引起的总收益的大小是密切相关的。这是因为:总收益=价格×销售量,这个销售量对生产者来说是销售量,对消费者来说是需求量,所以,价格变动引起需求量变动,从而就会引起销售量的变动。由于不同商品的需求弹性是不同的,价格变动所引起的销售量的变动就是不同的,总收益的变动也就不同。

第一，如果某商品的需求是富有弹性的，$E_d > 1$ 时，则价格与总收益呈反方向变化。即价格上升，总收益减少；价格下降，总收益增加。

下面举例来说明：如果某商品的需求是富有弹性的，当该商品的价格上升时，那么需求量（从而销售量）减少的幅度就会大于价格上升的幅度，因此，总收益就会减少。假定轿车的需求是富有弹性的，$E_d = 2$，原来的价格 $P_1 = 10$ 万元，这时销售量 $Q_1 = 100$ 辆，总收益 $TR_1 = P_1 \times Q_1 = 10 \times 100 = 1\,000$（万元）。现在轿车的价格上升了 1%，则 $P_2 = 10.10$ 万元，$Q_2 = 98$ 辆，总收益 $TR_2 = P_2 \times Q_2 = 10.10 \times 98 = 989.80$（万元）。那么，$TR_2 - TR_1 = 989.80 - 1\,000 = -10.2$（万元）。这表明：由于轿车价格上升，总收益减少了 10.2 万元。

如果某商品的需求是富有弹性的，当该商品的价格下降时，那么需求量（从而销售量）增加的幅度就会大于价格下降的幅度，因此，总收益就会增加。我们仍以上述轿车的例子来说明这一点。现在轿车的价格下降了 1%，则 $P_2 = 9.9$ 万元，$Q_2 = 102$ 辆，总收益 $TR_2 = P_2 \times Q_2 = 9.9 \times 102 = 1\,009.8$（万元）。那么，$TR_2 - TR_1 = 1\,009.8 - 1\,000 = 9.8$（万元）。这表明：由于轿车价格下降，总收益增加了 9.8 万元。

下面我们还可以用图 2-27 来说明这种情况。

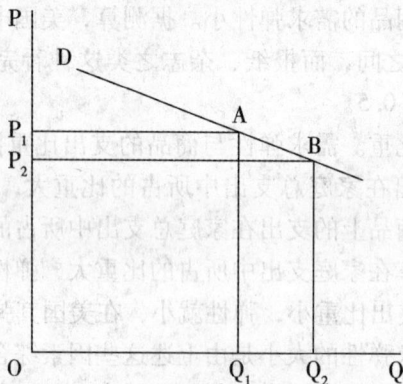

图 2-27　需求富有弹性与总收益的关系

在图 2-27 中，D 是需求富有弹性的需求曲线，当价格为 OP_1 时，销售量为 OQ_1，总收益为 OQ_1AP_1；当价格为 OP_2 时，销售量为 OQ_2，总收益为 OQ_2BP_2；图上显示：$OQ_2BP_2 > OQ_1AP_1$。因此，当价格由 OP_2 上升为 OP_1 时，$OQ_1AP_1 - OQ_2BP_2 < 0$，这意味着总收益减少；当价格由 OP_1 下降为 OP_2 时，$OQ_2BP_2 - OQ_1AP_1 > 0$，这意味着总收益增加。

第二，如果某商品的需求是缺乏弹性的，$E_d < 1$ 时，则价格与总收益呈同方向变化。即价格上升，总收益增加；价格下降，总收益减少。

下面举例来说明：如果某商品的需求是缺乏弹性的，当该商品的价格上升时，那么需求量（从而销售量）减少的幅度就会小于价格上升的幅度，因此，总收益会增加。假定面粉的需求是缺乏弹性的，$E_d = 0.5$，原来的价格 $P_1 = 1.0$ 元，这时

销售量 $Q_1 = 100$ 斤。总收益 $TR_1 = P_1 \times Q_1 = 1.0 \times 100 = 100$ （元）。现在面粉价格上升了 10%，则 $P_2 = 1.1$ 元，因为 $E_d = 0.5$，所以销售量就减少 5%，即 $Q_2 = 95$ 斤，总收益 $TR_2 = P_2 \times Q_2 = 1.1 \times 95 = 104.5$ （元）。那么，$TR_2 - TR_1 = 104.5 - 100 = 4.5$ （元）。这表明：由于面粉价格上升，总收益增加了 4.5 元。

如果某商品的需求是缺乏弹性的，当该商品的价格下降时，那么需求量（从而销售量）增加的幅度就会小于价格下降的幅度，因此，总收益就会减少。我们仍以上述面粉的例子来说明这一点。现在面粉的价格下降了 10%，即 $P_2 = 0.9$ 元。因为 $E_d = 0.5$，所以销售量就增加 5%，即 $Q_2 = 105$ 斤，总收益 $TR_2 = P_2 \times Q_2 = 0.9 \times 105 = 94.5$ （元）。那么，$TR_2 - TR_1 = 94.5 - 100 = -5.5$ （元）。这表明：由于面粉价格下降，总收益减少了 5.5 元。

下面我们还可以用图 2-28 说明这种情况。

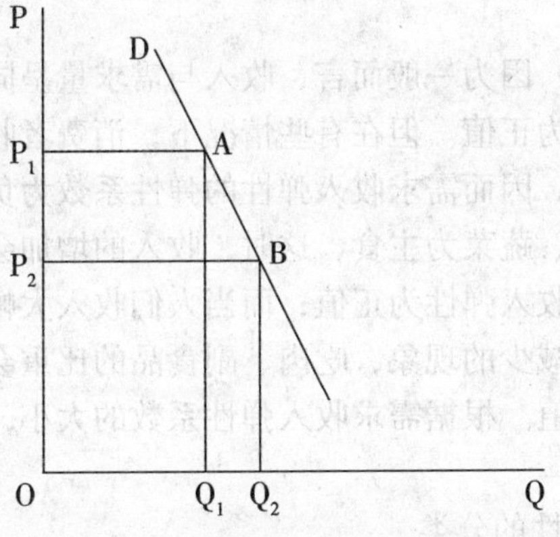

图 2-28　需求缺乏弹性与总收益的关系

在图 2-28 中，D 是需求缺乏弹性的需求曲线，当价格为 OP_1 时，销售量为 OQ_1，总收益为 OQ_1AP_1；当价格为 OP_2 时，销售量为 OQ_2，总收益为 OQ_2BP_2。图上显示：$OQ_1AP_1 > OQ_2BP_2$，因此，当价格由 OP_2 上升为 OP_1 时，$OQ_1AP_1 - OQ_2BP_2 > 0$，这意味着总收益增加。当价格由 OP_1 下降为 OP_2 时，$OQ_2BP_2 - OQ_1AP_1 < 0$，这意味着总收益减少。

以上介绍的是需求富有弹性的商品和需求缺乏弹性的商品即 $E_d > 1$ 或 $E_d < 1$ 时，价格上升或下降时对总收益的影响，此外，还有三种特殊情况：第一，单位需求弹性，即 $E_d = 1$ 时，无论价格上升或下降，总收益都不变；第二，需求完全无弹性，即 $E_d = 0$ 时，收益同比例于价格的上升而增加，同比例于价格的下降而减少；第三，需求完全有弹性，$E_d = \infty$ 时，在既定价格下，则收益无限增加。

2）需求的收入弹性

需求收入弹性的原理和公式推导与需求价格弹性的原理基本相似，所不同的只是正负号不同，曲线图示的方向相反。

（1）需求的收入弹性的含义

需求的收入弹性是用来衡量收入变动的比率所引起的需求量变动的比率，即需求量变动对收入变动的反应程度。需求的收入弹性的大小可用需求的收入弹性系数来表示。

（2）需求的收入弹性的弹性系数

需求量变动比率与收入变动比率的比值，就是需求的收入弹性的弹性系数。因此，需求的收入弹性的弹性系数等于需求量变动的百分比除以收入变动的百分比。

如果以 E_m 代表需求的收入弹性的弹性系数，Y 代表收入，ΔY 代表收入的变动量，Q 代表需求量，ΔQ 代表需求的变动量，则需求的收入弹性系数的公式为：

$$E_m = \frac{\frac{\Delta Q}{Q}}{\frac{\Delta Y}{Y}} = \frac{\Delta Q}{Q} \cdot \frac{Y}{\Delta Y} = \frac{\Delta Q}{\Delta Y} \cdot \frac{Y}{Q}$$

这里应该注意的是：因为一般而言，收入与需求量呈同方向变动，所以需求的收入弹性的弹性系数应为正值。但在有些情况下，消费者收入水平提高后，对某一商品的消费量反而减少，因而需求收入弹性的弹性系数为负值。例如，当人们收入水平很低时，常以粮食、蔬菜为主食，这时，收入的增加会相应增加人们对粮食和蔬菜的需求，所以需求收入弹性为正值；而当人们收入大幅度提高后，食物结构中吃粮、菜的比重会出现减少的现象，吃肉、副食品的比重会增大，因而粮、菜的需求收入弹性就会出现负值。根据需求收入弹性系数的大小，可以把需求收入弹性分为五种情况。

（3）需求的收入弹性的分类

第一，$E_m = 0$，称收入无弹性。

收入无弹性是指收入变化后需求量并无反应，即 $E_m = 0$。例如，食盐、面碱、肥皂、牙膏等商品，人们对它的消费量是较固定的，收入变化对其需求是几乎没什么影响。在这种情况下，需求曲线反映在图形上是一条与横轴垂直的线，如图2-29所示。

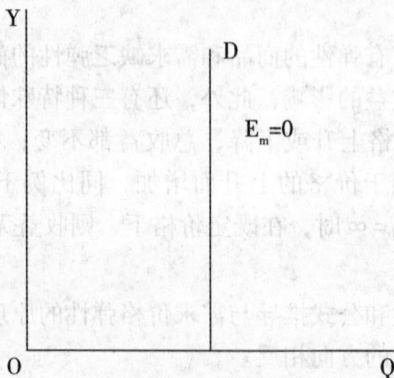

图2-29　收入无弹性

第二，$E_m > 1$，称收入弹性充足。

收入弹性充足是指需求量变动幅度大于收入变动幅度，即 $E_m > 1$。也就是说，收入变动1%后，需求量变动超过1%，收入弹性大。例如，轿车、电视机、国外旅游、医疗保险等商品和劳务，收入弹性就大于1。在这种情况下，需求曲线反映在图形上是一条坡度较平滑的向右上方倾斜的曲线，如图2-30所示。

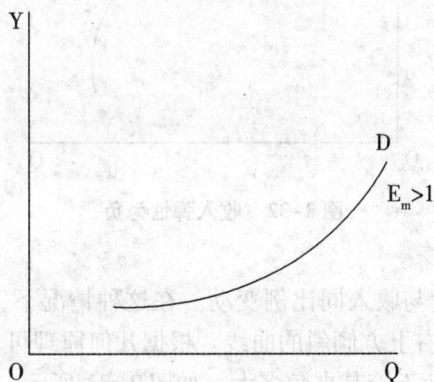

图2-30 收入弹性充足

第三，$E_m < 1$，称收入弹性不足。

收入弹性不足是指需求量变动幅度小于收入变动幅度。即 $E_m < 1$。也就是说，收入变动1%后，需求量变动小于1%，收入弹性小。例如，粮、食用油、一般香烟等，收入弹性就小于1。在这种情况下，需求曲线反映在图形上是一条坡度较陡的向右上方倾斜的曲线，如图2-31所示。

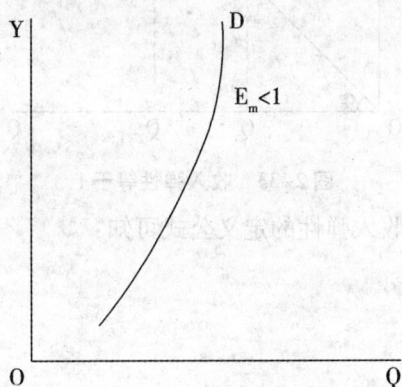

图2-31 收入弹性不足

第四，$E_m < 0$。

$E_m < 0$，是指需求量与收入呈反方向变化趋势。收入增加，需求量反而减少。例如，肥肉、粗粮、蔬菜（土豆、白菜）等，收入提高后对其消费量会减少。在这种情况下，需求曲线反映在图形上是一条从右下方向左上方倾斜的曲线，曲线的斜率为负，如图2-32所示。

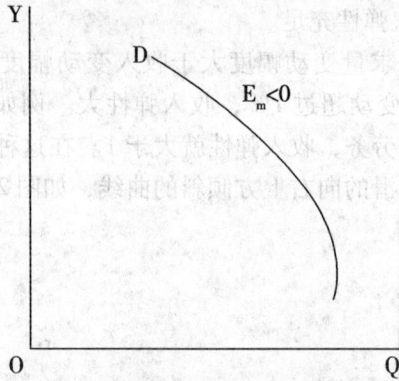

图 2-32　收入弹性为负

第五，$E_m = 1$。

$E_m = 1$，是指需求量与收入同比例变动。在这种情况下，需求曲线反映在图形上是一条从原点出发向右上方倾斜的曲线。根据几何原理可知，过原点的直线上任意一点的弹性均为 1，而不论其夹角多大，如图 2-33 所示。

图 2-33　收入弹性等于 1

在图 2-33 中，根据收入弹性的定义公式可知：

$$E_m = \frac{\Delta Q}{\Delta Y} \cdot \frac{Y}{Q} = \frac{\dfrac{Y}{Q}}{\dfrac{\Delta Y}{\Delta Q}}$$

因为：$\Delta Q = Q_1 Q_2$　$\Delta y = Y_1 Y_2$　$Q = OQ_1$　$Y = OY_1$

所以：$\dfrac{Y}{Q} = \dfrac{OY_1}{OQ_1} = \mathrm{tg}\alpha$，$\dfrac{\Delta Y}{\Delta Q} = \dfrac{Y_1 Y_2}{Q_1 Q_2} = \mathrm{tg}\beta$

则：$E_m = \dfrac{\dfrac{Y}{Q}}{\dfrac{\Delta Y}{\Delta Q}} = \mathrm{tg}\alpha / \mathrm{tg}\beta$

又因为三角形 OAQ_1 与三角形 ABC 相似，因此 $\alpha = \beta$，所以，$E_m = \dfrac{\mathrm{tg}\alpha}{\mathrm{ta}\beta} = 1$。

（4）需求收入弹性的作用和意义

第一，依据需求收入弹性的大小来划分商品品种。

一些经济学家经过长期研究和统计资料验证后发现，生活必需品的收入弹性较小，奢侈品和耐用品的收入弹性大，据此反推出一个判定定理：一般而言，需求收入弹性大的商品，即 $E_m>1$ 的商品属于奢侈品或耐用品，需求收入弹性小的商品，即 $E_m<1$ 属于必需品。

第二，依据需求收入弹性值的符号来测定商品类型，如图2-34所示。

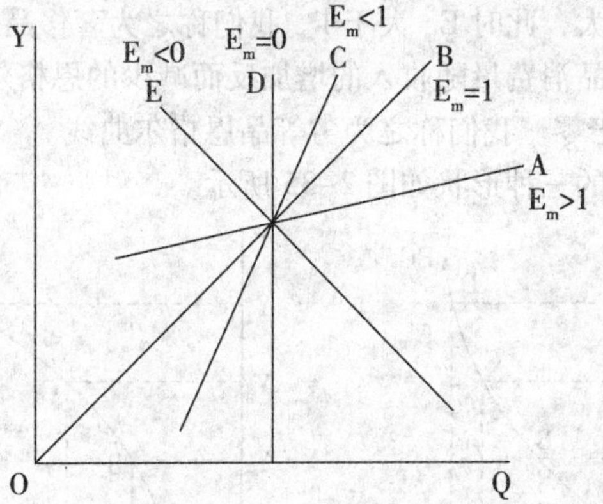

图2-34　需求收入弹性综合图

为了方便和明晰起见，我们用曲线上各点的切线来表示各点弹性的大小。在图2-34中，$E_m=0$ 是一条垂直于横轴的线（D线），$E_m=1$ 是一条过原点的直线（B线）。据此可以推论：在B线之左，$E_m<1$，在B线之右 $E_m>1$，在D线之左，$E_m<0$。从图形上可以看出，凡是需求曲线的切线的斜率为正（在图上显示的是D线之右的曲线）表示随着收入的增加，对该商品的需求量就大；凡是需求曲线的切线的斜率为负（在图上显示的是D线之左的曲线）表示随着收入的增加，对该商品的需求量反而减少。据此可以推断：需求收入弹性值为正的商品是"正常商品"，即需求量与收入呈同方向变化的商品。正常品包括必需品和奢侈品，此时 $E_m>0$，其中 $E_m<1$ 的商品为必需品，$E_m>1$ 的商品为奢侈品。需求收入弹性值为负的商品是"劣等商品"，即需求量与收入呈反方向变化的商品，此时 $E_m<0$。

以上介绍的是需求收入弹性的基本内容，正确地运用需求收入弹性理论，掌握收入变化与需求量变化的规律性，对于人们合理地进行决策具有重要的意义。恩格尔曲线就是需求收入弹性理论得到应用的一个范例。

（5）需求的收入弹性理论的应用：恩格尔曲线

第一，恩格尔曲线的含义。

恩格尔曲线是一条反映消费者收入变动对消费者的需求和消费行为影响的曲线。恩格尔曲线是以德国统计学家厄恩斯特恩格尔的名字命名的。

恩格尔曲线的形状由于商品的性质不同而不同。例如，有的商品是必需品，有的商品是奢侈品；有的商品是正常商品，有的商品是劣等商品。必需品收入弹性小，奢侈品收入弹性大。正常商品收入弹性值为正，表明需求量随收入增加而增加；劣等商品收入弹性值为负，表明需求量随收入增加而减少。此外，还由于消费者个人偏好不同，以及商品价格水平的高低不同，恩格尔曲线的形状也就不同。一般来说，恩格尔曲线主要有三种形状：

第一种是表示商品消费量随收入的增加而以递减率的形式增长的恩格尔曲线，表明收入弹性由大变小，此时 E_m 大于零小于1。我们称之为必需品恩格尔曲线。

第二种是表示商品消费量随收入的增加而以递增率的形式增长的恩格尔曲线，表明收入弹性由小变大，此时 E_m 大于1。我们称之为奢侈品恩格尔曲线。

第三种是表示商品消费量随收入的增加反而减少的恩格尔曲线，表明收入弹性为负值，此时 E_m 小于零。我们称之为劣等品恩格尔曲线。

上述恩格尔曲线的三种形状如图 2-35 所示。

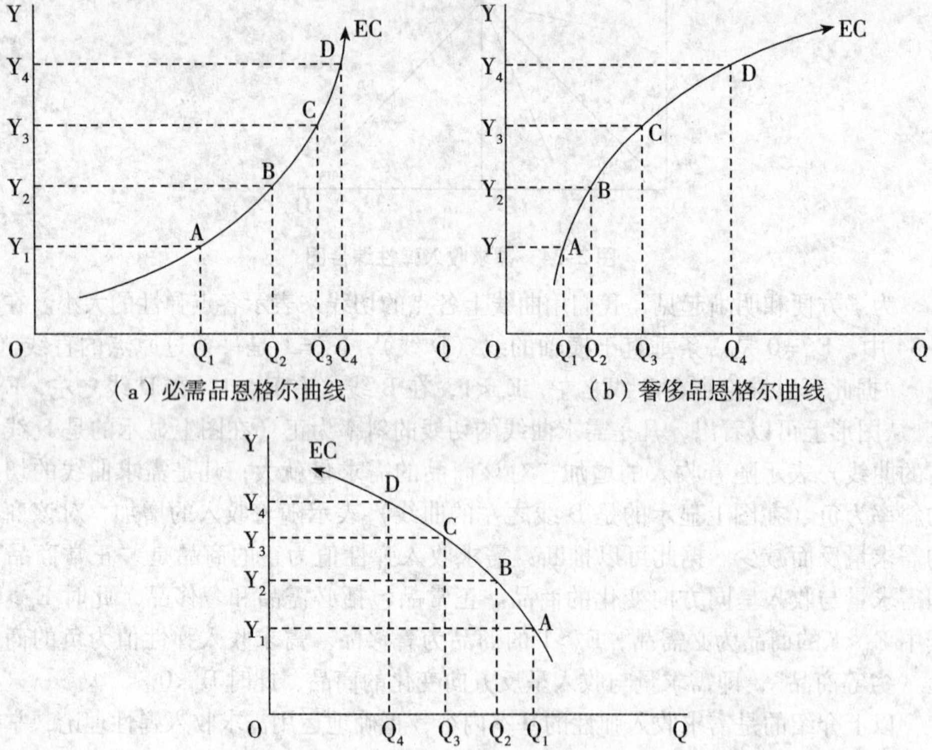

（a）必需品恩格尔曲线　　　　（b）奢侈品恩格尔曲线

（c）劣等品恩格尔曲线

图 2-35　恩格尔曲线

在图 2-35 中，（a）图所表示的商品一般是必需品。如食盐、粮、面粉、大米、油等；（b）图所表示的商品一般是非必需的高档商品或奢侈品。如电视机、小汽车旅游等。（c）图所表示的商品一般是劣等品。这种商品随着收入从 Y_1 上升到 Y_2、Y_3、Y_4，消费量从 Q_1 下降到 Q_2、Q_3、Q_4。这种情况表明，消费者收入境况改善之后，不愿多购买劣等品，而要求多购买高档品。这类商品的例子有：旧货、低级食品、处理品等。

第二，恩格尔定律。

恩格尔定律是指在一个家庭或国家中，随着收入的增长和消费总支出的增长，用于购买食物的支出的绝对额也在增长，但食物支出在消费总支出中所占的比重是逐渐下降的。

恩格尔曲线就是根据恩格尔定律推出的。1857 年，恩格尔发表《萨克森王国的生产和消费的关系》一文，说明一个家庭越穷，支出中用于食物的比例越大。1895 年，恩格尔在《比利时工人家庭的生活费用》中，进而认为无论个人、家庭或民族收入用于食物的百分比越大，他们就越穷，这就是恩格尔定律。

这个定律具有的含义是：对一个家庭来说，收入水平越低，其总支出中用于购买食物的支出部分所占比例越大；反之则反是。对一个国家来说也是这样，一国的人均国民收入水平越低，每个国民的平均支出中用于购买食物的支出所占比例就越大；反之则反是。

第三，恩格尔系数。

根据恩格尔定律，如果我们用食物开支与总开支相比，这个比值就是国际上用来衡量一国贫富程度的恩格尔系数。因此，恩格尔系数是表示食物支出变动率与总支出变动率的比值。恩格尔系数用公式可表示为：

$$恩格尔系数 = \frac{食物支出变动的百分比}{总支出（总收入）变动的百分比}$$

在上式中，消费总支出可以用收入来代替。如果用 E_i 代表恩格尔系数，Y 代表收入，ΔY 代表收入增量，Q 代表食物消费支出，ΔQ 代表食物支出增量，上述公式则可写成：

$$E_i = \frac{Q \text{变化百分比}}{Y \text{变化百分比}} = \frac{\frac{\Delta Q}{Q}}{\frac{\Delta Y}{Y}} = \frac{\Delta Q}{Q} \cdot \frac{Y}{\Delta Y} = \frac{\Delta Q}{\Delta Y} \cdot \frac{Y}{Q}$$

可见，恩格尔系数就是需求的收入弹性，所以，我们把恩格尔系数称为"食物支出的收入弹性"，从公式中可见，恩格尔系数同食物支出变动的百分比呈同方向变化，同收入变动的百分比呈反方向变化。

因此，恩格尔系数越大，一国或一家庭越穷（收入低）；恩格尔系数越小，一国或一家庭越富裕（收入高）。恩格尔系数的大小同国家与家庭的富裕程度成反比。一般来说，发展中国家的恩格尔系数要比发达国家的恩格尔系数大。

第四，恩格尔系数的意义。

由恩格尔定律导出的恩格尔系数即食物支出的收入弹性是一个重要的数据，其意义在于：一是它的大小可以大致反映出一个家庭或一个国家的收入水平和人民生活水平；二是它的大小变化可以反映出一个家庭或一个国家的消费结构及其变化趋势；三是它的大小变化可以反映出在商品价格变化的情况下，价格的同一变动对不同收入水平的家庭或国家的影响是不同的。比如，当食物价格上涨幅度大于其他消费品价格上涨幅度时，低收入家庭比高收入家庭所处的地位更加不利，因为低收入家庭的恩格尔系数大，即食物支出的比重大，所以食物价格上涨对其影响也就大，认识这一点特别有现实意义。例如，在物价调整中，日用品物价上涨，其对低收入者、退休人员、待业人员的影响要比收入高者大得多。

恩格尔系数也已被广泛用于分析消费结构的变化。例如，一些经济学家根据统计资料计算了战后美国食物支出在居民个人可支配收入中所占的比重。1960 年恩格尔系数为 0.235，1965 年恩格尔系数为 0.213，1970 年恩格尔系数为 0.207，1975 年恩格尔系数为 0.194。可见，恩格尔系数在不断下降，这表明食物支出在消费支出中所占比重逐渐下降。从而说明这个国家的富裕程度在提高。

我国一些学者也对中国人收入水平和消费结构的变化进行了研究和预测。据统计：1981 年与 1978 年相比，我国城市职工家庭可用于生活费用的收入增长了31.3%，同期，职工家庭用于食品的支出占总支出的比重由 64% 下降为 61.6%。也就是恩格尔系数由 0.64 下降为 0.616，用于穿的支出由 15.1% 上升为 16.1%，用于日用品及文娱品的支出由 14% 上升为 16.6%。这一变化说明：随着职工家庭收入水平的提高，恩格尔系数在不断下降，同时消费结构开始由吃、穿、用的顺序逐渐转向用、穿、吃的顺序。

此外，收入弹性的分析对于我们预测市场的变化、合理安排生产、调整产品结构、利用价格杠杆来有效地调节商品供求的平衡等等，也有着重要的指导意义。例如，我们在安排生产时，可根据商品收入弹性的大小适当地增加或减少投资，或者在资源有限的条件下，可以通过对商品的适当调价来缓解供求矛盾。

3) 需求的交叉弹性

前面介绍了需求的价格弹性和需求的收入弹性，这两者所考察的是某一种商品的需求弹性，但消费者要满足同一需要，往往不只是消费一种商品，而是消费两种或更多的商品。当消费者同时消费多种商品来满足同一需要时，那么，一种商品价格的变动就不只是影响该商品的需求量，还会对其他有关商品需求量也产生影响。同样道理，一种商品需求量的变动不只与该商品的价格发生关系，还会影响到其他有关商品的价格与需求量。这样，商品之间就产生了一种交叉关系，这就是需求的交叉弹性所涉及的内容。

（1）需求的交叉弹性的含义

如前所述，影响需求的因素多种多样，相关商品价格就是其中的一个因素。当两种商品之间存在替代和互补关系时，一种商品价格的变动会把对两种商品的需求量产生交叉影响。

需求的交叉弹性是用来衡量其他商品价格变动的比率所引起的某商品需求量变动的比率，即某商品需求量变动对其他商品价格变动的反应程度。需求的交叉弹性的大小可用需求的交叉弹性的弹性系数来表示。

（2）需求的交叉弹性的弹性系数

某商品需求量变动比率与另一种商品价格变动比率的比值就是需求的交叉弹性

的弹性系数。因此，需求的交叉弹性的弹性系数等于 X 商品需求量变动的百分比除以 Y 商品价格变动的百分比。

如果以 E_{de} 代表需求的交叉弹性的弹性系数，P_Y 代表 Y 商品的价格，ΔP_Y 代表 Y 商品价格的变动量；Q_X 代表对 X 商品的需求量，ΔQ_X 代表对 X 商品需求的变动量，则需求的交叉弹性的弹性系数公式为：

$$E_{de} = \frac{\dfrac{\Delta Q_X}{Q_X}}{\dfrac{\Delta P_Y}{P_Y}} = \frac{\Delta Q_X}{Q_X} \cdot \frac{P_Y}{\Delta P_Y} = \frac{\Delta Q_X}{\Delta P_Y} \cdot \frac{P_Y}{Q_X}$$

这里应该注意的是：需求的交叉弹性的弹性系数应为负值还是为正值，这要看 x 和 y 这两种商品是互补商品，还是替代商品。一般来说，替代品的交叉弹性为正值，互补品的交叉弹性为负值。因为，互补关系是指两种商品共同满足一种欲望。互补关系的商品之间价格变动对需求量的影响是：当一种商品的价格上升时，对另一种商品的需求量就减少；反之，当一种商品的价格下降时，对另一种商品的需求量就增加。例如，汽车和汽油就是互补关系。当汽车的价格上升时，对汽油的需求就减少。反之则反是。所以，两种互补商品之间的价格与需求量呈反方向变动，弹性系数则为负值。替代关系是指两种商品可以互相代替来满足同一种欲望。替代关系的商品之间价格变动对需求量的影响是：当一种商品的价格上升时，对另一种商品的需求量就增加；反之，当一种商品的价格下降时，对另一种商品的需求量就减少。例如，牛肉和羊肉就是替代关系，当牛肉价格上升，对羊肉的需求量就会增加。反之则反是。所以，两种替代商品之间的价格与需求量呈同方向变动，弹性系数则为正值。

由此得出结论：替代商品之间价格与需求量的变动方向相同，交叉弹性值为正；互补商品之间价格与需求量的变动方向相反，交叉弹性值为负。根据这一结论我们又可以反过来推论：需求交叉弹性值为正的商品是替代品，其弹性值越大，商品的替代性越强；需求交叉弹性值为负的商品是互补品，其弹性值越大，商品的互补性越强；需求交叉弹性为零，表明商品无交叉关系，既不是替代品也不是互补品，是独立商品，如大头针和棉花。

以上介绍的是需求弹性，它包括需求的价格弹性，需求的收入弹性，需求的交叉弹性，其内容的基本点就是：需求是价格的函数，不同的价格会产生不同的需求，从而使需求曲线具有不同的形状。这就是说，价格的不同变动，需求对它的感应性是不同的；同时，对不同的商品来说，即使价格的变化相同，它们的各自需求反应程度也是不一样的。比如，有些商品的价格的微小变化会引起需求量的巨大变动，而有些商品的价格的巨大变化却只会引起需求量微小变化。收入变化与需求量的变化也具有同样情况，那么，研究价格或收入变化与需求变化的关系及其变化规律，并测算需求对价格或收入变化的反应程度的理论，就是我们以上所讲的需求弹性理论。

2.4.2　供给弹性

同需求一样，供给与价格之间也存在着函数关系，价格的不同变动，供给量的反应程度也是不一样的。那么，供给量对价格变化的反应程度，就是供给的价格弹性。收入变化与供给量变化也具有同样情况，那么，研究价格或收入变化与供给变化的关系及其变化规律，并测算供给对价格或收入变化的反应程度的理论，就是供给弹性理论。供给弹性可以分为供给的价格弹性、供给的收入弹性、供给的交叉弹性，

1）供给的价格弹性

（1）供给的价格弹性的含义

供给的价格弹性是用来衡量价格变动比率所引起的供给量变动的比率，即衡量供给量变动对价格变动的反应程度。供给的价格弹性又称供给弹性。供给的价格弹性的大小可用供给的价格弹性系数来表示。

（2）供给的价格弹性系数

供给量变动比率与价格变动比率的比值就是供给的价格弹性系数。可见，供给的价格弹性系数就是用供给量变动的相对量与价格变动的相对量之比求得的，由于现实生活中一般都用百分比表示价格和供给量变动的相对量，因此，供给的价格弹性系数也就等于供给量变动的百分比除以价格变动的百分比。

如果以 E_s 代表供给的价格弹性系数，P 代表价格，ΔP 代表价格的变动量（或说是价格的增量，即价格变化的绝对量），那么，$\dfrac{\Delta P}{P}$ 为价格变化的相对量，Q 代表供给量，ΔQ 代表供给的变动量（或说是供给的增量，即供给变化的绝对量），那么，$\dfrac{\Delta Q}{Q}$ 为供给变化的相对量。则供给的价格弹性系数公式为：

$$E_s = \frac{\dfrac{\Delta Q}{Q}}{\dfrac{\Delta P}{P}} = \frac{\Delta Q}{Q} \cdot \frac{P}{\Delta P} = \frac{\Delta Q}{\Delta P} \cdot \frac{P}{Q}$$

这一公式的符号与需求价格弹性大致相同。不过，在这里应该注意的是：因为价格与供给量同方向变动，所以供给的价格弹性系数为正值。

（3）供给的价格弹性的分类

根据供给的价格弹性大小不同，可以把供给弹性分为六种情况。

第一，$E_s = 0$，称供给无弹性。

供给无弹性是指价格变化后供给量并无反应。在这种情况下，反映在图形上是一条与横轴垂直的直线。它表明：供给曲线的斜率为无穷大，无论价格怎样上升或下降，供给量都保持在原有水平上（如图 2-36 所示）。例如，古玩、古字画、珍贵邮票等就属于这类商品。

图 2-36 供给无弹性

第二，$E_s = \infty$，称供给弹性无穷大。

供给弹性无穷大是指价格既定，供给量无穷大。在这种情况下，反映在图形上是一条与横轴平行的直线。供给曲线的斜率为零，这也是一种极端情况，但是日常生活中可以见到。例如，发展中国家农村人口大量过剩，因而只要城市工业部门工资水平既定并高于农村收入，过剩劳动力就会源源不断地流入城市工业部门，这里讲的过剩劳动力，其供给弹性就是无穷大，如图 2-37 所示。

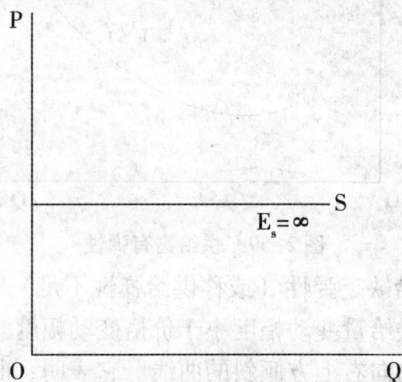

图 2-37 供给弹性无穷大

第三，$E_s = 1$，称单位供给弹性。

单位供给弹性是指供给量变动幅度等于价格变动幅度。在这种情况下，反映在图形上是一条从原点出发向右上方倾斜的曲线。因为从几何原理可知，从原点出发的任一条直线，其弹性均为1，而不论其夹角多大，它表明供给曲线上任一点的弹性均为1，如图 2-38 所示。

第四，$E_s > 1$，称供给富有弹性（或称供给弹性充足）。

供给富有弹性是指供给量变动幅度大于价格变动幅度。在这种情况下，反映在图形上是一条较平滑的向右上方倾斜的曲线。它表明曲线的斜率为正，其弹性值也为正，由于供给量变化大于价格，从而生产者能尽快地调整供给以适应需求。例

图2-38　单位供给弹性

如，小型企业在价格变化后，能及时调整自己的生产与供给，其供给弹性大，还有生产周期短的商品供给弹性也大，如图2-39所示。

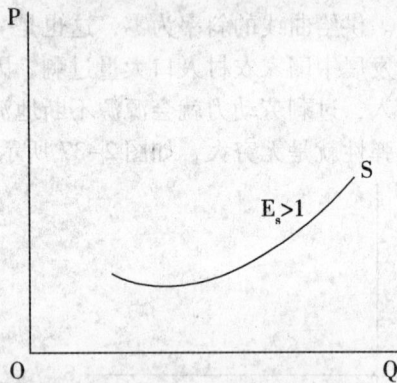

图2-39　供给富有弹性

第五，$E_s<1$，称供给缺乏弹性（或称供给弹性不足）。

供给缺乏弹性是指供给量变动幅度小于价格变动幅度。在这种情况下，反映在图形上是一条坡度较陡的向右上方倾斜的曲线。它表明：曲线的斜率为正，其弹性值也为正，是大于零，总收益与供给量和价格是同方向变动，但总收益的增减率要小于价格的涨跌率。例如，一些大型企业的生产，供给弹性就小于1，还有生产周期长的产品等，供给弹性也小于1，如图2-40所示。

第六，$E_s<0$。

供给弹性小于零是指供给量与价格呈反方向变动，价格上升，供给量反而减少。在这种情况下，反映在图形上是一条从右下方向左上方倾斜的曲线。它表明：曲线的斜率为负，其弹性值也为负，是小于零的，因而生产者价格提高，反而会使总收益减少。所谓向后弯曲的劳动力供给曲线就是这种情况。它主要是指工作目的是为了获得一定数量收入的人，一旦达到了收入目标，他们就会减少或停止工作。这样，劳动力供给量与劳动力价格（工资）就会出现反方向变化的情况，如图2-41所示。

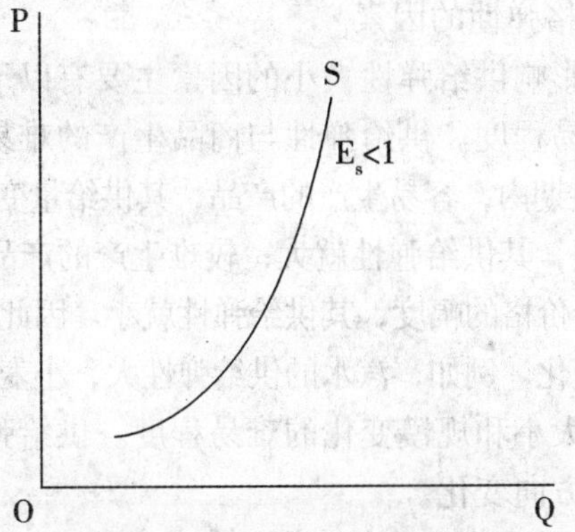

图 2-40 供给缺乏弹性

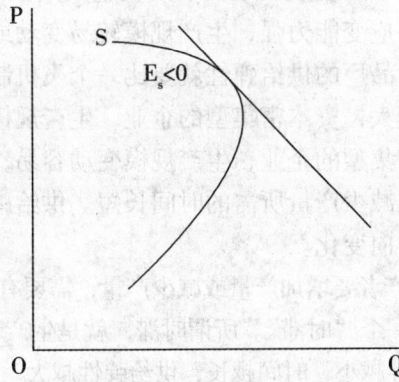

图 2-41 供给弹性为负

为了方便和清楚起见,我们用曲线上各点的切线来表示各点弹性的大小,把上述 6 种情况综合在一张图上,如图 2-42 所示。

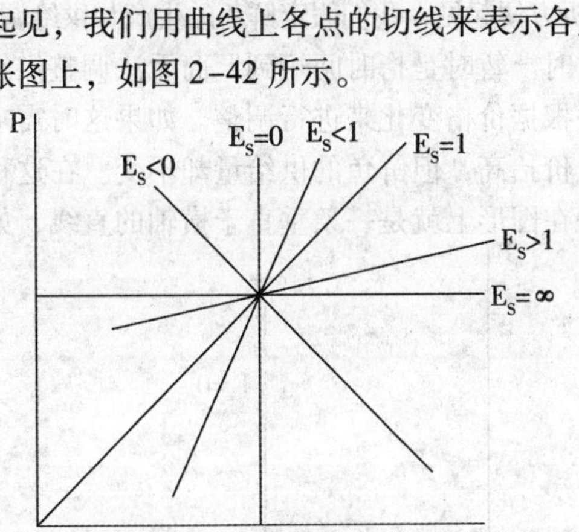

图 2-42 供给弹性综合图

在图 2-42 中,$E_s=0$ 是一条垂直于横轴的线。$E_s=\infty$ 是一条与横轴平行的直线,$E_s=1$ 是一条过原点的直线,由此可以判断:在 $E_s=1$ 之右的线,是 $E_s>1$。在 $E_s=1$ 之左的线是 $E_s<1$;在 $E_s=0$ 之左的线是 $E_s<0$。

（4）影响供给的价格弹性的因素

从供给一方来看，影响供给弹性大小的因素主要有以下几个因素：

第一，商品生产难易程度。供给弹性与商品生产的难易程度反方向变化。

一般来说，在一定时期内，容易生产的产品，其供给量变动速度快，因而供给量变动幅度大于价格变动幅度，其供给弹性就大；较难生产的产品，其供给量变动速度慢，因而供给量变动幅度小于价格的幅度，其供给弹性就小。因此，供给弹性的大小与商品生产的难易程度成反向变化。例如，汽水的供给弹性大，小麦的供给弹性小。

第二，生产规模的大小和规模变化的难易程度。供给弹性与生产规模的大小和规模变化的难易程度反方向变化。

一般说来，生产规模大的企业，当价格发生变化时，其生产规模受设计生产能力和专业化设备的制约，生产规模较难变动或调整周期较长，因而其供给弹性小；而生产规模较小的企业，应变能力强，生产规模较易变动或调整周期短，因而其供给弹性大。例如，一个食品厂的供给弹性就要比一个飞机制造厂的供给弹性大。所以，一般而言，生产规模大，资本密集型的企业，生产规模变动困难，供给弹性较小；生产规模小，劳动密集型的企业，生产规模变动容易，供给弹性就大。

第三，生产者扩大或减少产量所需的时间长短。供给弹性与生产者扩大或减少产量所需的时间长短同方向变化。

由于价格变化后，生产者要增加产量或减少产量，需要有一段调整时间，即价格变动后供给量对它的反应有一个"时滞"。所谓时滞，就是生产者扩大或减少产量所需的时间。时间越短，供给弹性越小，时间越长，供给弹性越大。也就是说，供给弹性的大小是随时间长短的变化而同方向变化。例如，鲜鱼的供给弹性就是随时间的延长而逐渐由小变大的。为了分析方便起见，我们假定鲜鱼的生产与供给调整经历了3个时区：

第一个时区：暂时。暂时是指时间短到厂商无法调整供给量。这时鲜鱼的产量或供给量已定，无法根据价格变化来进行调整。如果这时需求量突然增加，那么扩大的需求量就会将鱼价抬高，但鲜鱼的供给量却不变。在这种情况下，说明鲜鱼的供给没有弹性，反映在图形上就是一条垂直于横轴的直线，如图2-43所示。

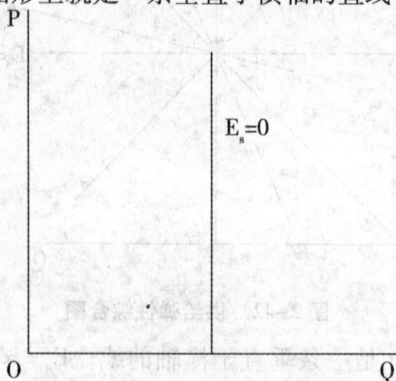

图2-43 鲜鱼的供给无弹性

第二个时区：短期。短期是指厂商可以在一定的工厂设备条件下，通过调整其部分生产要素，适当增减其产量。就鲜鱼的例子来说，比如一个月或两个月，由于对鱼的需求量增加，这时渔民可以在既定生产条件下适当增加捕鱼量，从而使鲜鱼供给量有所增加，这样，即使鲜鱼仍然供不应求，但增加的供给能满足一部分增加的需求，因而鱼价不至于上涨太多。在这种情况下，说明鲜鱼的供给虽有弹性，但弹性不足，即鲜鱼的供给弹性由零变为小于 1。反映在图形上就是一条坡度较陡的向右上方倾斜的曲线，如图 2-44 所示。

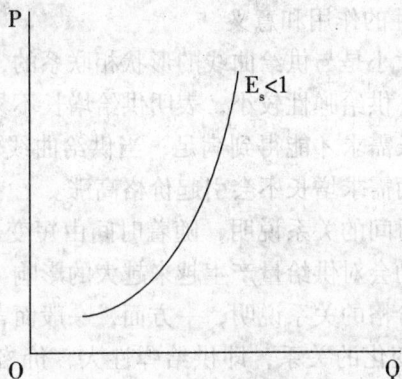

图 2-44　鲜鱼的供给弹性不足

第三个时区：长期。长期是指厂商根据市场行情的变动，可以调整其全部生产要素，以增加或减少产量。就鲜鱼的例子来说，比如半年或一年以上，这时，由于鱼价仍很高，供不应求，渔民就可以更新或添置新设备，增加投资以扩大生产规模，使鲜鱼的供给量大量增长，直至完全满足市场需求水平。这样一来，鲜鱼的供给弹性就大于 1，反映在图形上就是一条坡度较平滑的向右上方倾斜的曲线，如图 2-45 所示。

图 2-45　鲜鱼的供给弹性充足

由此可见，时间越短，供给弹性越小，商品价格越高；反之，时间越长，供给弹性越大，商品价格越低。因此，供给弹性大小也会对市场价格产生反作用。

第四，产品成本的大小及其变化。供给弹性与产品成本的大小反方向变化。

因为产品的供给不仅取决于价格高低，还取决于成本大小，所以产品成本的大小对供给弹性也有影响。如果成本大，扩大供给会减少总收益，对生产者不利；如果成本小，扩大供给则对生产者有利。因此，当产品成本随产量的增加而迅速上升时，供给将缺乏弹性；反之，当产品的成本随产量的增加而下降时，或成本只随产量的增加而缓慢上升，而产品价格的上升又大于成本上升时，供给将趋于富有弹性。

（5）供给的价格弹性的作用和意义

第一，供给弹性的大小是与供给曲线的形状相联系的，这对消费者来说非常重要。当供给曲线较陡时，供给弹性较小，表明供给增长不易，因而消费者只有支付较高价格，消费者的增长需求才能得到满足；当供给曲线较平时，供给弹性较大，表明供给增长容易，因而需求增长不会引起价格高涨。

第二，供给弹性与时间的关系说明，随着时间由短变长，供给弹性由小变大，因而一定程度的价格变动会对供给量产生越来越大的影响。

第三，供给弹性与价格的关系说明，一方面，一般而言，供给弹性的大小与价格的高低存在着反方向变化的关系，即供给弹性大，价格低，供给弹性小，价格高；另一方面，价格变化对供给量起着调节作用，但价格效应的生效与供给量发生调整变化之间有一个时滞，因此，人们在调整价格或制定价格政策时，一定要充分考虑供给弹性的大小和时滞的长短。

2）供给的收入弹性

（1）供给的收入弹性的含义

供给的收入弹性是用来衡量收入变动的比率所引起的供给量变动的比率，即供给变动对收入变动的反应程度。供给的收入弹性的大小可用供给的收入弹性系数来表示。

（2）供给的收入弹性系数

供给量变动比率与收入变动比率的比值，就是供给的收入弹性系数。因此，供给的收入弹性系数等于供给量变化的百分比除以收入变化的百分比。

如果以 E_{si} 代表供给收入弹性，Q_s 代表供给量，ΔQ_s 代表供给量的增量，I_s 代表销售者收入，ΔI_s 代表收入增量，则供给的收入弹性系数的公式为：

$$E_{si} = \frac{\Delta Q_s}{\Delta I_s} \cdot \frac{E_s}{Q_s}$$

（3）供给的收入弹性的分类

供给收入弹性的大小有两类情况：

第一类情况是：对一般的商品生产者或者商品销售者来说，其收入的增加表明利润的增多，因而供给的商品量也随之增大。反之则反是。在这种情况下，供给的收入弹性包括：$E_{si} = 0$；$E_{si} = \infty$；$E_{si} = 1$；$E_{si} > 1$；$E_{si} < 1$。对于这类情况，其供给弹性的大小及其图示与供给的价格弹性的分析基本一致，这里就不再介绍。

第二类情况是：对那些自给程度较大，供给商品率不高的商品生产者或提供者来说，他们的收入增加后，供给量反而有减少的现象。在这种情况下，供给的收入弹性 $E_{si} < 0$，反映在图形上是一条向后弯曲的曲线，与向后弯曲的劳动力供给曲线相似，表示供给者收入水平提高，供给者提供的某种商品量反而减少。在现实生活中，一些生产价低利小的产品的企业就属此种情况。例如，一制针厂，同时生产缝衣针和曲别针，而且缝衣针的价格低于曲别针，如果缝衣针的价格不变，当这个企业的收入增加了，且这个收入增加是从曲别针和其他方面得到的收入，此时，缝衣针的产量与供给量反而会减少，从而缝衣针的供给收入弹性也是负值。

3）供给的交叉弹性

从供给一方看，商品也可分为替代品和互补品，如一工厂既生产电风扇，又生产空调机，电风扇和空调机就是替代品。又如一文具厂既生产钢笔又生产墨水，钢笔和墨水就是互补品。因此，这些商品之间也存在着交叉关系，自然也有交叉弹性。

（1）供给的交叉弹性的含义

供给的交叉弹性是用来衡量其他商品价格变动的比率所引起的某商品供给量变动的比率，即某商品供给量对其他商品价格变动的反应程度。换言之，一商品价格变动后，另一种商品的供给量的反应程度，就是供给的交叉弹性。

（2）供给的交叉弹性系数

一商品供给量变动比率与另一种商品价格变动比率的比值，就是供给的交叉弹性系数。所以，供给的交叉弹性系数等于 X 商品供给量变化的百分比除以 y 商品价格变化的百分比。

如果以 E_{sc} 代表供给的交叉弹性系数，P_Y 代表 Y 商品的价格，ΔP_Y 代表 Y 商品的价格的变动量；Q_X 代表 X 商品的供给量，ΔQ_X 代表 X 商品供给的变动量，则供给的交叉弹性的弹性系数公式为：

$$E_{sc} = \frac{\dfrac{\Delta Q_X}{Q_X}}{\dfrac{\Delta P_Y}{P_Y}} = \frac{\Delta Q_X}{Q_X} \cdot \frac{P_Y}{\Delta P_Y} = \frac{\Delta Q_X}{\Delta P_Y} \cdot \frac{P_Y}{Q_X}$$

可见，这一公式与需求交叉弹性公式基本相同，但由于 Q、ΔQ 已变成了供给量，因而公式的含义和结果与需求交叉弹性公式已经完全不同。这里应该注意的是：供给的交叉弹性的值大小正好与需求交叉弹性的值大小相反。一般说来，替代品的供给交叉弹性为负值，互补品的交叉弹性为正值。这是因为，如果商品是替代品，那么，X 商品价格提高，将使 X 商品的供给量增加，因而 X 的替代品 Y 商品的供给量就要减少，反之则反是。这样，替代商品的供给量与被替代商品的价格呈反方向变动，所以替代商品的供给交叉弹性为负值。如果商品是互补品，那么 X 商品价格提高，不仅使 X 商品供给量增加，而且由于 X 和 Y 两种商品必须结合起来才能使用，Y 商品的供给量也会增加起来，反之则反是。这样，互补商品的供给量就与价格呈同方向变动，所以互补商品的供给交叉弹性为正值。例如，一电扇厂，电风扇价格的上涨会使其产品供给量增加，在同一时期，（假定空调机价格不变）这个厂的空调机产量就会减少，这表明其供给交叉弹性为负值。又例如，文具厂的钢笔价格下降了，对钢笔和墨水这两种互补商品来说，供给量都会出现减少现象。这表明其供给交叉弹性为正值。

　　由此得出结论：替代商品之间价格与供给量反方向变动，其供给交叉弹性为负值；互补商品之间价格与供给量同向变动，其供给交叉弹性为正。据此我们可以判断：供给交叉弹性为负值的商品是替代商品，供给交叉弹性为正值的商品是互补商品。

2.5　蛛网理论

　　前面在 2.2 节中，用静态分析的方法研究了均衡价格形成所需具备的条件，即需求＝供给，用比较静态分析的方法研究了需求和供给的变动对均衡价格和均衡数量的影响。本节将引进时间这一因素，用动态分析的方法来研究价格和产量波动的各种情况，那么说明价格和产量波动的各种情况的，便是蛛网理论的基本内容。

　　蛛网理论所分析的商品其价格和产量的波动或变化的途径形成了一个蜘蛛网似的图形，故由此得名。蛛网理论与我们前面所介绍的关于价格和产量的均衡一旦被打破后会自动恢复均衡的假定不同，蛛网理论要说明的是：价格和产量的均衡一旦被打破后，并不一定会恢复到均衡。

　　蛛网理论是 1930 年分别由美国的舒尔茨、意大利的里西、荷兰的丁伯根各自提出的。蛛网模型分析了商品的价格和产量波动的三种情况。舒尔茨论述了第一种波动，丁伯根论述了第一、二种波动，并且以德国生猪的统计分析为例证。里西则论述了所有三种波动，1934 年，英国经济学家卡尔多便把这种波动理论定名为"蛛网理论"。

2.5.1　蛛网理论的前提条件

　　蛛网理论所研究的商品都需要一定的生产周期，这种商品的特点是在生产规模既定之后，生产过程未完成之前，即使需求发生变化也无法中途改变生产规模与之适应。因此，商品的现期供给是要受上一期的价格和需求的影响，而现期的需求和价格也只能影响下一期的产量。也就是说，这种商品的需求量对价格的反应具有即时反应的特点，而供给量对价格的反应却往往具有一段滞后期。即需求量是当期价格的函数：$D_t = f(P_t)$，供给量是上一期价格的函数：$S_t = f(P_{t-1})$。在上述假定条件下，如果商品的供给曲线和需求曲线都固定不变，那么，本期产量决定本期价格，本期价格决定下一期产量。即第一周期的价格 P_1 由第一周期产量（供给量）Q_1 决定，而这一价格则决定第二周期的产量（供给量）Q_2，Q_2 又决定第二周期的价格 P_2。同样，第二周期的价格 P_2 决定第三周期的产量（供给量）Q_3；这样不断的循环变动，市场价格在各个时期的均衡点的上下波动，形成蛛网似的图形。

蛛网理论主要是解释农产品、牲畜等的价格和产量一旦失去均衡时所发生的不同波动情况。因为农产品都有一定的生产周期，生产计划一旦确定之后，不到下一周期是不能改变的。因此，市场价格的变动只能影响下一个生产周期的产量，当前的市场价格则由当前的供给量所决定。

2.5.2 蛛网理论的三种模型

按照各种商品的供给弹性和需求弹性的相互关系，或者根据供给曲线和需求曲线的斜率之间的关系，价格和产量的蛛网波动会出现以下三种情况。

第一种情况：供给弹性小于需求弹性（即供给曲线的斜率大于需求曲线的斜率）为蛛网稳定条件。在这种情况下，价格与产量的波动会越来越小，最后恢复均衡，这称为"收敛型蛛网"，如图2-46所示。

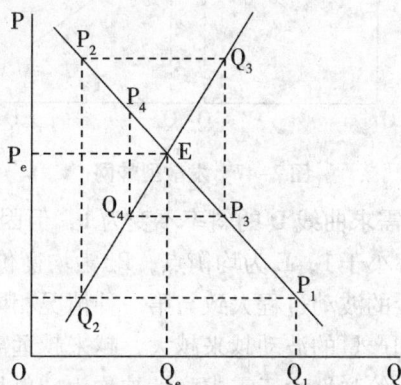

图2-46 收敛型蛛网

在图2-46中，横轴表示商品数量，纵轴表示商品价格，为了分析方便起见，假设需求弹性不变为1，需求曲线D的斜率为1。因为供给弹性小于需求弹性，所以供给曲线S的斜率大于1，E为均衡点，P_e为均价格，Q_e为均衡产量。在这种情况下，价格和产量的波动的特征是：在第一阶段，假设是个丰收年，农产品产量比均衡产量大，假定它为Q_1，这时市场上供过于求，购买者只愿为Q_1产量付出较低的价格P_1，这个价格大大低于均衡价格P_e。

第二阶段，由于本期的价格P_1过低，生产者把第二年的产量缩减为Q_2，Q_2低于均衡产量，市场上出现供不应求，于是第二年购买者便愿意以高于均衡价格的买价P_2去购买Q_2的产品。

第三阶段，由于买价P_2高于均衡价格，生产者又把再下一年（即第三年）的产量增加到Q_3，Q_3显然大于均衡产量、于是购买者又只愿以低于均衡价格的买价P_3去购买Q_3的产品。

第四阶段，当买价降到P_3，生产者又把第四年的产量缩减为Q_4，由于Q_4低于均衡产量，购买者又愿意以高于均衡价格的买价P_4去购买Q_4的产品。

如此反复波动的结果，使产量与价格愈来愈接近于均衡点 E。这说明，如果一种商品的供给弹性小于需求弹性，在失衡的情况下，通过自发的市场调节是能够趋向于均衡的。因此，供给弹性小于需求弹性被称为"蛛网稳定条件"。

第二种情况：供给弹性大于需求弹性（即供给曲线的斜率小于需求曲线的斜率）为蛛网不稳定条件。在这种情况下，价格与产量的波动越来越大，距离均衡点越来越远，无法恢复均衡。这称为"发散型蛛网"，如图 2-47 所示。

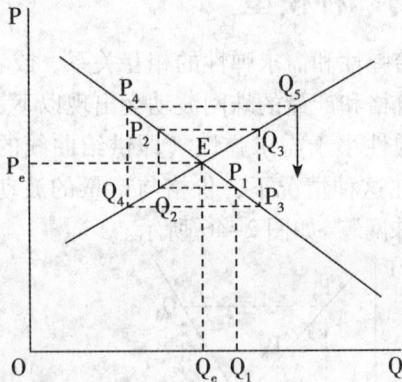

图 2-47 发散型蛛网

在图 2-47 中，假定需求曲线 D 的斜率不变为 1，但因供给弹性大于需求弹性，所以，供给曲线 S 的斜率小于 1，E 为均衡点，P_e 为均衡价格。Q_e 为均衡产量。在这种情况下，价格和产量的波动过程大致与第一种情况相同，只是由于供给弹性大于需求弹性，使得价格和产量的波动越来越大，越来越远离均衡点。这说明，均衡不可能再恢复，因此，供给弹性大于需求弹性被称为"蛛网不稳定条件"。

第三种情况：供给弹性等于需求弹性（即供给曲线的斜率等于需求曲线的斜率）为蛛网中立条件。在这种情况下，价格和产量的波动既不越来越小，也不越来越大，而始终在同一幅度线上波动，起点的价格和终点的价格在同一点上相交，从而形成一个循环。这称为"封闭型蛛网"，如图 2-48 所示。

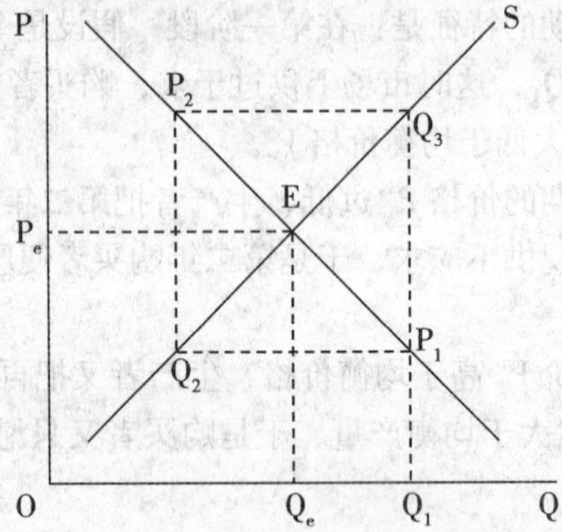

图 2-48 封闭型蛛网

在图 2-48 中，假定需求曲线的斜率不变为 1，由于供给弹性等于需求弹性，所以供给曲线的斜率也等于 1，E 为均衡点，P_0 为均衡价格，Q_0 为均衡产量。在这种情况下，由于价格和产量既不会恢复到均衡点，也不会远离均衡点，因此，价格弹性等于需求弹性被称为"蛛网中立条件"。

蛛网理论说明了在市场机制自发调节的情况下，农产品市场上必然发生蛛网形周期波动，从而影响农业生产与农民收入的稳定，一般而言，农产品的供给对价格变动的反应大，但需求较为稳定对价格变动的反应小。这就是说，一般而言，农产品的供给弹性大于需求弹性。因此，现实中存在最广泛的是发散型蛛网波动，这是农业生产不稳定的重要原因。

本章小结

1. 需求：是指消费者在一定时期内在每一价格水平上愿意而且能够购买的商品量。

2. 需求规律：是指在其他条件不变的情况下，需求量随着价格的上升而减少，随着价格的下降而增加。影响需求变动的因素：商品本身的价格；其他商品的价格；消费者的收入水平以及社会收入分配平等程度；消费者的偏好；人口数量与结构的变动；政府的消费政策；消费者对价格的预期。

3. 供给：供给是指生产者在一定时期内在每一价格水平上愿意而且能够出卖的商品量。

4. 供给规律：是指在其他条件不变的情况下，供给量随着价格的上升而增加，随着价格的下降而减少。影响供给变动的因素：商品本身的价格；其他商品的价格；生产者的目标；生产的技术水平；生产成本；政府的政策；生产者对未来的预期。

5. 供求定理：是指在其他条件不变的情况下，需求变动引起均衡价格和均衡数量同方向变动；供给变动引起均衡价格反方向变动，均衡数量同方向变动。

6. 支持价格：是政府为了扶植某一行业的生产而规定的该行业产品的最低价格，又称最低限价。支持价格一定高于市场的均衡价格。限制价格：是政府为限制某一行业的生产而规定的该行业产品的最低价格，又称为最高限价，限制价格一定低于市场均衡价格。

7. 需求的价格弹性：是用来衡量价格变动的比率所引起的需求量变动的比率，即衡量需求量变动对价格变动的反应程度。需求的价格弹性大小可用需求的价格弹性系数来表示。影响需求弹性的因素：商品的需求强度；商品的可替代程度；商品的用途广泛性；商品的时间长短；商品的支出比重。

8. 需求的收入弹性：是用来衡量收入变动的比率所引起的需求量变动的比率，即需求量变动对收入变动的反应程度。需求的收入弹性的大小可用需求的收入弹性系数来表示。

9. 需求的交叉弹性：是用来衡量其他商品价格变动的比率所引起的某商品需求量变动的比率，即某商品需求量变动对其他商品价格变动的反应程度。需求的交叉弹性的大小可用需求的交叉弹性的弹性系数来表示。

10. 供给的价格弹性：是用来衡量价格变动比率所引起的供给量变动的比率，即衡量供给量变动对价格变动的反应程度。供给的价格弹性的大小可用供给的价格弹性的弹性系数来表示。影响供给的价格弹性的因素：一是商品生产难易程度，供给弹性与商品生产的难易程度反方向变化；二是生产规模的大小和规模变化的难易程度，供给弹性与生产规模的大小和规模变化的难易程度反方向变化；三是生产者扩大或减少产量所需的时间长短，供给弹性与生产者扩大或减少产量所需的时间长短同方向变化；四是产品成本的大小及其变化，供给弹性与产品成本的大小反方向变化。

11. 供给的收入弹性：是用来衡量收入变动的比率所引起的供给量变动的比率，即供给变动对收入变动的反应程度。供给的收入弹性的大小可用供给收入弹性的弹性系数来表示。供给的交叉弹性：是用来衡量其他商品价格变动的比率所引起的某商品供给量变动的比率，即某商品供给量对其他商品价格变动的反应程度。

12. 蛛网理论说明了价格和产量的蛛网波动会出现以下三种情况：一是供给弹性小于需求弹性为蛛网稳定条件；二是供给弹性大于需求弹性为蛛网不稳定条件；三是供给弹性等于需求弹性为蛛网中立条件。

关键词

需求　需求函数　需求的变动　需求量的变动　需求定理　供给　供给函数　供给的变动　供给量的变动　供给定理　均衡价格　均衡数量　供求定理　支持价格　限制价格　需求的价格弹性　需求的交叉弹性　需求的收入弹性　恩格尔定律　供给的价格弹性

思考题

1. 什么是供求规律？你能举出供求规律例外的实例吗？

2. "经济学家宣称当某些商品的价格上升时,生产者就会向市场提供更多这种商品。但是,去年柑橘的价格已经很高了,供给量却没有往年多。经济学家错了!"这种说法是否正确?回答并解释。

3. 为什么市场均衡是由供给曲线和需求曲线的交点决定的?

4. 交通拥挤问题已成为令许多城市感到头痛的问题。你能运用本章所学的知识回答如下问题吗?

(1) 如何用经济学中的需求与供给理论解释交通拥挤现象?

(2) 用价格机制解决交通拥挤问题的原理是什么?

(3) 在具体操作中,价格机制如何实施?

5. 分别说明需求曲线和供给曲线移动的原因,以及这种移动会对市场均衡产生什么影响?

6. 吸烟有害身体健康这是众所周知的,公共政策制定者经常想减少人们吸烟的数量,政策可以努力达到这一目标的方法有两种:减少吸烟的一种方法是使香烟或其他烟草产品的需求曲线移动;另一种方法是政策制定者可以试着提高香烟的价格。你能画出这两种方法的需求曲线图形并用需求理论做进一步的解释吗?

7. 假设在一个炎热的夏季发生了地震,地震摧毁了几家冰激凌工厂。炎热的夏季和地震这两个事件如何影响冰激凌市场呢?请用供给曲线和需求曲线移动的原理进行分析。

8. 听说过"谷贱伤农"这一说法吗?它描述的是这样一种经济现象:在丰收的年份,农民的收入却反而减少了。那么,坏天气会帮助农民吗?请试着用弹性原理解释这种似乎难以被理解的现象。

9. 假定汽水的需求函数为 $Q_d = 60 - 2P$,汽水的供给函数为 $Q_s = 30 + 3P$。试求均衡点的需求弹性和供给弹性。

10. 需求价格弹性的大小与总收益变动有什么关系?

11. 据新闻报道,在我国一些农村地区的电价大幅下调之后,不但作为消费者的农民非常高兴,而且作为生产者的电视机的生产厂家也跟着喜出望外。为什么会出现这种情况?你能用本章的相应理论给予解释吗?

12. 假如你是某大型博物馆的馆长。当你的财务经理告诉你,博物馆缺乏资金,并建议你考虑改变门票价格以增加总收益。你将怎么办呢?是要提高门票价格,还是降低门票价格?说明你选择的理由。

13. 假设商品 Y 对商品 X 的替代性很强,而商品 Z 对商品 X 的替代性很弱。那么,X 的需求对 Y 的价格交叉弹性是正还是负? X 的需求对 Z 的价格交叉弹性又是怎样的?哪个弹性更大?

14. 如何依据需求收入弹性值的符号来测定商品类型?

15. 画出奢侈品恩格尔曲线、必需品恩格尔曲线、劣等品恩格尔曲线,并说明曲线的特征。

案例

案例1　　　　　　　"看不见的手"与"看得见的手"

经济学之父亚当·斯密将价格机制看做是调节市场运行的"看不见的手"。他认为，自利的个人在追求自己利益最大化时，被一只看不见的手引导达致社会福利最大化。他在《国富论》中这样写道，每个人"他所盘算的也只是他自己的利益……他受着一只看不见的手的指导，去尽力达到一个并非他本意想要达到的目的……他追求自己的利益，往往使他能比在真正出于本意的情况下更有效地促进社会的利益"。

实际上，亚当·斯密在其所著的著作中曾三次提到过"看不见的手"这一术语。第一次是在《天文学史》一文中，第二次是在《道德情操论》中，第三次就是在《国富论》中。据说，亚当·斯密的"看不见的手"是和"看得见的手"相对应的，而"看得见的手"来源于圣经中的一个神学故事。圣经《旧约但以理书》中记载：有一天，巴比伦王伯沙撒在他的宫殿里设立了丰盛的晚宴与臣子、妃子们狂欢。正在畅饮兴起之时，忽然宫殿里现出一只大大的手，飞速地在宫墙上写下三个神秘的词：弥尼、提客勒、毗勒斯。众人围过去看后面面相觑，不知是何意。这时，先知但以理走了出来说道："因为你冒渎了天神，为此，神放出一只手，写下了这些字。它们的意思是'弥尼'——你的王位马上要结束了，'提客勒'——你在天称里的分量是无足轻重的，'毗勒斯'——你的国家即将分裂，最终归于玛代人和波斯人统领。"斯密受到圣经中这个神学故事的启发后来提出了"看不见的手"的原理。在他看来，市场价格机制的力量就是一只"看不见的手"，资本主义经济完全可以靠市场机制的自发调节来运行，而不需要政府的这只"看得见的手"的干预。

画龙点睛

亚当·斯密的"看不见的手"的原理表明：市场经济是一个具有自身内在逻辑的体系，市场通过它自身内在的逻辑体系使得资源得到最优配置，它告诉人们生产什么、如何生产以及为谁生产。追逐个人利益的经济行为主体——"经济人"在"看不见的手"的指引下使社会财富增加了，因此，这只手成了引"恶"趋善的手，由"恶"的真实出发，达到善的最终目的。

但是，事实表明：市场并不是万能的，市场会失灵，需要政府的干预，而政府也会失灵。这说明，现实中市场和政府都有其本身不可克服的缺陷，当发现一方有缺陷时，在逻辑上并不必然保证来自另一方的替代将一定是合理的选择。在现实经济生活中，任何一种资源配置的实现都是市场与政府相结合的结果，现实和理论的难点就在于如何确定各自的边界。

案例 2　　　　　　舌尖上的美味能"薄利多销"吗?

猪肉是人们日常生活中不可缺少的美味佳肴,但在改革开放前,政府严格控制价格,尽管价格不高,猪肉却是定量供应的。改革开放之初,我国对农副产品进行调价,猪肉的价格上调了 20%,在当时人们的收入水平普遍不高的情况下,猪肉是富有弹性的商品,因此,猪肉涨价后,人们的购买力迅速转向其他替代品,于是,猪肉的需求量迅速下降,导致库存积压,使政府财政损失达 20 多亿,加之,农副产品提价后给职工的补贴 20 多亿,这样,财政支出共增加 40 多亿。这项价格政策实施的结果不但没有达到预期的目的,反而事与愿违,得不偿失。

画龙点睛

经济学原理表明:富有弹性的商品价格下降,总收益会增加,这就是我们通常所说的"薄利多销"。"薄利"就是降价,降价则能"多销","多销"则会增加总收益。所以能够做到"薄利多销"的商品是需求富有弹性的商品。而需求富有弹性的商品价格上升,总收益会减少。掌握这一规律非常重要,否则会遭到这一规律的惩罚,上面的案例就是我国在这方面曾经历的惨痛教训。

小资料

小资料 1　　　　　　经济学大师——马歇尔

阿弗里德·马歇尔(Alfred Marshall,1842—1924),出生于英格兰一个银行职员家庭。他是近代英国经济学家,经济学的集大成者,剑桥学派(新古典学派)的创始人。马歇尔受祖先世代笃信宗教的影响,有着很强的宗教信仰,在中学和大学时期,常想日后献身于英国教会,到海外传教。同时,他自幼也酷爱数学。1861年,他放弃了牛津奖学金和将来得到教会职务的机会,进入剑桥大学圣约翰学院学习数学。1865 年他以优异的数学成绩毕业,并留校任研究员,转修物理,兼教数学。后来他的学术兴趣发生了变化,由物理学转向哲学和经济学。马歇尔一生从事经济学教学和研究达 40 年之久,主要在剑桥大学任经济学教授,所以以他为核心的学派又叫剑桥学派。他获得经济学一代宗师的地位,其原因之一是他创立了剑桥大学的经济系并培养了一批学生,这些学生后来在经济学界都成为举足轻重的人物,他的门徒庇古和凯恩斯等都曾在剑桥任教。马歇尔的经济学体系被看做是古典经济学的继续和发展,因而又称马歇尔为新古典学派的创始者。马歇尔最主要的著作《经济学原理》支配西方经济学界达 40 年之久,后来成为现代微观经济学的基础。由他首创的均衡价格论认为,价格是由供给和需求共同决定的,这就像是用剪刀剪断一匹布,很难说是上刃剪断的,还是下刃剪断的,实际上是上下刃共同作用的结果。因此,均衡价格论又称剪刀价格论。

小资料 2　　　　　经济计量学模型建造之父——丁伯根

简·丁伯根（Jan Tinbergen，1903—1994），首届诺贝尔经济学奖获得者。荷兰著名计量经济学家，荷兰经济学院教授，被誉为计量经济学模型建造之父，他发展了动态模型来分析经济进程，建立了第一个计量经济学应用模型。他的弟弟尼古拉斯·丁伯根是 1973 年诺贝尔生理和医学奖得主，而另一位弟弟卢克·丁伯根则是一位鸟类学家和生态学家。丁伯根因提出了现代动态经济和"蛛网理论"而受到赞誉。

第 3 章

消费者行为理论

学习目标

通过本章的学习，了解基数效用理论和序数效用理论的基本内容与分析工具；掌握效用、边际效用概念、边际效用递减规律的含义，熟悉边际替代率概念、消费者均衡的含义与实现过程；理解替代效应和收入效应的含义。

3.1 效用论概述

第 2 章的分析表明，在市场上，均衡价格是由需求和供给这两种力量共同决定的。那么，需求和供给又是如何决定的呢？需求产生于消费，供给产生于生产，因此，要说明需求和供给的决定就应该解释消费与生产。消费是由消费者（居民户）所进行的，生产是由生产者（厂商）所进行的。在这一章我们主要介绍西方经济学关于需求决定的消费者行为理论，在下一章将介绍关于供给决定的生产者行为理论，又称生产理论。因此，本章与下一章是第 2 章的继续与发展。

美国著名经济学家萨缪尔森曾提出一个"幸福方程式"，即：幸福 = 效用/欲望，在这个方程式中，分母是欲望，所谓欲望是一种缺乏的感觉与求得满足的愿望。也就是说，作为一种欲望既要有不足之感又要有求足之愿，可见，欲望是一种心理感觉。关于欲望或需要的学说，较为流行的是亚伯拉罕·马斯洛的欲望和需要层次的理论。他把欲望分为五个层次：基本的生理需要、安全的需要、社会的需要、受尊重的需要、自我实现的需要。当较低层次的欲望满足之后，就会产生新的欲望，所以欲望是多种多样而又无穷无尽的。但是，人的欲望不可能无限得到满足，因为：第一，资源是有限的，因而产品有限；第二，欲望的满足必须靠劳动来提供，而任何人所能提供的劳动是有限的。正因为满足人们的欲望是有限的，人们就必须在资源、产品中加以选择，从而产生了消费者的消费行为理论。在这个方程式中，分子是效用，所谓效用是指消费者从消费某种物品中所得到的满足。满足程度高就是效用大，满足程度低就是效用小。可见效用同样也是一种心理感觉。因为某种物品给消费者带来的效用大小完全取决于消费者本人的感觉。例如，一支香烟对吸烟者来说有很大的效用，但对不吸烟者来说，可能完全没有效用，甚至会带来痛苦，即负效用。既然欲望和效用都是一种心理感觉，那么，幸福当然也就是一种心理感觉。作为消费者他要追求幸福，而幸福又是一种心理感觉，所以，对消费者行为的分析实际上就是一种心理分析。

在这个幸福方程式中，尽管人的欲望是无限的，但在某一个时期中欲望可以是既定的，这也就是说，假定可以不考虑欲望的情况，这样，幸福就取决于效用了。而作为消费者提供生产要素获得收入后，其目的是要达到最大的满足程度——即效用最大化，因此，消费者行为理论就是要说明消费者如何使用自己既定的收入达到效用最大化。

西方经济学曾先后采用两种理论，即基数效用论和序数效用论来研究消费者行为。这两种理论又分别采用了边际效用分析法和无差异曲线分析法来分析消费者的行为。

3.2 基数效用论

基数效用论是研究消费者行为的一种理论。其基本观点是：效用是可以计量并加总求和的，因此效用的大小可以用基数（1，2，3，…）来表示。所谓效用可以计量就是指消费者消费某一物品所得到的满足程度可以用效用单位来进行衡量。例如，可以说某消费者吃一块巧克力得到的满足程度是 5 个效用单位，看一场电影所得到的满足程度是 6 个效用单位等。所谓效用可以加总求和，就是指消费者消费几种物品所得到的满足程度可以加总而得出总效用。例如，上面所举的例子，消费者吃一块巧克力是 5 个效用单位，看一场电影是 6 个效用单位，那么消费者消费这两种物品所得到的总满足程度就是 5+6＝11 个效用单位。西方经济学认为可以用这些具体数字来研究消费者效用最大化问题，这就是基数效用论。

基数效用论采用的是边际效用分析法，因此，在运用边际效用分析法来分析消费者行为时，首先要了解两个重要概念：总效用和边际效用。

3.2.1 总效用与边际效用

1）总效用

总效用（total utility，TU）是指消费者从消费一定量某物品中所得到的总满足程度。早在一百多年前，西方经济学家就使用了"效用"这个概念来分析消费者的需求。西方经济学家杜普特于 1844 年和戈森于 1854 年分别对消费者效用和边际效用概念作了分析，但当时没有受到经济学界的重视。在 1871—1874 年期间，英国的杰文斯、奥国的门格尔、法国的瓦尔拉对效用理论作了重要发展，最后由奥地利学派的维塞尔首创了"边际效用"一词。最初，效用这个概念常常用在心理学方面，以此来说明人类行为的很多现象可以用追求快乐和避免痛苦来解释。后来，这个原则就被移用到消费者行为问题上来了。一个人得到了商品就好比追求到了快乐和满足，而支出则是一种痛苦，要尽可能减少。所以，效用就是消费商品或服务所得到的快乐和满足。可见，西方经济学强调了效用的主观性，认为某物品是否具有效用及效用大小取决于消费者对该物品的主观评价。因此，效用因人、因时、因地而不同。例如，一个人可能从抽烟中得到快乐，而另一个人可能会觉得嗅到烟味是一种痛苦；冰块在夏天是有效用的或效用大，在冬天对于正常人没有什么效用或效用小，但对于发高烧的病人却很有效用；在河边上的，一杯水对于人没有什么效用或效用小，但对于沙漠中的旅行者来说，一杯水的效用就很大。在这里，效用并不包含是非的价值判断，也就是说，一种商品效用的大小，仅仅看它能满足多少人的欲望和需要，而不考虑这一欲望或需要的好坏。例如，吸毒，从伦理学看是坏欲望，但毒品（如鸦片、吗啡）能满足这种欲望，因此它就具有效用。

2）边际效用

边际效用（marginal utility，MU）是指消费者每增加一个单位消费量所增加的效用（或满足程度）。用公式表示：

MU＝ΔTU/ΔQ

上式中 MU 表示边际效用，ΔTU 表示总效用增量，ΔQ 表示消费量增量。边际效用就是用总效用增量与消费量增量之比来表示和计算的。在西方经济学中，边际概念是非常重要的，它是数学概念在经济学中的应用。在数学上，边际量是指函数中自变量变化一个最小单位所引起的因变量的增量。所以，边际量就是变化率，就是导数或微商。在经济学中，边际就是"增加"的意思，即指自变量增加所引起的因变量的增加量。因此，最抽象的边际定义公式是：边际量＝因变量的变化量/自变量的变化量。在边际效用中，自变量是物品的消费量，因变量是满足程度或效用。消费量变动所引起的效用的变动即为边际效用。通俗地讲，边际效用就是最后增加一个消费单位时所增加的效用。以吃饭为例，假设某一个人一顿要吃三碗饭才饱，那么对这个人来说，第三碗饭的效用便是边际效用，超过第三碗饭就无效用，甚至会带来"负效用"。

3）总效用与边际效用的关系

总效用与边际效用的关系从数学意义上看，边际效用就是消费量变动时，总效用的变动率。假定消费者对某一种商品的消费量为 Q，则总效用是消费量的函数，可以表示为：

TU＝f（Q）

相应的边际效用函数为：

$$MU = \frac{\Delta TU（Q）}{\Delta Q}$$

当商品的增加量趋于无限小，即 ΔQ→0 时有：

$$Mu = \lim_{\Delta Q \to 0} \frac{\Delta TU（Q）}{\Delta Q} = \frac{dTU（Q）}{dQ}$$

基数效用论者为了说明总效用和边际效用的关系及其变动情况，特假定可以用"效用单位"来衡量，并用总效用和边际效用表来说明它们之间的关系，如表 3-1 所示。

表 3-1　　　　　　　　　　某物品的总效用与边际效用表

商品消费量	总效用	边际效用
0	0	0
1	10	10
2	18	8
3	24	6
4	28	4
5	30	2
6	30	0
7	28	−2

根据表3-1所绘制的总效用和边际效用曲线如图3-1和图3-2所示。

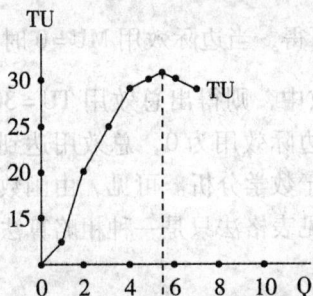

TU

30
25
20
15

0　2　4　6　8　10　Q

图3-1　总效用曲线

MU

10
8
6
4
2
0　2　4　6　8　10　Q
-2

图3-2　边际效用曲线

图3-1和图3-2的横轴表示商品消费量,纵轴表示效用量,TU曲线为总效用曲线,MU曲线为边际效用曲线。从表3-1与图3-1和图3-2中可以看出总效用与边际效用的关系如下:

第一,边际效用是新增一个商品消费单位时所增加的效用,即本次总效用与上次总效用之差。例如,当消费单位由1增加为2时,总效用由10效用单位增加到18效用单位,效用增量是8,即本次总效用与上次总效用之差是18-10=8,因此,8就是商品消费单位为2时的边际效用,以此类推。

第二,当边际效用为正时,总效用递增;当边际效用为负时,总效用递减;当边际效用为零时,总效用达到最大。在这里需要说明的是,在表3-1中,当商品消费量为6单位时,总效用是30,边际效用是0。而为什么当商品消费量为5单位时,总效用是30,边际效用是2。要回答这个问题必须弄清楚两种不同的边际效用概念,一种叫做离散型的边际效用,即反映随商品消费量一个单位或几个单位发生变化而变化的总效用数量,表中的边际效用数值都属离散型的边际效用。在实际消费商品的过程中,有的商品是不可分割的,例如一件上衣、一台电视机、一双鞋子等,因而边际效用一般采用离散型方法计算。另一种叫做连续型的边际效用,这种性质规定商品消费量的变化趋向于无穷小的时候而引起的总效用数量变化。这种边际效用的表达式可以用总效用函数的一阶导数来说明。例如,表中的总效用函数为

$TU=11Q-Q^2$，总效用函数 $TU=11Q-Q^2$ 的一次导数，就是边际效用函数的表达式：$MU=\dfrac{dTU}{dQ}=11-2Q$，由此式可得，当边际效用 $MU=0$ 时，商品消费量 $Q=5.5$ 单位，再将 $Q=5.5$ 代入总效用函数中，则得出总效用 $TU=30.25$。因此，严格地说，当商品消费量为 5.5 单位时，边际效用为 0，总效用达到最大为 30.25。这种连续型分析方法不仅精确，而且便于数学分析。可见，由函数式求出的这一结果与表格有所出入，这是由于为方便起见表格法只是一种粗略算法，因此，由函数式求出的结果则是精确的。

第三，边际效用就是总效用曲线上各点切线的斜率。这一点可从边际效用的定义公式中得到证明。边际效用用公式表示为 $MU=\Delta TU/\Delta Q$，当商品消费量趋于无穷小，即 $\Delta Q \to 0$ 时，用微分方程来表示，则 $MU=\Delta TU/\Delta Q=dTU/dQ$，即边际效用等于总效用对商品消费量的导数。从数学意义上看，如果效用曲线是连续的，则每一消费量上的边际效用就是总效用曲线上相应的点的斜率。

从以上图形来看，随着商品消费单位数量增加，总效用先是上升的，到了饱和点才开始下降。而边际效用一直是递减的，这就是所谓的边际效用递减规律。

3.2.2　边际效用递减规律

1）边际效用递减规律的含义

随着消费者对某种商品消费量的增加，消费者从该商品连续增加的消费单位中所得到的边际效用是递减的，这就是边际效用递减规律。

在日常生活中人们常常感到随着某种商品消费数量的不断增加，对越来越多的商品的兴趣会不断减弱。例如，人们常说的油多了不香、蜜多了不甜就是这个道理。也就是说，当消费者在一定时间内不断地增加同一种商品的消费量时，每增加一单位商品所获得的效用增量往往小于消费前一单位商品时所获得的效用增量。以吃面包为例，吃第一个面包的效用比吃第二个面包的效用要大，吃第二个面包的效用比吃第三个面包的效用要大，面包的边际效用随着所消费的面包的数量增加而下降。从图 3-1 和图 3-2 来看，随着商品消费单位的增加，总效用先是逐渐上升，到了"饱和点"，则逐渐下降。而边际效用则一直是递减的，或按固定数量递减，或按不同比例递减。图 3-2 中的边际效用是按固定数量递减的，即 8，6，4，2，直到 0，甚至到-2，即"负效用"。边际效用递减这种现象在微观经济学中又被称之为"戈森第一定律"①。

边际效用递减规律成立的原因可以用以下两个理由来解释。

（1）生理或心理的原因

也就是说，当消费一种物品的数量越多，由于受这种物品的反复刺激，使人生

---

① 1854 年，德国的戈森在其出版的《人类交换规律的发展及人类行为的准则》一书中，对边际效用递减这种现象进行了描述，故称戈森第一定律。

理上的满足减少或心理上的反应减少，从而满足程度减少，边际效用就递减。我们在连续消费同一种物品时就会有这种感觉。例如，连续吃巧克力时，一开始吃的时候满足程度大，效用对你来说就大，随着吃巧克力数量的增加，越吃越腻，边际效用对你来说就越来越小。

（2）物品本身用途的多样性的原因

每一种物品都有多种用途，这些用途的重要性不同，消费者总是先把物品用于最重要的用途，然后用于次要的用途。当他有若干这种物品时，他会把第一单位用于最重要的用途，对他来说满足程度大，其边际效用就大；他把第二单位用于次要用途，对他来说满足程度小，其边际效用就递减了。例如，一个居民拥有三千升水，第一千升水用来饮用，满足他最重要的生存需要，他对第一千升水效用的评价就高，假如是 10；第二千升水用来冲洗房子，他的重要性就次之，他对第二千升水效用的评价也就次之，假如是 8；第三千升水用来浇灌花园，满足他最不迫切的需要，他对第三千升水效用的评价就小，假如是 4。可见，这三升水的用途的重要性不同，从而其边际效用也就不同，由此看来，边际效用递减的现象，存在于一切物品的消费中，故称之为规律。

2）边际效用递减规律的特点

（1）边际效用的大小与欲望的强弱成正比

对一个物品的欲望越强，其边际效用越大，反之，则边际效用越小。对一个物品没有欲望，则边际效用为零，因为这时总效用最大，已达到饱和，对这些物品不再有欲望。

（2）边际效用的大小与物品的稀缺性成正比

物品的稀缺性越强，其边际效用越大，反之，则越小。例如，一个居住在涌泉旁边的人，一杯水对他来说效用就小，因为涌泉每分钟都继续涌出足够注满另一百杯的水，因而它不具有稀缺性。而对于一个在沙漠中旅行的人来说，在灼热的沙地里走了一天，如果他只剩下一杯水，那么这杯水对他来说就具有很大的效用。

（3）边际效用递减规律只是在特定时间内有效

因为欲望具有再生性、反复性，边际效用也就具有时间性。例如，第一天早餐，某人吃 2 个鸡蛋就差不多了，吃第 3 个鸡蛋的边际效用就为零，效用达到饱和点，再吃第 4 个鸡蛋就要产生负效用——往外吐，边际效用为负数，但是，到了第二天早餐，某人又可以吃 2 个鸡蛋，这时鸡蛋又具有正边际效用。

（4）边际效用实际上永远是正值

尽管在理论分析中会出现负效用这个概念，但在实际中作为一个理性的消费者，当边际效用等于零时他就会停止消费。所以，边际效用实际上永远是正值。

3）边际效用递减规律与需求规律的关系

基数效用论者用边际效用递减规律来解释需求规律并推导出需求曲线。他们认为，消费者购买物品是为了得到效用，因此，在进行购买时他总要比较一下他的货币支出与能获得的效用。如果消费者的货币收入是固定的，每单位货币给他带来的效用都是相等的，那么，他对某物品愿意付出的价格就以该物品的边际效用为标准，如果边际效用大，消费者愿意出较高的价格；如果边际效用小，消费者只愿付出较低的价格。随着消费者购买某物品数量的增加，该物品的边际效用递减，这样，消费者愿付出的价格也就降低。因此，由于边际效用递减规律的作用，消费者对某物品的需求量与价格呈反方向变动。

消费者按他对物品效用的评价来决定他愿意支付的价格，但市场上的实际价格并不必然等于他愿意支付的价格。两者之间有个差额，这就是消费者剩余。

3.2.3 消费者剩余

1）消费者剩余的含义

消费者愿意对某物品支付的价格与他实际付出的价格的差额就是消费者剩余。

这一概念是由马歇尔提出的，他给消费者剩余下的定义是："他宁愿付出而不愿得不到此物的价格，超过他实际付出的价格的部分，是这种剩余满足的经济衡量。这个部分可称为消费者剩余。"①

下面可以用图 3-3 来说明消费者剩余的概念。

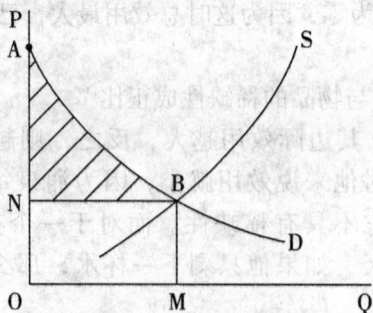

图 3-3 消费者剩余

在图 3-3 中，横轴 OQ 代表商品量，纵轴 OP 代表价格，AD 是消费者的需求曲线，表明商品量少时，愿付出的价格高，而随着商品量的增加，愿付出的价格越来越低。也就是消费者对某一单位商品所愿付出的价格是不同的，当他购买 OM 的商品时，愿付出的价格是 OMBA。但是，市场价格是 ON，所以当他购买 OM 时，实际上只需支付 OMBN，他所愿意支付的减去他实际支付的，即 OMBA－OMBN＝NBA，图上阴影部分就是消费者剩余。

可见，消费者剩余是消费者所愿支付的最高货币额与他实际支付的货币额之差额。这个差额成为消费者的无形节约，因此，消费者总是选择消费者剩余最大的消

---

① 阿弗里德·马歇尔. 经济学原理（上卷）[M]. 朱志泰，译. 北京：商务印书馆，1997：142.

费品来消费。消费者剩余存在的原因是消费者愿意付出的价格取决于边际效用，而消费者实际支付的价格取决于市场上的供求状况。消费者剩余这个概念给人以启示：假设人们习惯的消费物品突然从市场上消失了，有人可能认为消费者未受任何损失，因为他们虽然再也得不到这种产品，但他们也用不着为这些产品再花钱，所以两相抵消。但是，西方经济学认为，这种想法是不正确的。因为当他们能自由购买这个物品时，他们能从其中得到某些消费者剩余，而现在他们却失去了。在这方面一个恰当的例子就是大城市的公共交通。人们的生活离不开公共交通，因此对人们来说公共交通提供了一笔大的消费者剩余。如果公共交通体系消失，消费者剩余也就消失。这就是为什么政府用公共补贴以维护公共交通体系使它不要破产的一个理由。

2）消费者剩余的变化

当商品价格提高时，将导致消费者剩余的损失，如图3-4所示。

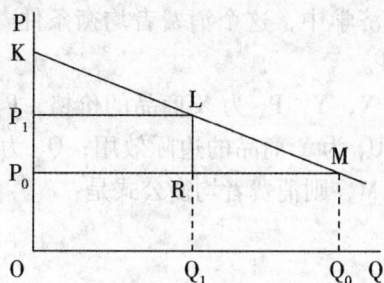

图3-4 消费者剩余的变化

当商品价格为 P_0 时，消费者剩余为三角形 P_0KM 的面积，当商品价格由 P_0 上升到 P_1 时，消费者剩余为三角形 P_1KL 的面积。梯形面积 P_0P_1LM 可分为两部分，其中矩形面积 P_0P_1LR 表示由于涨价使消费者多支付的费用而造成的损失，而三角形 LMR 表示由于消费者消费量减少造成的净损失。

3.2.4 消费者均衡

消费者的货币收入总是有限的，他要把有限的货币收入用于各种物品的购买，以满足自己的愿望。那么他应该如何把有限的货币分配于各种物品的购买，才能获得最大程度的满足，即达到效用最大化呢？消费者均衡就是要研究这一问题。

在研究消费者均衡时，有以下几点假设：第一，假设消费者的嗜好是既定的。这就是说，消费者对各种物品效用与边际效用的评价是既定的，不会发生变动。第二，假设消费者的收入是既定的，每一元货币的边际效用对消费者都是相同的，即货币的边际效用是不变的。西方经济学认为，货币也具有效用，消费者用货币购买商品就是用货币的效用交换商品的效用，边际效用递减规律对货币同样适用。也就是说，随着一个人货币收入的增加，其货币的边际效用是递减的。但是，在分析消费者行为时，假定货币的边际效用不变，理由是：其一，在分析消费者行为时，消费者的货币收入是固定的，相对于固定的收入来说，每一单位货币的效用都是相等的，所以，货币的边际效用是不变的。其二，由于购买的一种商品的价格往往只占消费者收入的很小一部分，这种商品价格的变化对既定的实际收入水平的影响是很小的，所以可以忽略不计，这样也就使得消费者的实际收入水平不发生变化，从而使得货币的边际效用保持不变。第三，假设物品单位价格是既定的。消费者均衡正是要在这些假设条件下来说明消费者如何把有限的收入分配于各种物品的购买与消费上，以获得最大效用。

西方经济学认为，消费者在进行购买时，为了达到效用最大化，一定要考虑他所购买的物品的边际效用与他所支付的价格成比例。因此，消费者效用最大化的均衡条件是：在收入既定的情况下，要使所购买的各种物品的边际效用与价格的比例相等，且等于货币的边际效用，即要使每一单位货币无论购买何种物品都能得到相等的边际效用。在微观经济学中，这个消费者均衡条件（效用极大化条件）又被称之为"戈森第二定律"[①]。

如果所消费的商品为 X，Y，P_X 为 X 商品的价格，P_Y 为 Y 商品的价格；MU_X 为 X 商品的边际效用，MU_Y 为 Y 商品的边际效用；Q_X 为 X 商品的购买量，Q_Y 为 Y 商品的购买量。收入为 M，则消费者均衡公式是：

$$P_X \cdot Q_X + P_Y \cdot Q_Y = M \tag{1}$$
$$MU_X/P_X = MU_Y/P_X = \lambda \tag{2}$$

其中，（1）式是收入为既定这一限制条件。说明收入为既定的情况下，购买各种商品的支出不能超过收入，也不能小于收入。因为超过收入的购买是无法实现的，而小于收入的购买也达不到既定收入下的效用最大化。（2）式是消费者均衡的条件。说明各种物品的边际效用与价格之比相等，即每一单位货币不论用于购买 X 商品，还是购买 Y 商品，所得到的边际效用都相等。

消费者之所以按这一原则来进行购买，是因为在货币收入既定的条件下，多购买 X 商品，就要少购买 Y 商品。随着 X 商品数量的增加，它的边际效用递减，而随着 Y 商品数量的减少，它的边际效用递增。为了使所购买的 X 商品与 Y 商品的总效用达到最大，消费者就要调整他所购买的 X 商品与 Y 商品的数量。减少边际效用递减的商品的购买，增加边际效用递增的商品的购买，只有当每单位货币无论购买何种商品给他带来的边际效用都相等时，即 X 商品与 Y 商品的边际效用之比等于其价格之比时，或者说 X 商品的边际效用与价格之比等于 Y 商品的边际效用与价格之比时，X 商品与 Y 商品的总效用就会达到最大，这时消费者不再调整购买的 X 商品与 Y 商品的数量，从而实现了消费者均衡。

下面我们举例来说明这一点。设 M = 100 元，P_X = 10 元，P_Y = 20 元，$\lambda = 0.2$ 效用单位。X 商品与 Y 商品的边际效用和总效用见表 3-2 和表 3-3。

---

① 这个原理最早由德国的戈森加以论述，所以又叫戈森第二定律。

表 3-2　　　　　　　　　　　X 商品与 Y 商品的边际效用

X 商品的消费单位 Q_X	MU_X	Y 商品的消费单位 Q_Y	MU_Y
1	5	1	6
2	4	2	5
3	3	3	4
4	2	4	3
5	1	5	2
6	0		
7	−1		
8	−2		
9	−3		
10	−4		

表 3-3　　　　　　　　X 商品与 Y 商品的消费组合与总效用

组合方式	$\dfrac{MU_X}{P_X}$ 与 $\dfrac{MU_Y}{P_Y}$	总效用
$Q_X=10$　$Q_Y=0$	$\dfrac{-4}{10}<\dfrac{0}{20}$	5
$Q_X=8$　$Q_Y=1$	$\dfrac{-2}{10}<\dfrac{6}{20}$	18
$Q_X=6$　$Q_Y=2$	$\dfrac{0}{10}<\dfrac{5}{20}$	26
$Q_X=4$　$Q_Y=3$	$\dfrac{2}{10}=\dfrac{4}{20}$	29
$Q_X=2$　$Q_Y=4$	$\dfrac{4}{10}>\dfrac{3}{20}$	27
$Q_X=0$　$Q_Y=5$	$\dfrac{0}{10}<\dfrac{2}{20}$	20

　　从表 3-3 中可以看出，各种组合都符合均衡条件（1）式，即收入为既定这一限制条件，因为表中六种组合都正好用完 100 元，既没有超过 100 元，也没有少于 100 元。但并不是每种组合都符合均衡条件（2）式，即 $MU_X/P_X=MU_Y/P_Y=\lambda$，从而说明并不是每种组合都达到了效用最大。从表中可以看出：只有在 $Q_X=4$，$Q_Y=3$ 时，才能满足 $MQ_X/P_X=MU_Y/P_Y=\lambda$ 均衡条件，即 2/10＝4/20，也就是说，当消费 4 个单位 X 商品，消费 3 个单位 Y 商品时，X 商品的边际效用与价格之比 2/10

等于 Y 商品的边际效用与价格之比 4/20，且等于货币的边际效用，从而才实现了 X 商品和 Y 商品所带来的总效用最大——29 效用单位。

此外，其他各种组合，X 商品与 Y 商品带来的总效用都不是最大。以 $Q_X = 8$，$Q_Y = 1$ 的组合为例，当消费 8 个单位 X 商品时，它所带来的边际效用为-2，边际效用和价格之比 MU_X/P_X 为-2/10，消费 1 单位 Y 商品时，它所带来的边际效用为 6，边际效用与价格之比 MU_Y/P_Y 为 6/20，可见-2/10≠6/20，从而说明 X 和 Y 所带来的总效用不是最大，仅为 18 （12+6），其中 X 的总效用是 12，Y 的总效用是 6。

3.2.5　基数效用理论的应用

一些赞成基数效用论的西方经济学家，为了证明效用理论的实用意义，都力图应用效用理论来分析和说明一些实际经济问题。例如，关于商品价值的决定问题，在西方经济学史上，一直存在着关于水的价值与钻石的价值如何决定的争论。这个争论的基本内容是：为什么水对人的生命是不可缺少的东西，但价格却很低？而钻石对于人的生命来说，并不是必不可少的，但其价值却非常昂贵，这是怎么一回事？这就是著名的"钻石与水"的悖论，这个悖论一直困扰着当时的经济学家。而当代西方经济学认为，这可以用效用理论给予解释。他们认为，决定价值大小的不是总效用，而是边际效用。由于最后一个单位商品的边际效用小，而同类商品在质上又是完全相同的，可以互换，因此，消费者可以用任何一个单位作为最后一个单位。那么，每一个单位商品的价值都必然只等于边际效用最小的最后一个单位的价值，因而每一个单位商品的价值都由边际效用最小的最后一个单位的价值决定。例如，一个农民收获了五袋谷物，第一袋谷物用于他最迫切的吃的需要，第二袋谷物用来使生活更好一些，第三袋谷物用来饲养家禽，第四袋谷物用来酿酒，第五袋谷物用来饲养鹦鹉，最后一袋谷物是用于最不迫切需要的，于是对它的评价最低，这个最小效用即边际效用不仅决定最后一袋谷物的价值，同时还决定其他四袋谷物的价值，因为五袋谷物的用途可以互换，五袋谷物价值也就必然相等，都由边际效用决定。根据边际效用决定商品价值的原理，西方经济学得出结论：水对于人的生命固然重要，但是，由于它的数量是如此之多，以至于其最后一个单位的边际效用是很小的，所以水的价值很小。反之，钻石由于数量很少，所以边际效用很大，因而价值也大。

综上所述，基数效用论以边际效用分析法为工具对消费者行为进行的是一种心理分析。它所讲的效用，不是商品本身满足某种欲望的能力，而是人对它的感觉和评价，它所讲的边际效用递减同样是心理现象。此外，基数效用论的主要根据是效用是可以计量并加总的。实际上，只要效用是一种心理现象，那么，它就根本无法计量，更没有什么客观标准。当你在北京烤鸭店里吃完了一顿丰盛的午餐之后，你能说出获得了多少效用量吗？正因为基数效用论关于效用可以计量的观点难以成立，所以，以后的西方经济学家转向了序数效用论。

3.3 序数效用论

序数效用论是为了弥补基数效用论的不足而提出来的另一种研究消费者行为理论。其基本观点是：效用作为一种心理现象无法计量，也不能加总求和，只能表示出满足程度的高低与顺序，因此，效用只能用序数（第一，第二，第三……）来表示。

例如，序数效用论认为，消费者消费了巧克力与电影，他从中得到的效用是无法衡量，也无法加总求和的，更不能用基数来表示，但他可以比较从消费这几种物品中所得到的效用。如果他认为消费巧克力所带来的效用大于看电影所带来的效用，那么对他来说，巧克力的效用是第一，电影的效用是第二。可见，序数效用论认为，效用可以用第一、第二……这样的顺序来表示。这种对消费者需求的顺序性效用分析通常被称为无差异曲线分析，序数效用论采用的就是无差异曲线分析法。

3.3.1 无差异曲线

1）无差异曲线的含义

无差异曲线是用来表示两种商品或两组商品的不同数量的组合给消费者所带来的效用是相同的一条曲线。

例如，现在有 X 和 Y 两种商品，它们有 a、b、c、d、e、f 六种组合方式，这六种组合方式可以给消费者带来同样的满足。于是，可以做出表 3-4：

表 3-4 　　　　　　　　　　　　　　　X 商品与 Y 商品组合

组合方式	X 商品	Y 商品
a	5	30
b	10	18
c	15	13
d	20	10
e	25	8
f	30	7

根据表 3-4，可以做出一条曲线图形，如图 3-5 所示。

在图 3-5 中，横轴 OX 代表 X 商品的数量，纵轴 OY 代表 Y 商品的数量，U 为无差异曲线，线上任何一点 X 商品与 Y 商品不同数量的组合给消费者所带来的满足程度是相同的。

2）无差异曲线的特征

为了便于进行无差异曲线分析，习惯上要作出三种假设：

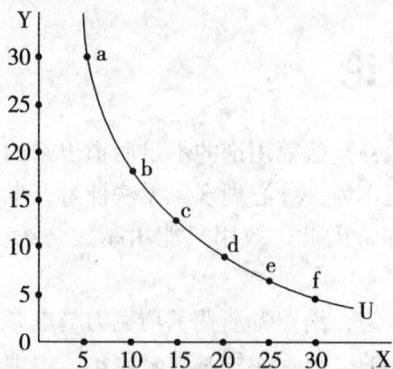

图3-5 无差异曲线

第一，所有商品可以连续不断地分割为很小的单位，使得顾客不必受出售商品的规格限制。第二，消费者对于各种商品结合的趣味和偏好次序是明确的和一贯的。例如，一个消费者喜欢结合 A 甚于结合 B，而喜欢结合 B 甚于结合 C，那么，他必定是喜欢结合 A 甚于结合 C。第三，消费者看待商品的态度总是多比少好，即多多益善。这意味着增加消费的边际效用总是正数，无用的或具有负数的边际效用的商品不在考虑之列。根据以上假设，无差异曲线显示出四个特征：

（1）无差异曲线是一条向右下方倾斜的曲线，其倾斜率为负值。这表明：在收入与价格既定的条件下，为了获得同样的满足程度，增加一种商品就必须减少另一种商品，两种商品不能同时增加或减少。

（2）在同一平面图上可以有无数条无差异曲线。同一条无差异曲线代表同样的满足程度，不同的无差异曲线代表不同的满足程度。离原点越远的无差异曲线所代表的满足程度越大，离原点越近的无差异曲线所代表的满足程度越小。可以用图3-6 来说明这一点。

图3-6 无差异曲线的特征

在图3-6 中，U_1、U_2、U_3 是三条不同的无差异曲线，其中 U_1 所代表的满足程度最低，U_2 所代表的满足程度大于 U_1，U_3 所代表的满足程度最高。

（3）在同一平面图上，任意两条无差异曲线绝不能相交。否则，在交点上两条无差异曲线代表了相同的满足程度，这就与第二个特征相矛盾。

（4）无差异曲线是一条凸向原点的线。这一点要用边际替代率这一概念来说明，也就是说，无差异曲线向原点呈凸状，是由边际替代率递减规律引致而来的，无差异曲线的斜率等于边际替代率。

3.3.2　边际替代率

1）边际替代率的含义

边际替代率（marginal rate of substitution，MRS）是指在保持消费者效用不变的前提下，放弃一种商品的数量与必须增加另一种商品的数量之比。

例如，为了增加 X 商品而放弃 Y 商品，那么放弃 Y 商品的数量与增加的 X 商品的数量之比就是以 X 商品代替 Y 商品的边际替代率，写作 MRS_{XY}。如果以 ΔX 代表 X 商品的增加量，以 ΔY 代表 Y 商品的减少量，则边际替代率的公式是：

$$MRS_{XY} = \Delta Y / \Delta X$$

由于两种商品的数量变化呈反方向变化关系，所以以边际替代率是负值，但一般我们取其绝对值。边际替代率的大小决定于两种商品的边际效用。因为用一定数量商品 X 替代一定数量商品 Y，且使消费者的效用水平不变，这就必须使消费者增加 X 商品的消费数量所带来的效用增加量与减少 Y 商品的消费数量所带来的效用减少量相等。所以，商品 X 对商品 Y 的边际替代率等于商品 X 的边际效用与商品 Y 的边际效用的比率。即有：

$$MU_X \cdot \Delta X = MU_Y \cdot \Delta Y \tag{1}$$

上式可以写为：

$$MU_X / MU_Y = \Delta Y / \Delta X = MRS_{XY} \tag{2}$$

根据前面所列的表 3-4 就可以计算出 MRS_{XY} 的值，其边际替代率的值如表3-5所示。

表 3-5　　　　　　　　　　X 商品代替 Y 商品的边际替代率

变动情况	X 商品增加量	Y 商品减少量	MRS_{XY}
从 a 到 b	5	12	2.4
从 b 到 c	5	5	1
从 c 到 d	5	3	0.6
从 d 到 e	5	2	0.4
从 e 到 f	5	1	0.2

从表 3-5 中可以看出，边际替代率是递减的，这就是边际替代率递减规律。

2）边际替代率递减规律

在保持效用水平不变的条件下，消费者连续增加某一种商品消费数量时，所愿意放弃的另一种商品的消费数量是递减的，这就是边际替代率递减规律。

为什么连续增加某种商品（如 X 商品）数量，人们所愿意放弃另一种商品（如 Y 商品）的数量是递减的呢？这是因为：随着某种商品（如 X 商品）数量的增加，它的边际效用在递减；而随着另一种商品（如 Y 商品）数量的减少，它的边际效用在递增。X 商品边际效用递减，意味着人们对它的需要已达到了饱和点，不再需要它了，而 Y 商品边际效用递增，意味着人们更加需要它，这时人们不再愿意去放弃 Y 商品而增加 X 商品，所以，X 商品能替代 Y 商品的数量就越来越少，即以 X 商品代替 Y 商品的边际替代率在减少。

从图 3-5 中的无差异曲线图形来看，边际替代率实际上就是无差异曲线的斜率。为了说明这一点，在此用图 3-7 进一步来说明。

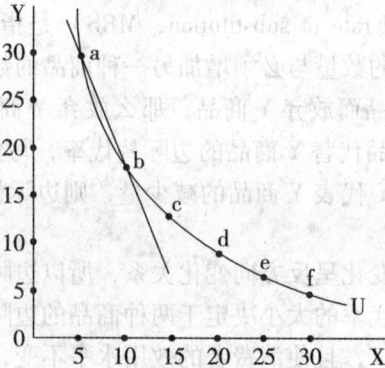

图 3-7　边际替代率与无差异曲线

从图 3-7 中可见，从 a 到 b 的边际替代率 $MRS_{XY} = \Delta Y / \Delta X$，实际上就是无差异曲线上从 a 到 b 之间的斜率。从图上看无差异曲线的斜率是逐渐减少的，边际替代率也就是逐渐减少的，直到为 0，所以，无差异曲线是一条凸向原点的曲线。

3.3.3　无差异曲线的特例

以上介绍的是一般形式的无差异曲线，下面我们要介绍其他几种无差异曲线的形状。我们知道，商品可分为替代商品、互补商品、独立商品，由于商品相互关系的不同，无差异曲线的形状也就不同。

1）完全替代品的无差异曲线

完全替代品是指两种商品之间的替代比率是固定不变的。也就是说，如果消费者愿意按固定的比例用一种商品代替另一种商品，那么，这两种商品就是完全替代品。完全替代品最简单的例子是消费者愿意在 1：1 的基础上替代商品。这时无差异曲线为一斜线，斜率不变，如图 3-8 所示。

图 3-8 中的无差异曲线表明 X 和 Y 这两种商品是可以完全替代的，替代的比率是一个常数。因此，完全替代品的一个重要特征是无差异曲线有固定的斜率，即边际替代率不变。像这样的例子有 1 元钱可以换 10 角钱；红铅笔和蓝铅笔；甲商店的白玉兰牙膏与乙商店的白玉兰牙膏；一杯白开水与另一杯白开水；等等。一般来说，替代程度越高的商品，无差异曲线越直；替代程度越低的商品，无差异曲线越弯曲。

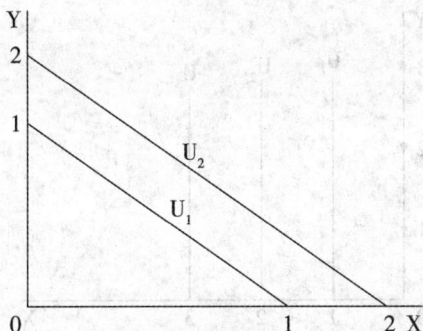

图 3-8 完全替代品的无差异曲线

2）完全互补品的无差异曲线

完全互补品是指两种商品必须以固定的比率一起消费。完全互补品的一个非常恰当的例子就是右脚的鞋子和左脚的鞋子。消费者穿鞋子总是喜欢左右脚一起穿，那么，一只右脚鞋和两只左脚鞋这种组合与一只右脚鞋和一只左脚鞋这种组合给消费者带来的满足程度是一样的。也就是说，一双鞋只增加一只左脚鞋或只增加一只右脚鞋对消费者来说都是毫无用处的。因此，完全互补品的无差异曲线呈 L 形，或说呈直角形，如图 3-9 所示。

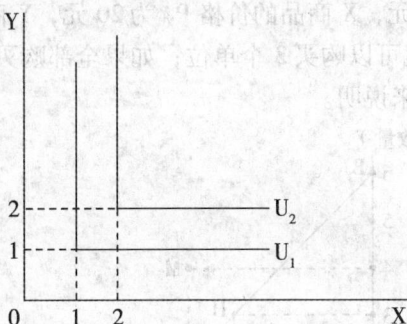

图 3-9 完全互补品的无差异曲线

图 3-9 中的无差异曲线表明要增加效用就必须同时增加 X 和 Y 的一定数量。在 L 的顶点，左脚鞋的数量等于右脚鞋的数量。因此，完全互补品的一个重要特征是消费者偏好以固定比例消费物品，但不一定是 1∶1 的比例。例如，一副眼镜架与两个眼镜片组合，两副眼镜架与 4 个眼镜片组合，在这种情况下，无差异曲线呈 L 形，L 角会以（1 副眼镜架，2 个眼镜片）、（2 副眼镜架，4 个眼镜片）的组合出现。

3）独立商品的无差异曲线

独立商品的无差异曲线是一条垂直线，这种曲线表明消费者所得到的效用是随着某种商品的变化而变化，与另一种商品无关。例如，消费者从喝牛奶中得到的效用与曲别针无关，如图 3-10 所示。

图 3-10 中的无差异曲线表明消费者所得到的效用是随着 X 商品的变化而变化，与 Y 商品无关。

图 3-10 独立商品的无差异曲线

此外，还可以画出许多种形状的无差异曲线。总之，无差异曲线的形状是受一定商品的特征和相互关系决定的。在运用无差异曲线来分析消费者均衡时我们还必须了解另一概念：预算线。

3.3.4 预算线

预算线是用来表示在收入与商品价格既定的条件下，消费者所能购买到的各种商品的最大数量组合，又称消费可能线或等支出线。

假定，收入 M 为 60 元，X 商品的价格 P_X 为 20 元，Y 商品的价格 P_Y 为 10 元。如果全部购买 X 商品，就可以购买 3 个单位；如果全部购买 Y 商品，就可以购买 6 个单位。下面用图 3-11 来说明。

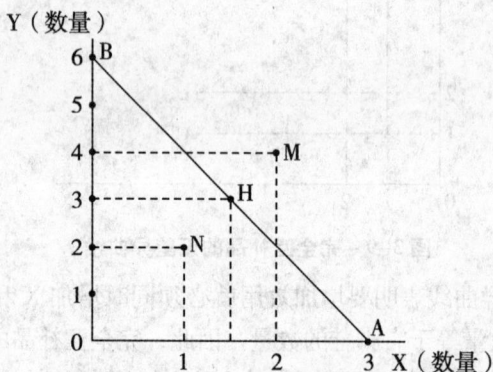

图 3-11 预算线

在图 3-11 中，如果用全部收入购买 X 商品可以购买 3 个单位（A 点），如果用全部收入购买 Y 商品可以购买 6 个单位（B 点），连接 A 点和 B 点即为预算线。

如果在 AB 线外的任意一点，例如 M 点，要购买 2 个单位 X 商品，4 个单位 Y 商品，可能需要 80 元，超过了收入 60 元所允许的范围，这是无法实现的。如果在 AB 线内的任意一点，例如 N 点，要购买 1 个单位 X 商品，2 个单位 Y 商品，可能需要 40 元，这是可以实现的，但并不是可以购买的 X 商品和 Y 商品的最大数量组合。只有在 AB 线上的任何一点，例如 H 点，购买 3 个单位 Y 商品，1.5 个单位 X

商品，共需 60 元，这才是既能实现，又是购买的 X 商品与 Y 商品的最大数量组合。预算线是用无差异曲线研究消费者均衡时的限制条件。

3.3.5 消费者均衡

消费者均衡的条件是无差异曲线与预算线的相切之点。也就是说，如果把无差异曲线与预算线合在一张图上，那么，预算线必定与无数条无差异曲线中的一条相切于一点，在无差异曲线与预算线的切点上就实现了消费者均衡。下面用图 3-12 来说明这一点：

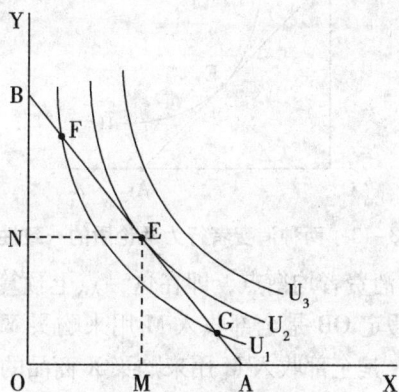

图 3-12　消费者均衡

在图 3-12 中，U_1，U_2，U_3 为三条无差异曲线，其中 U_3 代表的满足程度最高，U_2 次之，U_1 代表的满足程度最低。AB 是预算线。AB 与 U_2 相切于 E 点，在 E 点上实现了消费者均衡，这也就是说，在收入与价格既定的条件下，消费者购买 OM 数量的 X 商品与 ON 数量的 Y 商品，则可以获得的最大满足程度是 U_2 所代表的满足程度。

为什么只有在 E 点上才能实现消费者均衡呢？这是因为：首先，图中 U_3 所代表的满足程度大于 U_2 所代表的满足程度，但是 U_3 与 AB 线既不相交又不相切，这说明要达到 U_3 满足程度的 X 商品与 Y 商品的组合在现有收入水平下是达不到的。其次，AB 线与 U_1 相交于 F 点和 G 点，F 点和 G 点是在 AB 线上，这说明它们也是在既定收入下所能购买的 X 商品与 Y 商品的最大数量组合，但在这两种组合情况下，所达到的满足程度是 U_1，而 U_1 的满足程度小于 U_2，因此，F 和 G 这两点都没有达到最大满足程度。最后，U_2 上的其他各点，也都是在 AB 线之外，无法实现最大数量组合。所以，只有在 E 点上才是在现有收入下所能购买到的最大数量组合和所能实现的最大满足程度，即实现了消费者均衡。

3.3.6 两种消费者行为理论质的一致性

以上介绍了两种消费者行为理论，即边际效用分析和无差异曲线分析，无差异曲线分析是为了弥补边际效用分析的缺陷，用消费者的满足程度来代替效用的数量。但实际上，无差异曲线分析中所提出的消费者均衡条件，与边际效用分析中所提出的消费者均衡条件是完全相同的。下面我们可以证明这一点。

根据边际效用分析，消费者均衡条件是：$MU_X/P_X = MU_Y/P_Y$，还可写成 $MU_X/MU_Y = P_X/P_Y$。根据无差异曲线分析，消费者均衡条件是：无差异曲线与预算线的相切之点，如图3-13所示。

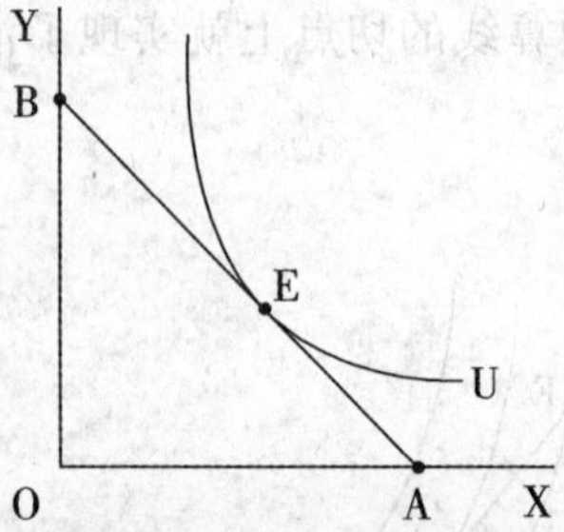

图3-13 两种消费者行为理论质的一致性

在图3-13中，E点为消费者均衡点，即在这一点上预算线的斜率与无差异曲线的斜率相等。从图上看，假定OB是全部收入M用来购买Y商品的数量，其价格为 P_Y，因此，$OB = M/P_Y$，OA是全部收入M用来购买X商品的数量，其价格为 P_X，因此，$OA = M/P_X$，所以，预算线AB的斜率可用这个等式来表示：预算线AB的斜率 $= OB/OA = (M/P_Y) / (M/P_X) = (M/P_Y) \cdot (P_X/M) = P_X/P_Y$。可见，预算线的斜率等于两商品的价格比。

由于在切点上预算线的斜率等于无差异曲线的斜率，而无差异曲线的斜率又等于边际替代率，预算线的斜率等于两商品的价格比，所以，根据无差异曲线分析，消费者均衡条件又可以表述为边际替代率等于两商品的价格比，用公式表示为：

$$MRS_{XY} = P_X/P_Y$$

因为 $MU_X = \Delta TU/\Delta X$，$MU_Y = \Delta TU/\Delta Y$，所以，$\Delta X = \Delta TU/MU_X$，$\Delta Y = \Delta TU/MU_Y$，将它们代入边际替代率公式，则 $MRS_{XY} = \Delta Y/\Delta X = (\Delta TU/MU_Y) / (\Delta TU/MU_X) = (\Delta TU/MU_Y) \cdot (MU_X/\Delta TU) = MU_X/MU_Y$。

又由于 $MRS_{XY} = P_X/P_Y$，$MRS_{XY} = MU_X/MU_Y$，所以，$MU_X/MU_Y = P_X/P_Y$。从上述推导中可见，在无差异曲线分析中，消费者均衡条件也是 $MU_X/MU_Y = P_X/P_Y$。也就是说，序数效用论与基数效用论关于消费者均衡的条件实质上是相同的。

综上所述，西方经济学的两种消费者行为理论，即基数效用论与序数效用论采用不同的方法研究同样的问题，并得出了相同的结论。这种消费者行为理论实际上有这样几个暗含的假设：第一，消费者具有完全理性。即他们对自己消费的物品有完全的了解，而且会把效用最大化作为自己追求的目标。第二，存在消费者主权。即消费者决定自己的消费，而消费者的消费决策又决定了生产。根据这些假设消费者行为理论所得出的结论就是：由消费者自行决定消费就可以实现效用最大化，政府不用干预消费者的行为。但是，后来一些西方经济学家认为这两个假设条件都是不现实的。

　　一方面，在现实中消费者并不具有完全的理性。完全理性仅仅是一种理论上的假设。在现实中，消费者由于受文化修养、习俗和思维意识等因素的影响，每个人并不可能具有完全的理性，从而使得最大限度地满足受到妨碍，最终不能达到满足程度的最大化。另一方面，消费主权受到生产者的操纵。在现代社会中，消费者的需求受到许多社会因素的影响，特别是受到广告宣传的影响。各个企业不惜花费巨资通过各种形式和手段来做广告宣传自己的产品，这种广告宣传在很大程度上影响了消费者的需求。因此，从表面上来看，消费者是完全自由的，消费主权是至高无上的，顾客就是上帝。但实际上消费者主权受到生产者的操纵，生产者往往从利润最大化的目的出发，生产出种种产品并通过广告使消费者接受。这样一来，生产者主权实际上代替了消费者主权。

　　总之，传统的消费者行为理论是一种以个人为中心的消费者行为理论。该理论认为，只要确保消费者的个人自由，就可以实现满足程度的最大化。从整个社会来看，只要每个消费者都实现了满足程度最大化，社会福利也就实现了最大化。但事实上，消费者并不是真正自由的，消费者的行为需要社会的引导和保护。因此，就需要有各种消费政策。

　　目前，各国为了指导消费者的消费行为，保护消费者的利益，一般都采取了这样一些消费政策：确保商品的质量；正确的消费宣传；禁止不正确的消费；对某些特殊消费给予强制；对提供某些劳务的人的素质进行必要的限制；实行限制价格政策；建立"消费者协会"组织等。上述这些政策，对保护消费者的利益，指导正确消费起到积极作用。但是，这些政策的实施也会带来不利的影响。例如，政府为此要有大量的支出；企业也会由于受到的限制较多而不利于生产效率的提高；有些政策在执行中存在许多困难和效果不理想问题等等。因此，政府在消费政策方面，应有一个适度的范围。另外，消费也并非完全是个人的问题，个人的消费对社会会产生影响，这就是所谓的消费外在化问题，政府对消费外在化进行干预也是十分必要的。

3.3.7　序数效用理论的应用

　　序数效用论所采用的无差异曲线分析法可以用来分析许多实际问题，下面以房租补贴为例，采用房租补贴的无差异曲线分析来说明经济学如何分析政府向贫民提供廉价住房的政策。分析的结论是：同量的货币补贴比实物补贴更有利于增进贫民的福利水平，这种分析对我国也有一定的借鉴意义。

　　在图3-14中，纵轴线代表货币，横轴线代表可租用的住房数量。图中的无差异曲线表示能够给消费者带来同等满足程度的住房和货币组合点的轨迹。假定货币的价格为1，预算线的斜率可以直接表示 X 的价格，它与纵轴的截距可直接表示货币收入。若无补贴的期初预算线为 A_0B_0，则 A_0 可以表示消费者的货币收入，A_0O/OB_0，即预算线的斜率可以表示房租。

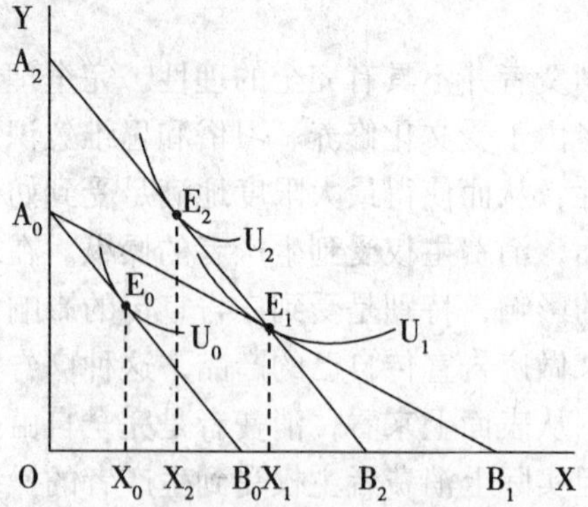

图 3-14　房租补贴的无差异曲线分析

首先，分析实物补贴的福利效果。为了解决城市贫民的住房问题，政府建造一批由国家所有的住房，并以较低的房租把它租给贫民。国家并没有直接向贫民发放货币，而是以实物住房形式提供补贴，它可以提高城市贫民的福利水平。在图中，A_0B_0 的斜率可以代表市场机制决定的房租水平，它将导致贫民选择租用 X_0 数量的住房，并使福利水平达到无差异曲线 U_0 所表示的高度，在现实生活中，这可能导致贫民住房状况十分紧张的局面。当政府向贫民提供低价住房时，可以使预算线 A_0B_0 旋转到 A_0B_1 的位置，贫民货币收入没有变，所以 A_0 的位置不变，但是，由于房租下降，全部收入若用于租房可使租房量由 B_0 增加到 B_1，这引起预算线向右旋转，它可以和位置更高的无差异曲线 U_1 相切。新的均衡点 E_1 表明消费者将选择更多的住房 X_1，消费者的福利水平也相应地由 U_0 上升到 U_1 的位置。

其次，分析货币补贴的福利效果。为了便于比较，假设政府提供 A_2A_0 的货币补贴，使消费者收入由 A_0 增加到 A_2，而且该补贴正好使新预算线 A_2B_2 过 E_1 点，货币补贴并不改变市场机制决定的房租，因此，A_2B_2 与 A_0B_0 的斜率相等，即两者平行。A_2B_2 和 A_0B_1 都经过 E_1 点为我们进行实物补贴和货币补贴的福利效果比较提供了一个大致的基准。当政府提供 A_2A_0 的货币补贴后，新的预算线 A_2B_2 可能和位置更高的无差异曲线 U_2 相切于 E_2，U_2 的位置高于 U_1，说明货币补贴使消费者选择的住房数量小于实物补贴。但是 E_2 的高度高于 E_0 和 E_1，说明消费者可以持有更多的货币用于购买住房之外的其他商品。

综上所述，从短期来看，为了保证已经建成的公房得到充分利用，政府可以通过实物补贴刺激住房消费。但是，从长期来看，政府不干预市场机制决定的房租，将用于实物补贴的支出用于发放货币补贴，能够取得更好的福利效果。

3.4　收入和价格变化对消费者行为的影响

在前两节中分析的消费者均衡，是以消费者的货币收入和商品价格不变作为前提的，但是事实上，收入和价格这两个因素都会经常变化，它们的变化对消费者均衡，或者说对消费者获取最大满足的消费行为会产生什么影响呢？这一节就是要说明这个问题。

3.4.1 收入变化对消费者行为的影响

1）收入变化对预算线的影响

从预算线的含义可以看出，预算线位置的高低，取决于两个因素：收入和商品价格。这里我们暂且把价格因素撇开，只研究收入变动对预算线的影响，如图3-15所示。

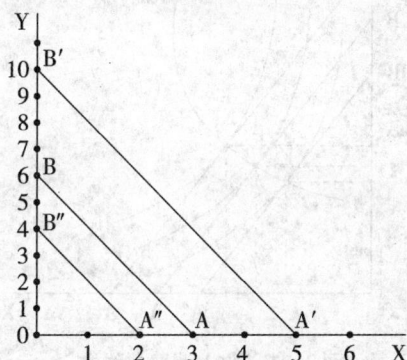

图3-15 收入变化对预算线的影响

在图3-15中，我们仍然用前面介绍预算线时所举的例子，我们假定Y商品的单价为10元，X商品的单价为20元，当消费者收入为60元时，他能买到6个单位的Y商品，或者3个单位的X商品，这时的预算曲线为AB。

现在，如果消费者收入由60元增加到100元，则全部购买Y商品的数量是10个单位（B'点），全部购买X商品的数量是5个单位（A'点），根据这两点确定的预算线为A'B'。显然，A'B'是AB预算线向右平行移动的结果，这是因为X与Y的价格不变，所以预算线平行移动，新的预算线的斜率保持不变。

如果消费者收入由60元减少到40元，则全部购买Y商品的数量是4个单位（B"点），全部购买X商品的数量是2个单位（A"点），根据这两点确定的一条新的预算线为A"B"，显然，A"B"是原来的预算线AB向左平行移动的结果。新的预算线的斜率也保持不变。

由此得出结论，在价格不变的前提下，消费者收入增加，预算线会平行地向右移动；消费者收入减少，预算线会平行地向左移动。

2）收入消费曲线

如前所述，随着收入的增加或减少，会使预算线平行的向右或向左移动。当预算线向右平行移动时，这条新的预算线表明可以购买到数量较多的两种商品组合；当预算线向左移动时，这条新的预算线表明可以购买到数量较少的两种商品组合。

这样，由于收入的变化，较高的预算线将同较高的无差异曲线相切，达到一个较高的消费者均衡点；而较低的预算线将同较低的无差异曲线相切，达到一个较低的消费者均衡点。那么，把这些随收入变化而变化的均衡点连接起来，就可以得到一条新的曲线，这条新的曲线就是收入消费曲线。因此，收入消费曲线的含义是：在价格不变的情况下，与不同收入水平相联系的消费者的预算线和无差异曲线相切的效用最大化的均衡点的轨迹。收入消费曲线（income consumption curve，ICC），收入消费曲线的图形如图 3-16 所示。

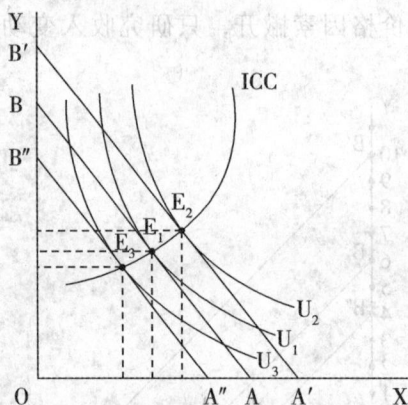

图 3-16 收入消费曲线之一

在图 3-16 中，假定原有的消费者效用最大化的均衡点为 E_1 点，现在，如果消费者的收入增加，则预算线由原来的 AB 位置向右平移到 A'B' 的位置，并与比无差异曲线 U_1 更高的另一条无差异曲线 U_2 相切于 E_2 点，E_2 点便是在新的增加了的收入水平下的消费者均衡点。相反，如果消费者的收入减少，则预算线由原来的 AB 位置向左平移到 A"B" 的位置，并与较低的另一条无差异曲线 U_3 相切于 E_3 点，E_3 点就是新的减少了的收入水平下的消费者均衡点。依此类推，随着收入水平的不断变化，会形成无数个消费者均衡点，这样的无数个均衡点的轨迹便是收入消费曲线，即图中的 ICC 曲线。

收入消费曲线的形状根据两种商品的特征而定，即根据商品是正常品，还是劣等品；是必需品还是奢侈品，收入消费曲线的形状有所不同。在图 3-16 中，收入消费曲线是向右上方倾斜的，它表示两种商品的均衡需求量都随着收入的上升而增加，因此，我们可以判断这两种商品都是正常品。因为根据需求的收入弹性理论，正常品是指需求量与收入同方向变动的商品，收入弹性值为正。劣等品是指需求量与收入反方向变动的商品，收入弹性值为负。所以，图 3-16 中的 ICC 曲线表示的两种商品都是正常品，其中，X 为必需品，Y 为奢侈品。而如果 X 为奢侈品，Y 为必需品，则收入消费曲线的形状如图 3-17 所示。

从图 3-16 和图 3-17 中可看出，在价格不变的条件下，收入愈多，均衡点的位置离原点的位置愈远，这表明消费者能获得更高水平的消费满足，或者说消费者能消费更多的商品，反之则反是，这就是收入对消费者行为的影响。

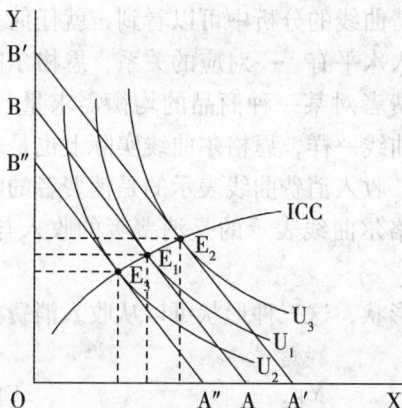

图 3-17 收入消费曲线之二

而实际上，在有些情况下，收入消费曲线也会向右下方或左上方倾斜，在这种情况下，则两种商品中必定有一种是正常品，而另一种是劣等品，如图 3-18 所示。

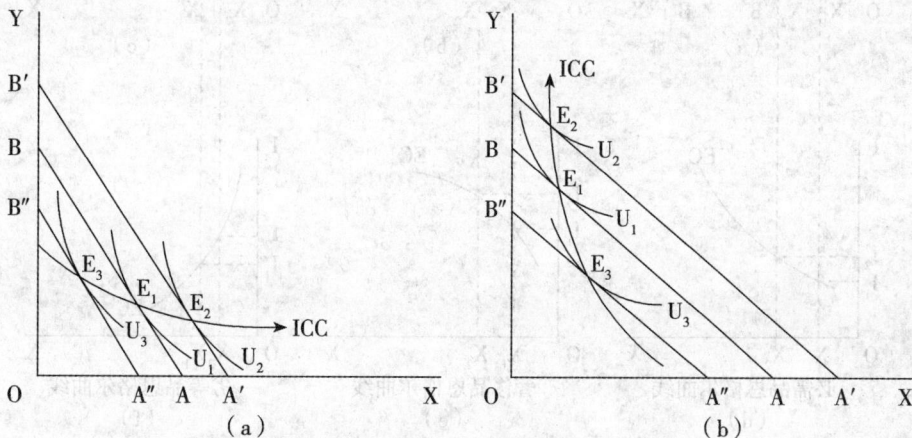

图 3-18 收入消费曲线之三

在图 3-18（a）中，收入消费曲线 ICC 是向右下方倾斜。它表示随着收入增加，X 商品的均衡需求量会增加，而 Y 商品的均衡需求量会减少，所以，在这种情况下，X 商品为正常品，Y 商品为劣等品。在图 3-18（b）中，收入消费线 ICC 向左上方倾斜，所以，X 商品为劣等品，Y 商品为正常品。

可见，收入消费线实际上就是价格不变，收入变动时，消费者随收入变化而变化所能购买到的各种均衡需求量，因此，收入消费曲线表示的是消费者的收入和均衡需求量之间的函数关系。从而这也说明了消费者在收入变化而价格保持不变时消费变化的情况。

3）收入消费曲线与恩格尔曲线的关系

从消费收入曲线中可以推导出恩格尔曲线（Engel curve）。恩格尔曲线是反映消费者收入变动对消费者需求影响的曲线，它表示消费者在每一收入水平下对某商品的需求量。从收入消费曲线的分析中可以看到，就任何一种商品的均衡需求量来说，它都和消费者的收入水平有一一对应的关系，恩格尔曲线就是用来表示在商品价格不变的条件下，消费者对某一种商品的均衡需求量与不同收入水平之间的关系。因此，与收入消费曲线一样，恩格尔曲线实际上也是表示收入和商品需求量关系的曲线，所不同的是，收入消费曲线表示的是消费者的收入与两种商品组合的需求量之间的关系。而恩格尔曲线表示的是消费者的收入与一种商品需求量之间的关系。

恩格尔曲线有三种形状，这三种形状可以从收入消费曲线推导出来，其推导过程如图3-19所示。

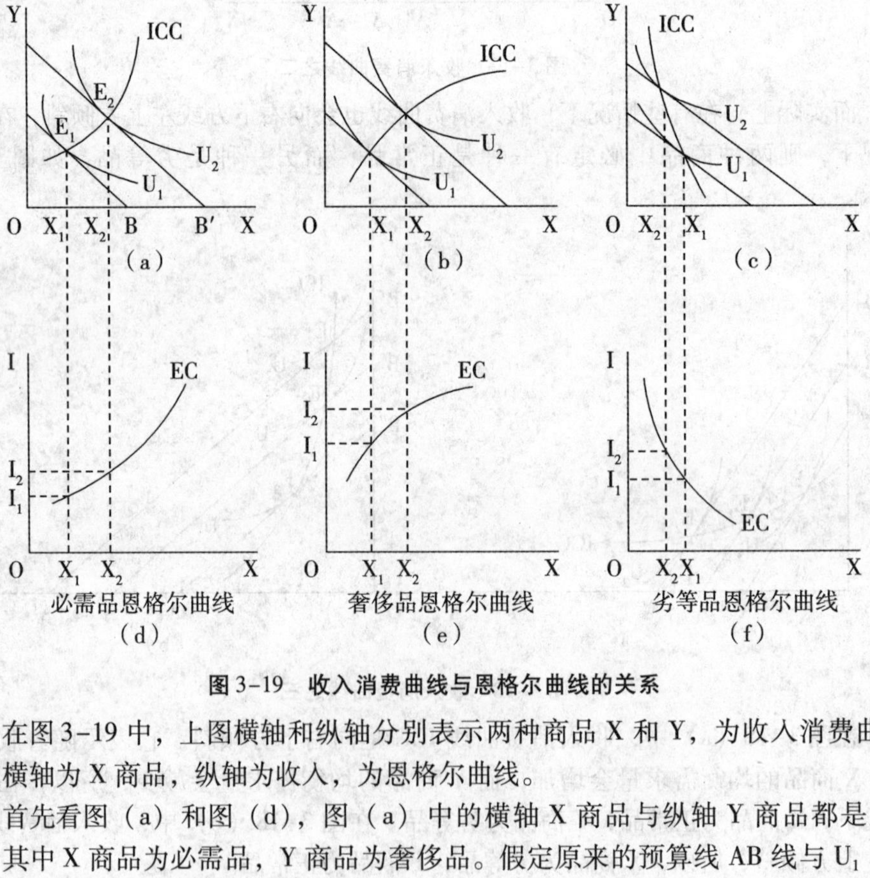

图3-19 收入消费曲线与恩格尔曲线的关系

在图3-19中，上图横轴和纵轴分别表示两种商品X和Y，为收入消费曲线；下图横轴为X商品，纵轴为收入，为恩格尔曲线。

首先看图（a）和图（d），图（a）中的横轴X商品与纵轴Y商品都是正常品，其中X商品为必需品，Y商品为奢侈品。假定原来的预算线AB线与U₁相切于均衡点E₁，均衡需求量为X₁，根据均衡点E₁可以找到在这一需求量上的收入为图（d）的I₁，（I₁是隐含在图a的预算线AB中），当收入增加，于是图（a）中的AB线移到A′B′，新的预算线A′B′与代表更高满足程度的无差异曲线U₂相切，形成新的均衡点E₂，均衡的需求量为X₂，根据均衡点E₂可以找到在这一需求量上的收入为图（d）中的I₂（I₂是隐含在图a的预算线A′B′中），均衡需求量增加为X₂，以此类推，根据这种关系绘制成的曲线EC曲线就是恩格尔曲线。图（d）表明了商品X的购买量与收入I之间的关系，其斜率为正，因此，X商品的购买量将随着收入的提高而增加，说明它是正常品。但增加的量是递减的，所以它是必需品，因此，图 (d) 为必需品恩格尔曲线。

其次看图 (b) 和图 (e)，图 (b) 中的横轴 X 商品和纵轴 Y 商品都是正常品，其中 X 商品为奢侈品，Y 商品为必需品。其推导方法与图 (a) 和图 (d) 一样，所不同的是，图 (b) 中的收入消费曲线 ICC 和恩格尔曲线 EC 都是递增的比率上升的，但斜率仍然为正，所以它是奢侈品，因此，图 (e) 为奢侈品恩格尔曲线。

最后看图 (c) 和图 (f)，图 (c) 中的横轴 X 商品为劣等品，纵轴 Y 商品为正常品。其推导方法与前面的一样，它的特点是收入消费曲线 ICC 与恩格尔曲线 EC 都是负的斜率，说明 X 商品的购买量将随着收入的增加而减少，所以它是劣等品，因此，图 (f) 为劣等品恩格尔曲线。

以上三种形状的恩格尔曲线都是根据恩格尔定律，说明一种或某种商品的购买量怎样随收入变化而变化，具体来说明恩格尔曲线是把商品 X 的购买量作为收入 I 的函数来表述的。

3.4.2 价格变化对消费者行为的影响

1) 价格变化对预算线的影响

为了分析方便，我们分析价格变化对预算线的影响时，假定只有一种商品价格发生变化，而另一种商品仍维持原来的价格，如图 3-20 所示。

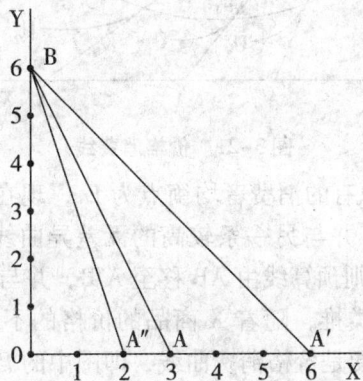

图 3-20 价格变化对预算线的影响

在图 3-20 中，我们仍假设消费者的收入为 60 元，假定 Y 商品的价格不变，如果 X 商品的价格由 20 元下降为 10 元，则全部购买 X 商品的数量为 6 个单位，那么，预算线与横轴的交点，便由 A 点向外移至 A' 点，即预算线 AB 以 B 点为中心向右方旋转，成为 A'B，斜率变小；如果 X 商品的价格由 20 元上升为 30 元，则全部购买 X 商品的数量为 2 个单位，那么，预算线与横轴的交点，便由 A 点向内移至 A″点。即预算线 AB 以 B 点为中心向左方旋转，成为 A″B，斜率变大。

由此得出结论：一种商品价格升高，预算线就会向内旋转，一种商品价格降低，预算线会向外旋转。

2）价格消费曲线

如前所述，在消费者收入不变的前提下，价格的变化会使消费者预算线的位置发生变化，预算线的斜率因而也发生变化：预算线从 AB 旋转至 A′B，表示在商品 Y 的购买量不变时，同样的货币收入由于商品 X 价格的下降可以买到更多的 X 商品；预算线从 AB 旋转至 A″B 时，这条新的预算线表示在商品 Y 的购买量不变时，同样的货币收入由于商品 X 价格的上升，只能买到较少的 X 商品。

这样，由于价格的变化，较高的预算线将同较高的无差异曲线相切，达到一个较高的消费者均衡点，而较低的预算线将同较低的无差异曲线相切，达到一个较低的消费者均衡点。那么，把这些随价格变化而变化的均衡点连接起来，就可以得到一条新的曲线，这条新的曲线就是价格消费曲线。因此，价格消费曲线的含义是：在收入不变的情况下，与某一种商品的不同的价格水平相联系的消费者的预算线和无差异曲线相切的效用最大化的均衡点的轨迹。价格消费曲线（price consumption curve，PCC），价格消费曲线的图形如图 3-21 所示。

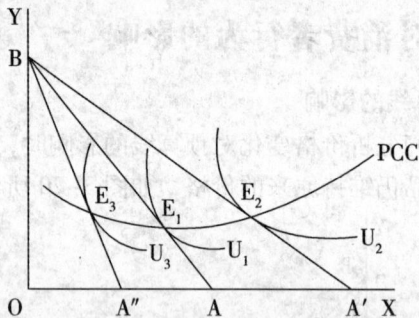

图 3-21　价格消费线

在图 3-21 中，假定原有的消费者均衡点为 E_1，现在如果 X 商品的价格下降，则预算线由 AB 移至 A′B，并与另一条较高的无差异曲线 U_2 相切于 E_2 点，相反，如果 X 商品的价格上升，则预算线由 AB 移至 A″B，并与另一条较低的无差异曲线相 U_3 相切于 E_3 点，依此类推，随着 X 商品的价格的不断变化，就会形成无数个消费均衡点，它们的轨迹便是价格消费曲线，即图中的 PCC 曲线。

可见，价格消费曲线实际上就是在收入和 Y 商品价格不变的情况下，随 X 商品价格变化而变化消费者所能购买到的均衡需求量，因此，价格消费曲线表示的是价格和均衡需求量之间的函数关系，从而它说明在各种可能的 X 商品的价格下，对商品 X 和 Y 购买量会有不同的组合。

从图中还可以看出，在收入已定的条件下，由于商品价格不同，消费者对商品的购买量就不同，价格愈低，购买量愈大，价格愈高，则购买量愈小，曲线上任何一点都表明消费者在不同的价格水平下，对商品购买量的最佳选择，使他能获得最大满足。

3）价格消费曲线与需求曲线的关系

正如由收入消费曲线可以推导出恩格尔曲线一样，从价格消费曲线也可以推导出需求曲线。因为从价格消费曲线上的各个均衡点，可以求得在不同价格水平下某种商品的需求量的数据，根据这些数据，就可以做出一条向下倾斜的需求曲线，从而说明为什么消费者对商品需求量与价格呈反方向变化。与前面介绍的基数效用论用边际效用递减规律推导出需求曲线相对应，在这里，序数效用论是从消费者均衡条件出发推导出需求曲线。其推导过程如图 3-22 所示。

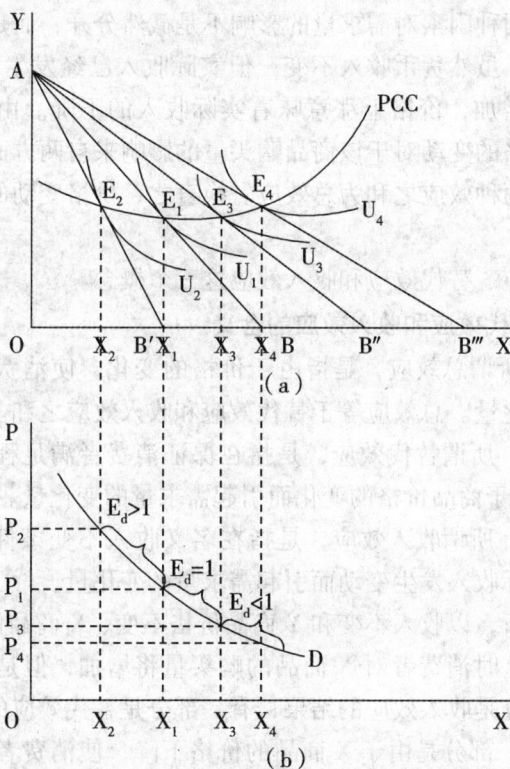

图 3-22　价格消费曲线与需求曲线的关系

在图 3-22 中，假定原来的预算线与无差异曲线 U_1 相切于均衡点 E_1，均衡需求量为 X_1，根据均衡点 E_1 可以找到在这一需求量上的价格为图（b）的 P_1（P_1 是隐含在图 a 的预算线 AB 中），当 X 商品价格上升，由 P_1 上升至 P_2，于是图（a）中的预算线 AB 移到 AB′，新的预算线 AB′ 与代表更低满足程度的无差异曲线 U_2 相切，形成新的均衡点 E_2，均衡的需求量为 X_2，根据均衡点 E_2 可以找到在这一需求量上的价格为图（b）中的 P_2（P_2 是隐含在图 a 的预算线 AB′ 中），均衡需求量增加为 X_2；当 X 商品价格下降，由 P_1 降至 P_3，于是图（a）中的预算线 AB 移到 AB″，新的预算线 AB″ 与代表更高满足程度的无差异曲线 U_3 相切，形成新的均衡点 E_3，均衡的需求量为 X_3，根据均衡点 E_3 可以找到在这一需求量上的价格为图（b）中的 P_3（P_3 是隐含在图 a 的预算线 AB″ 中），均衡需求量增加为 X_3；以此类推，根据这种关系绘制成的曲线就是需求曲线，即图中的 D 曲线。

从图 3-22 中可见，需求曲线是向右下方倾斜的，它不仅表示商品的价格与需求量之间反方向变动的关系，而且表示每一价格水平上的需求量都是能给消费者带来最大效用的均衡需求量。

3.4.3　替代效应和收入效应

以上我们分别介绍了收入变动与价格变动对消费者购买行为（即需求量）的影响，但实际上这两种因素对需求量的影响不是截然分开，而是交叉在一起，因为当价格发生变化时，虽然货币收入不变，但实际收入已经发生了变化，价格下跌，意味着实际收入的增加，价格上涨意味着实际收入的下降。由此西方经济学家认为，当一种商品价格的变动对于该商品购买量的影响来自两方面的效应，即替代效应和收入效应。这两种效应之和为总效应。换言之，价格变动的总效应分解为替代效应和收入效应。

下面介绍总效应、替代效应和收入效应这三个概念。

1) 总效应、替代效应和收入效应的含义

（1）总效应：所谓总效应，是指由于价格的变化，使消费者均衡点移动而产生的总需求量的变化量。总效应等于替代效应和收入效应之和。

（2）替代效应：所谓替代效应，是指在保证消费者满足程度不变条件下（即实际收入不变），由于商品价格的变化而引起需求量的变化量。[①]

（3）收入效应：所谓收入效应，是指在名义收入不变条件下，由于商品价格的变化使消费者实际收入发生变动而引起需求量的变化量。

根据前面的分析，以收入不变和 Y 商品价格不变、X 商品价格下降为例，当 X 商品价格下降时，这时消费者对 X 商品的购买量将增加，但是，在所增加的 X 商品量之中，有一部分是收入效应的结果，有一部分是替代效应的结果。即在所增加的 X 商品量之中，一部分是由于 X 商品的价格下降，使消费者原有的收入对 X 商品的实际购买力或实际收入增加，因而可以多购买 X 商品的结果，这种影响叫做收入效应。另一部分是由于 Y 商品价格不变，X 商品价格下降，使 X 商品相对于 Y 商品更便宜了，因而消费者宁愿多购买 X 商品，少购买 Y 商品的结果，这种影响叫做替代效应。

反之，如果 X 商品价格上升，消费者对 X 商品的购买量减少，这也是由于 X 价格上升，一方面，引起消费者原有的收入对 X 商品的购买力或实际收入下降，因而将减少对 X 商品的购买量（即收入效应）；另一方面，使 X 商品相对变得更昂贵了，所以消费者将愿意多购买 Y 商品而少购买 X 商品（即替代效应）。

---

① 由于希克斯和斯勒茨基对"实际收入不变"有不同的解释，因而产生了两种替代效应，即希克斯替代效应和斯勒茨基替代效应。希克斯替代效应里的"实际收入不变"，是指价格变化后保证消费者满足程度不变；斯勒茨基替代效应里的"实际收入不变"，是指价格变化后保证消费者能够买到他想要购买的价格变动以前的商品购买量。这里介绍的是希克斯分析法。

价格变动的替代效应和收入效应可以用图 3-23 来具体说明：

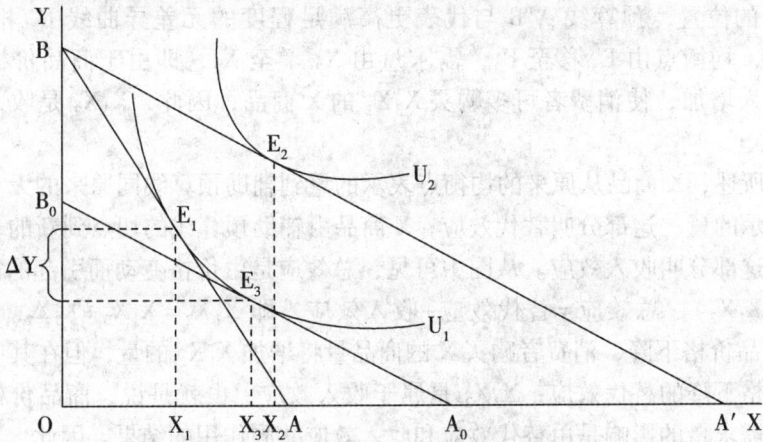

图 3-23　价格变动的替代效应和收入效应

在图 3-23 中，横轴代表 X 商品，纵轴代表 Y 商品，当 Y 商品的价格不变，X 商品的价格下降时，预算线由 AB 移至 A′B，AB 与无差异曲线 U_1 相切于 E_1 点，A′B 与无差异曲线 U_2 相切于 E_2 点，即均衡点由 E_1 移至 E_2，相应地，对 X 商品的需求量由 X_1 增至 X_2，即增加了 $X_1 X_2$ 的商品量，这是总效应。

那么在总效应中，哪一部分是替代效应，哪一部分是收入效应呢？要分析这一问题，我们必须利用辅助预算线这一分析工具。一般来说，商品价格下降会使消费者的实际收入水平提高，从而消费者的满足程度会提高；反之，商品价格提高后消费者的满足程度会降低。在替代效应的定义中，要求价格下降后消费者仍然保持原来的满足程度，即实际收入不变。这实际上是依靠外界作用来实现的。例如，当商品价格降低时，消费者的实际收入增加，从而消费者的满足程度提高，这时，我们可以通过增加税收等手段使他们的满足程度回到原来的水平；反之，当商品价格提高时，消费者的实际收入下降，从而消费者的满足程度降低，这时我们可以通过向消费者提供足够的货币使他们的满足程度回到原来的水平。因此，根据替代效应所要求的价格变化后，消费者的满足程度不变这个条件，我们要做一条辅助预算线。

现在，我们在图 3-23 中做一条辅助预算线 $A_0 B_0$，使它与 A′B 平行，这表明 $A_0 B_0$ 与 A′B 具有相同的斜率，即具有相同的价格比率，也就是说辅助预算线是在与 A′B 相同的价格比率的情况下来考察价格下降对需求量的影响。并且，辅助预算线 $A_0 B_0$ 与 U_1 相切于 E_3 点，这表明当 X 商品的价格下降后，要使实际收入不变，即消费者要保持原来的满足程度，则商品选择的组合点将由 E_1 点移至 E_3 点。即增加 X 商品的购买量 $X_1 X_3$ 来代替对 Y 商品的减少量（图中的 ΔY）。可见 $X_1 X_3$ 是替代效应的结果。

以上分析的是假设价格下降了，而实际收入不变，消费者会增加 $X_1 X_3$ 的购买量来保持原来的满足程度，这是替代效应的结果。但是，实际上如果价格下降了，实际收入就会增加，因而消费者的满足程度会提高，则预算线 A_0B_0 又必须回到 $A'B$ 的位置，预算线 $A'B$ 与代表更高满足程度的无差异曲线 U_2 相切于 E_2 点，于是，均衡点由 E_3 移至 E_2，需求量由 X_3 增至 X_2，即由于商品价格下降而使实际收入增加，使消费者可多购买 X_3X_2 的 X 商品，因此，X_3X_2 是收入效应的结果。

综上所述，X 商品从原来的均衡点表示的量到辅助预算线同原来的无差异曲线的切点表示的量，这部分叫替代效应；X 商品由辅助预算线的切点到新的均衡点表示的量，这部分叫收入效应。从图中可见，总效应是由价格变动而引起的需求量的总变化（X_1X_2），总效应=替代效应+收入效应，即 $X_1X_2 = X_1X_3 + X_3X_2$。这说明，由于 X 商品价格下降，消费者购买 X 的商品量将增加 X_1X_2 的量，但在其中，X_1X_3 是属于价格下降的替代效应，X_3X_2 是属于收入效应。也就是说，商品价格变动对该种商品需求量的影响是由替代效应和收入效应共同作用的结果。因此，总效应等于替代效应和收入效应之和。

一般来说，在正常情况下，价格变化的替代效应比收入效应大，而且替代效应和收入效应对商品数量的变动的影响是同方向的，即某种商品价格下降产生的替代效应和收入效应都是使消费者购买该商品的数量增加；价格上升所产生的替代效应和收入效应都使该商品的购买量减少。但也有例外情况，例如，有的低档商品的价格下降后，收入效应可能是负的，其影响甚至超过替代效应。由于收入效应是负的，所以消费者将少买这类商品，因而导致购买量减少。下面我们分别就正常品、劣等品、吉芬品三种类型商品进行具体分析。

2）正常品、劣等品、吉芬品的替代效应和收入效应

（1）正常品的替代效应和收入效应

前面图 3-23 所分析的替代效应和收入效应就是正常品的替代效应和收入效应。通过前面的论述，可以得出以下两点结论：

第一，正常品价格下降引起的需求量变化的总效应等于正的替代效应与正的收入效应之和。即总效应 $X_1X_2 = X_1X_3 + X_3X_2$。

第二，正常品价格与替代效应呈反方向变动，与收入效应也呈反方向变动，所以，价格与总效应呈反方向变动，它表示正常品的需求曲线是向右下方倾斜的。

（2）劣等品的替代效应和收入效应

第一，劣等品价格下降引起的需求量变化的总效应等于正的替代效应与负的收入效应之和，其值为正。

第二，劣等品价格与替代效应呈反方向变动，与收入效应呈同方向变动，且替代效应的作用大于收入效应的作用，（即替代效应所引起的需求量的变化量的绝对值大于收入效应所引起的需求量的变化的绝对值），所以，价格与总效应呈反方向变动，它表示劣等品的需求曲线也是向右下方倾斜的。

下面用图 3-24 来具体说明劣等品的替代效应和收入效应：

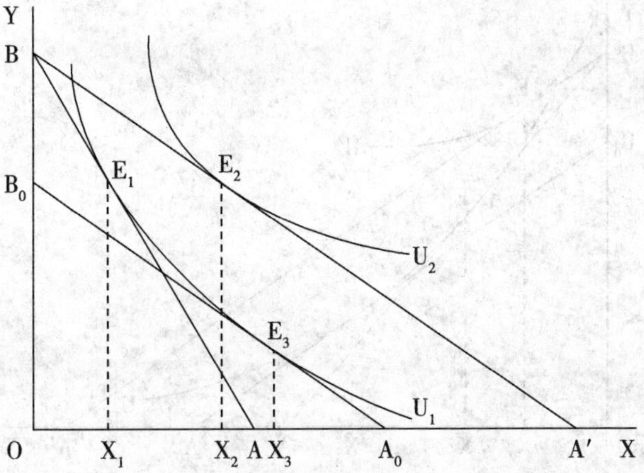

图 3-24 劣等品的替代效应和收入效应

图 3-24 分析的是劣等品价格下降引起的替代效应和收入效应。当劣等品 X 商品价格下降后，它所引起的总的需求量的增加量为 X_1X_2，运用与上面相同的分析方法，可得 X_1X_3 为替代效应，它是一个正值；X_2X_3 是收入效应，它是一个负值，其原因在于，劣等品价格下降所引起的实际收入水平的提高，会降低对劣等品的需求量（因为劣等品的需求收入弹性值为负）。所以，收入效应 X_2X_3 是一个负值，也就是说，图中的 E_2 点必须落在 E_1 和 E_3 之间。总效应=正的替代效应+负的收入效应，即 $X_1X_2 = X_1X_3 + (-X_2X_3)$。

（3）吉芬品的替代效应和收入效应

第一，吉芬品价格下降引起的需求量变化的总效应等于正的替代效应与负的收入效应之和，其值为负。

第二，吉芬品价格与替代效应呈反方向变动，与收入效应呈同方向变动，且收入效用的作用大于替代效应的作用，所以，价格与总效应呈同方向变动，它表示吉芬品需求曲线呈现出向右上方倾斜的特殊形状。

下面用图 3-25 来具体说明吉芬品的替代效应和收入效应。

图 3-25 分析的是吉芬品的替代效应和收入效应。在图中，由于吉芬品价格和需求量同方向变化，当吉芬品 X 商品价格下降后，它所引起的总的需求量的减少量为 X_2X_1。按照与前面相同的分析步骤，可得 X_1X_3 为替代效应，它是一个正值，X_2X_3 是收入效应，它是一个负值，而且收入效应 X_2X_3 的负值的绝对值大于替代效应 X_1X_3 的正值，所以，最后形成的总效应 X_2X_1 是一个负值。总效应=正的替代效应+负的收入效应，即 $-X_2X_1 = X_1X_3 + (-X_2X_3)$，总效应这个负值是替代效应和收入效应综合作用的结果。

由以上分析可见，吉芬品是一种特殊的劣等品。它的特殊性就在于它的收入效应的作用很大，以至于超过替代效应的作用。以土豆这种商品为例，在 19 世纪中叶的爱尔兰，土豆的消费支出在贫困家庭的收入中占一个较大比例。当土豆价格上升时，引起贫困家庭实际收入水平较大幅度的下降，它们将减少购买某些价格相对

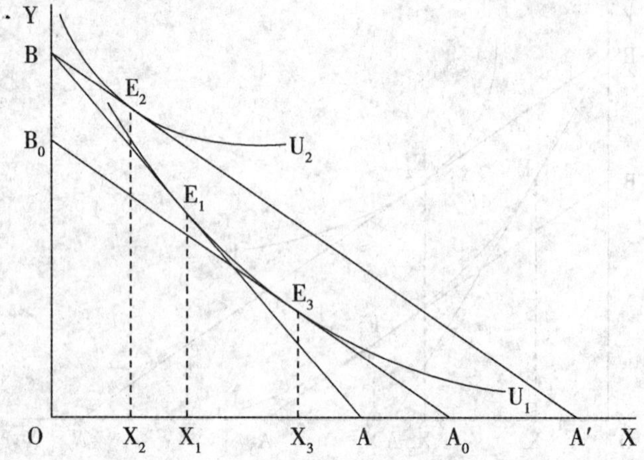

图 3-25 吉芬品的替代效应和收入效应

较高的其他食物，同时他们又不得不大大增加尽管价格已经上升但还相对便宜的土豆的需求量，这种情况下的收入效应很大，以至超过了替代效应。因此，造成了土豆的需求量随土豆价格上升而增加的特殊现象。

以上我们都是以价格下降为例来分析正常品、劣等品和吉芬品的替代效应和收入效应。如果把价格上升的情况也考虑在内，则可以用下面的表 3-6 表示出来。

表 3-6　　　　　　　　商品价格变化的替代效应和收入效应

商品类别	替代效应与价格的关系	收入效应与价格的关系	总效应与价格的关系	需求曲线的形状
正常品	反方向变化	反方向变化	反方向变化	向右下方倾斜
劣等品	反方向变化	同方向变化	反方向变化	向右下方倾斜
吉芬品	反方向变化	同方向变化	同方向变化	向右上方倾斜

在这里需要注意的是：第一，由价格变动所产生的替代效应和收入效应与商品数量变化的关系是：正常品的替代效应和收入效应与商品数量变动的方向相同，因此，正常品的替代效应和收入效应都为正值；劣等品和吉芬品的替代效应和商品数量变动的方向相同，其值都为正，劣等品和吉芬品的收入效应和商品的数量变动方向相反，其值都为负。第二，由价格变动所产生的替代效应和收入效应与商品价格变动的关系是：如上表所示，正常品、劣等品、吉芬品的替代效应与价格变动的方向相反，也就是说，在消费者实际收入水平保持不变情况下，商品的价格上升总是引起其消费量（购买量或需求量）减少，反之，商品价格下降则总是引起其消费量增加。但是，收入效应则不尽然。从表中可见，正常品价格与收入效应反方向变动，劣等品和吉芬品价格与收入效应同方向变化。

本章小结

1. 总效用是指消费者从消费一定量某物品中所得到的总满足程度。边际效用是指消费者每增加一个单位消费量所增加的满足程度。

2. 边际效用递减规律是指随着消费者对某种物品消费量的增加，消费者从该物品连续增加的消费单位中所得到的边际效用是递减的。

3. 消费者剩余是消费者愿意对某物品支付的价格与他实际付出的价格的差额。

4. 无差异曲线是用来表示两种商品或两组商品的不同数量的组合给消费者所带来的效用是相同的一条曲线。无差异曲线向右下方倾斜并凸向原点，距离原点越远的无差异曲线，所代表的效用水平越高，距离原点越近的无差异曲线，所代表的效用水平越低，任何两条无差异曲线不能相交。

5. 边际替代率是指消费者保持相同的满足程度时，放弃一种商品的数量与必须增加另一种商品的数量之比。在保持效用水平不变的条件下，消费者连续增加某一种商品消费数量时，所愿意放弃的另一种商品的消费数量是递减的，这就是边际替代率递减规律。

6. 完全替代品是指两种商品之间的替代比率是固定不变的。完全互补品是指两种商品必须以固定的比率一起消费。

7. 预算线是表示在收入与商品价格既定的条件下，消费者所能购买到的各种商品的最大数量组合。

8. 基数效用理论运用边际效用分析法来分析消费者均衡时，得出的消费者均衡的条件是：在收入既定的情况下，要使所购买的各种物品的边际效用与价格的比例相等，且等于货币的边际效用。即要使每一单位货币无论购买何种物品都能得到相等的边际效用。用公式表示为：$MU_X/P_X = MU_Y/P_X = \lambda$。

9. 序数效用理论运用无差异曲线分析方法分析消费者均衡时，得出的均衡条件是：无差异曲线与预算线的相切之点。由于在切点上预算线的斜率等于无差异曲线的斜率，而无差异曲线的斜率又等于边际替代率，预算线的斜率等于两商品的价格比，所以，根据无差异曲线分析，消费者均衡条件又可以表述为边际替代率等于两商品的价格比，用公式表示为：$MRS_{XY} = P_X/P_Y$。

10. 收入-消费线是在价格不变的情况下，与不同收入水平相联系的消费者的预算线和无差异曲线相切的效用最大化的均衡点的轨迹。

11. 恩格尔曲线是反映消费者收入变动对消费者需求影响的曲线，它表示消费者在每一收入水平下对某商品的需求量。

12. 价格-消费曲线是在收入不变的情况下，与某一种商品的不同的价格水平相联系的，消费者的预算线和无差异曲线相切的效用最大化的均衡点的轨迹。

13. 总效应是指由于价格的变化，使消费者均衡点移动而产生的总需求量的变化量。总效应等于替代效应和收入效应之和。替代效应是指在保证消费者满足程度不变条件下（即实际收入不变），由于商品价格的变化而引起需求量的变化量。收入效应是指在名义收入不变条件下，由于商品价格的变化使消费者实际收入发生变动而引起需求量的变化量。

14. 正常品是指需求量与收入同方向变动的商品，收入弹性值为正。劣等品是指需求量与收入反方向变动的商品，收入弹性值为负。吉芬品是指需求量与价格呈同方向变动的商品。

关键词

基数效用论 序数效用论 消费者剩余 边际效用 边际效用递减规律 无差异曲线 边际替代率 完全替代品 完全互补品 预算线 收入消费曲线 价格消费曲线 恩格尔曲线 替代效应 收入效应 正常品 劣等品 吉芬品

思考题

1. 经济学之父亚当·斯密在《国富论》中提出了一个悖论：为什么水对于人的生命来说是非常重要的，它的使用价值很高，但价值却很低；而钻石对于人的生命来说是不重要的，它的使用价值很低，但价值却很高。斯密的困惑被称为"钻石与水的悖论"。你能借助本章所学的效用理论来解释经济学之父遇到的这个难题吗？

2. 有人认为对吸毒、酗酒这类瘾君子的消费行为来说，边际效用递减规律不存在。因为吸毒者越吸越想吸，酗酒者越喝越想喝。那么，你是怎么看待瘾君子的消费行为的？他们的消费行为是边际效用递减规律的例外吗？

3. 消费者均衡条件表明：消费者达到均衡时，花费在任何一种物品上的最后1美元所得到的边际效用正好等于花费在其他任何一种物品上的最后1美元所得到的边际效用的时候，该消费者就会得到最大的满足和效用。假设现在你想最大化你在各门功课中的知识量，但你只有有限的可利用的时间。你应该在每一门功课上花费相同的学习时间吗？为什么？

4. 在现实生活中通常你会有这样的体验：在商场里看到自己喜欢的商品时，你可能会这么想："这东西真好，要是价格低于200元，我一定买。当然，要是100元就更好了。"结果找到价格标签一看是150元。尽管有点遗憾——150元比

100 元高出了 50 元，但你仍然会欣然买下。你能发现其中所蕴含的经济学道理吗？

5. 假定某消费者消费 X、Y 两种商品的效用函数为：U = XY，X、Y 的价格均为 4 元，消费者的收入为 144 元。

（1）求该消费者的需求及效用水平是多少？

（2）如果 X 的价格上升为 9 元，对两种商品的需求有何变化？

6. 同一坐标系里的两条无差异曲线能相交吗？为什么？

7. 举出完全互补性的两种商品以及完全替代品的两种商品的例子，画出它们的无差异曲线并说明为什么是这样？

8. 边际替代率与边际效用递减规律的关系是什么？

9. 试比较基数效用论和序数效用论。

10. 假定某消费者每月天然气开支为 50 元，但电力可以看成天然气的替代品。如果天然气价格上涨 100%，而此时政府相应地给消费者补助 50 元，请问消费者的福利是不变还是改善了？为什么？

11. 假设某市居民的年平均收入为 60 000 元，用于食物的支出平均为 20 000 元，而根据物价水平，居民的食物支出应达到 25 000 元较为合理，于是政府决定给予家庭相应的食物补贴，但面临两种选择：一种方案是直接提供相当于 5 000 元的食物，另一种方案是提供 5 000 元现金。试从消费者均衡角度来帮助政府分析两种政策的结果（画图说明）。

12. 什么是收入效应？什么是替代效应？收入效应与替代效应变化的方向相同还是不同？为什么价格变化的收入效应通常比替代效应小？

13. 画图分别说明正常品、劣等品和吉芬品的替代效应和收入效应，并说明这三种商品的需求曲线的特征。

14. 为什么劣等品的需求价格弹性可能是负的、零或正的？

15. 吉芬品与劣等品有什么区别和联系？

案例

案例 1 　　　　　　　子非鱼，安知鱼之乐？
　　　　　　　　　　——效用与偏好

中国古代哲学家庄子与惠子在一个桥上游玩，庄子看见鱼在水中自由自在地游来游去，感叹说："鲦鱼出游从容，是鱼之乐也。"惠子反驳说："子非鱼，安知鱼之乐？"庄子回应说："子非我，安知我不知鱼之乐？"这段对话一方面说明庄子善辩，另一方面从现代经济学的角度看，我们可以把这段对话看做是对鱼儿快乐与否的判断，这涉及对效用与偏好的理解。

经济学中讲的效用概念是指人在消费某种商品或服务时所获得的满足程度，这是一种心理状态。每个人偏好不同，对效用的评价也不一样。消费偏好的商品，得到的效用会比不喜好的商品大很多。因而，效用是主观的东西而不是客观之物。就上面的故事而言，鱼在水中自由自在地游来游去是不得已而为之，还是在享受？只有鱼儿自己才知道。正如惠子所言，你又不是鱼，怎么知道鱼是快乐和不快乐呢？同样道理，效用能否满足以及满足程度的大小完全是一种心理状态，只有自己才能做出判断。

画龙点睛

消费者行为理论以个人的主观感觉为出发点，强调效用是从个人心理出发来判断的。对自己喜欢的东西评价高，效用就大；对自己不喜欢的东西则评价低，效用就小。这就是效用与偏好的密切关系，你是否已经有了更深刻的理解了呢？

案例2　　　　　　　"维伯-菲希奈法则"

19世纪中叶心理学的发展为边际效用递减规律提供了心理学基础。19世纪中叶，生理学家维伯（1795—1878年）发表了关于感觉强度和耐久力的研究成果。1860年德国学者菲希奈进一步阐述并发展了维伯理论，提出了心理学领域众所周知的"维伯法则"或称"维伯-菲希奈"法则。这个法则的基本内容是为了使感觉的强度按算术基数增加，则刺激的强度必须依几何基数增加。换言之，在短期内，如果刺激强度保持不变，则感觉强度必然递减。显然，这种理论为边际效用递减规律提供了心理学基础。边际效用递减规律能被许多人理解和接受，"维伯-菲希奈法则"在其中起到了一定作用。

画龙点睛

心理学中的"维伯-菲希奈法则"对经济学的影响表明，经济学的发展得益于其他学科的发展。牛顿和莱布尼茨所创立的微积分的发展，对经济学边际革命的兴起有着直接的媒介作用。因为边际分析方法就是在经济领域中运用微分增量概念形成的产物。边际革命者杰文斯和瓦尔拉斯都承认他们的边际效用理论与微积分之间存在联系。而新古典经济学的代表马歇尔则从达尔文的进化论出发，认为事物是慢慢进化的，自然不能飞跃。厂商和消费者不会有巨大的突然性飞跃，他们只能试图逐步改善自己的境遇。个人、公司、政府都要适应价格的变化，适者生存，竞争将弱者淘汰出局。因此可以说，马歇尔的理论是应用于经济学的进化论。现代经济学的发展也在印证着其他学科的发展对经济学的影响，经济学未来的发展之路会继续印证这一点。

小资料

小资料1　　　　　现代西方消费理论的先驱者——杰文斯

威廉·斯坦利·杰文斯（Willian Stanley Jevons，1835—1882）是边际革命的发

起者之一，也是数理学派的主要建立者。他出生于英格兰利物浦一个制铁机械师家庭，1851 年在伦敦大学学习化学和植物学。从 1858 年起他开始对经济学、统计学、逻辑学及其他社会问题产生了很大的兴趣。1862 年获伦敦大学文学硕士学位，1863—1876 年在曼彻斯特欧文学院担任逻辑学、道德哲学及政治经济学讲师、教授，后任伦敦大学政治经济学教授。1880 年他被选为伦敦统计协会副主席。1882 年游泳时不幸淹死，年仅 47 岁。杰文斯的主要代表作是《政治经济学理论》(1871)、《商业危机和太阳的爆发》(1878) 等。

杰文斯特别强调用数学方法来研究经济学，他称经济学为"快乐与痛苦的微积分学"。他从边沁苦乐主义心理学出发，认为研究如何以最小的痛苦换取最大的快乐是政治经济学的最终目的，经济理论完全以快乐和痛苦的计算为依据。他鉴于对经济学性质、对象及目的的认识，认为有必要将政治经济学更名为经济学，经济学的正式称谓即自此而来。后来，马歇尔出版了具有里程碑意义的经济学教科书并正式将书名定为《经济学原理》。

杰文斯在学术方面的成就是多方面的，但他的经济理论在 19 世纪末，乃至 20 世纪初，并未得到应有的重视，这主要是由于他的影响很快被新古典学派创建者马歇尔的声望所淹没。直到 20 世纪 30 年代，边际分析盛行，他的理论才普遍受到高度评价。杰文斯对微观经济学的贡献有以下几个方面：首先，他在经济学中引进数学方法，使商品经济的数量关系得到更加清晰的说明，并用微分法清楚地表达了效用、边际效用概念以及边际效用递减规律，从而成为用数学方法说明边际效用价值论的先人。其次，他在交换理论中，阐述了消费者均衡的条件，为西方经济学中的消费者行为理论奠定了基础。再次，他在劳动理论中，阐述了均衡分配劳动的条件，实际上是提出了资源最优配置的一般原则。他提出的劳动的边际负效用概念和劳动时间的均衡条件对以后的西方经济学家提出劳动供给曲线产生了重大影响。因为按杰文斯所说的劳动者在产品的边际效用等于劳动的边际负效用时，劳动时间便达到均衡，所以，其供应的劳动数量就暗含在其中，劳动者据此调整劳动的供应，以花费最少量的劳动来获得最大满足。后来的新古典经济学家马歇尔及其他一些经济学家接受了杰文斯的这一思想，把它应用到短期的劳动供给曲线的分析上，并将负效用作为决定劳动供求的重要因素。但是，他提出的太阳黑子周期论，认为经济危机与"太阳黑子"有关，把危机的原因归结为太阳黑子的出现，其不合理性是十分明显的。

小资料 2　　　　宏观经济学微观化的开拓者——希克斯

约翰·希克斯（John R. Hicks, 1904—1989），英国经济学家，在微观经济学、宏观经济学、经济史学和经济学方法论等方面都做出过重大贡献，于 1972 年获得诺贝尔经济学奖。获奖后，希克斯把诺贝尔经济学奖的奖金赠给了伦敦经济学院图书馆。

希克斯毕业于英国牛津大学，1926 年获牛津大学硕士学位，1932 年获伦敦大学博士学位。1926—1935 年他任伦敦经济学院的经济学讲师，1938 年任曼彻斯特大学斯坦利·杰文斯政治经济学讲座教授，1946—1952 年任牛津大学努菲尔德学院院士。1952 年起希克斯任牛津大学经济学教授，1961—1962 年任英国皇家经济学会会长，1964 年被封为勋爵，1971 年退休。1939 年，希克斯出版了《价值与资本》一书，该书与其在凯恩斯出版《通论》后不久发表的两篇述评都开拓了宏观经济学微观化的先河。

　　希克斯对经济学的贡献是相当大的，他对传统或流行的经济理论加以改进或精化，其涉及范围之广和数量之多，是自马歇尔以来无人能与之匹敌的。首先，希克斯用以无差异曲线分析为基础的序数效用论，改造了马歇尔的以基数效用论为基础的消费需求理论。希克斯用无差异曲线由低向高排列这种"偏好尺度"代替"效用函数"概念；用"边际替代率"概念代替"边际效用"概念；用"边际替代率递减规律"代替"边际效用递减规律"；用无差异曲线与预算线的切点表示边际效用与价格之间的比例，使消费理论不再以基数效用论为基础。马歇尔是在假定收入与其他商品价格不变的条件下，分析某种商品的价格变化如何引致商品需求的变化时，描绘出需求曲线的，而希克斯则是运用了无差异曲线和预算线等分析工具，来证明马歇尔的需求规律。他的价格——消费曲线实际上就是马歇尔需求理论中的需求曲线。另外，希克斯还区分了收入效应和替代效应，使得俄国经济学家斯勒斯基第一次提出的这两种效应得到普遍的承认和重视。希克斯所阐明的序数效用论已成为现代微观经济学关于消费需求理论的标准形式。其次，希克斯把分析消费者的方法用于生产理论中，把消费者换成生产者，把消费者无差异曲线换成生产无差异曲线（等产量线），得出了生产上的均衡条件，说明了最佳产品组合条件即任何两种产品之间的价格比率等于它们之间的边际转换率，最佳要素组合条件即任何两种生产要素之间的价格比率等于它们的边际技术替代率。这些内容已成为现代微观经济学教科书的基本组成部分。再次，希克斯在福利经济学方面，简化了卡尔多创立的补偿原则，补充和改进了帕累托的社会福利最优化理论，强调任何经济措施即使不能实现帕累托最优条件，但如果能使社会总福利有所增进，则应认为是可取的。最后，希克斯通过建立 IS-LM 模型，把自己的均衡理论和凯恩斯《通论》中的消费函数、资本边际效率、灵活偏好、货币数量有机结合为一体，说明利率与收入水平的相互作用及商品市场和货币市场同时实现均衡的条件，为解释收入决定提供了更新、更为一般的均衡方法。这种把瓦尔拉斯的微观分析用于凯恩斯的宏观理论中的研究，被认为是一项重大发现，后来被美国经济学家汉森加以改进和推广，形成了现代西方经济学理论中的"希克斯—汉森综合"。另外，希克斯对乘数—加速数的经济周期理论作了较完整的分析，因此当代西方经济学界认为他的周期理论是现代西方经济周期理论中最为完整的一套理论。

第 4 章

生产者行为理论

学习目标

通过本章的学习，了解生产函数的含义；掌握一种可变要素的生产函数，两种可变要素按不同比例变动的生产函数，两种可变要素按相同比例变动的生产函数；掌握边际收益递减规律的含义；掌握规模报酬的含义与类型；掌握企业利润最大化的条件；同时，学习本章还应了解各种成本概念的基本含义，明确短期与长期的含义；掌握各种长、短期成本概念及成本曲线间的关系；掌握机会成本与会计成本的差异，了解收益与利润含义及相互关系。

4.1　生产理论概述

生产者行为理论又称生产理论，是研究生产者行为的一种理论。在西方经济学中，生产者称为厂商。厂商是指能做出统一的生产经营决策的经济单位，包括个人企业、合伙企业和公司。作为生产者，厂商的目的就是实现利润最大化，那么在生产经营活动中，厂商一定要考虑这样三个问题：

第一，投入的生产要素与产量的关系。即如何在生产要素既定时使产量最大，或者换句话来说，在产量既定时使投入的生产要素最少。这就是如何使用各种生产要素的问题。

第二，成本与收益的关系。要使利润最大化，就是要使扣除成本后的收益达到最大化。这就要进行成本——收益分析，并确定一个利润最大化原则。

第三，市场问题。市场有各种状态，有竞争，也有垄断，而市场竞争和垄断的程度是不同的，那么，厂商处于不同的市场时，应该如何确定自己产品的产量与价格。这是厂商均衡理论要说明的问题。

我们分两章来介绍以上这三个问题，本章的生产者行为理论介绍前两个问题，说明如何合理地投入生产要素，并从中得出若干生产规律。下一章的厂商均衡理论将介绍第三个问题。

4.2　一种生产要素的合理投入

一种生产要素的合理投入，就是假定其他要素投入为固定时，只有一种生产要素的投入，产出将发生什么样的变化。根据这种变化可决定该要素的合理投入区域。这种分析属于短期生产理论问题。

4.2.1　生产要素

一般来说，要进行生产，就要投入多种生产要素。所谓生产：就是指对各种生产要素进行组合，从而制成产品的行为。即生产中要投入各种生产要素，才能生产出产品来。所以，生产就是把投入变为产出的过程。

1）生产要素的含义

生产要素是指生产中所使用的各种资源，这些资源包括：劳动、资本、土地与企业家才能。劳动是劳动力在生产中所提供的服务；资本是生产中使用的厂房、设备、原料等；土地指各种自然资源；企业家才能指企业家对整个生产过程的组织与管理工作。

2）固定生产要素与可变生产要素

生产要素按其在生产过程中数量变化的特点，可以分为固定生产要素与可变生产要素两大类。

固定生产要素是指在所考察的时期内数量固定不变的生产要素。固定生产要素或称固定投入、固定投入物。生产要素和投入（或称投入物）几乎是同义词，并且在很多方面是互相通用的。不过，一般说来，投入物的含义要广一些，投入物是指厂商所购买的一切东西。而生产要素包括劳动、资本、土地、企业家才能。当生产要素这个术语采用较狭窄的意义时，则指劳动和资本。例如，一般来说，厂房、设备、大型运输工具等就是固定生产要素，在短期内它们不会发生巨大变化。

可变生产要素是指在所考察的时期内数量可发生变化的生产要素。可变生产要素或称可变投入、可变投入物。可变生产要素在短期内，它们的改变也较容易。例如，一般来说，劳动量、原材料、燃料能源等就是可变生产要素。

4.2.2 短期与长期

一种生产要素是固定的还是可变的，依赖于或者说取决于所考察的时期的长短，时期越长，可变生产要素的种类就越多。例如，厂商、机器设备在短期里其数量不会发生变化，是固定生产要素。但从长期来看，它的数量也会发生变化，它也是可变要素。因此，下面我们介绍短期、长期这两个概念，以及与之有关的概念——市场期（也就是特短期）和特长期。

1）短期

短期是指在这个时期内厂商不能根据它所要达到的产量来调整其全部生产要素，只能调整部分生产要素。因此，在短期内，生产要素分为固定生产要素和可变生产要素。一般来说，在短期内，厂商只能调整原材料、燃料及工人的数量，而不能调整固定设备、厂房和管理人员的数量。那么在短期内不能调整其数量的生产要素就是固定生产要素，例如，厂房、设备、在某些行业还包括特种的技术工人等。在短期内，能够调整其数量的生产要素就是可变生产要素，例如，原材料、燃料及工人等。在短期内，厂商的产量可以从零增加到固定要素所容许的某种最大数量。

在这里需要强调的是，西方经济学中所说的长期和短期，并不是日历时间上的确切时间，它不能仅仅以时间的长短来判断，而要以生产要素能否全部调整来判断。如果在这个时期内，不能调整其全部生产要素，就是短期；如果在这个时期内，能够调整其全部生产要素，就是长期。因此，我们不能以时间长短度来论长、短期。短期可以长到几年，也可以只有几个星期；长期可以从二、三十年到不过几个星期的时间。有的行业虽然是长期，包含的日历时间却很短。例如公共关系行业，它只需要普通的办公家具和机器作为它的设备，租用的空间作为它的厂房，而且使用的是无专门技术特长的人，这种行业是能够很迅速、很容易地扩大和缩小的，所以，它的长期也很短。再如，变动豆腐作坊的规模也很容易，它的长期可能仅需一个月，而变动大型炼油厂的规模就很难，它的长期可能需要三年或更长。尽管我们不能以时间长度来判断长、短期，但是，我们也绝不能把时间观念完全排除在长期和短期的分析之外。在这里，时间因素是潜藏在背景中的。

2）长期

长期是指在这个时期内厂商可以根据它所要达到的产量来调整其全部生产要素。例如，厂房、机器设备、原材料及所雇用的工人等都可以变。因此，在长期内，所有投入量（生产要素）都是可变的。厂商的生产要素也就没有固定和可变之分，一切要素都是可变的。在长期内厂商的产量范围可以从零一直到无限大的数量。

3）市场期（特短期）和特长期

与短期和长期有关的概念是市场期（特短期）和特长期。市场期（特短期）是指在这个时期内厂商不能调整任何生产要素和技术水平，从而也无法调整产量。特长期是指在这个时期内厂商不仅能调整全部生产要素，而且技术水平也会发生变化。从含义中可见，市场期实际上是一个特别短的时期，时间之短，企业来不及对生产作出任何调整，因此，各种投入物和产量都是固定不变的，从而市场上商品的供给量也是固定不变的，我们把商品供给不发生变化的这段时间间隔称为市场期。

在市场期内，商品的供给曲线是一条垂直的直线。商品的价格主要由市场需求决定，如图 4-1 所示。

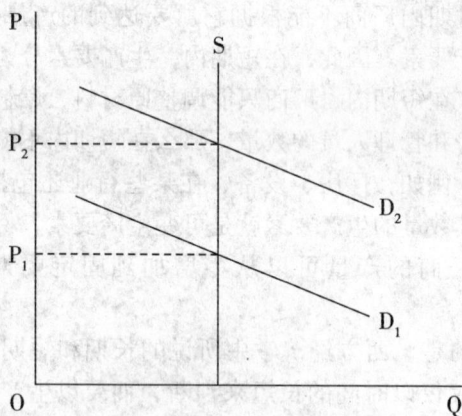

图 4-1　市场期的供给曲线

图 4-1 中的垂直线 S 表示了某种商品在市场期内的供给曲线。假如这种商品是电冰箱，D_1 是原来对电冰箱的需求曲线，电冰箱原来的价格是 OP_1，现在，由于经济的发展，市场上对电冰箱的需求量有了大幅度的增加，电冰箱的需求曲线从 D_1 移到 D_2，相应地，电冰箱的价格从原来的 OP_1 上升到 OP_2，可见，在市场期内，价格主要由需求决定。我们可以用市场期来研究某些艺术品的定价，如达·芬奇的蒙娜丽莎、古希腊的断臂维纳斯、毕加索的和平鸽等，这些历代大师的佳作，就可以用市场期来研究它们价格的变动，如图 4-2 所示。

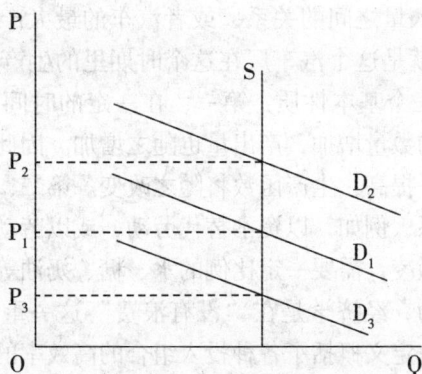

图4-2 艺术品的定价

上面列举的艺术品，如果不发生什么意外的话，它们各自的供应量是固定的，其供给曲线是一条垂直的直线，假如一件艺术品的需求曲线为 D_1，它的价格将定为 OP_1，现在假设由于某种原因，收藏家的数目有了增加，对这件艺术品的需求曲线从原来的 D_1 上升到 D_2，这时，这件艺术品的价格将从原来的 OP_1 上升到 OP_2；相反，当收藏家的数量减少时，这件艺术品的价格将下降为 OP_3。

以上介绍了生产要素以及与生产要素有关的一些概念。一般来说，各种生产要素的投入数量与它所能生产出来的产量之间存在着一定的依存关系，生产函数表示的正是这种关系。

4.2.3 生产函数

1）生产函数的含义

生产函数是指在一定时期内，在技术水平不变的情况下，生产中所使用的各种生产要素数量与所能生产的最大产量之间的关系。

如果用 Q 代表总产量，用 L 代表劳动，K 代表资本，N 代表土地，E 代表企业家才能，则生产函数公式为：

$Q=f(L、K、N、E)$

一般说来，上述四种生产要素中，自然资源是既定的，企业家才能虽然在生产中非常重要，但难以计算，因此，考虑生产要素与产量之间的关系，实际上就是考虑劳动、资本与产量之间的关系。如果只考虑劳动和资本与产量之间的关系，则生产函数公式为：

$Q=f(L、K)$

该生产函数具有的含义是，在一定的技术水平下，在一定时期内，如果 L、K 等各种生产要素的投入量已知，那么就可以知道某种产品的最大产量 Q；反之，如果 Q 为已知，那么也就可以知道 L、K 等各种投入要素的最低限度量。例如，某汽车厂每天生产一百辆汽车，为了生产这些汽车，它至少需要若干单位的钢铁、橡胶、皮革、玻璃、工人劳动时间和厂房面积等生产要素投入量，那么，一百辆汽车和各种生产要素最小投入量之间的关系，或者汽车的最大产量和各种生产要素既定的投入量之间的关系，就是这个汽车厂在这个时期里的生产函数。

生产函数的概念有三个基本性质：第一，在一定的时间内，在既定的技术水平下，如果各种生产要素的数量增加，产出量也随之增加。因此，产出量是各生产要素的增函数。如果技术水平提高，生产函数将随之改变。第二，在投入的各种生产要素之间，有的具有替代关系，例如，以资本替代劳动，或以劳动替代资本；有的具有辅助关系，例如，生产冰激凌，需要一定比例的水、糖、奶油等。第三，生产函数表示的产出量是最大的。因为，经济学是在"没有浪费"这一重要的约束条件下讨论生产函数，因此，生产函数定义概括了各种投入组合的高效率的技术生产方式。

2）线性齐次生产函数

（1）线性齐次生产函数的含义

齐次生产函数是指对于生产函数 $Q = f(L、K)$ 来说，如果存在 $\lambda^n Q = f(\lambda K, \lambda L)$，其中 $\lambda > 0$，n 为常数，则称生产函数 $Q = f(L、K)$ 为 n 次齐次生产函数。当齐次度 $n = 1$ 时，则称生产函数为一次齐次生产函数，又称线性齐次生产函数。

齐次生产函数的经济含义是对于某一个生产函数来说，如果所有的要素投入量都扩大 λ 倍，相应地产量扩大 λ^n 倍时，那么，这样的生产函数就是 n 次齐次生产函数。如果相应地产量只扩大 λ 倍时，则为一次齐次生产函数，又称线性齐次生产函数。

因此，线性齐次生产函数是指在技术不变的条件下，表示产量和各种投入量都按同一比例变动。例如，在生产函数 $Q = f(L、K)$ 中，如果两种生产要素的投入都按 λ 倍增加，则产量也增加 λ 倍，于是线性齐次生产函数的公式为：

$$\lambda Q = f(\lambda K, \lambda L)$$

著名的柯布-道格拉斯生产函数就是一次齐次生产函数。

（2）柯布-道格拉斯生产函数

在 20 世纪 30 年代初，美国经济学家道格拉斯和柯布，根据 1899 年到 1922 年的资料得出了这一期间美国的生产函数：

$$Q = AL^{\alpha}K^{1-\alpha} \text{ 或 } Q = AL^{\alpha}K^{\beta} \text{ （其中，} \beta = 1 - \alpha \text{）}$$

这就是著名的"柯布-道格拉斯生产函数"。其中，Q 代表总产量，L 代表劳动投入量，K 代表资本投入量，A、α 都是系数。其中 $1 > \alpha > 0$，L 和 K 的指数之所以分别写成 α 和 $(1-\alpha)$，是因为柯布和道格拉斯发现，劳动和资本这两个指数之和通常等于或近似于 1。因为它符合每一投入要素的边际产量递减规律。

柯布-道格拉斯生产函数还说明 L 和 K 这两种投入要素的产量弹性是不变的，分别等于 α 和 $1-\alpha$。生产要素的产量弹性是指生产要素变化的百分比同产量变化的百分比之间的比率。劳动 L 和资本 K 的产量弹性系数公式分别为：

$$e_l = \frac{\partial Q/Q}{\partial L/L} = \frac{\partial Q}{\partial L} \cdot \frac{L}{Q}$$

$$e_k = \frac{\partial Q/Q}{\partial K/K} = \frac{\partial Q}{\partial K} \cdot \frac{K}{Q}$$

由柯布-道格拉斯生产函数可分别计算出劳动和资本的弹性系数是 α 和 $1-\alpha$。

$$e_1 = \frac{\partial Q}{\partial L} \cdot \frac{L}{Q} = A\alpha L^{\alpha-1} K^{1-\alpha} \cdot \frac{L}{Q}$$

$$= A\alpha L^{\alpha-1} K^{1-\alpha} \cdot \frac{L}{AL^{\alpha} K^{1-\alpha}} = \alpha$$

$$e_k = \frac{\partial Q}{\partial K} \cdot \frac{K}{Q} = A \ (1-\alpha) \ L^{\alpha} K^{-\alpha} \cdot \frac{K}{Q}$$

$$= A \ (1-\alpha) \ L^{\alpha} K^{-\alpha} \cdot \frac{K}{AL^{\alpha} K^{1-\alpha}} = 1-\alpha$$

可见，幂函数的弹性就是幂指数，即在柯布-道格拉斯生产函数中，劳动和资本这两种生产要素的产量弹性分别为 α 和 $1-\alpha$，是不变的。这就是说，如果劳动投入量和资本投入量增加了某个百分比，那么产量将增加同样的百分比。

柯布-道格拉斯生产函数是一次齐次生产函数，按一次齐次生产函数的定义公式，那么，在这一函数中，当劳动投入量和资本投入量增加了 λ 倍时，则产量 Q 相应的扩大 λ 倍，则公式为：

$$\lambda Q = A \ (\lambda L)^{\alpha} \cdot \ (\lambda K)^{1-\alpha} = \lambda \cdot A \cdot L^{\alpha} \cdot K^{1-\alpha}$$

这说明，生产要素使用量增加的倍数与产量增加的倍数是相同的，从而证明柯布-道格拉斯生产函数是一次齐次生产函数。

柯布-道格拉斯根据这一期间的统计资料，还得出了几个常数的具体数值如下：

$$Q = 1.01 L^{\frac{3}{4}} \cdot K^{\frac{1}{4}} = 1.01 \sqrt[4]{L^3} \cdot \sqrt[4]{K}$$

这一生产函数表示，当资本固定不变时，劳动增加 1%，产量将增加 1% 的 3/4，即 0.75%；当劳动固定不变时，资本增加 1%，产量将增加 1% 的 1/4，即 0.25%。柯布-道格拉斯生产函数指出了劳动与资本在总生产中所摊得的配合比例分别为 3∶1，这与大多数人认为美国的劳动所得在国民生产中平均占 75% 的看法相符合。

从这一生产函数可见，由于产量和生产要素按同比例增加，产量的弹性系数不变，那么，同样的生产函数，由于 A 的不同（在公式中 A 为 1.01），产量就有所不同。因此，公式中的 A 实际上代表了技术水平。根据柯布-道格拉斯生产函数的基本性质和投入要素的指数数值，还可以测定某种生产是属于规模报酬递增还是不变或者递减。[①]

柯布-道格拉斯生产函数说明劳动与资本这两种生产要素的配合比例分别为 3∶1，但在生产不同产品时，各种生产要素的配合比例是不同的，这里又涉及技术系数这一概念。

3）技术系数

技术系数是指为生产一定量某种产品所需要的各种生产要素的配合比例。技术

---

① 关于规模报酬问题将在本章第 3 节介绍。

系数分为不变的（固定的）和可变的两种。

（1）固定技术系数的生产函数

如果生产某种产品所需要的各种生产要素的配合比例是固定不变的，这种生产函数称为固定技术系数的生产函数，或称为固定配合比例的生产函数。

（2）可变技术系数的生产函数

如果生产某种产品所需要的各种生产要素的配合比例是可以改变的，这种生产函数称为可变技术系数的生产函数，或称为可变配合比例的生产函数。

在考察生产要素投入量的变动对产量的影响时，要区分两种不同的情况：一种是考察所有的生产要素投入量都按同一比例发生变动；另一种是考察其他生产要素投入量都不变，只有一种生产要素的投入量变动。前一种情况是规模经济要研究的，后一种情况是边际收益递减规律所要研究的。

4.2.4　边际收益递减规律

在这一节中，我们考察的是一种生产要素的合理投入问题，也就是假设劳动和资本中有一种生产要素为不变，研究另一种生产要素变动对产量的影响。在这里，我们假设资本不变，研究劳动量的变动对产量的影响。

在一般情况下，生产一定量某种产品所需要的各种生产要素的配合比例，在一定限度内是可以改变的。比如生产同量产品可以用资本代替劳动，采取某种使用较多的资本而相应的使用较少的劳动的生产方法；或者反过来，也可以采取以劳动代替资本的生产方法。因此，凡是生产要素的配合比例能够改变的生产函数，一般都具有以下特点：如果使一种生产要素固定不变，则增加使用另一种生产要素所增加的收益，迟早将会出现递减的现象。例如，在固定的土地面积上增加投资，每追加一单位的投资所能增加的农产品，迟早将随投入的增加而递减。这种现象被归纳成为一条规律，即边际收益递减规律。

边际收益递减规律的基本内容是：在技术水平不变的情况下，当把一种可变的生产要素投入到一种或几种不变的生产要素中时，最初这种生产要素的增加会使产量增加，但当它的增加超过一定限度时，增加的产量将要递减，最终还会使产量绝对减少。举个例子来说，假如一亩地最高产量是 1 000 斤，当你第一次追加投资 100 元时，产量可达 200 斤，第二次追加投资 100 元时，产量可达 400 斤，当你连续追加投资到这亩地上，直到产量达 1 000 斤时，如果再继续追加投资，产量也不会增加，因此收益就要递减。这就是说，当连续把可变的生产要素增加到某一种不变的生产要素时，最初产量会增加，但该生产要素的增加超过一定限度时，则增加的产量将要递减，甚至成为负数，收益递减。

在理解边际收益递减规律时，要注意以下几点：第一，这一规律的前提是技术水平不变。技术水平不变是指生产中所使用的技术没有发生重大突破。现在，技术进步的速度突飞猛进，但并不是每时每刻都有重大的技术突破，一般来说，技术进步总是间歇式进行的，只有经过一定时期的准备以后，才会有重大进展和突破。无论在农业还是在工业中，一种技术水平一旦形成，总会有一个相对稳定的时期，这一时期就可以称为技术水平不变。因此，在一定时期内技术水平不变这一前提是可以成立的。例如，农业生产技术可以分为传统农业与现代农业。传统农业是以人力和简单的工具为基本技术，现代农业是以机械化、电气化为基本技术。从传统农业变为现代农业，是技术发生了重大突破。在传统农业中，技术也有较小的变化（例如简单的生产工具的改变），但在未进入现代农业之前，则可称为技术水平不变。离开了技术水平不变这一前提，边际收益递减规律就不能成立。

第二，这一规律所指的是生产中所使用的生产要素分为可变和不变两种，即其他生产要素不变，一种生产要素发生变动，也就是生产要素配合比例变化了，即技术系数变了。边际收益递减规律研究的是把不断增加的可变生产要素，增加到其他不变的生产要素时对产量或收益所发生的影响。这种情况也是普遍存在的。在农业中，当土地等生产要素不变时，增加施肥量；或者在工业中，当厂房、设备等生产要素不变时，增加劳动力都属于这种情况。另外，所增加生产要素具有同样效率，如果增加的第二单位的生产要素比第一单位具有更大的效率，那么边际收益不是递减而可能是递增。

第三，在其他生产要素不变时，一种生产要素增加所引起的产量或收益的变动可以分为三个阶段。第一阶段是产量递增，即随着这种可变生产要素的增加使产量或收益增加。这是因为，对于生产者来说，不变要素和可变要素要有一个最优组合，在开始时，固定要素的数量相对于可变要素而言，显得过多，不变的生产要素没有得到充分利用，随着可变要素量的不断增加，过多的固定要素与逐渐增加的可变要素相配合，效率不断提高，这时增加可变的生产要素可以使不变的生产要素得到充分利用，从而产量会递增。第二阶段是边际产量递减，即随着这种可变生产要素的增加仍然可以使总产量增加，但增加的比率是递减的，也就是说每增加一单位生产要素所带来的产量即边际产量是递减的。这是因为，在这一阶段时，不变生产要素已接近于充分利用，可变生产要素的增加已不能像第一阶段那样使产量迅速增加。第三阶段是产量绝对减少。即随着这种可变生产要素的增加使总产量减少。这是因为，这时不变生产要素已经得到充分利用，再增加可生产要素只会降低生产效率，减少总产量。也就是说，当固定要素和可变要素达到了最优组合时，如果再继续增加可变生产要素，其结果是产量绝对减少。

第四，这一规律是从生产实践和科学实验中得出来的，在农业部门表现得最突出。早在 1771 年英国农业学家 A. 杨格就用在若干相同的地块上施以不同量肥料的实验，证明了肥料施用量与产量增加之间存在着这种边际收益递减关系。以后，国内外学者又以大量事实证明了这一规律。1958 年，我国有些地方在有限的土地上盲目密植，当时的口号是"人有多大胆，地有多大产"，违背客观规律，结果造成减产，这一事实也证明了边际收益递减规律的存在。这一规律同样也存在于其他部门。例如，工业部门中劳动力增加过多，会使生产效率下降。行政部门中机构过多，人员过多也会降低行政办事效率，造成官僚主义。

根据边际收益递减规律可以分析某一生产要素的合理投入问题，说明某一种生产要素投入量的变动对产量所发生的影响。为了说明某一生产要素投入量的变动引起产量的变动，必须对产量这个概念进行分析。

4.2.5　总产量、平均产量和边际产量

1）总产量、平均产量和边际产量的含义

（1）总产量

总产量（total product，TP），是指生产要素既定的情况下所生产出来的全部产量。

（2）平均产量

平均产量（average product，AP），是指平均每单位生产要素所生产出来的产量。

（3）边际产量

边际产量（marginal product，MP），是指每增加一单位某种生产要素所增加的总产量。即所增加的最后一单位某种生产要素所带来的产量。

2）总产量、平均产量和边际产量的公式

如果以 Q 代表某种生产要素的量，ΔQ 代表某种生产要素的增量，则可将总产量、平均产量和边际产量三者之间的关系用公式表示如下：

$TP = AP \cdot Q$

该公式表明总产量等于平均产量乘以生产要素的量。

$AP = TP/Q$

该公式表明平均产量等于总产量除以生产要素的量。

$MP = \Delta TP/\Delta Q$

该公式表明边际产量等于每增加一单位生产要素所增加的产量。

根据以上公式，可以编制一个总产量、平均产量和边际产量表。假定生产某种产品所用的生产要素是资本与劳动，其中资本是固定不变的，劳动是可变的，则总产量、平均产量和边际产量的关系如表4-1所示。

表4-1　　　　　　　　　　　　总产量、平均产量、边际产量

资本量 K	劳动量 L	劳动增量 ΔL	总产量 TP	边际产量 MP	平均产量 AP
10	0	0	0	0	0
10	1	1	8	8	8
10	2	1	20	12	10
10	3	1	36	16	12
10	4	1	48	12	12
10	5	1	55	7	11
10	6	1	60	5	10
10	7	1	60	0	8.6
10	8	1	56	-4	7

根据表 4-1 可以做出图 4-3 如下：

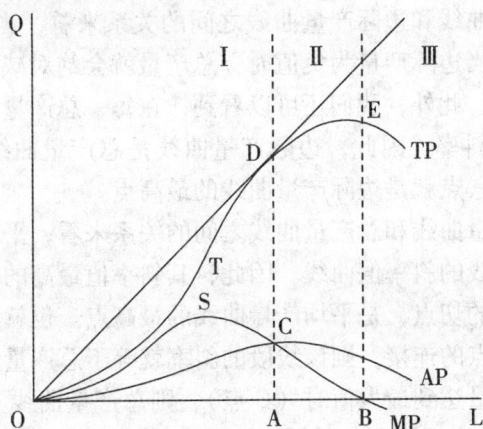

图 4-3　总产量、平均产量和边际产量曲线

在图 4-3 中，横轴 OL 代表劳动量，纵轴 OQ 代表产量。TP 为总产量曲线，AP 为平均产量曲线，MP 为边际产量曲线。从图 4-3 中可以看总产量、平均产量和边际产量的变动规律。

3）总产量、平均产量和边际产量变动的规律以及相互关系

第一，从总产量曲线、平均产量曲线和边际产量曲线之间的关系来看，随着劳动量的增加，最初总产量、平均产量和边际产量都是递增的，但各自增加到一定程度之后就分别递减。这一点从图 4-3 中就可以看出，总产量曲线、平均产量曲线和边际产量曲线都是先上升而后下降。

第二，从平均产量曲线和边际产量曲线之间的关系来看，当边际产量大于平均产量时，平均产量是递增的；当边际产量小于平均产量时，平均产量是递减的；当边际产量等于平均产量时，平均产量达到最大。不管是增加还是减少，边际产量的变动都快于平均产量的变动。这一点从图 4-3 上可见，边际产量曲线与平均产量曲线相交于平均产量曲线的最高点 C 点；在相交前，边际产量大于平均产量，这时平均产量是递增的；在相交后，边际产量小于平均产量，这时平均产量是递减的。在相交时，边际产量等于平均产量，这时平均产量达到最大。另外边际产量曲线和平均产量曲线不管是上升还是下降，边际产量曲线的变动都快于平均产量曲线的变动，因为从图形上看，边际产量曲线较陡，表明其变化快；平均产量曲线较平滑，表明其变化慢。这一特征的原因在于：只要边际产量大于平均产量，它就会把平均产量拉上，因为边际产量大于平均产量意味着每增加一单位生产要素所带来的产量大于平均产量，这时厂商是有利的，他就会继续投资增加产量，从而把平均产量拉上，即提高了平均产量；反之，只要边际产量小于平均产量，它就会把平均产量拉下。根据边际收益递减规律，边际产量总是先递增而后递减的，因此，当边际产量等于平均产量时，平均产量必达最大值。此外，由于在可变的生产要素劳动投入量的变化过程中，边际产量的变动相对于平均产量的变动更敏感一些，所以，边际产量的变动要快于平均产量的变动。

第三，从总产量曲线和边际产量曲线之间的关系来看，当边际产量为正值时，总产量总是增加的，当边际产量为负值时，总产量就会绝对减少；当边际产量为零时，总产量达到最大。此外，我们还可以看到，在每一总产量上对应的边际产量的值就是总产量曲线的斜率。因此，边际产量曲线是总产量曲线上各点的斜率值曲线。其斜率值最高的一点就是边际产量曲线的最高点。

第四，从平均产量曲线和总产量曲线之间的关系来看，平均产量曲线是总产量曲线上各点与原点连线的斜率值曲线。因此，其斜率值最高的一点，即通过原点所作直线与总产量曲线的切点，是平均产量曲线的最高点。也就是说，过总产量曲线上的任何一点做与原点的连接，则该线段的斜率就等于总产量曲线上这一点对应的平均产量。当平均产量达到最大值时（C 点），则总产量曲线上与其对应的这一点（D 点）与原点之间连线的斜率也就最大（即切线最陡）。这时，这一连线必然相切于总产量曲线上的该点。

4.2.6 生产要素合理投入的区域

为了确定劳动这种生产要素的合理投入，根据图 4-3 中的总产量曲线、平均产量曲线和边际产量曲线，可以把生产分为三个区域或阶段。所谓生产要素合理投入的区域就是指在这三个区域中对厂商来说最有利的要素投入区域。

第 I 区域是劳动量从零增加到平均产量最大。即在图 4-3 中，劳动量从零的 A 点，以平均产量曲线最高点为界限。在这一区域，平均产量一直在上升，边际产量大于平均产量，这说明，这时增加劳动量是有利的。如果为了获得最大平均产量，劳动量一定要增加到 A 点为止。

第 II 区域是劳动量从平均产量最大到总产量最大。即在图 4-3 中劳动量从 A 点增加到 B 点，以总产量达到最大值为界限。在这一区域，平均产量开始下降，但边际产量仍然大于零，因此，总产量仍一直在增加。如果为了获得最大总产量，劳动要增加到 B 点为止。

第 III 区域是劳动量增加到总产量绝对减少，边际产量为负数。即在图 4-3 中劳动量增加到 B 点之后。在这一区域，边际产量为负数，总产量开始减少。因此，生产无论如何不能进行到这一阶段。

从这三个区域来看，如果厂商的产量处于第一阶段，这时由于增加生产要素投入量可以使产量以更大的比例增加，所以，厂商绝不会停留在这个阶段，而至少把产量推进到第一和第二阶段的分界处，即平均产量最大。但是，当厂商继续把产量增加到第二和第三阶段的分界处时，总产量达到最大，这时，厂商绝不会跨前一步。因为，如果他把产量推进到第三阶段，增加生产要素投入量反而会减少产量。由此可见，由于第一阶段固定的生产要素投入量过多，而第三阶段变动的生产要素投入量过多，所以，厂商常常选择第二阶段中的某一产量水平来生产。

综上所述，生产进行到第 II 区域即从平均产量最高到边际产量等于零这一阶段最合适，因此，劳动量的投入应在图 4-3 中的 A 与 B 之间这一区域，这是生产要素合理投入的区域。

但是，劳动量的投入究竟应在这一区域的哪一点上呢？这还要考虑到其他因素，首先要考虑厂商的目标。如果厂商的目标是使平均产量达到最大，那么劳动量增加到 A 点就可以了；如果厂商的目标是使总产量达到最大，那么，劳动量增加到 B 点可以了；如果厂商的目标是利润最大化，那么，就要考虑成本、产品价格等因素。因为产量大并不就等于利润大，利润不仅要取决于产量，还取决于成本和价格等因素。在现实中会有产量增加而利润减少的情况（例如增产不增收），还会有产量减少而利润增加的情况（例如减产而增收），所以，平均产量为最大时，并不一定是利润最大；总产量为最大时，利润也不一定是最大。那么，劳动量增加到哪一点所达到的产量能实现利润最大化呢？这就要结合产品成本与价格来分析，这一问题将在第四节论述。

4.3 两种生产要素的合理投入

与短期生产理论涉及的是一种生产要素的合理投入问题不同，长期生产理论涉及的是所有的生产要素都能够发生变化，产出将发生怎样的变化。在这种情况下，如果两种生产要素或多种生产要素按原来的配合比例增加投入，即按原来的技术系数增加，就会使生产规模扩大，从而给产量带来影响。所以，研究两种生产要素的合理投入，就是要确定多大的生产规模才是最适宜的。这一分析属于长期生产理论问题，这一问题的解决涉及经济学中的另一个重要规律：规模报酬变动的规律。

4.3.1 规模报酬

规模报酬变动规律是考察当所有要素投入量按相同比例同时增加时对产量的影响。具体来说，规模报酬变动规律是指在技术水平不变的情况下，当两种生产要素按相同的比例增加，即生产规模扩大时，最初这种生产规模扩大会使产量的增加大于生产规模的扩大。但当规模的扩大超过一定限度时，则会使产量的增加小于生产规模的扩大，甚至使产量绝对减少。

在理解规模报酬变动规律时要注意这样几点：第一，这一规律发生作用的前提也是技术水平不变。它与边际收益递减规律的差别在于：它不是考察一种生产要素变动对产量的影响，而是考察所有生产要素变动对产量的影响。

第二，这一规律所指的是生产中使用的两种生产要素都是在同比例地增加。这时由于它没有改变技术系数，从而生产要素的增加只是一种量的增加。这一规律就是研究技术系数不变时，两种生产要素的增加所引起的生产规模的扩大，给产量带来影响。例如，农业中土地与人力的同时增加，或把小农场变为大农场；工业中设备与人力的同时增加，或把若干小厂合并为大厂，都属于这种情况。

第三，两种生产要素增加所引起的产量或报酬变动的情况可以分为三个阶段。

第一阶段是规模报酬递增，即产量增加的比率大于各种生产要素增加的比率。例如，当所有生产要素劳动和资本都增加了 1%，而产量的增加大于 1%。第二阶段是规模报酬不变，即产量增加的比率等于各种生产要素增加的比率。例如，当所有生产要素劳动和资本都增加了 1%，产量也增加了 1%。第三阶段是规模报酬递减，即产量增加的比率小于各种生产要素增加的比率。例如，当所有生产要素劳动和资本都增加了 1%，而产量的增加小于 1%。

规模报酬的三种情况可以用柯布－道格拉斯生产函数为例来说明。柯布－道格拉斯生产函数的基本形态为：

$$Q = AL^{\alpha}K^{\beta}$$

Q 为产量，A、α、β 均为固定常数，L 和 K 为两种投入要素，从实际的统计资料中，可以获得 Q、L 和 K 的数值，因此，也可以计算出 A、α 和 β 的数值。假如原投入要素 L 和 K 增加了一定的百分比，以 λ 代表增加一定百分比之后的倍数，则由原来生产函数变为：

$$A\,(\lambda L)^{\alpha}\,(\lambda K)^{\beta} = \lambda^{\alpha+\beta}AL^{\alpha}K^{\beta} = \lambda^{\alpha+\beta} \cdot Q$$

可见，如果 α+β>1，则 $\lambda^{\alpha+\beta} \cdot Q > \lambda \cdot Q$，这说明投入要素增加 λ 之后，产量增加大于 λ 倍。即产量增加比例大于投入要素增加的比例，这是规模报酬递增的生产。

如果 α+β=1，则 $\lambda^{\alpha+\beta} \cdot Q = \lambda \cdot Q$，这说明投入要素增加 λ 倍之后，产量也增加了 λ 倍。即产量增加比例等于投入要素增加的比例，这是规模报酬不变的生产，柯布－道格拉斯生产函数就是规模报酬不变的生产。

如果 α+β<1，则 $\lambda^{\alpha+\beta} \cdot Q < \lambda \cdot Q$，这说明投入要素增加 λ 倍之后，产量增加小于 λ 倍，即产量增加比例小于投入要素增加的比例，这是规模报酬递减的生产。

由此得出结论：根据柯布－道格拉斯生产函数中的指数数值 α 和 β 之和，可以判断规模报酬的情况。如果 α+β>1，则为规模报酬递增；如果 α+β=1，则为规模报酬不变；如果 α+β<1，则为规模报酬递减。

一般认为，当生产从最初极小的规模开始逐渐扩大时，厂商面临的是规模报酬递增阶段。在厂商得到了由规模扩大所带来的产量递增的全部好处以后，厂商继续扩大生产规模，则一般会出现一个规模报酬不变的阶段，这个阶段有可能很长。因为在规模报酬递增后，大规模生产的优越性已得到充分发挥，规模报酬难以进一步提高。同时厂商又采取种种措施实行现代化科学管理，努力减少规模不经济，延缓规模报酬递减阶段的到来。因此，规模报酬不变阶段很长。以后，随着生产规模的进一步扩大，厂商会进入一个规模报酬递减阶段，这就是规模报酬变动的规律。

例如，某生产轿车的企业，当生产规模很小时，年产仅 50 万辆，规模经济效应未能充分发挥出来，以致轿车的生产成本很高。如果该企业继续扩大规模，使其年产量从 50 万辆增加到 100 万辆、200 万辆、300 万辆的生产规模，汽车生产成本随之逐渐下降，说明该轿车企业处于规模报酬递增阶段。当轿车生产规模已经达到300 万辆时，如果再继续扩大规模，这时该轿车企业就会进入规模报酬不变阶段，轿车生产的成本也较稳定。此时如果继续扩大生产规模，由于生产规模过大致使轿车生产成本上升，就会出现规模报酬递减。

可见，规模报酬同生产成本之间也有着密切的关系：随着生产规模的扩大，平均成本在下降，即为规模报酬递增阶段，此时，产量增加的倍数大于成本增加的倍数，为规模经济；随着生产规模的扩大，平均成本不变，即为规模报酬不变阶段；随着生产规模的扩大，平均成本在上升，即为规模报酬递减阶段，此时，产量增加的倍数小于成本增加的倍数，为规模不经济。

在这里，规模报酬与规模经济既有联系又有区别。规模经济是指由于生产专业化水平提高等原因，厂商的单位成本下降，从而厂商的长期平均成本随着产量增加而递减的经济现象，具体表现为长期平均成本曲线向下倾斜。反之，厂商的长期平均成本随着产量增加而递增的经济现象，称之为规模不经济，具体表现为长期平均成本曲线向上倾斜。规模报酬与规模经济区别和联系在于：第一，规模经济表示在扩大生产规模时，各种生产要素投入数量增加的比例可能相同也可能不同；而规模报酬表示在扩大生产规模时，各种生产要素投入数量增加的比例是相同的。第二，规模报酬侧重考察产量与生产规模变化的关系；而规模经济侧重考察产量变动与成本变动的关系。第三，一般来说，规模报酬递增时对应的是规模经济阶段；规模报酬递减时对应的是规模不经济阶段。

在生产中，投入各种要素使生产规模的扩大之所以会引起产量或报酬的不同变动，即有时增加、有时减少，还可以用内在经济与内在不经济、外在经济与外在不经济来解释。

4.3.2　内在经济与内在不经济

1）内在经济

（1）内在经济的含义

内在经济是指一个厂商在生产规模扩大时，由自身内部所引起的产量或收益的增加。

（2）内在经济的原因

第一，生产规模扩大，可以使用更加先进的机器设备。机器设备这类生产要素有其不可分割性。当生产规模很小时，就无法购置先进的大型设备，即使购买了也无法充分发挥效用。因此，只有在生产规模扩大时，即在大规模的生产中，大型的先进设备才能充分发挥作用，使产量更大幅度的增加。

第二，生产规模扩大，可以实行专业化生产。在大规模生产中，专业分工可以更精细，这样就会提高工人的技术水平，提高生产效率。

第三，生产规模扩大，可以提高管理效率。各种规模的生产都必须配备必要的管理人员，在生产规模很小时，这些管理人员无法得到充分利用。只有在生产规模扩大时，就可以在不增加管理人员的情况下增加生产，从而就提高了管理效率。

第四，生产规模扩大，可以对副产品进行综合利用。在生产规模很小时，许多副产品往往被作为废物处理。而在大规模生产中，就可以对这些副产品回收进行再加工，做到"变废为宝"。

第五，生产规模扩大，可以以更有利的条件采购生产要素或推销产品。大规模生产所需的各种生产要素多，产品也多，这样，企业就会在生产要素与产品销售市场上具有垄断地位，从而可以压低生产要素收购价格，或提高产品销售价格，从中获利。

大规模生产所带来的这些好处，在经济学上也被称为"大规模生产的经济"。但是，生产规模并不是越大越好，如果一个厂商的生产规模过大，生产规模不适度，也有不利之处，这就是内在不经济。

2）内在不经济

（1）内在不经济的含义

内在不经济是指一个厂商的生产规模过大由自身内部引起的产量或报酬的减少。

（2）内在不经济的原因

第一，生产规模过大，管理效率的降低。如果生产规模过大，就会使管理机构由于庞大而变得臃肿，不灵活，管理上也会出现各种漏洞，从而使产量和报酬减少。

第二，生产规模过大，生产要素价格与销售费用增加。因为资源是有限的，因此，生产要素的供给并不是无限的，而生产规模扩大必然大幅度增加对生产要素的需求，从而使生产要素的价格上升。同时生产规模扩大，产品大量增加，不仅增加销售的困难，而且需要增设更多的销售机构与人员，这样就会增加销售费用。因此，生产规模并不是越大越好。

以上分析的是一个厂商生产规模扩大时对产量或报酬的影响。但对一个厂商的产量或报酬发生影响的，不仅有它本身的生产规模，而且还有一个行业的生产规模。因为一个行业是由生产同种产品的厂商所组成的，它的规模大小影响着其中每一家厂商的产量或收益。这就是外在经济与外在不经济要说明的问题。

4.3.3 外在经济与外在不经济

1）外在经济

（1）外在经济的含义

外在经济是指整个行业生产规模的扩大，给个别厂商所带来的产量或报酬的增加。

（2）外在经济的原因

个别厂商可以从整个行业的扩大中得到更加方便的交通辅助设施、更多的信息与更好的人才，从而使产量或报酬增加。

但是，如果一个行业生产规模过大，不适度，也会带来不利的一面，这就是外在不经济。

2）外在不经济

（1）外在不经济的含义

外在不经济是指整个行业生产规模过大使个别厂商产量或报酬减少。

（2）外在不经济的原因

整个行业生产规模过大引起竞争的加剧，环境污染的严重而使个别厂商的成本增加，报酬减少。例如，一个行业过大，各个厂商为了争夺生产要素与产品销售市场，必须付出更高的代价，竞争更加激烈。此外，整个行业的扩大，也会使环境污染问题更加严重，交通更加紧张，个别厂商为此也要付出更高的代价。这都是由于一个行业生产规模的过大，对个别厂商带来的不利影响。

综上所述，从内在经济与内在不经济和外在经济与外在不经济的角度来看，规模报酬递增的基本原因是由于内在经济和外在经济之和大于内在不经济和外在不经济之和；规模报酬不变是由于内在经济和外在经济之和等于内在不经济和外在不经济之和；规模报酬递减是由于内在经济和外在经济之和小于内在不经济和外在不经济之和。

由以上分析来看，一个厂商或一个行业的生产规模过大或过小都是不利的。因此，每个厂商或行业都应根据自己生产的特点确定一个适度规模。

4.3.4 适度规模

1）适度规模的含义

适度规模就是使各种生产要素的增加，即生产规模的扩大正好使报酬递增达到最大。当报酬递增达到最大时就不再增加生产要素，并使这一生产规模维持下去。

对于一个厂商来说，要实现适度规模，就是要使各种生产要素的增加适度。对于不同行业的厂商来说，适度规模的大小是不同的，并没有一个统一的标准，但在确定适度规模时必须考虑到一些因素。

2）确定适度规模应该考虑的因素

（1）企业规模经济的最低限度界限

企业规模经济的最低限度界限是由企业的生产技术特点所决定的。一般来说，投资需要量少，所用的设备比较简单的劳动密集型的企业最低限度的经济规模界限就小。例如，服装、食品及服务类等企业，生产规模小，能更灵活地适应市场需求的变动，对生产更有利，所以其适度规模也就小。反之，投资需要量大，所用的设备复杂先进的资本密集型的企业最低限度的经济规模界限就大。例如，冶金机械、汽车制造、造船、化工等重工业企业，生产规模大才能显示出其规模经济效应，所以其适度规模也就大。据统计，轿车最佳生产规模是年产 300 万辆。在 20 世纪 90 年代后期，我国有 751 家大大小小的汽车厂，80% 的厂家年产汽车还不到 1 千辆。年产超过 5 万辆的厂家只有 60 家，几乎都没有达到汽车的最低生产规模。而且，随着科学技术的发展，最低限度的经济规模也在不断地扩大。例如，炼铁厂的高炉容积，在 20 世纪 50 年代是 2 000m³，60 年代达到 3 000m³，70 年代达到 5 000m³，80 年代中期则发展到 5 580m³。

(2) 市场交易成本与企业组织成本

前面各章关于供求与价格的分析都假定市场交易不存在交易成本，但实际上，在市场交易中不可避免地会产生各种交易成本。根据美国经济学家科斯的理论，企业规模取决于市场交易成本与企业组织成本的均衡。他认为，在市场交易活动中，由于市场信息的不充分和市场价格的不确定性，人们为了使未知变为已知，不确定变为确定，就要付出代价，这个代价就是交易成本。所谓交易成本就是围绕交易契约所产生的成本，大体上包括：第一，搜索交易对象和获得交易信息的成本；第二，交易谈判和签订交易合同的成本；第三，对合同条款的履行实施监督的成本。所谓企业组织成本就是企业内部自己组织生产所需耗费的组织成本，包括管理成本、指挥成本、组织协调成本等。当市场交易成本过高，企业将会扩大规模，自己组织生产，使市场交易内部化。当企业组织成本过高，企业将缩减生产规模，因此，企业规模就取决于市场交易成本与企业组织成本的均衡。换言之，企业的规模应该扩大到这样一点，即在这一点上再多增加一次企业内部交易所花费的成本与通过市场交易所花费的成本相等。这时，企业达到均衡，既不扩张也不收缩，达到最佳规模，这就是企业的边界。

此外，在确定适度规模时还要考虑其他许多因素，诸如市场条件、交通条件、能源供给、原料供给、政府政策等等。就拿市场条件来说，一般来说，生产市场需求量大，而且标准化程度高的产品的厂商，适度规模也应该大；反之，生产市场需求量小，而且标准化程度低的产品的厂商，适度规模也应该小。例如，重工业一般都是标准化程度高的产品，且需求量大，因此，重工业行业的适度规模也就大；相反，服装行业的标准化程度低，因此厂商的适度规模也就要小一些。

4.4　成本与收益分析

4.4.1　成本

1) 成本的含义

成本也称为生产费用，是生产中使用的各种生产要素的支出。它不仅包括固定的折旧，原料及燃料的消耗以及支付给工人的工资，而且包括利息、地租与正常利润。

可见，西方经济学中所说的成本不仅包括了固定资本和流动资本，而且还包括了利息、地租和正常利润。因为西方经济学认为，资本、土地和企业家才能与工人的劳动一样都是生产要素，并为生产作出了贡献，所以支付给资本的利息，支付给土地的地租，和支付给企业家才能的正常利润都应计算在成本之内。这样一来，成本的范围和数量就扩大了。

2) 总成本、平均成本、边际成本

（1）总成本、平均成本、边际成本的含义

总成本（total cost，TC），是指生产一定量产品所消耗的全部成本。

平均成本（average cost，AC），是指平均每单位产品所消耗的成本。

边际成本：（marginal cost，MC），是指每增加一单位产品所增加的成本。

（2）总成本、平均成本、边际成本的公式

如果以 Q 代表产品的量，ΔQ 代表产品的增量，则可将总成本、平均成本、边际成本之间的关系用公式表示如下：

$$TC = AC \cdot Q$$

该公式表明总成本等于平均成本乘以产品的量。

$$AC = TC/Q$$

该公式表明平均成本等于总成本除以产品的量。

$$MC = \Delta TC/\Delta Q$$

该公式表明边际成本等于每增加一单位产品所增加的成本。

3) 机会成本、显性成本和隐性成本

（1）机会成本

机会成本是指使用某要素于特定用途所必须放弃的该要素在其他用途上所可能带来的最高收益。

也就是说，机会成本是在利用一定的资源获得某种收入时所放弃的另一种收入，或者说是为了得到某种东西所放弃的另一种东西的价值。例如，某个企业在某个时期内劳动力和其他资源是一定的，要生产一定量的电风扇就必须放弃生产一定量的空调机的机会，或者，要生产一定量的空调机就必须放弃生产一定量的电风扇的机会，那么，生产一定量的电风扇所放弃的生产一定量空调机的产量的价值或收入，就是生产一定量电风扇的机会成本。同样道理，生产一定量的空调机所放弃的生产一定量电风扇的产量的价值或收入，就是生产一定量空调机的机会成本。

需要特别指出的是，在我们的生活当中充满了选择，选择了一件事情，我们就必须放弃另一件事情。例如，当我们去看电影时，就不能读书。当我们去上大学时，就不能参加工作。当资源一定时，生产某种产品就不能生产另一种产品。因此，机会成本是所放弃的东西的价值，而放弃的东西有很多，机会成本是放弃各种用途中效益最高的一种。例如，一块地种了玉米，就不能种小麦、稻谷，假如小麦的价格是 50 万元，稻谷的价格是 60 万元，那么种玉米的机会成本是 60 万元。

运用机会成本这个概念，可以对一定资源的不同使用所能达到的经济效益进行比较，以便使得在运用一定资源时，达到最大可能的收益。这是因为各个企业的经济水平不同，技术优势也不同，等量的投资投在同一领域会形成不同的利润率。如同样一种产品的生产，对甲企业来说，可能机会成本很高，无利可图；而对乙企业来说，则可能机会成本很低，获得较多，因而乐于生产。所以，根据机会成本原

则，生产者理所当然地要向机会成本比较低，最有利于生产者的产品进行投资。在运用机会成本概念分析生产时，要有三个前提条件：第一，资源本身要看多种用途；第二，资源可以自由流动而不受限制；第三，资源要能够得到充分利用。如果不具备这些条件运用机会成本概念分析生产就毫无意义。

在掌握机会成本这一概念时，我们要把它与会计成本区别开来。假如，有一个新开张的小公司的所有者，他每周工作 50 小时，但并不赚取"工资"，因为公司是他自己的。在年底时，该公司赚了 20 万元的利润。其会计成本损益表见表4-2：

表4-2   **会计成本：损益表**

收入	80 万元
成本	60 万元
会计利润	20 万元

从会计的角度来看，公司赚了 20 万元，这对一个新开张的企业来说是相当好了。果真是这样吗？经济学者在这里会说出一句大煞风景的话：非也！经济学者认为我们应该把所有者的劳动作为成本来计算，我们应该考虑到该所有者还有其他工作机会，并把失去的机会作为成本来计算。假如该公司的所有者通过在城市里寻找，可以找到一份年工资为 40 万元的工作，这 40 万元就代表了机会成本或放弃的收入，见表4-3。

表4-3   **机会成本：损益表**

收入		80 万元
成本	会计成本	60 万元
	机会成本	40 万元
经济利润		-20 万元

可见，经济学家的结论是如果你用得到的 20 万元减去所有者的劳动的机会成本 40 万元，那么，你发现，净亏损 20 万元。因此，会计人员得出的结论是，这个小公司在经济上是个盈利的企业，而经济学者却把它称作为亏损企业。

（2）显性成本和隐性成本

由于机会成本是所放弃的东西的价值，所以，在简单的计算中，机会成本可直接用价格来衡量。例如，一台机器的价格 2 万元，企业购买一台机器所放弃的 2 万元便是获得这台机器的机会成本。但这种简单计算只适合于个别交易，不适用于企业的全部经济成本或总成本的计算。因为企业生产的机会成本有时是明显的（显性成本），而有时并不那么明显（隐性成本），例如某蛋糕厂，当厂商为买面粉花了 10 000 元时，这 10 000 元是一种机会成本，因为厂商不能再用这 10 000 元去买其他东西。当厂商雇佣生产蛋糕的工人时所付的工资也是企业成本的一部分，这些成本都是显性的。与此相比，企业的一些机会成本是隐性的，假如该厂商精通电脑,作为程序员工作每小时可赚 1 000 元,那么该厂商在他糕点厂每工作一个小时,就要放弃 1 000 元收入,而且这种放弃的收入也是他的成本的一部分。因此,企业的总成本或经济成本是厂商在经营管理过程中所使用的全部投入的机会成本,它包括所有显性成本和所有隐性成本。

第一,显性成本。显性成本(explicit costs)又称外显成本、会计成本,是指厂商直接购买商品和劳务的货币支付。也就是会计学里所包括的作为企业费用的通常支出。这些费用支付包括工资、原材料、折旧、动力、运输、广告和保险等项目。

第二,隐性成本。隐性成本(implicit costs)又称隐含成本、内在成本,是指包括了企业主所拥有和所使用的资源的成本。企业在计算成本时,隐性成本常被忽略。

从含义中可见,隐性成本是不牵涉直接的货币支付。但是隐含着所放弃的货币和利益,即企业主将他自己的劳动、资本和土地投入到企业中,理应获得的报酬。因为这些要素如果不投入业主的企业而投入到其他企业中去也必然得到货币收入。例如,某企业主受雇于其他企业可以获得工资,投资于其他企业或金融机构可以获得红利或利息,土地出租可以获得租金等,具体来说,假如他不是自己办企业,而是为别人工作,每月可以收到 1 000 元工资,把钱投入到其他企业可以收到 3 000 元股息,他就应该按照 1 000 元和 3 000 元来分别计算自己的劳动和资本的价值,这些价值就是他自己办企业时所发生的隐性成本。当机会成本理论不仅应用于整个社会还应用于企业时,就产生了隐性成本的概念。

会计核算一般只考虑显性成本,而经济学家从资产的有效配置出发,他们计量成本和收益的目的是为了了解这样的配置是否是有效率的,是否还有更有效率的配置方式。因此,他们不但考虑显性成本,还考虑隐性成本,即计量这些资源所放弃的各种机会的价值。所以,隐性成本是更为概括的机会成本的具体运用,隐性成本就是使用自有资源或企业拥有的资源的一家厂商的机会成本。

可见,显性成本与隐性成本之间的区别,说明了经济学家与会计师分析经营活动之间的重要不同,经济学家关心研究企业如何做出生产和定价决策,因此,当他们在衡量成本时就包括了所有机会成本(金钱、时间、自有要素的机会成本)。而会计师他们衡量的是显性成本,但忽略了隐性成本。因此,经济学中所使用的经济成本的概念,不仅指会计成本,而是会计成本(显性成本)和隐性成本之和。也就是说,从经济学家的观点来看,当具有理性的厂商和个人做出决策时,无论是承担这个或那个投资项目,或是购买一种或另一种商品——都应当计入全部成本,即全部机会成本,而不仅是直接的支出。

4)短期成本与长期成本

西方经济学家在具体分析成本问题时,把成本分为短期成本与长期成本。

(1)短期成本与长期成本的含义

第一,短期成本:由于短期是指在这个时期内厂商不能根据他所要达到的产量来调整其全部生产要素，具体来说，在短期内厂商只能调整原材料、燃料及工人的数量，而不能调整固定设备、厂房和管理人员的数量，所以短期成本要区分为固定成本与可变成本。

第二，长期成本：由于长期是指在这个时期内厂商可以根据他所要达到的产量来调整其全部生产要素。所以长期成本没有固定成本与可变成本之分，一切成本都是可以变动的。

（2）短期成本和长期成本的分类

①短期成本的分类

第一，固定成本（fixed cost，FC），是指短期内在一定产量范围内不随产量变化而变动的成本。固定成本的总和为固定总成本（total fixed cost，TFC），它主要包括：厂房、机器设备等固定资产的折旧和管理人员的薪金等。固定总成本曲线TFC是一条水平线。它表示在一定的产量范围内固定成本是不变的，同时还表示即使当产量为零时，这部分固定成本也总是存在的，如图4-4所示。

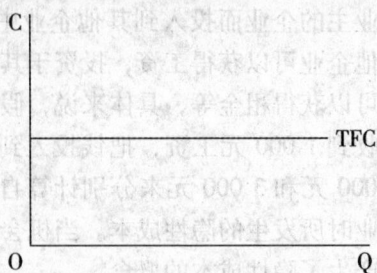

图4-4　固定总成本曲线

第二，可变成本（variable cost，VC），是指短期内随产量变动而变动的成本。可变成本的总和为可变总成本（total variable cost，TVC），它主要包括原料、燃料的支出和生产工人的工资等。可变总成本曲线TVC是一条由原点出发的向右上方倾斜的曲线，它的斜率是逐步地由递减变为递增的。它表示当产量为零时，可变成本为零，在这以后，可变成本随着产量的增加而增加。必须注意的是增加的幅度在每个产量水平是不同的。原因在于受到边际收益递减规律的影响，如图4-5所示。

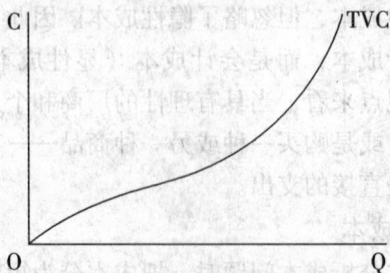

图4-5　可变总成本曲线

第三，短期总成本（short-run total cost，STC），是指短期内生产一定量产品所需要的全部成本，它是短期内每一产量水平的固定成本与可变成本之和。其公式为 STC = TFC + TVC，或 STC = SAC·Q。短期总成本曲线 STC 是一条由 TFC 曲线与纵轴的交点出发的向右上方倾斜的曲线。它的斜率也是逐步的由递减变为递增的。它表示当产量为零时，由于可变成本为零，所以短期总成本等于固定成本，在这以后，短期总成本随着产量的增加而增加，如图 4-6 所示。

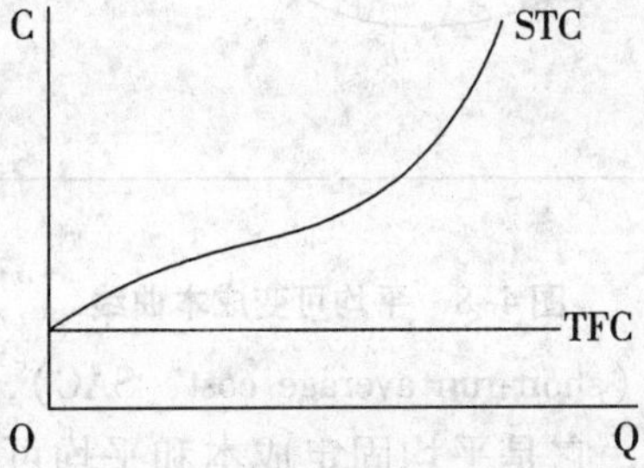

图 4-6　短期总成本曲线

第四，平均固定成本（average fired cost，AFC），是指短期内平均每一单位产品所消耗的固定成本。其公式为：$AFC = \dfrac{TFC}{Q}$，平均固定成本曲线 AFC 是一条向两轴渐近的双曲线。它表示由于在短期内固定成本是不变的，所以随着产量的增加，平均固定成本是逐渐减少的，如图 4-7 所示。

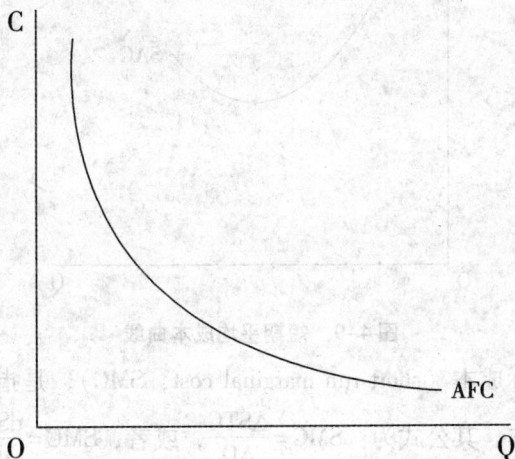

图 4-7　平均固定成本曲线

第五，平均可变成本（average variable cost，AVC），是指短期内平均每一单位产品所消耗的可变成本。其公式为：$AVC = \dfrac{TVC}{Q}$，平均可变成本曲线 AVC 为 U 字形。它表示随着产量的增加，平均可变成本是先递减的，达到最低点以后再递增，如图 4-8 所示。

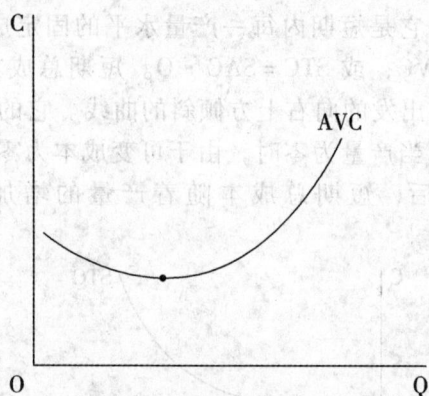

图 4-8　平均可变成本曲线

第六，短期平均成本（short-run average cost，SAC），是指短期内平均每一单位产品所消耗的全部成本，它是平均固定成本和平均可变成本之和。其公式为：$SAC = \dfrac{STC}{Q}$，或者，$SAC = AFC + AVC$。短期平均成本曲线也为 U 字形。它表示随着产量的增加，短期平均成本也是先递减的，达到最低点以后再递增，如图 4-9 所示。

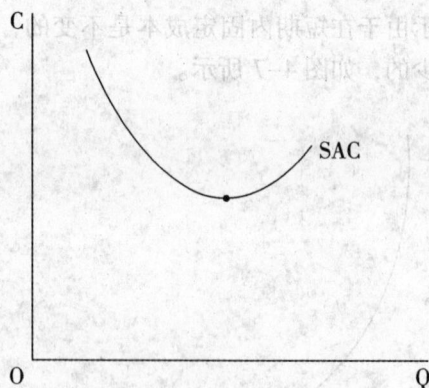

图 4-9　短期平均成本曲线

第七，短期边际成本（short-run marginal cost，SMC），是指短期内每增加一单位产品所增加的成本。其公式为：$SMC = \dfrac{\Delta STC}{\Delta Q}$，或者，$SMC = \dfrac{dSTC}{dQ}$，短期边际成本曲线 SMC 也为 U 字形。它表示随着产量的增加，短期边际成本也是先递减，达到最低点以后再递增，如图 4-10 所示。

②长期成本的分类

由于长期内所有的要素都是可变的，没有固定成本和可变成本之分，所以，长期成本只有三类：总成本、长期平均成本、长期边际成本。

图 4-10　短期边际成本曲线

第一，长期总成本（long-run total cost，LTC），是指长期内生产一定量产品所消耗的全部成本。其公式为：LTC＝LAC·Q，长期总成本曲线 LTC 是一条由原点出发向右上方倾斜的曲线，其斜率是先递减后递增的，如图4-11所示。

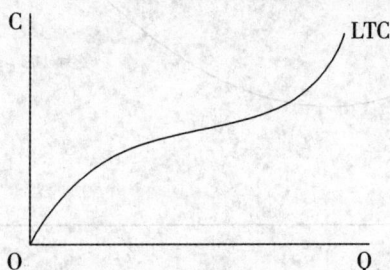

图 4-11　长期总成本曲线

第二，长期平均成本（long-run total cost，LAC），是指长期内平均每单位产品所消耗的成本。其公式为：$LAC = \dfrac{LTC}{Q}$，长期平均成本曲线为 U 字形，如图 4-12 所示。

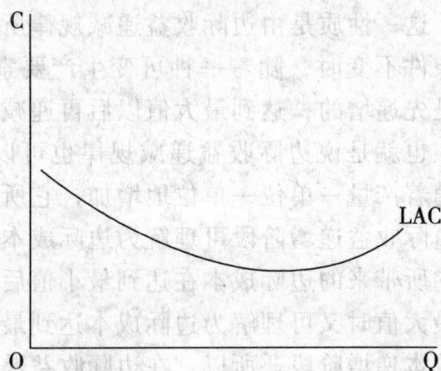

图 4-12　长期平均成本曲线

第三，长期边际成本（long-run marginal cost，LMC），是指长期内每增加一单位产品所增加的成本。其公式为 $LMC = \dfrac{\Delta LTC}{\Delta Q}$，或者 $LMC = \dfrac{dLTC}{dQ}$，长期边际成本曲线 LMC 也为 U 字形，如图 4-13 所示。

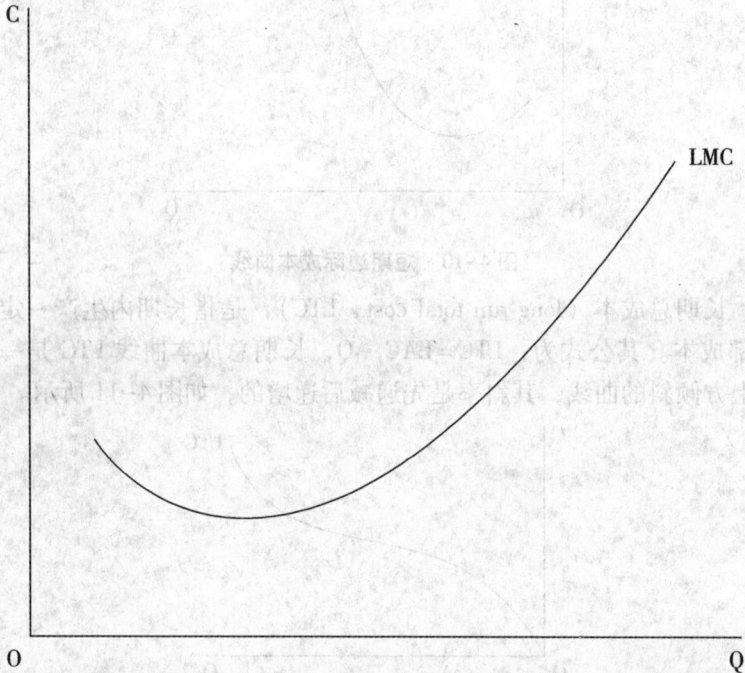

图 4-13　长期边际成本曲线

③各种短期成本和各种长期成本的变动规律及相互关系

第一，各种短期成本变动的规律及相互关系。

对各种短期成本曲线之间相互关系的理解的关键是对短期边际成本曲线特征的理解。短期边际成本曲线 SMC 呈 U 字形特征，表明了短期边际成本 SMC 先递减后递增的性质。这一性质是由边际收益递减规律所决定的。根据边际收益递减规律：在其他条件不变时，随着一种可变生产要素投入量的连续增加，它所带来的边际产量是先递增的，达到最大值以后再递减。那么，边际成本变动规律必然与之相反，也就是说边际收益递减规律也可以换一个角度去理解，在其他条件不变时，随着产量一单位一单位地增加，它所带来的边际成本先是递减的。这也就是说边际收益递增阶段可理解为边际成本递减阶段。以后，随着产量的继续增加，它所带来的边际成本在达到最小值后又会递增。这也就是说，在边际产量达到最大值时又可理解为边际成本达到最小值；边际收益递减阶段又可理解为边际成本递增阶段。所以，在边际收益递减规律的作用下，边际成本曲线 SMC 呈先下降后上升的 U 字形。由此可见，生产函数和成本函数具有对偶性，如图 4-14 所示。

生产函数	成本函数
对应：	
TP——总产（品）量	TVC——总可变成本
AP——平均产（品）量	AVC——平均可变成本
MP——边际产（品）量	MC——边际成本

关系：

1. TP 先以递增的比率，再以递减的比率增加 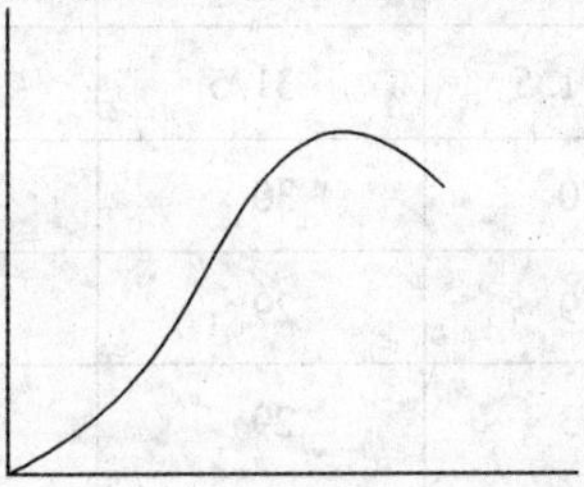	1. TV 先以递减的比率，再以递增的比率上升 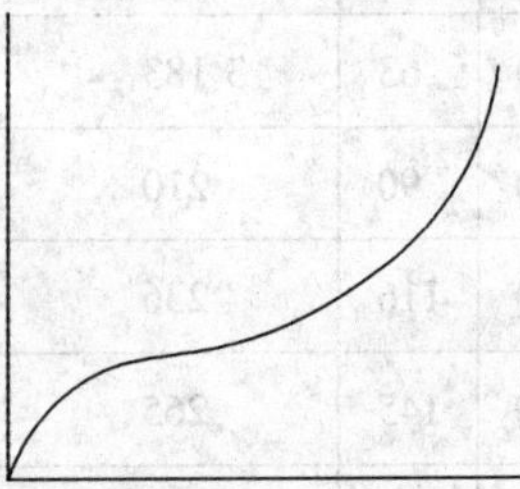

2. AP 增加到最大值，然后递减 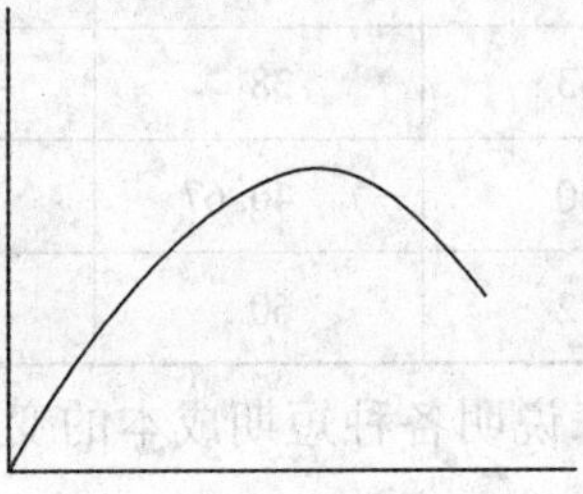	2. AVC 下降到最小值，然后上升 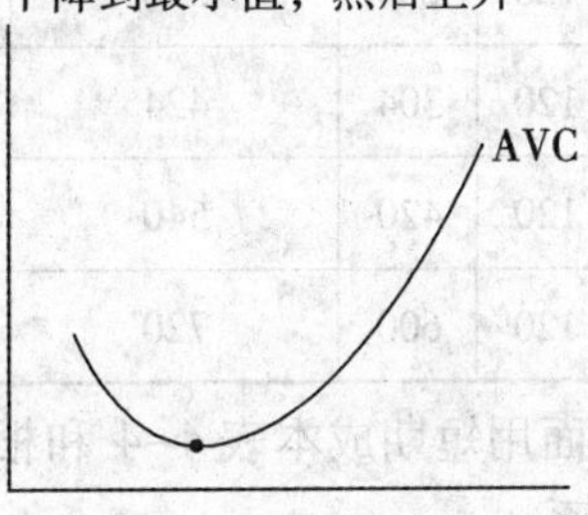

3. MP 先增加，再下降，交 AP 于其最大值，并比 AP 更快地连续递减 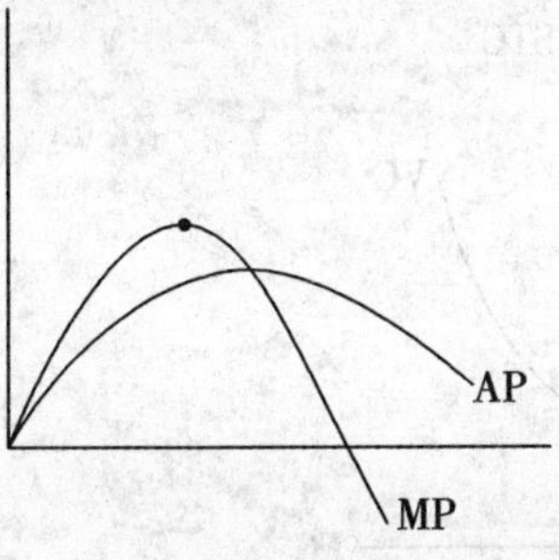	3. MC 先下降，再上升，交 AVC 于其最小值，并比 AVC 更快地连续上升 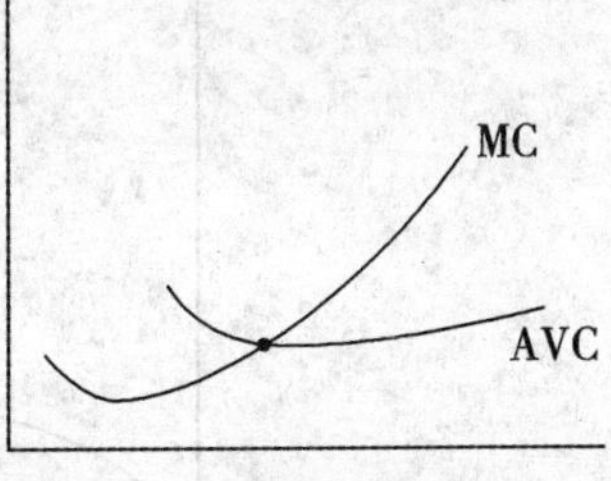

注：由于是边际收益递减规律的作用，所以不考虑固定要素 FC，只考虑可变要素 VC

图 4-14　生产函数和可变成本函数的对偶性

为了分析各种短期成本变动的规律及相互关系，还可根据各种短期成本的定义及公式做出表4-4。

表4-4 短期成本表

产量	固定成本	可变成本	总成本	边际成本	平均成本	平均可变成本	平均固定成本
Q	FC	VC	STC	SMC	SAC	AVC	AFC
(1)	(2)	(3)	(4)=(2)+(3)	(5)	(6)=(4)÷(1)	(7)=(3)÷(1)	(8)=(2)÷(1)
0	120	0	120	—	∞	0	∞
1	120	34	154	34	154	34	120
2	120	63	3 183	29	91.5	31.5	60
3	120	90	210	27	70	30	40
4	120	116	236	26	59	29	30
5	120	145	265	29	53	29	24
6	120	180	300	35	50	30	20
7	120	230	350	50	50	32.86	17.4
8	120	304	424	74	53	38	15
9	120	420	540	116	60	46.67	13.33
10	120	600	720	180	72	60	12

下面用短期成本表4-4和根据表做出的图来说明各种短期成本的变动规律及相互关系。

首先，根据表4-4，可以做出短期总成本、固定成本和可变成本曲线，如图4-15所示。

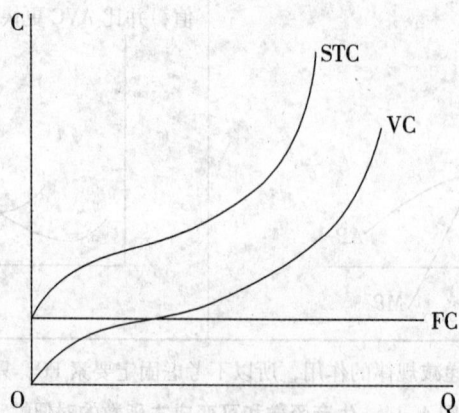

图4-15 短期总成本、固定成本和可变成本曲线

在图 4-15 中，横轴 OQ 代表产量，纵轴 OC 代表成本，FC 为固定成本曲线，它与横轴平行，表示不随产量变动而变动。STC 为总成本曲线，它不从原点出发，表示在没有产量时，仍然有总成本（即固定成本）。总成本曲线向右上方倾斜，表示它随产量增加而增加，开始时增加得快，以后增加得慢，最后又增加得快。VC 为可变成本曲线，它从原点出发，表示没有产量就没有可变成本，它的形状与总成本曲线相同，说明两者变动规律相同：起初增加快是由于各种生产要素的效率得不到充分发挥；以后增加得慢是由于生产要素的效率得到充分发挥，最后又增加得快是由于边际收益递减规律的作用。

其次，根据表 4-4 可以做出平均固定成本、平均可变成本、短期平均成本和短期边际成本曲线，如图 4-16 所示。

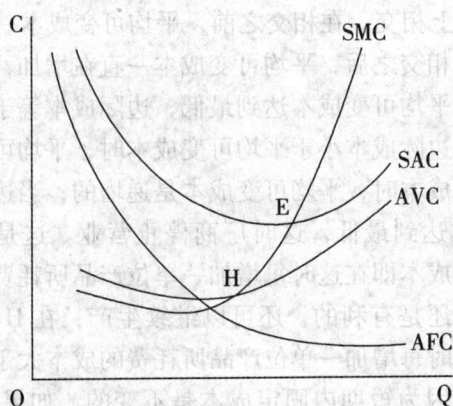

图 4-16　平均固定成本、平均可变成本、短期平均成本和短期边际成本曲线

在图 4-16 中，AFC 为平均固定成本曲线。它一直向右下方倾斜，开始比较陡，以后逐渐平缓。这说明平均固定成本随着产量的增加一直在减少，开始减少幅度大，以后减少幅度越来越小。AVC 为平均可变成本曲线，SAC 为短期平均成本曲线，SMC 为短期边际成本曲线。这三条曲线都是先下降后上升，呈"U"字形的曲线。这说明平均可变成本、短期平均成本和短期边际成本开始时随着产量的增加而减少，减少到一定程度后，又随着产量的增加而增加。开始时随产量增加而减少是由于生产要素的效率逐渐得到发挥，以后又随产量增加而增加是由于边际收益递减规律的作用。

此外，从图 4-16 中可以看出，在 SAC 和 AVC 的最低点上，SMC 与它们相交。先看短期边际成本曲线（SMC）与短期平均成本曲线（SAC）在短期平均成本曲线的最低点（E 点）上相交：在相交之前，平均成本一直在减少，边际成本小于平均成本；相交之后，平均成本一直在增加，边际成本大于平均成本；在相交之点，平均成本达到最低，边际成本等于平均成本。由此可以得出以下结论：当边际成本小于平均成本时，平均成本是递减的；当边际成本大于平均成本时，平均成本是递增的，当边际成本等于平均成本时，平均成本达到最低，这时厂商的收支相抵，不存在超额利润，而实现了均衡。这里值得强调的是：由于西方经济学中的成本包括正常利润，所以，收支相抵并不意味着厂商没有利润可得，而是获得了正常利润，但没有超额利润，这里的超额利润指的是超过正常利润的利润。当边际成本等于平均成本时，之所以没有超额利润，这是因为，在 E 点之前，边际成本小于平均成本，即在这时每增加一单位产品所耗费的成本小于平均每一单位产品所消耗的成本，这说明产量还没有达到最大，即正常利润还没有达到最大，还可继续生产；在 E 点之后，边际成本大于平均成本，即在这时每增加一单位产品所耗费的成本大于平均每一单位产品所消耗的成本，这说明随着产量的增加，由于边际收益递减规律的作用，正常利润在减少，因此，只有在 E 点上，平均成本最低，正常利润最大，从而实现了均衡。

再看短期边际成本曲线（SMC）与平均可变成本曲线（AVC），在平均可变成本曲线的最低点（H）上相交：在相交之前，平均可变成本一直在减少，边际成本小于平均可变成本；在相交之后，平均可变成本一直在增加，边际成本大于平均可变成本；在相交之点，平均可变成本达到最低，边际成本等于平均可变成本。由此可以得出以下结论：当边际成本小于平均可变成本时，平均可变成本是递减的；当边际成本大于平均可变成本时，平均可变成本是递增的；当边际成本等于平均可变成本时，平均可变成本达到最低，这时厂商停止营业。这是因为，在 H 点之前，边际成本小于平均可变成本即在这时每增加一单位产品所耗费的成本小于平均可变成本，这说明这时生产还是有利的，还可以继续生产；在 H 点之后，边际成本大于平均可变成本即在这时每增加一单位产品所耗费的成本大于平均可变成本，这说明这时生产是不利的。因为短期内固定成本是不变的，如果再继续多投入可变成本，即可变成本大于平均成本，那么可变成本就无法补偿。所以只有在 H 点上，边际成本等于平均可变成本，平均可变成本最低。此时，厂商必须停止生产，不能再去增加产量从而增加成本了，否则，厂商如果继续进行生产，连可变成本也无法补偿，所以在 H 点以下，厂商绝不会再生产。

最后看短期边际成本 SMC 与短期平均成本 SAC 的交点 E 和短期边际成本 SMC 与平均可变成本 AVC 的交点 H，两个交点比较一下可以看出，E 点的出现慢于 H 点，并且 E 点的位置高于 H 点。这就是说，平均可变成本 AVC 降到最低点 H 时，短期平均成本曲线 SAC 还没有降到最低点 E，而且 SAC 曲线的最小值大于 AVC 曲线的最小值。这是因为，在短期平均成本中，不仅包括平均可变成本，还包括了平均固定成本，正是由于平均固定成本的作用，才使得短期平均成本曲线 SAC 的最低点 E 的出现既慢于又高于平均可变成本曲线 AVC 的最低点 H。

第二，各种长期成本变动的规律及相互关系。

首先，长期总成本曲线是一条从原点出发，向右上方倾斜的曲线，从原点出发表示没有产量就没有总成本。向右上方倾斜表示它随产量增加而增加，开始时增加得快，以后增加得慢，最后又增加得快。长期总成本曲线是无数条短期总成本曲线的包络线，如图 4-17 所示。

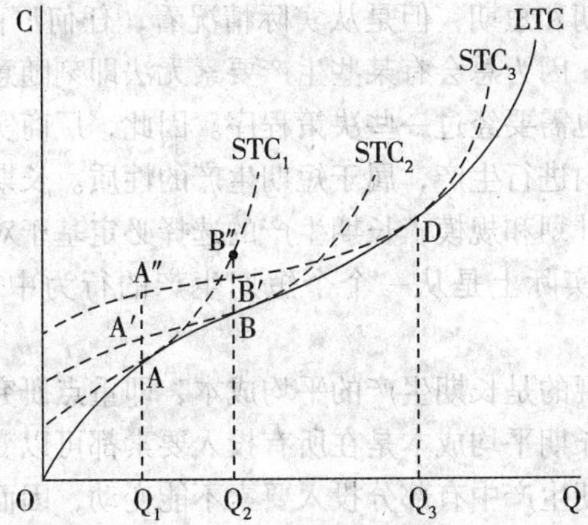

图4-17 长期总成本曲线是短期总成本曲线的包络线

在图4-17中，STC_1、STC_2、STC_3为三条短期总成本曲线，它们分别代表不同的生产规模。由于短期总成本曲线的纵截距表示相应的总固定成本TFC的数量，短期内TFC的数量不变，因此，生产规模的大小取决于TFC的大小。从三条短期总成本曲线的纵截距可知，$STC_1 < STC_2 < STC_3$，所以，STC_1代表的生产规模最小，STC_2代表的生产规模居中，STC_3代表的生产规模最大。在短期中，由于厂商无法调整其全部生产要素，因而无法调整其生产规模，难以在任何时候都达到最低总成本。例如，如果生产规模是STC_1，而要生产Q_2产量时，总成本是$B''Q_2$；如果生产规模是STC_3，而要生产Q_2产量时，总成本是$B'Q_2$。显然，这两种生产规模都没有达到Q_2产量时的最低总成本BQ_2。但是，在长期却可以在任何时候都达到最低总成本。因为厂商可以根据他所要达到的产量来调整生产规模。例如，如果要生产Q_2产量，由于Q_2产量时的最低成本是BQ_2，所以厂商就可以把生产规模调整到STC_2水平上，使其成本最低。以此类推，如果要生产Q_1产量，厂商就把生产规模调整到STC_1水平上，这时生产Q_1产量的总成本最低为AQ_1，（而Q_1产量时的STC_2的成本是$A'Q_1$，STC_3的成本是$A''Q_1$，它们都高于AQ_1）。如果要生产Q_3产量，厂商就把生产规模调整到STC_3水平上，这时生产Q_3产量的总成本最低为DQ_3。这样，将每一产量水平上的总成本最低的点连接起来，就形成一条连续光滑的长期总成本曲线。可见，长期总成本曲线LTC是由各条短期总成本曲线上的点组成的，但每一条短期总成本曲线STC都只有一点位于长期总成本曲线LTC上，即长期总成本曲线上的每一点都是与短期总成本曲线的切点，所以长期总成本曲线是无数条短期总成本曲线的包络线。

其次，长期平均成本和长期边际成本，开始时随着产量的增加而减少，减少到一定程度后，又随着产量的增加而增加。长期平均成本曲线是无数条短期平均成本曲线的包络线。

从经济理论上说，长期平均成本曲线为什么是短期成本曲线的包络曲线呢？这是因为，长期生产和短期生产有密切的关系。虽然我们根据生产要素是否能够全部调整而把生产分为长期和短期，但是从实际情况看，任何厂商在从事生产活动时，一定为短期生产行为。因为总会有某些生产要素无法即刻随意变动，而且对固定资本追加投资时，往往也需要经过一些决策程序。因此，厂商实际上始终是在固定成本不变的这一段时间内进行生产，属于短期生产的性质。长期生产只是根据市场和企业状况，改变生产计划和规模，长期生产的选择必定基于对短期经济行为的评价和选择。所以，厂商实际上是从一个个短期生产的行为中，找出长期生产的最佳点。

长期生产主要重视的是长期生产的平均成本，即重点研究长期最低平均生产成本的变化状态。既然长期平均成本是在所有投入要素都可以变动情况下每一产量水平的最低成本，而短期生产中有部分投入要素不能变动，因而短期成本一定不可能低于长期成本。也就是说，在某一产量水平上，生产者可以从某个短期生产规模状态下找出最低成本点，如果变动生产规模可以使这一产量水平点的成本更低，生产者一定会变动投入要素，追求长期生产中的最低成本点。这些情况我们可以用图4-18来说明。

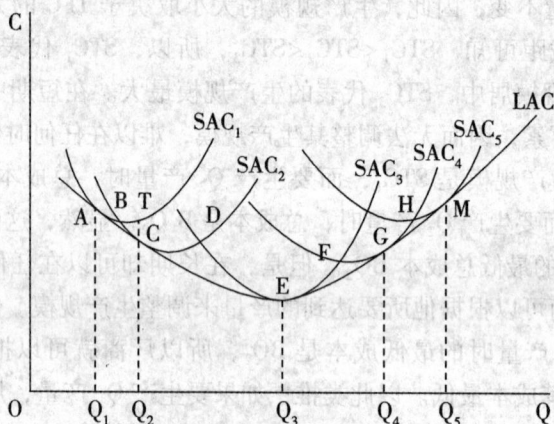

图 4-18　长期平均成本曲线

假定有五条不同性质的短期平均成本曲线，其中，第一种生产规模最小，第二种比第一种生产规模大，第五种生产规模最大。

在短期中，由于厂商无法调整其生产规模，难以在任何时候都达到最低平均成本。例如，如果生产规模是 SAC_2，而要生产 Q_1 产量时，平均成本就是 Q_1L，而无法达到 Q_1 产量时的最低平均成本即 AQ_1。但是，在长期中，却可以在任何时候都达到最低平均成本。因为厂商可以根据它所要达到的产量来调整生产规模。例如，当厂商计划生产的产量为 Q_1 时，A 点为最低成本点，因此，厂商选择短期平均成本为 SAC_1 的第一种生产规模进行生产最佳。当产量为 Q_2 时，如果厂商维持原生产规模不变，仍然采取 SAC_1 的规模进行生产，则最低平均成本为 T 点，但是如果厂商变动投入要素改变生产规模，采取 SAC_2 的规模进行生产，则最低平均成本为 C 点，C 点低于 T 点，因此，生产 Q_2 的产量时，厂商会选择第二种生产规模进行生产。尽管 T 点是 SAC_1 的最低点，但变动投入要素后，C 点比 T 点更低。当产量为 Q_3 时，第三种生产规模的平均成本最低点为 E 点，当厂商计划生产产量为 Q_4 时，第四种生产规模的平均成本最低为 G，当厂商计划生产量为 Q_5 时，第五种生产规模的平均成本最低为 M，那么，假如在 B、D、F、H 这些交点的时候，厂商将如何做出选择呢？例如在 B 点时，厂商既可以按第一种生产规模来进行生产，也可以变动投入要素按第二种生产规模来进行生产，无论采取哪一种，其平均成本都相等。这时，厂商就要根据市场发展预测趋势情况以及生产者的预期等心理状态进行选择。如果市场行情看好，对该产品的需求量将增多，或生产者持乐观的前景预测，则厂商就会扩大生产规模采取第二种生产规模来生产，否则就会按原来的规模进行生产。总之，在每个产量水平上都可以按照上述原则逐一找出长期平均生产成本的最低点，把这些点连接起来就形成了长期平均生产成本 LAC 曲线。因此，长期平均成本曲线是在不同产量水平上，企业生产最低成本的轨迹。

需要注意的是，我们假定的生产规模只有五种，那么，按上述原则连成的长期平均成本曲线，应当是 A、B、C、D、E、F、G、H、M，看起来这是一条不规则的曲线，由于在理论上我们假设厂房机器设备的规模可以无限细分，那么实际上厂商可以选择的生产规模的数目就是非常多的，即短期平均成本曲线 SAC 非常多，是无限的，这样一来，相邻的两条 SAC 曲线的交点下面部分形成的与长期平均成本曲线的一段距离就越来越短。这时 LAC 曲线就成为一条顺滑的曲线。图 4-18 中的 LAC 曲线只不过是 A、B、C、D、E、F、G、H、M 曲线的近似值。LAC 曲线上的每一点都代表是与每一特定规模的 SAC 相切之点。由于 LAC 曲线是先下降后上升的呈 U 字形，因此，从数学上说，当 LAC 曲线下降时，它必然是切于各 SAC 曲线最低点的左边；当 LAC 曲线上升时，它一定切于各 SAC 曲线最低点的右边；当 LAC 曲线处于最低点时，该点是与其中一条 SAC 曲线的最低点的切点。可见长期平均成本曲线实际上就是一条与无数条短期平均曲线相切的线。从数学上说，长期平均成本曲线 LAC 就是短期平均成本曲线 SAC 的包络曲线。

可见，长期平均成本曲线事实上是一条计划曲线。即是厂商在长期内计划生产的各种可能的产量相应的一条平均成本曲线。因此，在长期平均成本曲线上的任何一点都是在该产量下的最低成本（不是最低点），但是，在所有的短期平均成本曲线中，必然有一条短期成本曲线的最低点相切于长期成本曲线的最低点。这一点所表示的生产规模，称为最适度的生产规模，因为该生产规模的长期平均成本最小。

综上所述，长期平均成本曲线是一条 U 形曲线，如图中的 A、B、C、D、E、F、G、H、M，但这是理论上的推理，许多西方经济学家根据历史资料的统计，得出的实际长期平均成本的曲线形状与上述有所不同，实际曲线形状是 A、B、C、D、E 等，而没有 F、G、H、M 段。这是因为，如果厂商发现再增加产量，平均成本会增加时，在通常情况下，就不会再继续生产了。因此，厂商的产量一般只增加到 Q_3 为止。长期以来，很多西方经济学家在研究长期生产成本规律时，同时也有不少人反对对长期成本曲线做过细的研究，他们偏重于对企业短期行为的研究，认为研究长期生产成本实际意义并不大。

最后，长期边际成本曲线与长期平均成本曲线相交于长期平均成本曲线的最低点，如图4-19所示。

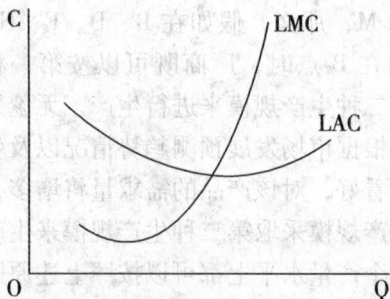

图4-19　长期边际成本曲线与长期平均成本曲线

在图4-19中，LMC为长期边际成本曲线，它是一条先下降后上升的"U"字形曲线，这表示它开始时随产量增加而减少，减少到一定程度后，又随产量增加而上升。LMC曲线与长期平均成本曲线LAC相交于LAC的最低点。这是因为，根据边际量和平均量的关系，当LAC曲线下降时，LMC曲线一定处于LAC曲线的下方，此时，LMC<LAC，LMC将LAC拉下；当LAC曲线上升时，LMC曲线一定处于LAC曲线的上方，此时，LMC>LAC，LMC将LAC拉上。

4.4.2　收益

1）收益的含义

收益是指厂商出卖产品得到的收入，即价格与销售量的乘积。收益中包括了成本与利润。

在西方经济学中，收益可以分为总收益、平均收益、边际收益。

2）总收益、平均收益、边际收益的含义及关系

（1）总收益、平均收益、边际收益的含义

总收益是指厂商销售一定量产品所得到的全部收入（total revenue，TR）。

平均收益是指厂商销售每一单位产品平均所得到的收入（average revenue，AR）。

边际收益是指厂商每增加销售一单位产品所增加的收入（marginal revenue，MR）。

（2）总收益、平均收益、边际收益的关系

如果以Q代表销售量，ΔQ代表销售量增量，则总收益、平均收益、边际收益之间的关系是：

$TR = AR \cdot Q$，即总收益等于平均收益乘以销售量。

$AR = \dfrac{TR}{Q}$，即平均收益等于总收益除以销售量。

$MR = \dfrac{\Delta TR}{\Delta Q}$，即边际收益等于每增加一单位销售量所增加的总收益。

这里所说的总收益、平均收益和边际收益，这三者与总产量、平均产量和边际产量的关系如下：

如果用 P 代表价格，用公式表示就是：

$TP \cdot P = TR$

$AP \cdot P = AR$

$MP \cdot P = MR$

在上述公式中，假定 P 为不变，不考虑价格因素，则公式变成 $TP = TR$，即总产量等于总效益。

$AP = AR$，即平均产量等于平均收益。

$MP = MR$，即边际产量等于边际效益。

所以，总收益、平均收益、边际收益的变动规律和曲线形状同总产量、平均产量、边际产量的变动规律和曲线形状是一样的。关于总产量、平均产量、边际产量的变动规律和曲线形状在前面 4.2.5 中已经介绍，这里不再赘述。

4.4.3 利润最大化条件

在 4.2.6 中分析生产要素的合理投入时，曾说明当资本不变时，劳动量的投入应在 A 与 B 之间的第Ⅱ区域最合适，即在平均产量最大到总产量最大的第二阶段，但究竟应在这一区域的哪一点呢？这一点就是利润最大化点，在这里要结合总成本曲线和总收益曲线来说明这一问题，如图 4-20 所示。

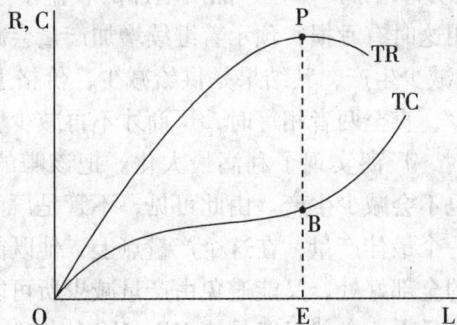

图 4-20 总成本曲线与总收益曲线

在图 4-20 中，横轴 OL 代表劳动量，纵轴 OC、OR 既代表成本，又代表收益。TR 为总收益曲线，TC 为总成本曲线。从图 4-20 中可以看出，在 TR 和 TC 之间，PB 的值最大，也就是说，这时所获得的利润最大。所以把 PB 延伸下去与 OL 相较于 E 点，OE 就是最适度的劳动量的投入。

下面我们进一步分析利润最大化的条件是什么？如果用 P 代表利润，X 代表产量，R 代表收益，C 代表成本，则利润为：

$P = R (X) - C (X)$

　　上式表明利润 P 等于 X 对 R 的变化量减去 X 对 C 的变化量。现在，我们要使利润 P 达到最大值，那么，在高等数学上，则要求 P 的导数为零时，P 才有最大值。即：

$$P' = R'(X) - C'(X) = 0$$

　　上式也就是：$\dfrac{dP}{dX} = \dfrac{dR}{dX} - \dfrac{dC}{dX} = 0$

　　所以：$\dfrac{dR}{dX} = \dfrac{dC}{dX}$

　　上式表明，当 $\dfrac{dR}{dX} = \dfrac{dC}{dX}$ 时，利润为最大值。在这个式子中，$\dfrac{dR}{dX}$ 实际上就是边际收益的微分表达式，即每增加一单位产量所增加的收益，$\dfrac{dC}{dX}$ 实际上就是边际成本的微分表达式，即每增加一单位产量所增加的成本。因此，$\dfrac{dR}{dX} = \dfrac{dC}{dX}$ 实际上就是边际收益等于边际成本，即 MR＝MC。

　　所以，利润最大化的条件是边际收益等于边际成本，即：

MR＝MC

　　如果 MR>MC，表明每增加一单位产品所增加的收益大于每增加这一单位产品所消耗的成本，这说明这时还有潜在的利润没有得到，预示着继续增加产量会增加总利润。因此，只要 MR>MC，厂商必然增加生产，其结果供给增加，价格下降，从而边际收益在减少，边际成本在增加，直到两者相等时，厂商才不再增加生产。

　　如果 MR<MC，表明每增加一单位产品所增加的收益小于每增加这一单位产品所消耗的成本，这说明这时有亏损，预示着继续增加产量会减少总利润。因此，只要 MR<MC，厂商必然减少生产，其结果是供给减少，价格上升，从而边际收益在增加，边际成本在减少，直至两者相等时，厂商才不再减少生产。

　　只有当 MR＝MC 时，厂商实现了利润最大化。把该赚的利润都赚到了，厂商才既不会增加生产，也不会减少生产。由此可见，不管是厂商增加生产还是减少生产，厂商必须要寻找一个最佳产量，在这个产量点上，他既能得到由产量增加所可能带来的总利润增加的全部好处，又能避免由产量减少所可能带来的总利润减少的全部损失。这个最佳产量点，必然只能是使 MR＝MC 的均衡点。所以，MR＝MC 是厂商实现利润最大化的均衡条件。

　　在这里需要特别指出，当厂商处于 MR＝MC 的利润最大化均衡点时，并不意味着厂商一定能获得利润。对 MR＝MC 时的利润状况的正确理解应该是：在 MR＝MC 的产量均衡点时，厂商可能盈利，也可能亏损。如果厂商是盈利的，那么，这时的利润一定是相对最大的利润；如果厂商是亏损的，那么，这时的亏损一定是相对最小的亏损。或者说这时的利润负值的绝对值是最小的。总而言之，当厂商实现了 MR＝MC 的利润最大化条件时，不管是盈利还是亏损，厂商都处于相对最好的情况之中。

由此产生的进一步问题是：在 MR=MC 时，如果厂商是亏损的，那么，厂商应该采取什么对策呢？换言之，厂商到底是应该继续生产，还是停产呢？这就需要从短期生产和长期生产这两个不同的角度来分析这个问题。

如果在短期内，当厂商实现了 MR=MC 的均衡条件但又亏损时，厂商会处在以下两种情况中的一种情况之中。

第一种情况是：厂商尽管是亏损的，但厂商的平均收益大于平均可变成本，即 AR>AVC。在这种情况下，厂商会继续进行生产。因为，在短期内，固定成本总是存在的，厂商主要依据可变成本做出生产决策，只要单位商品市场价格高于可变成本，厂商将继续生产。此时厂商如果继续生产，其收益除了弥补全部的可变成本之外，还可以弥补部分的固定成本，所以，这时生产要比不生产强。

第二种情况是：厂商不但亏损，而且厂商的平均收益还小于平均可变成本，即 AR<AVC。在这种情况下，厂商就会停止生产。因为厂商如果在这种情况下还继续生产，就会连可变成本都弥补不上，更谈不上对固定成本的弥补了。

由此可得出以下结论：在短期内，在厂商亏损的条件下，只要平均收益大于平均可变成本，即 AR>AVC，厂商就继续提供产量；只要平均收益小于平均可变成本，即 AR<AVC，厂商就停止生产。

如果在长期内，当厂商实现了 MR=MC 的均衡条件但又亏损时，厂商会采取以下两种对策：或者退出原行业；或者对原有的生产规模进行调整。不管是以上两种对策中的哪一种，都可以理解为厂商在原有生产规模上的生产过程的终止。

由此可得出以下结论：在长期内，厂商只有在平均收益大于或等于平均成本的条件下，即 AR≥AC 时，才会继续提供产量；相反，在平均收益小于平均成本的亏损条件下，即 AR<AC 时，厂商就会停止在原有生产规模上的生产。

4.5 生产要素的最优组合

前面分析的都是在技术系数不变，即两种生产要素的配合比例不变的情况下，来研究生产要素的合理投入问题，而在这里我们要研究在技术系数可变动，即两种生产要素的配合比例发生变动的情况下，这两种生产要素按什么比例配合最好呢？这就是生产要素最优组合所要研究的问题。

生产要素最优组合也可以称为生产者均衡，生产要素最优组合与消费者均衡很相似。消费者均衡是研究消费者如何把既定的收入分配于各个产品的购买与消费上，以达到效用最大化。生产要素的最优组合是研究生产者如何把既定的成本（即生产资源）分配于各种生产要素的购买与生产上，以达到利润最大化。因此，研究生产者行为与研究消费者行为所用的方式也基本相同，即边际分析法与等产量分析法。等产量线又称无差异数量线，与无差异曲线相类似。

4.5.1　生产要素最优组合的边际分析

在 4.2 中分析生产要素的合理投入时，已经明确了厂商的最佳生产阶段，之后，厂商就面临着一个与消费者效用极大化相类似的问题。在第 3 章介绍了消费者在进行购买时，为了达到效用最大化，一定要考虑他所购买的各种物品的边际效用与他所支付的价格是否成比例。那么，厂商在进行生产时，为了实现利润最大化，一定要考虑他所购买的各种生产要素的边际产量与他所支付的价格是否成比例。

因此，生产要素最优组合的条件是：在成本既定的情况下，要使所购买的各种生产要素的边际生产量与价格的比例相等。即要使每一单位货币无论购买何种生产要素都能得到相等的边际产量。

如果所使用的生产要素是劳动和资本，分别用 L 与 K 代表，劳动的边际产量为 MP_L，价格为 P_L，购买量为 Q_L；资本的边际产量为 MP_K，价格为 P_K，购买量为 Q_K，成本为 C，MP_m 代表货币的边际产量，则生产要素最优组合是：

$$P_L \cdot Q_L + P_K \cdot Q_K = C \tag{1}$$

$$\frac{MP_L}{P_L} = \frac{MP_K}{P_K} = MP_m \tag{2}$$

（1）式是成本为既定这一限制条件。说明成本为既定的情况下，购买各种生产要素的支出不能超过成本，也不能小于成本。因为超过成本的购买是无法实现的，而小于成本的购买也达不到既定成本下的利润最大化。

（2）式是生产要素最优组合的条件。说明各生产要素的边际产量与价格之比相等，即每一单位货币无论用于购买劳动，还是购买资本，所得到的边际产量都相等。

厂商之所以按这一原则来进行购买，是因为在成本既定的条件下，多购买劳动，就要少购买资本。随着劳动这一生产要素数量的增加，它的边际产量递减；而随着资本这一生产要素数量的减少，它的边际产量递增。为了使所购买的劳动（L）和资本（K）这两种生产要素所生产的总产量达到最大，厂商就要调整他所购买的劳动和资本的数量。只有当劳动和资本的边际产量之比等于其价格之比时，劳动和资本的总产量才会达到最大，从而实现了生产要素的最优组合。也就是说，厂商在用货币购买各种生产要素时，要使各种生产要素对他都达到最大生产满足程度，即每一单位货币用来购买劳动所带来的边际产量，和每一单位货币用来购买资本所带来的边际产量应相等。

4.5.2　生产要素最优组合的等产量分析

西方经济学家还用等产量线这一概念来说明生产要素最优组合的确定。

1）等产量线

（1）等产量线的含义

等产量线是表示两种生产要素不同数量的组合可以带来相等产量的曲线。

假如有劳动（L）和资本（K）这两种生产要素，它们有 a、b、c、d 四种组合方式，这四种组合方式都可以得到相同的产量。于是可以做出表 4-5。

表 4-5　　　　　　　　　　　　劳动与资本的组合

组合方式	L（劳动）	K（资本）
A	1	6
B	2	3
C	3	2
D	6	1

根据表 4-5，可以做出图 4-21。

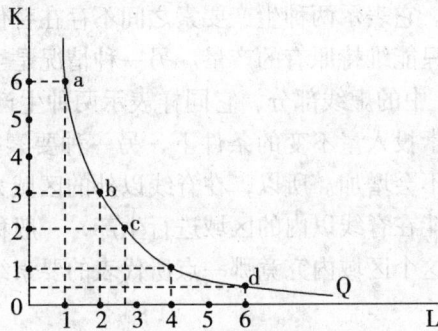

图 4-21　等产量线

在图 4-21 中，横轴 OL 代表劳动量，纵轴 OK 代表资本量，Q 代表等产量线，线上任何一点 L 与 K 不同数量的组合都能生产出相同的产量。

（2）等产量线的特征

第一，等产量线是一条向右下方倾斜的线，其斜率为负值。在这里，要用脊线这一概念来说明这一点，如图 4-22 所示。

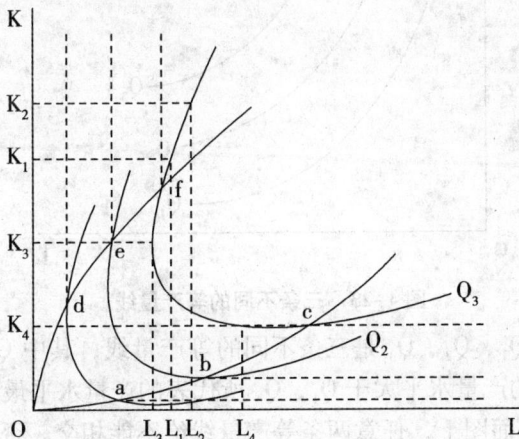

图 4-22　等产量线与脊线

在图 4-22 中，Q_1、Q_2、Q_3 是三条不同的等产量线，在 Q_1 上的 a、d 点以外，Q_2 上的 b、e 点以外，Q_3 上的 c、f 点以外，Q_1、Q_2、Q_3 的斜率为正数，这就说明为了维持同一产量，必须同时支出更多的劳动与资本，这样，劳动与资本之间不存在替代问题。而在 Q_1 上的 a、d 点以内，Q_2 上的 b、e 点以内、Q_3 上的 c、f 点以内，Q_1、Q_2、Q_3 的斜率为负数，这就说明为了维持同一产量，增加一种生产要素就必须减少另一种生产要素，这样，劳动与资本之间存在替代问题。

如果把 a、b、c 和 d、e、f 分别与原点连接起来就形成两条脊线。脊线说明了两种生产要素有效替代的范围，在脊线之外，替代是不可能的，在脊线之内，替代才是有效的。它表示两种生产要素之间可以互相替代以维持不变的产量。而在脊线范围之内，等产量线的斜率必定是负数。在脊线以外有两种情况：一种情况是当等产量曲线的斜率为正时。它表示两种生产要素之间不存在替代关系，两种生产要素的投入量同时增加，也只能维持原有的产量。另一种情况是当等产量线斜率为零或为无穷大时，即图 4-22 中的虚线部分，它同样表示两种生产要素之间不存在替代关系。即在一种生产要素投入量不变的条件下，另一种要素投入量即使无限增加，产量仍维持在原有水平不会增加。所以，在脊线以外的区域为无效经济区域。显然任何有理性的厂商只可能在脊线以内的区域进行生产，一般称该区域为要素投入的有效经济区域。至于在这个区域内究竟哪一点所代表的要素组合是最优的，这需要结合成本进行分析。

第二，在同一平面图上可以有无数条等产量线。同一条等产量线代表同样的产量，不同的等产量线代表不同的产量。离原点越远的等产量线所代表的产量越高，离原点越近的等产量线所代表的产量越低，如图 4-23 所示。

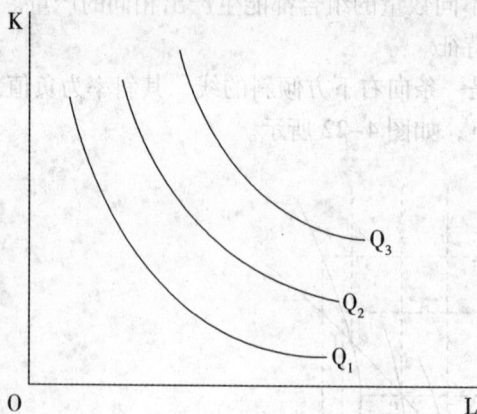

图 4-23　三条不同的等产量线

在图 4-23 中，Q_1、Q_2、Q_3 是三条不同的等产量线，其中 Q_1 所代表的产量水平最低，Q_2 所代表的产量水平大于 Q_1，Q_3 所代表的产量水平最高。

第三，在同一平面图上，任意两条等产量线绝不能相交。否则，在交点上两条等产量线代表了相同的产量水平，就与第二个特征相矛盾。

第四，等产量线是一条凸向原点的线。这一特点要用边际技术替代率这一概念来说明。

2）边际技术替代率

边际技术替代率（marginal rate of technical substitution，MRTS）是在维持相同产量水平时，减少一种生产要素的数量与必须增加另一种生产要素的数量之比。

例如，为了增加劳动（L）的数量而减少资本（K）的数量，那么，减少资本的数量与增加劳动的数量之比就是以劳动（L）代替资本（K）的边际技术替代率，写作 $MRTS_{LK}$，如果以 ΔL 代表劳动 L 的增加量，ΔK 代表资本 K 的减少量，则边际技术替代率的公式是：

$$MRTS_{LK} = \frac{\Delta K}{\Delta L}$$

边际技术替代率是负值，但一般取其绝对值。根据表 4-5 就可以计算出 $MRTS_{LK}$ 的值。表 4-5 的边际技术替代率的值如表 4-6 所示。

表4-6 **以劳动代替资本的边际技术替代率**

变动情况	L 的增加量	K 的减少量	$MRTS_{LK}$
从 a 到 b	1	3	3
从 b 到 c	1	1	1
从 c 到 d	3	1	0.33

从表4-6中可以看出，边际技术替代率是递减的。这是因为，在生产中，任何一种要素与其他要素结合时都要求各要素之间保持适当的比例，凡是要素配合比例能够改变的生产函数都具有边际产量递减的特点。当用劳动替代资本时，随着劳动数量增加，它的边际产量在递减，而随着资本数量的减少，它的边际产量在递增，这时，人们不再愿意去放弃资本而增加劳动。所以，劳动能代替资本的数量就越来越少。因此，以劳动代表资本的边际技术替代率递减。

边际技术替代率实际上就是等产量线的斜率，如图 4-24 所示。

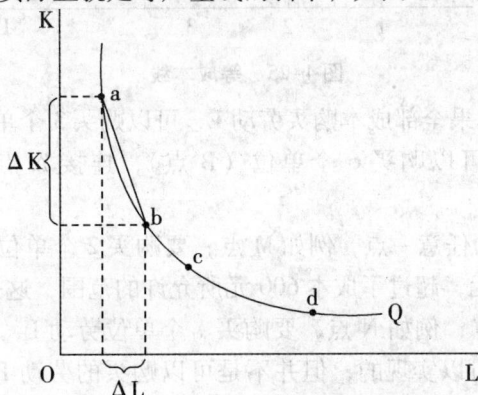

图4-24 边际技术替代率与等产量线

在图 4-24 中，从 a 到 b 的边际技术替代率就是等产量线上从 a 到 b 之间的斜率。由边际技术替代率的公式可知：在图中从 a 到 b 的边际技术替代率是：$MRTS_{LK} = \dfrac{\Delta K_{ab}}{\Delta L_{ab}}$；而等产量线 ab 段的斜率，我们可以过 a 点和 b 点做直线 ab，则直线 ab 的斜率就是等产量线上 ab 段的斜率，用 T_{ab} 表示，则 $T_{ab} = \dfrac{\Delta K_{ab}}{\Delta L_{ab}}$，可见，边际技术替代率等于等产量线的斜率。

从图 4-24 中可以看出，等产量线的斜率是逐渐减少的，边际技术替代率也就是逐渐减少的，直到为零。所以等产量线是一条凸向原点的曲线。

在运用等产量线分析生产要素最优组合时，我们还必须了解另一概念：等成本线。在这里，是用等产量线和等成本线来分析生产要素最优组合的确定。

3）等成本线

等成本线是表示在成本既定的条件下，厂商所能购买到的各种生产要素数量的最大组合的线。

假定成本为 600 元，劳动 L 的价格 P_L 为 200 元，资本 K 的价格 P_K 为 100 元。如果全部购买劳动 L，就可以购买 3 个单位；如果全部购买资本 K，就可以购买 6 个单位（如图 4-25 所示）。

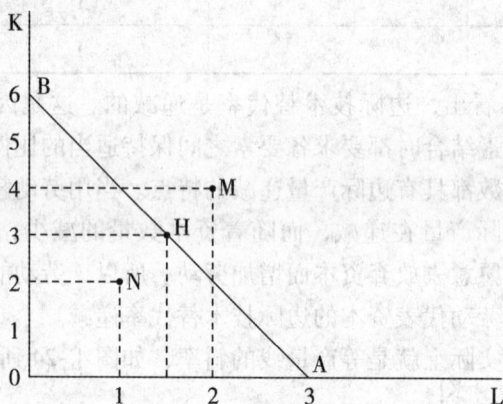

图 4-25　等成本线

在图 4-25 中，如果全部成本购买劳动 L，可以购买 3 个单位（A 点），如果全部成本购买资本 K，可以购买 6 个单位（B 点），连接 A 点和 B 点，即为等成本线。

如果在 AB 线外的任意一点，例如 M 点，要购买 2 个单位劳动 L，4 个单位资本 K，可能需要 800 元，超过了成本 600 元所允许的范围，这是无法实现的。如果在 AB 线内的任意一点，例如 N 点，要购买 1 个单位劳动 L，2 个单位资本 K，可能需要 400 元，这是可以实现的，但并不是可以购买的劳动 L 和资本 K 的最大组合。因为他没有用完全部收入 600 元。

只有在 AB 线上的任何一点，例如 H 点，购买 1.5 个单位劳动 L，3 个单位资本 K，共需 600 元，这才是既能实现又是购买的劳动 L 和资本 K 的最大组合。

从图 4-25 中可见，等成本线的斜率就是两种生产要素的价格之比。

4）生产要素最优组合的条件

我们可以把等产量线与等成本线结合起来分析生产要素的最优组合。因此，生产要素最优组合条件可以从两个角度来分析，如果成本既定，生产者如何达到最大产量，而如果产量既定，生产者如何使成本最小。那么，前者分析的是既定成本下产量最大化的要素最优组合条件，后者分析的是既定产量下成本最小化的要素最优组合条件。

（1）既定成本下产量最大化的要素最优组合条件

如果把等产量线与等成本线合在一张图上，那么，等成本线必定与无数条等产量线中的一条相切于一点。在等产量线与等成本线的切点上就实现了生产要素的最优组合，如图 4-26 所示。

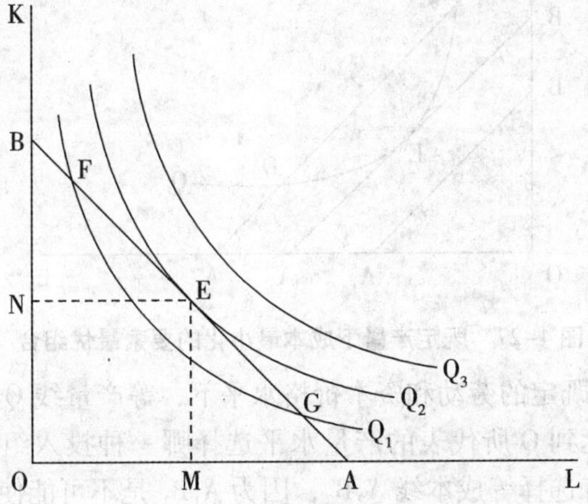

图 4-26　既定成本下产量最大化的要素最优组合

在图 4-26 中，Q_1、Q_2、Q_3 为三条等产量线，其中 Q_3 代表的产量水平最高，Q_2 次之，Q_1 代表的产量水平最低。AB 是等成本线。AB 与 Q_2 相切于 E 点，在 E 点上实现了生产要素最优组合。这也就是说，在成本既定的条件下，厂商购买 OM 数量的劳动 L 与 ON 数量的资本 K，则可以获得的最大产量是 Q_2 所代表的产量水平。

为什么只有在 E 点上才能实现生产要素最优组合呢？首先，在图 4-26 中，Q_3 所代表的产量水平大于 Q_2 所代表的产量水平，但是 Q_3 与 AB 线既不相交，又不相切，这说明要达到 Q_3 产量水平的劳动 L 与资本 K 的组合，在现有成本下是达不到的。其次，AB 线与 Q_1 相交于 F 点和 G 点，F 点和 G 点是在 AB 线上，这说明它们也是在既定成本下所能购买的劳动与资本的最大数量组合。但在这两种组合情况下，所达到的产量水平是 Q_1，而 Q_1 的产量水平小于 Q_2，因此，F 和 G 这两点都没有达到最大产量水平。最后，Q_2 上的其他各点也都是在 AB 线之外，无法实现最大数量组合。

可见，只有在 E 点上才是在现有成本条件下所能购买到的劳动与资本两种要素最大数量组合和所能实现的最大产量水平，从而实现了生产要素的最优组合。所以，既定成本下生产要素最优组合的条件是等产量线与等成本线的相切之点。

（2）既定产量下成本最小化的要素最优组合条件

生产者如同在既定成本条件下会力求实现最大产量一样，在既定产量下生产者也会力求实现最小成本，如图 4-27 所示。

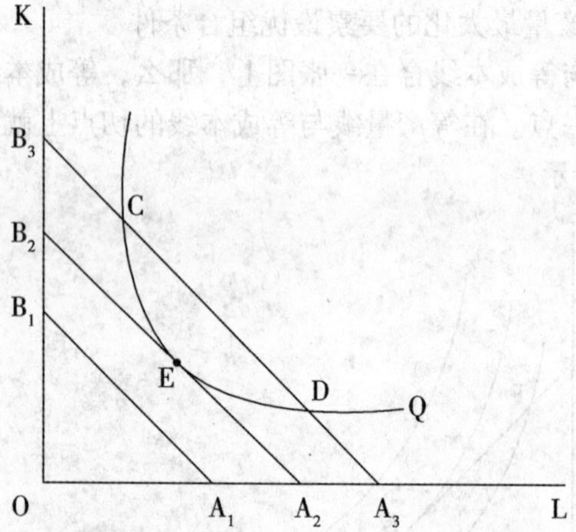

图 4-27　既定产量下成本最小化的要素最优组合

图 4-27 表示在既定的劳动和资本价格水平下，等产量线 Q 可以根据三条等成本线进行选择。要达到 Q 所代表的产量水平选择哪一种投入组合才能使成本最小呢？显然生产者只有选择等成本线 A_2B_2，因为 A_1B_1 是不可能使生产达到 Q 所代表的水平，A_3B_3 等成本线是不足取的，因为这不符合成本最小原则。例如生产者开始误选了 A_3B_3 等成本线，寻找出 C 点和 D 点两个组合点。他将很快发现应当沿着等产量曲线 Q 向下或向上移动，一直到 E 点。E 点是最佳投入要素组合点，即生产者均衡点。所以，既定产量下生产要素最优组合的条件也是等产量线与等成本线的相切之点。

总之，上述两种情况都说明了，当生产要素实现最优组合时，即实现了生产者均衡，它是使一定成本得到尽可能高的产出水平，或者使一定的产出水平只付出尽可能低的成本。总之，生产者均衡意味着资源的最佳配置。在均衡点上，由于等产量线的斜率等于等成本线的斜率，而等产量的斜率又等于边际技术替代率，等成本线的斜率又等于两种生产要素的价格之比，如果以 P_L 代表劳动的价格，以 P_K 代表资本的价格，则生产要素最优组合条件用公式可表示为：

$$MRTS_{LK} = \frac{P_L}{P_K}$$

由于边际技术替代率等于减少一种要素与增加另一种要素数量之比，进而边际技术替代率等于两要素的边际产量之比，即有：

$$\frac{P_L}{P_K} = MRTS_{LK} = \frac{\Delta K}{\Delta L} = \frac{\frac{\Delta TP}{MP_K}}{\frac{\Delta TP}{MP_L}} = \frac{MP_L}{MP_K}$$

所以，生产要素最优组合条件用公式可以写成：

$$\frac{MP_L}{MP_K} = \frac{P_L}{P_K} \quad 或 \quad \frac{MP_L}{P_L} = \frac{MP_K}{P_K}$$

公式表明，只要花在资本上的每个单位货币所产生的边际产量大于花在劳动上所产生的边际产量，就应当用资本代替劳动；反过来，如果花在劳动上的每单位货币所产生的边际产量大于花在资本上所产生的边际产量，就应当用劳动代替资本。

可见，既定产量下成本最小的均衡条件与既定成本下产量最大的均衡条件是相同的，它们都要求生产者选择最佳的要素投入量，从而使得最后一单位货币成本所带来的各要素的边际产量相等。

下面我们按生产要素最优组合条件，进行投入要素的定量分析：

在生产要素最优组合条件的公式中，$\frac{MP_K}{MP_L}$是最后一个单位的资本和劳动的产出比较。假如该比率=4，即意味着多用一个单位的资本是多用一个单位劳动的产出的4倍。$\frac{P_K}{P_L}$则是多用一个单位的资本与多用一个单位的劳动的代价的比率。如果该比率也等于4，则资本和劳动不必互相代替。因为虽然资本边际产量是劳动边际产量的4倍，但是其代价也是4倍。如果$\frac{P_K}{P_L}$的比率=2，即$\frac{MP_K}{MP_L}=4>\frac{P_K}{P_L}=2$，说明资本的价格虽然2倍于劳动的价格，但其产出量即为劳动产出量的4倍，所以仍然可以用资本代替劳动。如果该比率$\frac{P_K}{P_L}=6$，即$\frac{MP_K}{MP_L}=4<\frac{P_K}{P_L}=6$，说明资本的价格6倍于劳动的价格，而产出量仅4倍于劳动的产出量，因此，这时需要用劳动代替资本。上述原则就是经济学的"替代原则"，即如果生产要素的相对价格发生变化，生产方法也将随之而变。相对多地用那些便宜的投入要素，而少用那些昂贵的要素。这一原理可以说明为什么同一种产品，不同的国家采取不同的方式。例如西方发达国家劳动的价格高，生产时便采用资本密集型方式，而许多发展中国家劳动力资源丰富，便采用劳动密集型方式。

4.5.3 扩展线

以上介绍了生产者在既定的成本水平下或既定的产量水平下如何进行选择的理论，现在进一步分析，假如生产者的成本水平或产量水平发生变化，他将如何选择新的组合以实现生产要素最优组合，这就是生产扩展的概念。

扩展线是在生产要素价格、生产技术和其他条件不变时，如果成本变化，等成本线就会发生移动；如果产量变化，等产量线就会发生移动。不同的等产量线与不同的等成本线相切，形成一系列不同的生产者均衡点的轨迹就是扩展线。生产者在扩展生产不断寻求新的生产者均衡点时，随着短期和长期这些限定条件不同，其选择行为也有所不同。

在长期中，如果生产函数是齐次的，长期扩展线是一条从原点出发的射线，它的斜率决定于要素的价格比，如图 4-28 所示。

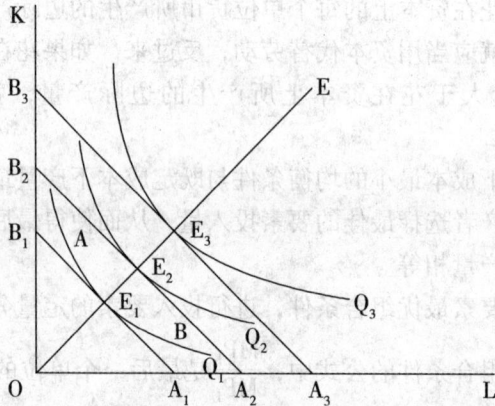

图 4-28　长期扩展线

在图 4-28 中有三条等产量曲线，当产量在 Q_1 水平时，生产者均衡点为 E_1，这是等成本线 A_1B_1 和 Q_1 的切点，该点劳动对资本的边际替代率等于等成本线的斜率，即 $\dfrac{MP_L}{MP_K} = \dfrac{P_L}{P_K}$。在 A 点，表明资本使用过多，劳动使用过少，应当减少资本的投入量而增加劳动的投入量。在 B 点，表明劳动使用过多，资本使用过少，应当减少劳动的投入量而增加资本的投入量。

当产量在 Q_2 水平时，生产者均衡点为 E_2，这是等成本线 A_2B_2 和 Q_2 的切点，该点的劳动对资本的边际替代率等于等成本线 A_2B_2 的斜率，和 E_1 点时相同。根据上述同样的道理，当产量扩大到 Q_3 时，可以找出新的生产者均衡点 E_3，依此类推，可以找出无数这样的均衡点，把所有的点连接起来形成的曲线，就是长期生产扩展线，即图中的 OE 曲线，是一条从原点出发的射线。如果是非齐次生产函数，长期扩展线不再是一条直线，而是一条通过原点的弯曲的线。

短期生产扩展线的情况有所不同，在短期中，由于一部分要素投入是固定不变的，一部分是可变的，比如资本不能变动，因此，要增加产量，只能靠变动劳动投入来实现。因此，短期生产扩展线是一条与横轴平行的曲线，如图 4-29 所示。

从图 4-29 中可见，$\bar{K}_E$ 为短期扩展线，它表示当资本投入量固定为 $\bar{K}$ 时，生产者应沿着 $\bar{K}_E$ 线来调整劳动投入量，以适应产量变化的要求。在资本量固定为 $\bar{K}$ 水平的投入量下，只有短期扩展线经过 E_2 点时，才同时是短期生产和长期生产扩展经过的均衡点，即只有 E_2 点既是短期生产扩张的最佳组合，又是长期生产扩展

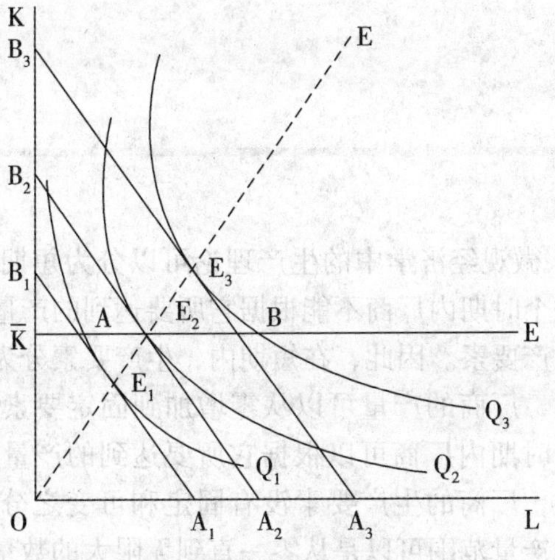

图4-29 短期扩展线

的最佳组合。除此之外，短期扩展线上其余所有点的组合成本，都高于长期生产均衡点的成本。例如，在 Q_1 产量水平时，短期生产为 A 点组合，其成本高于 E_1 点成本；在 Q_3 产量水平时，短期生产为 B 点组合，其成本高于 E_3 点成本。说明它们在固定资本量 $\overline{K}$ 的约束下，成本或产量均未能达到长期均衡时的最优水平。

在固定比例生产函数情况下的生产扩展线，是一条经过每条等产量线拐角点的直线，如图4-30所示。

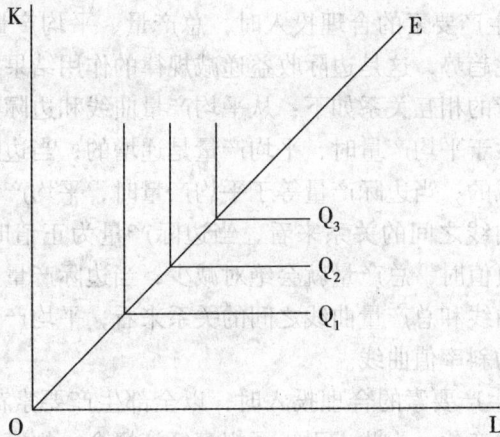

图4-30 固定比例生产函数的扩展线

在图4-30中，等产量线 Q_1、Q_2、Q_3 都成直角，表明在任何一种产量水平状态下，劳动和资本的投入比例均固定不变，任何单独增加劳动或资本的行为都不可能增加产量，只有同时成固定比例的增加劳动和资本，才能使产量增加，所以，生产扩展线是一条经过每条等产量线拐角点的直线，即图中的 OE 曲线。

本章小结

1. 短期与长期：微观经济学中的生产理论可以分为短期生产理论和长期生产理论。短期是指在这个时期内厂商不能根据它所要达到的产量来调整其全部生产要素，只能调整部分生产要素。因此，在短期内，生产要素分为固定生产要素和可变生产要素。在短期内，厂商的产量可以从零增加到固定要素所容许的某种最大数量。长期是指在这个时期内厂商可以根据它所要达到的产量来调整其全部生产要素。因此，在长期内，厂商的生产要素没有固定和可变之分，一切要素都是可变的。在长期内厂商的产量范围可以是从零一直到无限大的数量。

2. 生产函数：它是指在一定时期内，在技术水平不变的情况下，生产中所使用的各种生产要素数量与所能生产的最大产量之间的关系。生产函数概念的前提条件一是在一定时期内；二是技术水平既定。生产函数的实质是生产要素的数量组合和最大产量之间的依存关系。柯布-道格拉斯生产函数是重要的生产函数形式。

3. 边际收益递减规律：在技术水平不变的情况下，当把一种可变的生产要素投入到一种或几种不变的生产要素中时，最初这种生产要素的增加会使产量增加，但当它的增加超过一定限度时，增加的产量将要递减，最终还会使产量绝对减少。

4. 在分析一种生产要素的合理投入时，总产量、平均产量和边际产量曲线均呈现先升后降的变化趋势，这是边际收益递减规律的作用结果。总产量、平均产量和边际产量曲线三者的相互关系如下：从平均产量曲线和边际产量曲线之间的关系来看，当边际产量大于平均产量时，平均产量是递增的；当边际产量小于平均产量时，平均产量是递减的；当边际产量等于平均产量时，平均产量达到最大。从总产量曲线和边际产量曲线之间的关系来看，当边际产量为正值时，总产量总是增加的，当边际产量为负值时，总产量就会绝对减少；当边际产量为零时，总产量达到最大。从平均产量曲线和总产量曲线之间的关系来看，平均产量曲线是总产量曲线上各点与原点连线的斜率值曲线。

5. 在分析两种生产要素的合理投入时，以全部生产要素都按相同比例变化来考察企业生产规模的变化，为此，引入了规模经济概念。规模经济是指在技术水平不变的情况下，当两种生产要素按同样的比例增加，即生产规模扩大时，最初这种生产规模扩大会使产量的增加大于生产规模的扩大。但当规模的扩大超过一定限度时，则会使产量的增加小于生产规模的扩大，甚至使产量绝对减少，出现规模不经济。两种生产要素增加所引起的产量或报酬变动的情况可以分为三个阶段。第一阶段是规模报酬递增，即产量增加的比率大于各种生产要素增加的比率。第二阶段是规模报酬不变，即产量增加的比率等于各种生产要素增加的比率。第三阶段是规模报酬递减，即产量增加的比率小于各种生产要素增加的比率。总之，规模报酬递增、规模报酬不变、规模报酬递减是企业规模报酬变化的三种情况。

6. 规模经济是指由于生产专业化水平提高等原因，企业的单位成本下降，从而形成企业的长期平均成本随着产量的增加而递减的经济现象，具体表现为长期平均成本曲线向下倾斜。反之称之为规模不经济，具体表现为长期平均成本曲线向上倾斜。

7. 内在经济与内在不经济、外在经济与外在不经济：内在经济是指一个厂商在生产规模扩大时，由自身内部所引起的产量或收益的增加；内在不经济是指一个厂商的生产规模过大由自身内部引起的产量或报酬的减少；外在经济是指整个行业生产规模的扩大，给个别厂商所带来的产量或报酬的增加；外在不经济是指整个行业生产规模过大使个别厂商的产量或报酬减少。

8. 机会成本、显性成本与隐性成本：机会成本是指使用某要素于特定用途所必须放弃的该要素在其他用途上所可能带来的最高收益；显性成本是指厂商直接购买商品和劳务的货币支付；隐性成本是指包括了企业主所拥有和所使用的资源的成本。

9. 短期成本与长期成本：短期成本包括固定成本、可变成本、短期总成本、平均固定成本、平均可变成本、短期边际成本；长期成本包括长期总成本、长期平均成本、长期边际成本。

10. 边际成本与平均成本的关系如下：当边际成本小于平均成本时，平均成本是递减的；当边际成本大于平均成本时，平均成本是递增的；当边际成本等于平均成本时，平均成本达到最低，这时厂商的收支相抵。

11. 边际成本与平均可变成本的关系如下：当边际成本小于平均可变成本时，平均可变成本是递减的；当边际成本大于平均可变成本时，平均可变成本是递增的；当边际成本等于平均可变成本时，平均可变成本达到最低，这时厂商停止营业。

12. 长期总成本曲线是无数条短期总成本曲线的包络线；长期平均成本曲线是无数条短期平均成本曲线的包络线；长期边际成本曲线与长期平均成本曲线相交于长期平均成本曲线的最低点。

13. 利润最大化的条件：边际收益等于边际成本，即 MR＝MC。

14. 生产要素最优组合的边际分析：生产要素最优组合的条件是在成本既定的情况下，要使所购买的各种生产要素的边际生产量与价格的比例相等。即要使每一单位货币无论购买何种生产要素都能得到相等的边际产量。

15. 等产量线：它是表示两种生产要素不同数量的组合可以带来相等产量的曲线；等产量线是一条向右下方倾斜的线，其斜率为负值；在同一平面图上可以有无数条等产量线，同一条等产量线代表同样的产量，不同的等产量线代表不同的产量。离原点越远的等产量线所代表的产量越高，离原点越近的等产量线所代表的产量越低；在同一平面图上，任意两条等产量线绝不能相交；等产量线是一条凸向原点的线，这是边际技术替代率作用的结果。

16. 边际技术替代率：它是在维持相同产量水平时，减少一种生产要素的数量与必须增加另一种生产要素的数量之比；边际技术替代率也是递减的；边际技术替代率实际上就是等产量线的斜率。

17. 等成本线：它是表示在成本既定的条件下，厂商所能购买到的各种生产要素数量的最大组合的线。等成本线的斜率就是两种生产要素的价格之比。

18. 生产要素最优组合的等产量分析：生产要素最优组合条件用公式可表示为：

$$\mathrm{MRTS}_{LK} = \frac{P_L}{P_K}$$

19. 扩展线：不同的等产量线与不同的等成本线相切，形成一系列不同的生产者均衡点的轨迹就是扩展线。扩展线说明了企业如何随着它的规模或产量的增加而作出成本最小化的投入选择，是企业扩张或收缩生产时所必须遵循的路线。

关键词

生产函数　柯布-道格拉斯生产函数　边际收益递减规律　总产量　平均产量　边际产量　等产量曲线　边际技术替代率　规模报酬　规模经济与规模不经济　内在经济与内在不经济　外在经济与外在不经济　等成本线　扩展线　机会成本　显性成本　隐性成本　固定总成本　可变总成本　短期总成本　平均固定成本　平均可变成本　短期平均成本　短期边际成本　长期总成本　长期平均成本　长期边际成本

思考题

1. 在生产理论中，短期与长期有何不同？

2. 你能否用经济学原理解释"一个和尚担水吃，两个和尚抬水吃，三个和尚没水吃"这一现象。

3. 边际产量曲线与平均产量曲线的交点，一定在边际产量曲线向右下方倾斜的部分吗？

4. 等产量曲线的斜率与边际技术替代率有何联系？边际技术替代率是否可能为正值？为什么？

5. 结合图形分析说明厂商的生产要素合理投入区域。

6. 根据美国经济学家科斯的理论，企业在一定程度上是对市场的替代，那么是否意味着为了节约交易成本，企业可以无限地扩张呢？

7. "在长期，企业只需把每一种投入的数量都翻一番，就能使产量翻一番。因此，长期一定是规模报酬不变的"。请评价一下这句话。

8. 请解释规模报酬的含义、变动的规律及其变动的原因，并说明规模报酬与规模经济有什么联系和区别。

9. 解释一下内在经济与内在不经济以及外在经济与外在不经济的区别。

10. 上医学院的机会成本为什么高于上大学的机会成本？为什么学生在考试后的每周比考试前的每周看电视的时间要多？为什么受过大学教育的妇女有孩子的机会成本高于高中毕业的妇女有孩子的机会成本？

11. 若产品的短期边际成本大于平均可变成本，这是否意味着平均可变成本递增或递减？为什么？

12. 若企业的短期平均成本曲线为 U 形，为什么平均可变成本曲线比短期平均成本曲线在更低的产出水平上达到其最低点？

13. 请分析说明短期平均成本曲线和长期平均成本曲线呈 U 型的原因。

14. 为什么由无数条短期平均成本曲线推导出来的长期平均成本曲线有且只有一点与短期平均成本曲线相交？

15. 下面是一家某小型冰淇淋店每月的成本数据，其中没有包括店主的劳动力成本，假设店主自有劳动力要素的机会成本为每年 3 万元（以下所列项目的单位均为元）。

固定成本：房租为 2 012.50 元；电费为 325.00 元；偿还贷款为 737.50 元；维修费用为 295.00 元；电话费为 65.00 元；总计为 3 435.00 元。

可变成本：该店雇用 2 个全职工作员工，每小时工资为 4.84 元；生产 1 加仑冰淇淋的成本为 3.27 元；每一加仑大约包括 12 份冰淇淋，顾客可免费加浇头，每一份额外浇头的成本为 0.05 元。

收入：冰淇淋的平均售价为 1.45 元，商店每月开张 26 天，每天营业 8 小时，日均顾客 240 人，假设每人只购买一份冰淇淋。

问题：

（1）根据以上数据计算商店的会计利润、经济利润，在此状况下该业主是否还应继续经营？

（2）以下两种途径可能会改善该业主的经营：一是决定延长营业时间，二是寄希望于以后会有更多的顾客。业主将工作时间从原来的晚上 8 点延长到 11 点，每增加 1 小时增加的顾客为：8—9 点：41 人；9—10 点：20 人；10—11 点：8 人。该店是否应延长工作时间？如果是，应延长到几点？企业的获利情况如何？

16. 试推导并说明利润最大化的条件是什么？

17. 画图说明厂商在既定成本下如何实现最大产量的要素最优组合，以及厂商在既定产量下如何实现最小成本的要素最优组合。

18. 假设生产函数为 $Q=f(K, L)$，即只有资本和劳动两种投入要素，资本的价格是利息，用 r 表示，劳动的价格是工资，用 w 表示，再假设 Q 等于 10 个单位，r＝1 美元，w＝4 美元，问：生产者应当采用多少资本和劳动？最少成本为多少？

19. 假如城市快轨列车在高峰时间满座（每辆列车有 200 个乘客），在非高峰时间里则几乎是空车（每辆列车有 10 个乘客）。公司管理顾问提出了如下建议：不管乘客的人数是多少，这条线路上一辆列车跑一趟的成本是 150 元。因此高峰时间每个乘客的成本是 0.75 元，在非高峰时间上升到每个顾客 15 元。所以，我们最好放弃非高峰时间的生意。试问：

（1）这个顾问的建议有错吗？

（2）一些交通系统出售的"月票"（价格打折、可多次乘坐的车票）主要是高峰时间的旅客使用。这类车票是好主意吗？

20. 经济学家罗纳尔多·H. 尼尔森斥责加里·贝克尔和芝加哥学派太经济学化。他指出："根据贝克（又译贝克尔——笔者注）的理论，犯罪分子不会为受害者祈祷，因为他们是坏人——'沉沦的人'——他们不能忍受偷窃的瞬间冲动。然而，他们得为自己的经济动机做出反应——例如，由于要承担可能受到司法审判的风险，犯罪是否能最大化他们的经济收入、最小化成本呢？据贝克的说法，同时也代表芝加哥学派的看法，婚姻不是两个相爱的神圣的信任形式，而是提供相互服务的合同，如果成功了，就能使双方个人利益最大化。"（转引自马克·史库森《经济逻辑——微观经济学视角》，114 页，上海，上海财经大学出版社，2005）你同意这种看法吗？犯罪和婚姻中的经济因素究竟有多重要呢？

案例

案例 1 上大学值吗？

上大学是要花钱的，这就是我们通常所说的上大学的成本。如果按照现行价格标准，一个大学生上大学四年所需的学费、书费和生活费等各种支出约为 4 万元。那么，上大学的成本是 4 万元，对吗？错了！经济学原理表明，上大学的成本还应该包括学习与上课所花费的时间的机会成本。因为从经济学的角度来看，一个大学生上大学四年所需的学费、书费和生活费等各种费用这 4 万元需要实实在在地支出，是上大学的会计成本。但上大学的成本绝不仅是这种会计成本，为了上大学要放弃工作的机会，如果高中毕业生不上大学而去工作一年可赚得 1 万元，因此，一个大学生上大学四年的机会成本就是 4 万元。也就是说，大学生上大学的成本应该是会计成本 4 万元与机会成本 4 万元之和，共计 8 万元。

对于一般人来说，上大学会提高工作能力，有更好的机会并可获得更多的收入。假定其他条件不变，如果一个没上过大学的人，每年收入 1 万元，从 18 岁开始工作到 60 岁退休，42 年共计收入 42 万元。而一个上过大学的人，每年收入为 3

万元，从 22 岁开始工作到 60 岁退休，38 年共计收入 114 万元。上大学的人一生总收入比没上大学的人一生总收入高出 72 万元。72 万元收入减去上大学的成本 8 万元为 64 万元，这就是上大学的经济利润。可见，上大学是值得的。这就是为什么家长都舍得把钱花在子女教育上的原因。

但对一些特殊的人，情况就不是这样了。例如，一个有足球天才的青年，如果在高中毕业后去踢足球，每年可收入 100 万元。这样，他上大学的机会成本就是 400 万元。这远远高于一个大学生一生的收入。因此，有这种天才的青年，即使学校提供全额奖学金也不会去上大学。对于这些有特殊才能的人来说，不上大学的决策就是理性的选择。这就是为什么有些年轻人不上大学的原因。

画龙点睛

由于资源是稀缺的，在我们的生活当中充满了选择，选择了一件事情，我们就必须放弃另一件事情。对于我们每一个人来说，当我们去看电影时，就不能读书，当我们去上大学时，就不能参加工作。对于厂商来说，当资源一定时，生产了某种产品，就不能生产另一种产品。总之，在每一种情况下，你都必须考虑所做出的选择需要放弃多少其他的机会。一项选择的机会成本就是所放弃的相应的物品或劳务的价值。机会成本这一概念对于不能在市场上买卖的东西进行分析是非常有用的。例如，你如何衡量高等教育的价值？如何衡量一个公园的价值？如何衡量军队的价值？如何衡量安全规则的价值？为此，我们就需要对这些物品或劳务的机会成本进行经济分析。可见，机会成本这个概念在我们日常生活决策中是十分重要的。

案例2　　　　　大商场为什么平时不延长营业时间？

在现实生活中我们发现，节假日期间许多大型商场都延长营业时间，为什么平时不延长？对于这一现象我们需要用经济学的边际分析原理来解释。从理论上说延长时间一小时，就要支付一小时所耗费的成本，这种成本即包括直接的物耗，如水、电等，也包括由于延时而需要的售货员的加班费，这种增加的成本就是边际成本。假如延长一小时增加的成本是 1 万元，那么在延时的一小时里他们由于卖出商品而增加的收益大于 1 万元，这种增加的收益就是边际收益。作为一个精明的企业家他应该将营业时间在此基础上再延长，因为这时他还有一部分该赚的利润还没赚到。相反，如果他在延长一小时里增加的成本是 1 万元，增加的收益不足 1 万元，他在不考虑其他因素情况下就应该取消延时的经营决定，因为他延长一小时成本大于收益。由于在节假日期间，人们有更多的时间去旅游购物，使商场的收益增加，而平时工作紧张繁忙人们没有更多时间和精力去购物，商场就是延时服务也不会有更多的人光顾，增加的销售额不足以抵偿延时所增加的成本。这就是为什么商场在节假日期间延长营业时间而在平时不延长营业时间的经济学道理。

画龙点睛

厂商实现利润最大化的原则是使边际收益等于边际成本，无论是边际收益大于边际成本还是小于边际成本，厂商都要进行营业时间调整，说明这两种情况下都没有实现利润的最大化。只有在边际收益等于边际成本时，厂商才不调整营业时间，这表明已把该赚的利润都赚到了，即实现了利润的最大化。

⎿ 小资料

小资料1　　　　　　**公共选择理论之父——布坎南**

詹姆斯·麦吉尔·布坎南（James M. Buchanan, 1919—2013），美国弗吉尼亚州乔治·梅森大学教授，公共选择学派代表人物。布坎南"因为在公共选择理论方面做出了卓越的贡献"，获得 1986 年诺贝尔经济学奖。

布坎南于 1940 年在田纳西大学获学士学位，1941 年在田纳西大学获硕士学位，第二次世界大战期间，他在美国海军服役五年。1948 年在芝加哥大学获博士学位。1963 年他当选为南部经济学会会长，1972 年当选为美国经济学会副会长。奈特与威克塞尔被认为是布坎南的启蒙导师，他们两人的肖像一直挂在布坎南的办公室里。在威克塞尔学说的指引下，布坎南进行"经济学的政治效应"的研究，奠定了整个公共选择理论的基础，把经济学引入了一个全新的境界，成为经济学与政治学的架桥者。1962 年，他发表了公共选择理论的奠基著作——《赞同的计算》（与戈登·塔洛克合作），并与塔洛克（寻租理论的创始人）一起创建了公共选择学会和出版了名为《公共选择》的杂志。

以布坎南为代表的公共选择学派的基本信条是：人类社会由两个市场组成，一个是经济市场；另一个是政治市场。在经济市场上活动的主体是消费者（需求者）和厂商（供给者），他们之间交易的对象是私人物品；政治市场上活动的主体是选民、利益集团（需求者）和政治家、官员（供给者），他们之间交易的对象是公共物品。在经济市场上，人们通过货币选票来选择能给其带来最大满足的私人物品；在政治市场上，人们通过民主选票来选择能给其带来最大利益的公共物品、政治家、政策法案和法律制度。前一类行为是经济决策，后一类行为是政治决策，个人在社会活动中主要是作出这两类决策。因此，公共选择理论模型的基点就是把"经济人"假设扩大到个人在面临"非商品"选择时所采取的行为和态度。在政治市场上，人们建立起契约交易关系，参与政治活动的目的是追求个人利益最大化，一切活动都以个人的成本—收益计算为基础。单个选民在投票箱前的行为动机与单个消费者在菜市场上的行为动机没有什么本质上的不同，在其他条件相同的情况下，他一般宁愿投票赞成这样的政治家——将给他个人带来更多的东西，而不愿投票赞成另一类政治家——将使他付出的成本高于给他带来的利益。同样，政治家的基本动机也是追求个人利益最大化，其目标是为了获得政治支持最大化，这种政治支持最大化具体表现为获得选票最大化。政治家的效用函数中包括的变量有权力和地位、名声和威望，以及他所在机构或职员的规模等。总之，在公共选择学派看来，人就是人，并不因为他是总经理或总理而改变他的利己本性。换言之，经济主体是"经济人",政治主体也毫不例外地是"经济人",进行市场决策的人和进行政治决策的人是同样的,他们的目标都是追求自身利益最大化,都按成本—收益原则来行动。所以,"政治人"是对"经济人"运用范围的拓展。

布坎南的独到之处在于他打破了经济与政治、法律之间的界限,将它们融为一体,恢复了古典政治经济学的传统。他促使人们考虑从政治角度解决经济问题,填补了政治经济学的缺口。他对政府行为的分析也很有价值,破除了人们对政府及政治家的迷信。布坎南认为,在民主社会中政府的许多决定并不真正反映公民的意愿,而政府的缺陷至少和市场一样严重。

正像他的著作遭到争议一样,世人对布坎南本人也是众说不一。由于婚姻问题和无儿无女,他被一些同事描绘为一个刻板而冷漠的人。虽然这样,布坎南还是赢得了许多优秀同行们的赞扬,他的观点影响了学术和政治两个领域。经济学家现在必须考虑:市场的失误是否可以被一个不完善的政府纠正?政治家和官僚是否将被激励产生积极的反响?被政府"治病"将比得病更糟糕吗?政治家们越来越多地用公共选择理论去说明政府官员的行为。

小资料2　　　　　经济学帝国的创建者——贝克尔

加里·贝克尔(Gary S. Becker,1930—)美国著名经济学家,他以用"经济人"假设解释人类生活的各种行为而著称。1992年,他因"把微观经济分析的领域推广到包括非市场行为的人类行为和相互作用的广阔领域"而获得诺贝尔经济学奖。

贝克尔于1951年获得普林斯顿大学经济学学士学位,并于同年进入芝加哥大学攻读经济学硕士学位;1955年,获得芝加哥大学经济学博士学位,其毕业论文是《歧视经济学》,1960年,去哥伦比亚大学任教,1967年,获得美国经济学会颁发的克拉克奖;1969年,返回芝加哥大学,并从此一直任教于芝加哥大学。

贝克尔沿袭和发展了新古典的分析方法,坚持"经济人"的基本假设,通过效用最大化的理性原则解释了许多人们用传统或习俗解释的社会现象。按照这套理论分析模式,他还深入研究了婚姻、家庭、教育、犯罪等一类原本属于社会学领域的人类行为,将它们全部置于经济学的分析框架之中,建立起庞大的经济学帝国。

贝克尔把婚姻视为一种与经济相联系的现象,男人和女人为了寻找配偶而处在一个竞争的婚姻市场中,由于信息不对称,人们在这个市场中观察得越久越容易找到合适的配偶,由于信息的不完全性,寻找伴侣也会带来成本,因此人们结婚的对象可能并非是最佳配偶,或者彼此妥协以达成交易。贝克尔还认为人们在决定犯罪活动之前,会权衡预期收益和成本,对预期收益进行预测,实际上就是一种特殊投机行为。也就是说,大量犯罪行为不是一时冲动或偶然过失所造成的不幸后果,而是犯罪者精心计算的结果。影响犯罪行为发生的因素有被抓住和被判刑的概率、惩罚的严厉程度和违法行为获取利益的机会等。

第 5 章

市场结构理论

学习目标

通过本章的学习，明确完全竞争市场、完全垄断、垄断竞争、寡头市场的基本特征，掌握各种市场结构下厂商的需求曲线、收益曲线的形成；理解各种市场结构下厂商的短期、长期均衡的形成过程与理论模型，其中重点掌握库诺模型的均衡形成过程与结论、斯威齐模型的基本含义；了解卡特尔的含义与模型，以及价格领导模型；掌握价格歧视的含义，比较各种市场结构的经济效率，理解博弈论的基本术语，掌握纳什均衡、占优策略均衡的含义。

5.1 市场结构理论概述

前一章介绍了生产者行为理论,分析了生产者如何根据既定的成本生产最大的产量,或在产量既定时所用成本最小。但是,这些分析并没有说明厂商将如何确定产品价格和产量来实现利润最大化。

在西方经济学中,厂商是指能够做出统一生产经营决策的单位或组织。厂商主要有三种形式:

第一种是业主制(proprietorships)。业主制企业是由一个人单独经营的厂商组织。业主制企业的规模小,易于管理。但企业的资金有限,限制了生产发展。个人业主对企业的债务承担无限的责任,当企业破产时,业主的财产除了可以留下极少数以外,必须用来偿还债务。

第二种是合伙制(partnerships)。合伙制企业是两个或两个以上的人合资经营的厂商组织。他们各分担一部分资本,既分享一定比例的利润,也分摊一定比例的亏损和债务。合伙人对合伙制企业的债务承担无限的责任。如果合伙人在企业中的份额是1%,那么在企业亏损或破产的时候,他必须承担这1%的债务。但是如果其他合伙人无法赔偿剩下的债务,则他有责任偿还。另外,除非经其他合伙人同意,任何合伙人都不能把自己的份额转让给别人。而且,当一个合伙人想退出企业时,整个合伙制企业就要解散。合伙制企业的这些特点限制了它的发展。

第三种是公司(corporations)。公司是通过发行股票筹集资金的为股东所有的厂商组织。现代公司的所有权和管理权已经分离,公司的所有者是股东,管理者是股东所雇佣的董事和职员。股东对公司债务具有有限的责任,当公司亏损或者破产的时候,股东的损失是他们投入的股份。如果股东不想再拥有公司的股份,他可以到证券交易所出售股票。公司与业主制和合伙制相比有许多优点,它能够大量地筹集资金而迅速发展起来,因而公司制企业的资金雄厚,有利于实现规模生产。但由于公司所有权与经营权的分离,会出现经营者与所有者目标不一致等一系列问题。

厂商的目标是实现利润最大化,而利润取决于成本和收益。成本问题在第4章中已经介绍,收益将在本章介绍。一般来说,收益取决于价格和销售量。而销售量从消费者的角度来看就是需求量,所以收益还取决于市场对厂商产品的需求状况。在不同的市场条件下,厂商面临的需求曲线是不同的。不仅如此,在不同的市场条件下,厂商的收益曲线以及供给曲线也是迥然不同的。因而,在不同的市场条件下,厂商实现利润最大化的条件即市场均衡条件是不同的。因此,我们在分析厂商的利润最大化问题时,要区分不同的市场结构。

市场结构主要有以下四种基本类型:完全竞争、完全垄断、垄断竞争和寡头垄断。其中后三种类型的市场结构又可统称为不完全竞争市场,因此,上述四种基本类型的市场结构又可进一步分成两大类:完全竞争市场与不完全竞争市场。下面几节将具体分析每个市场结构,并且阐述厂商在不同市场条件如何决定产品价格和产量水平，以实现利润最大化。

需要指出的是，市场结构理论在西方主流经济学中通常也称为产业结构理论。其中，产业（industry），也可称为行业，通常是指制造或提供相同或类似产品或劳务的企业的集合。如电视机产业，也称电视机行业或电视机市场，是指制造各式电视机的所有企业的集合。

5.2 完全竞争市场

5.2.1 完全竞争市场的特征

完全竞争市场是指竞争不受任何阻碍和干扰的市场结构。实现完全竞争的条件有四个，这四个条件构成它的基本特征。

1) 市场上有大量的买者和卖者

在完全竞争市场上，由于市场上存在大量的相互独立的买者和卖者，他们购买和销售的产量只占市场总额中极小的一部分，因而任何一个买者和卖者无法通过自己的买卖行为影响市场价格，他们只能按照既定的市场价格出售或购买他们愿意买卖的任何数量。市场价格是由整个市场的供求关系决定的，每一个买者和卖者都只能是既定市场价格的接受者，而不是这一价格的决定者。

2) 市场上的产品同质无差别

产品同质无差别是指在完全竞争市场上厂商提供的同种产品不仅在质量和规格上完全相同，而且在包装、牌号、销售条件和售后服务等方面也无差别。产品无差别使得厂商无法以自己产品的特点来形成垄断，在不存在垄断的情况下就能实现完全竞争。在完全竞争市场条件下，产品同质无差别使得消费者购买任何一家厂商的产品都是一样的，厂商如果提价，他的产品就会卖不出去。在这种情况下厂商也没必要降价，因为在完全竞争条件下有众多的卖者，每个厂商的供给量仅占市场很小的份额，每个厂商总是可以按照既定的市场价格出售他想要出售的商品量。所以，在完全竞争市场中，产品同质无差别这一条件进一步强化了厂商是既定市场价格的接受者而不是决定者。

3) 资源可以完全自由流动

在完全竞争市场上，每个厂商都可以根据自己的意愿自由进入或退出某个行业，没有任何障碍。当市场中存在超额利润时，厂商会迅速进入市场；当市场中的超额利润消失后，厂商会停止进入；当某行业存在亏损时，厂商会及时地退出该行业。因此，在完全竞争市场中，缺乏效率的企业将被市场淘汰，具有效率的企业将在竞争中取胜，即所谓优胜劣汰。

4) 市场信息是完全的

在完全竞争市场上，市场上所有买者和卖者都具有充分的知识，都可以迅速地获得完整而准确的市场供求信息，因而不会有任何人以高于市场的价格进行购买，以低于市场的价格进行销售。每一个买者和卖者都是市场价格的既定接受者，都按照既定的市场价格进行交易，不存在同一种商品在同一个市场上按照不同价格进行交易的情况。

从上可见，完全竞争市场实际上描述的是一种非常理想化的情况，在现实生活中完全竞争市场的条件很难满足，因此，完全竞争市场更多的是一种理论上的假设，现实生活中几乎不存在完全相符的情况。但实践中存在一些相对比较近似的市场。例如，农产品市场。在农产品市场中，买卖双方的数量都很多，农产品的产品差别非常微小，几乎无差异。买卖双方都很容易知道各种农产品的价格信息，单个农民的供给量难以影响市场价格，只能作为市场既定价格的接受者。值得强调的是，虽然在现实生活中并不存在理论上假设的完全竞争市场，但我们从对完全竞争市场的分析中能得到有关资源配置的一些基本原理，并为其他类型市场结构的分析提供参考。

5.2.2　完全竞争厂商的需求曲线和收益曲线

1）完全竞争厂商的需求曲线

完全竞争厂商的需求曲线是一条由既定的市场价格水平出发的水平线。因为在完全竞争市场中，厂商是既定市场价格的接受者，它的供给量的多与少不会影响市场价格，它在既定的市场价格下出售它想要出售的商品量，当商品价格既定时，消费者对商品的需求是无限的，因此，厂商所面临的需求曲线就是在既定市场价格上的一条水平线。这一既定价格是由完全竞争市场中的市场需求与供给所决定的，如图 5-1 所示。

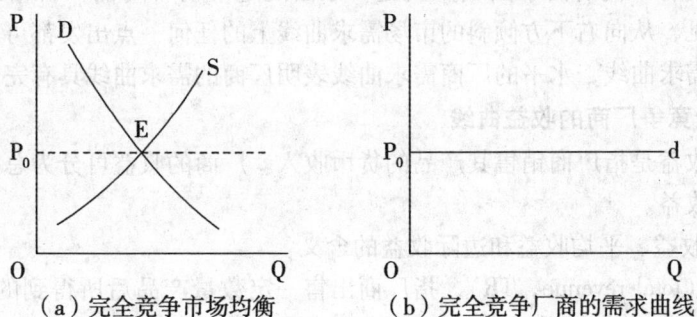

（a）完全竞争市场均衡　　　　（b）完全竞争厂商的需求曲线

图 5-1　完全竞争市场均衡和厂商的需求曲线

图 5-1（a）说明了整个行业的供求如何决定价格。市场需求曲线 D 和市场供给曲线 S 相交于均衡点 E，此时的市场价格水平为 P_0。与此相对应，图 5-1（b）为个别厂商需求曲线的情况。市场均衡时厂商面对既定价格 P_0，在这个既定的价格下，市场对个别厂商的需求是无限的，因此，个别厂商的需求曲线是在既定价格 P_0 下的一条水平线 d。

虽然厂商在完全竞争市场下是市场价格的接受者，无法影响市场价格的变化，但是，这不表明市场价格是不变的，市场价格是由市场需求和市场供给共同决定的。当市场需求或供给任何一方发生改变时，市场价格将发生变化，个别厂商的需求曲线也就相应发生变化，如图5-2所示。

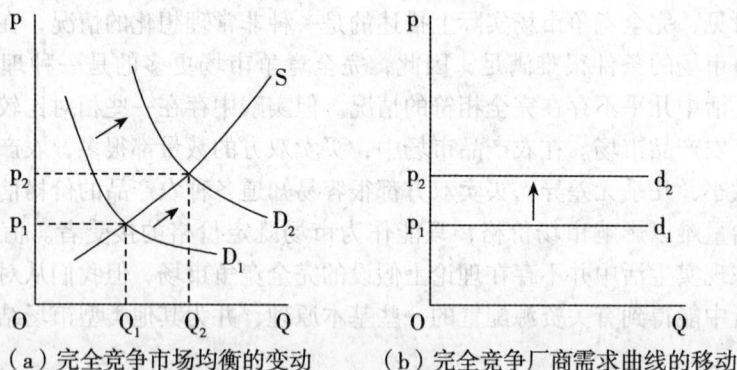

（a）完全竞争市场均衡的变动　　（b）完全竞争厂商需求曲线的移动

图5-2　完全竞争市场均衡的变动和厂商需求曲线的移动

在图5-2（a）中，假定市场供给不变，市场需求曲线从 D_1 移动到 D_2 时，那么市场价格就会从 P_1 提升到 P_2，在图5-2（b）中，单个厂商的需求曲线将随之改变，由 d_1 移动到 d_2。可见，在这里必须区分整个行业的需求曲线和个别厂商的需求曲线。对整个行业来说，需求曲线是一条向右下方倾斜的曲线（即完全竞争市场上的需求曲线），供给曲线是一条向右上方倾斜的曲线，整个行业的产品价格就由需求与供给的交点决定。当市场价格确定后，对个别厂商来说，在市场价格既定的情况下，市场对个别厂商产品的需求是无限的。因此，市场对个别厂商产品的需求曲线（简称厂商的需求曲线）就是一条由既定市场（均衡）价格出发的水平线。由此可见，从向右下方倾斜的市场需求曲线上的任何一点出发都可以引出一条水平的厂商需求曲线，水平的厂商需求曲线表明厂商的需求曲线具有完全弹性。

2）完全竞争厂商的收益曲线

厂商的收益是指厂商销售其产品的货币收入。厂商的收益可分为总收益、平均收益和边际收益。

（1）总收益、平均收益和边际收益的含义

总收益（total revenue，TR），指厂商出售一定数量产品后所得到的全部收入。它等于产品价格（P）乘以产品销售量（Q），用公式表示为：

$$TR = P \cdot Q$$

平均收益（average revenue，AR），指厂商销售每单位产品获得的平均收入。它等于总收益（TR）除以产品销售量（Q），用公式表示为：

$$AR = \frac{TR}{Q}$$

边际收益（marginal revenue，MR），指厂商增加或减少一单位产品销售所引起的总收益的变化量，用公式表示为：

$$MR = \frac{\Delta TR}{\Delta Q}$$

或者

$$MR = \lim_{\Delta Q \to 0} \frac{\Delta TR}{\Delta Q} = \frac{dTR}{dQ}$$

由公式可知，每一销售水平上的边际收益值就是相应的总收益曲线的斜率。

（2）完全竞争厂商的收益曲线的特征

第一，在完全竞争市场中，平均收益等于市场价格。因为在完全竞争下，市场价格是由整个行业的供求关系决定的，市场价格一旦决定之后，对于每一个厂商而言这一价格是既定的，厂商无法影响售价，单个厂商无论出售多少产品也仅占供给中很小的比例，无法改变既定价格。但是，厂商可以按照既定价格卖出他愿意销售的商品量。这样一来，厂商平均每销售一单位产品所得到的收入就是市场价格。所以，平均收益等于市场价格。这一结论也可由平均收益公式求得。

$$AR = \frac{TR}{Q} = \frac{P \cdot Q}{Q} = P$$

可见，在任何市场结构下，AR＝P 恒成立，即平均收益等于市场价格。

第二，在完全竞争市场中，边际收益等于市场价格。因为在完全竞争下，每一个厂商都按既定价格出售自己的产品，而且无论出售多少产品也仅占市场供给中很少一部分，因此，个别厂商的产量变动不会影响市场价格。这样一来，厂商每增加销售一单位产品所增加的收益即 MR，与它卖出一定量商品时每单位商品的售价即 P，是相等的。所以，边际收益等于市场价格。这一结论也可由边际收益公式求得。

$$MR = \frac{\Delta TR}{\Delta Q} = \frac{dTR}{dQ} = \frac{d(P \cdot Q)}{dQ} = P$$

第三，在完全竞争市场中，平均收益等于边际收益且等于市场价格。因为在完全竞争市场中，厂商是市场价格的接受者是其特征之一。对于厂商来说市场价格是既定的，是一个常数。因此，厂商的总收益、平均收益和边际收益有以下关系：

$$TR = P \cdot Q$$

$$AR = \frac{TR}{Q} = \frac{P \cdot Q}{Q} = P$$

$$MR = \frac{\Delta TR}{\Delta Q} = \frac{dTR}{dQ} = \frac{d(P \cdot Q)}{dQ} = P$$

因为，AR＝P，MR＝P，所以，AR＝MR＝P。

由此可见，在上面的公式推导中得到 AR＝MR＝P，即在完全竞争市场条件下，平均收益、边际收益和市场价格相等的关系，因此，在完全竞争条件下，厂商的平均收益曲线、边际收益曲线和需求曲线重叠为一条线，它们都是由既定的价格水平出发的同一条水平线，如图5-3所示。

图5-3（a）表示的是完全竞争市场中厂商的总收益曲线，它是一条从原点出发向右上方倾斜的直线。其中，总收益曲线的斜率是市场价格 P。

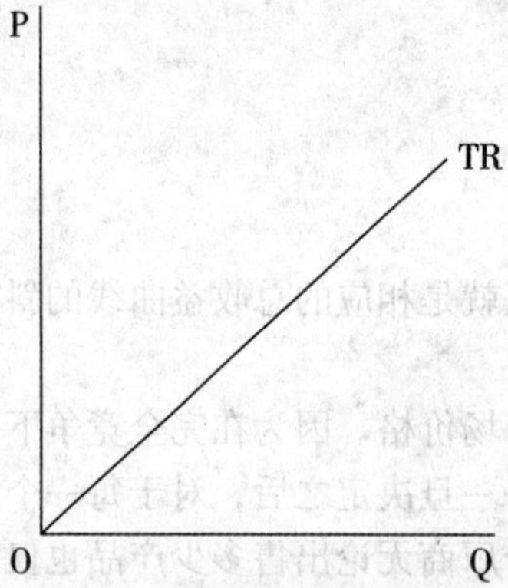

（a）厂商的总收益曲线 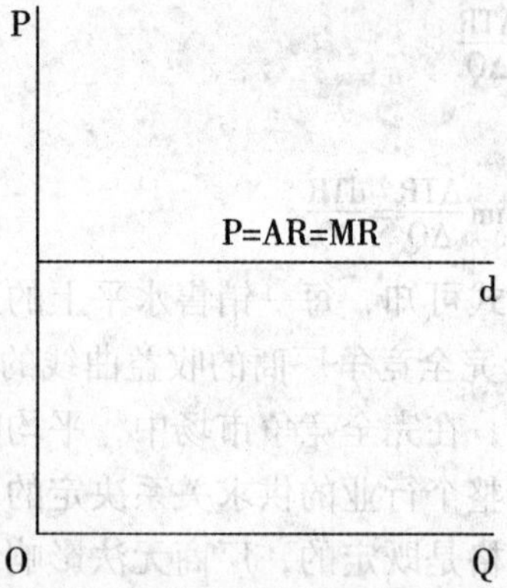　　　　　　（b）厂商的平均收益和边际收益曲线

图5-3　完全竞争厂商的收益曲线

图5-3（b）表示的是厂商的平均收益曲线和边际收益曲线。在完全竞争市场中，MR、AR和厂商的需求曲线d是重合的。

下面，还可以用表5-1来说明完全竞争市场上，价格、平均收益与边际收益的相等关系：

表5-1　　　　　　　　　　　　　　　**某完全竞争厂商的收益**

销售量	价格	总收益	平均收益	边际收益
0	10	0	0	0
1	10	10	10	10
2	10	20	10	10
3	10	30	10	10
4	10	40	10	10
5	10	50	10	10
6	10	60	10	10

表5-1中的价格、平均收益和边际收益都是10，正因为价格、平均收益和边际收益是相等的，所以，平均收益曲线、边际收益曲线与需求曲线都是同一条线，即图5-3（b）中的d这条水平的厂商的需求曲线即代表了价格水平，又是平均收益曲线、边际收益曲线。水平的厂商的需求曲线表明需求价格弹性系数为无限大，即在市场价格为既定时，对个别厂商产品的需求是无限的。

5.2.3　完全竞争厂商的短期均衡

在短期内，厂商不能根据市场需求来调整全部生产要素，并且行业内厂商数量与生产规模都保持不变。因此，从整个行业来看，有可能出现供给小于需求或供给大于需求的情况。如果供给小于需求，则价格高，如果供给大于需求，则价格低。短期均衡就是要分析这两种情况下个别厂商产量的决定与盈利状况。根据厂商实现利润最大化的原则：MR=MC，可以找到相应的均衡价格与均衡产量，这时厂商就实现了均衡，意味着厂商处于实现利润最大化或亏损最小化的状态。

1）完全竞争厂商的短期均衡情况

由于均衡的决定就是要寻求利润最大化目标所需的产量与价格。厂商的利润 $\pi=TR-TC=AR \cdot Q-AC \cdot Q=Q(AR-AC)=Q(P-AC)$。其中，Q 表示厂商的均衡产量，P 表示市场价格，AC 表示厂商的平均成本。当 P>AC 时，$\pi>0$；当 P=AC 时，$\pi=0$；当 P<AC 时，$\pi<0$。所以，在达到短期均衡时，实际上厂商的获利情况有三种可能：利润大于零、利润等于零或利润小于零。

（1）当 AR>AC 时，厂商获得超额利润。

在供给小于需求时，由于供给不足，行业市场价格会上升。当市场价格上升到 AR>AC 时，厂商根据利润最大化原则所实现的盈利状况如图 5-4 所示。

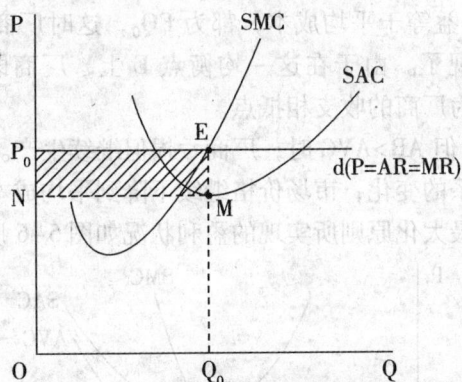

图 5-4　完全竞争厂商短期均衡之一

在图 5-4 中，市场价格为 OP_0，对个别厂商来说，需求曲线 d 是从 P_0 引出的一条水平线。这条需求曲线同时也是平均收益曲线 AR 与边际收益曲线 MR。SMC 为短期边际成本曲线，SAC 为短期平均成本曲线。厂商为了实现利润最大化就要使边际收益等于边际成本，即 MR=MC。因此，边际收益曲线 MR 与边际成本曲线 SMC 的交点 E 就决定了均衡产量为 OQ_0。这时厂商的总收益为平均收益与产量的乘积，即图中的 OQ_0EP_0 的面积。总成本为平均成本与产量的乘积，当产量为 OQ_0 时，平均成本为 ON，所以总成本为图中的 OQ_0MN 的面积。从图上看，总收益大于总成本，即 $OQ_0EP_0>OQ_0MN$，所以，存在超额利润，超额利润就是图中的 $NMEP_0$ 的阴影面积。

（2）当 AR=AC 时，厂商的超额利润为零。但实现了正常利润，厂商处于收支相抵点。

在供给大于需求时，由于供给过剩，市场价格下降。当市场价格下降到 AR=AC 时，厂商根据利润最大化原则所实现的盈利状况如图 5-5 所示。

在图 5-5 中，厂商的需求曲线 d 相切于 SAC 曲线的最低点，这一点是 SAC 曲线和 SMC 曲线的交点。这一点恰好也是 MR=MC 的利润最大化的均衡点 E。因此，

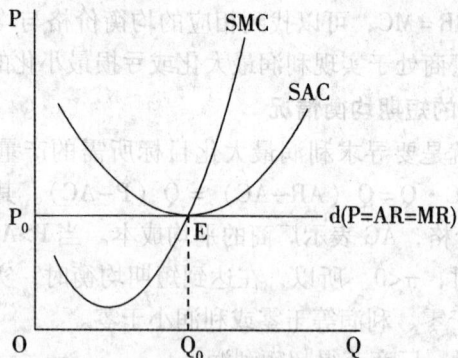

图5-5　完全竞争厂商短期均衡之二

边际收益曲线 MR 与边际成本曲线 SMC 的交点 E 就决定了均衡产量为 OQ_0。在均衡产量 Q_0 上，平均收益等于平均成本，都为 EQ_0，这时厂商的超额利润为零，但厂商的正常利润都实现了。由于在这一均衡点 E 上，厂商既无利润，也无亏损，所以，该均衡点被称为厂商的收支相抵点。

（3）当 AR<AC，但 AR>AVC 时，厂商亏损但继续生产。

如果由于供求关系的变化，市场价格继续下降到平均成本最低点以下，在这种情况下厂商根据利润最大化原则所实现的盈利状况如图 5-6 所示。

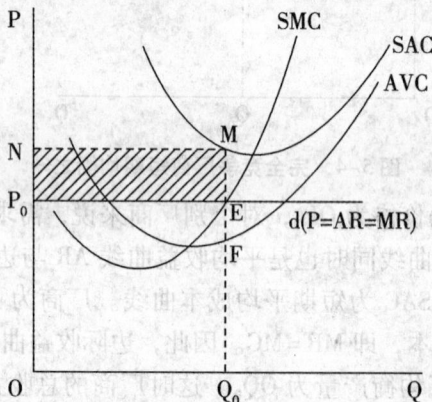

图5-6　完全竞争厂商短期均衡之三

在图5-6 中，价格水平降低，这时均衡产量仍由边际收益曲线与边际成本曲线的交点 E 决定，即为 OQ_0。厂商的总收益仍为平均收益与产量的乘积，即图中的 OQ_0EP_0 面积。总成本仍为平均成本与产量的乘积，即图中的 OQ_0MN 面积。从图上看，总收益小于总成本，即 $OQ_0EP_0 < OQ_0MN$，所以存在亏损，亏损就是图中的 P_0EMN 的阴影面积。

如前面第4章所述，在短期中，当厂商实现了利润最大化原则 MR=MC 而又亏损时，只要平均收益大于平均可变成本，即 AR>AVC，厂商就会继续生产。因为此时厂商如果继续生产，其收益不仅可以弥补全部可变成本，还可以弥补在短期内总是存在的部分固定成本。在短期内，固定成本是一种沉没成本，即无法回收的成本，不会影响企业的经营决策，因此，企业在弥补成本时总是先弥补可变成本，其次才是固定成本。所以，在这种亏损情况下，生产要比不生产强。

（4）当 AR=AVC 时，厂商处于短期停止营业临界点。

如果由于供求关系的变化，市场价格进一步下降到平均可变成本的最低点，在这种情况下厂商根据利润最大化原则所实现的盈利状况如图 5-7 所示。

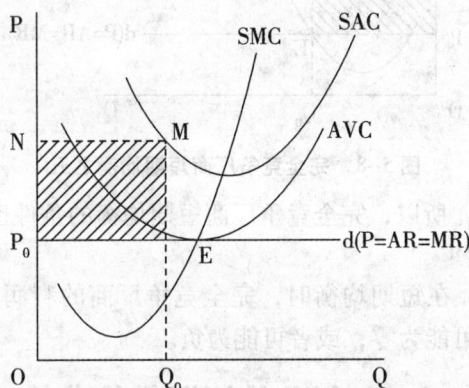

图 5-7 完全竞争厂商短期均衡之四

在图 5-7 中，厂商的需求曲线 d 相切于 AVC 曲线的最低点，这一点是 AVC 曲线和 SMC 曲线的交点。这一点恰好也是 MR=SMC 的利润最大化的均衡点。在均衡产量 Q_0 上，厂商是亏损的，其亏损面积为 P_0EMN 的阴影面积。此时，厂商的平均收益 AR 等于平均可变成本 AVC，如果厂商生产，则全部收益只能弥补全部可变成本，固定成本全部得不到弥补。如果厂商不生产，则不必支付可变成本，但固定成本依然存在。所以，在这一均衡点 E 上，厂商处于关闭企业的临界点，该均衡点被称为厂商的停止营业点。

（5）当 AR<AVC 时，厂商亏损而停止生产。

如果由于供求关系的变化，市场价格继续降低到平均可变成本之下，在这种情况下厂商根据利润最大化原则所实现的盈利状况如图 5-8 所示。

在图 5-8 中，在均衡产量 Q_0 上，厂商的亏损量为 OQ_0MN 的阴影面积。此时，厂商的平均收益 AR 小于平均可变成本 AVC，厂商会因亏损而停止生产。因为，在这种情况下，如果厂商还继续生产，则全部收益连可变成本都无法弥补，就更谈不上弥补固定成本。所以，在这种亏损情况下，不生产要比生产强。

2）完全竞争厂商的短期均衡条件

从上述厂商的五种短期均衡情况来看，当完全竞争厂商处于 MR=MC 的产量均衡点时，厂商可能盈利，也可能亏损。如果厂商是盈利的，那么这时的利润一定是相对最大的利润，如果厂商是亏损的，那么这时的亏损一定是相对最小的亏损。所以，完全竞争厂商短期均衡的条件是：

MR=SMC

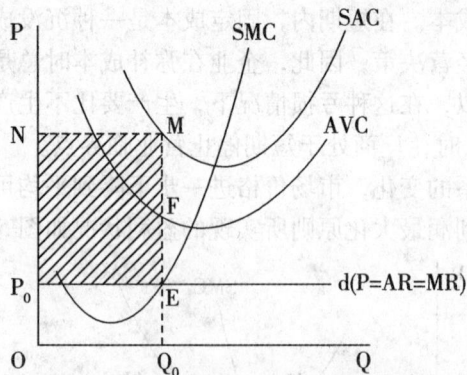

图 5-8 完全竞争厂商短期均衡之五

由于 MR＝AR＝P，所以，完全竞争厂商短期均衡的条件也可以写为：

P＝SMC 或 P＝MR＝SMC

由以上分析可知，在短期均衡时，完全竞争厂商的利润（超额利润或经济利润）既可能为正，也可能为零，或者可能为负。

5.2.4 完全竞争厂商与行业的短期供给曲线

1）完全竞争厂商的短期供给曲线

如前面第 2 章所述，供给曲线是用来表示在每一价格水平下厂商愿意而且能够提供的商品数量。在完全竞争市场中，随着行业市场价格的变动，厂商在每一给定的价格水平下为实现利润最大化，必须遵循 MR＝MC 的决策原则来选择最优的产量，即均衡产量。又由于在完全竞争市场中，厂商面临的价格与其边际收益是相等的，因此厂商会将产量确定于边际成本与市场价格相等时所对应的产量水平。因此，可知厂商的均衡产量点总在边际成本曲线上变动。因此，完全竞争市场厂商的短期供给曲线即为该厂商边际成本曲线高于平均可变成本最低点（停止营业点）以上的那部分，它表示的是短期内厂商实现利润最大化所对应的各种产量和价格的组合，如图 5-9 所示。

在图 5-9 中，当市场价格分别为 P_1、P_2、P_3、P_4 时，厂商根据 MR＝SMC 的原则，选择的最优产量为 Q_1、Q_2、Q_3、Q_4，显然，SMC 曲线上根据利润最大化原则所确定的均衡点 E_1、E_2、E_3、E_4 表示的是在每一价格水平下都有与之对应的最优产量。所以，在完全竞争市场上，厂商的短期供给曲线可以用短期边际成本曲线 SMC 来表示，它是向右上方倾斜的。在这里值得强调的是，厂商只有在边际成本曲线 SMC 高于和等于平均可变成本 AVC 最低点以上的那部分才提供产量，即只有在 P≥AVC 时才提供产量，而在 P＜AVC 时不提供产量。

2）完全竞争行业的短期供给曲线

在完全竞争市场中，在任何价格水平下，一个行业的供给量等于行业内所有厂商的供给量的总和。因此，行业的短期供给曲线可通过水平加总单个厂商的短期供

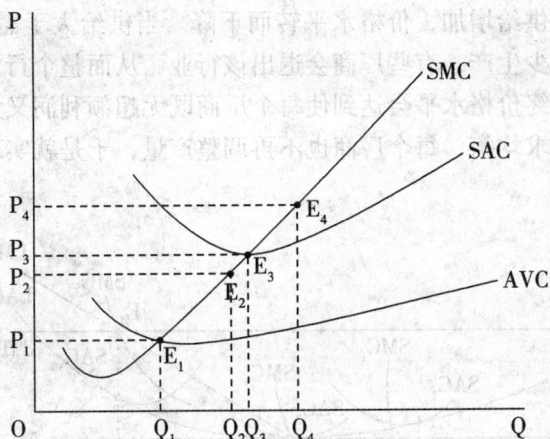

图 5-9 完全竞争厂商的短期供给曲线

给曲线得到，如图 5-10 所示。

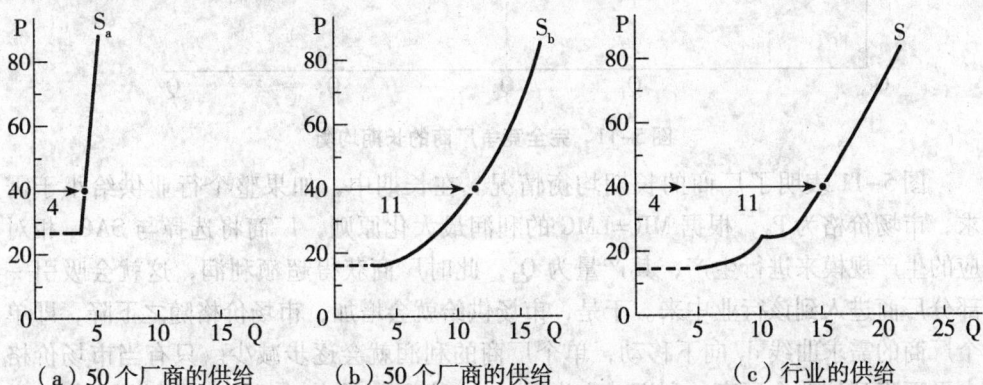

（a）50 个厂商的供给   （b）50 个厂商的供给   （c）行业的供给

图 5-10 完全竞争厂商的短期供给曲线与行业的短期供给曲线

在图 5-10 中，假定某完全竞争行业中有 100 个厂商，其中 50 个厂商具有相同的短期成本曲线和相应的短期供给曲线，用 S_a 来表示，如图（a）所示；另外 50 个厂商具有相同的短期成本曲线和相应的短期供给曲线，用 S_b 来表示，如图（b）所示，通过加总图（a）和图（b）厂商的短期供给曲线可得到图（c）行业的短期供给曲线 S。显然，行业的短期供给曲线也是向右上方倾斜的，它表示在每一价格水平的供给量都是可以使全体厂商获得最大利润或最小亏损的最优产量。

5.2.5 完全竞争厂商的长期均衡

1）完全竞争厂商的长期均衡情况

在长期中，各个厂商都可以根据市场价格来调整全部生产要素，包括原材料、工人、设备、厂房等，从而可以调整生产规模，并且可以自由进入或退出该行业。这样，整个行业供给的变动就会影响市场价格，从而影响厂商的均衡。具体来说，当供给小于需求，价格上升时，行业内的厂商会扩大生产，其他厂商也会涌入该行业，从而整个行业供给增加，价格水平转而下降。当供给大于需求，价格降低时，行业内的厂商会减少生产，有些厂商会退出该行业，从而整个行业供给减少，价格水平转而上升。最终价格水平会达到使每个厂商既无超额利润又无亏损的状态。这时，整个行业的供求均衡，每个厂商也不再调整产量，于是就实现了长期均衡，如图 5-11 所示。

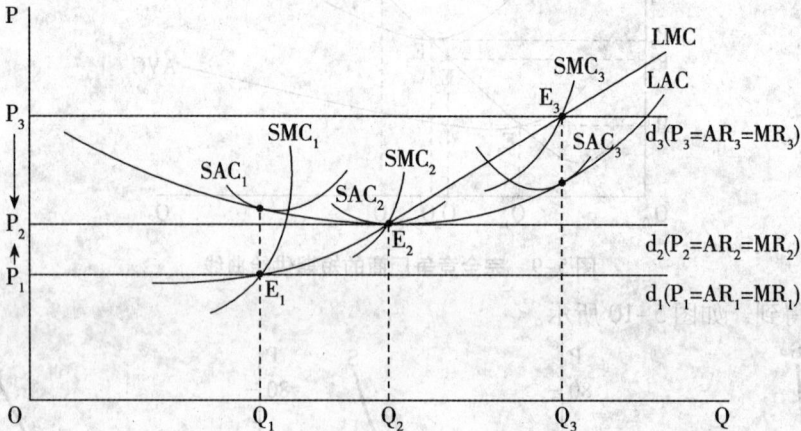

图 5-11　完全竞争厂商的长期均衡

图 5-11 表明了厂商的长期均衡情况。在长期中，如果整个行业供给小于需求，市场价格为 P_3，根据 $MR = LMC$ 的利润最大化原则，厂商将选择与 SAC_3 相对应的生产规模来进行生产，其产量为 Q_3，此时厂商获得超额利润，这就会吸引一部分厂商进入到该行业中来。于是，市场供给就会增加，市场价格随之下降，即单个厂商的需求曲线 d_3 向下移动，单个厂商的利润就会逐步减少。只有当市场价格水平下降到使单个厂商的利润减少为零时，新厂商才会停止进入。如果整个行业供给大于需求，市场价格为 P_1，则厂商根据 $MR = LMC$ 的利润最大化原则选择与 SAC_1 相对应的工厂规模来进行生产，其产量为 Q_1，此时厂商是亏损的，这使得行业内原有一部分厂商退出该行业。于是，市场供给就会减少，市场价格随之上升，即单个厂商的需求曲线 d_1 向上移动。单个厂商的亏损就会逐步减少。只有当市场价格水平上升到使单个厂商的亏损减少为零时，原有厂商才会停止退出。总之，不管是新厂商的进入，还是原有厂商的退出，这种调整过程一直会进行到使市场价格等于长期平均成本的最低点的水平，即图中的价格水平 P_2，也就是需求曲线最终移动到 d_2，在 P_2 价格水平上，边际成本曲线 LMC 与边际收益曲线 MR 相交于 E，决定了产量为 OQ_2。这时总收益为平均收益乘产量，即图上的 $OQ_2E_2P_2$ 的面积，总成本为平均成本乘产量，也是图上的 $OQ_2E_2P_2$ 的面积。这样，总收益等于总成本，厂商既无超额利润又无亏损，因此，厂商失去了进入或退出该行业的动力，厂商就不再调整产量，即实现了长期均衡。

2）完全竞争厂商的长期均衡条件

由图 5-11 中可见，当厂商依据 $MR = LMC$ 原则在 E 点实现了长期均衡时，由于厂商既无超额利润又无亏损，长期市场价格只能位于厂商长期平均成本的最低水平上。当价格线与长期平均成本曲线相切时，MR、LMC、SMC、LAC、SAC 和 P 这六条曲线正好相交于同一点 E，它是厂商的长期均衡点。因此，完全竞争厂商的长期均衡的条件是：

MR＝LMC＝SMC＝LAC＝SAC＝P

完全竞争厂商的长期均衡具有以下特点：第一，完全竞争厂商的长期均衡是一种零利润均衡，厂商获得超额利润或出现亏损都不是一种稳定的状态。因为当厂商获得超额利润时，由于完全竞争市场中的市场进入是无障碍的，因此就会吸引市场外的厂商进入该市场参与竞争，使得市场的供给增加，从而使市场的均衡价格下降；而当市场均衡价格下降到低于厂商的长期平均成本时，行业内的厂商就会面临亏损，在长期厂商不会在亏损时仍继续经营，且由于市场的退出是无障碍的，因此，行业内的厂商就会选择退出市场，这种退出行为使市场的供给减少，促进市场价格上升。上述不断调整的过程在厂商的利润为零时稳定下来。第二，完全竞争厂商的长期均衡出现在 LAC 曲线的最低点，这不仅意味着生产的平均成本降到长期平均成本的最低点，而且商品价格也等于最低的长期平均成本。因此，长期均衡的 E 点就是收支相抵点，即这时成本与收益相等，厂商所能获得的只能是作为生产要素之一企业家才能的报酬——正常利润，正常利润作为用于生产要素的支出之一也是成本。所以，收支相抵中就包含了正常利润在内。在完全竞争市场上，由于竞争激烈，长期中厂商无法实现超额利润。第三，完全竞争厂商在实现了长期均衡时，平均成本与边际成本相等，即这两条曲线相交时，平均成本一定处于最低点。这表明在完全竞争的条件下，可以实现成本最小化，从而达到经济效益最高。

5.2.6　生产者剩余

我们根据厂商的短期供给曲线可以说明生产者剩余概念。生产者剩余与消费者剩余一样都是反映社会福利的重要指标。在第 3 章里分析消费者行为时，指出了消费者剩余是指消费者对某物品愿意支付的价格与其实际支付的价格的差额。依此类推，生产者剩余是指厂商出售某物愿意得到的价格与实际得到的价格的差额，如图 5-12 所示。

在图 5-12 中，假定生产者愿意按 P_1 价格出售 Q_1 数量的商品，而他实际得到的市场价格是 P_0；同样，他愿意按 P_2 价格出售 Q_2 数量的商品，而他实际得到的价格仍是 P_0，这样一直列举下去，生产者出售 OQ_0 数量的商品他所愿意得到的是 OQ_0EF 面积，而他实际得到的是 OQ_0EP_0 面积，两者之差为生产者剩余，即图中的阴影部分。因此，生产者剩余就是厂商实际得到的总支付与愿意得到的最小总支付的差额。

下面我们把生产者剩余与消费者剩余用图形加以区别比较，如图 5-13 所示。

在图 5-13 中，生产者剩余就是供给曲线以上与均衡价格以下所围成的面积。消费者剩余在图形中就是需求曲线以下与均衡价格线以上所围成的面积。在完全竞

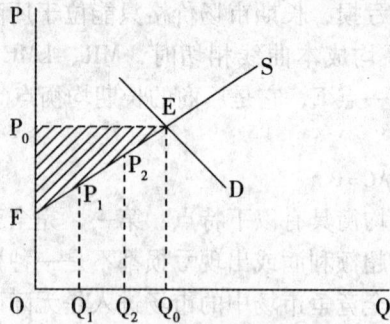

图 5-12　生产者剩余

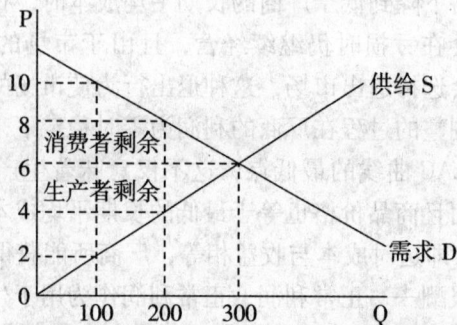

图 5-13　生产者剩余和消费者剩余

争市场中，产品价格由市场供求决定，并且厂商按照市场的均衡价格销售产品，厂商愿意接受的价格通过市场供给曲线反映出来。如图 5-13 所示，厂商愿意按照 2 元的价格来出售 100 个单位的产品，按照 4 元的价格来出售 100～200 个单位之间的产品，按照 6 元的价格来出售 200～300 个单位之间的产品。但厂商实际是按照市场均衡价格 6 元出售全部 300 单位产品的。出售 100 个单位产品时，厂商愿意得到的价格与实际得到的价格之差为 4 元，因此所获得的生产者剩余为 400 元；出售 100～200 个单位之间的产品时，厂商愿意得到的价格和实际得到的价格之差为 2 元，因此所获得的生产者剩余为 200 元；当出售 200～300 个单位之间的产品时，厂商愿意得到的价格和实际得到的价格恰好相等，所获得的生产者剩余为零。如果逐个单位计算生产者销售每一单位产品所获得的生产者剩余，那么全部的生产者剩余就是供给曲线 S 和均衡价格线所围成的三角形的面积。

在图 5-13 中，对于消费者来说，消费者愿意付 10 元的价格来购买 100 个单位的产品，支付 8 元的价格来购买 100～200 个单位之间的产品，支付 6 元的价格来购买 200～300 个单位之间的产品。但消费者实际是按照市场均衡价格 6 元购得全部 300 单位产品的。购买 100 个单位产品时，消费者愿意支付的价格与实际支付价格之差为 4 元，因此所获得的消费者剩余为 400 元；购买 100～200 个单位之间的产品时，消费者愿意支付的价格和实际支付的价格之差为 2 元，因此所获得的消费者剩余为 200 元；当购买 200～300 个单位之间的产品时，消费者愿意支付的价格和实际支付的价格恰好相等，所获得的消费者剩余为零。如果逐个单位计算消费者购买每一单位产品所获得的消费者剩余，那么全部的消费者剩余就是需求曲线 D 和均衡价格线所围成的三角形的面积。

5.2.7 完全竞争行业的长期供给曲线

厂商的长期供给曲线是在一切要素都可以调整的前提下，厂商在每一价格水平下愿意并且能够提供的产量之间的对应关系。它相当于长期边际成本曲线高于长期平均成本曲线最低点的那一部分。因为在产量选择中，长期均衡要求边际收益等于长期边际成本；而边际收益又等于价格，所以长期边际成本与数量的对应关系可以反映价格与数量的对应关系。

在分析完全竞争行业的短期供给曲线时表明，短期里厂商的供给曲线是边际成本曲线大于平均可变成本最低点以上的部分，所有厂商短期供给曲线的水平和就是行业的短期供给曲线。所以，行业的短期供给曲线是通过厂商的短期供给曲线水平加总得到的。而行业的长期供给曲线却不然，它不是厂商的长期供给曲线的水平和。因为，在长期里，由于全部生产要素都可以变动，生产规模会发生变化，成本曲线就会发生位移，所以，行业市场被分为成本不变，成本递增和成本递减三种情况，并相应产生出三种形状的行业长期供给曲线。

1）成本不变行业的长期供给曲线

成本不变行业是指该行业的产量变化所引起的生产要素需求的变化，不对生产要素的价格发生影响。在这种情况下，厂商的成本规模固定不变。这是因为，这个行业对生产要素的需求量只占生产要素市场需求量的很小一部分。当市场供求变动时，厂商长期平均成本曲线的位置不发生上下移动。因此，成本不变行业的长期供给曲线是一条水平线，如图 5-14 所示。

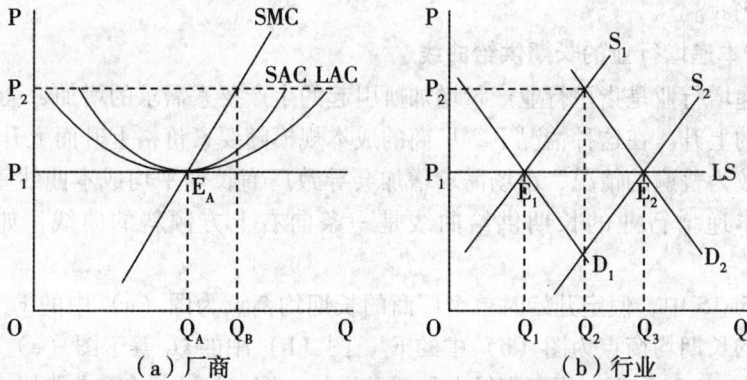

图 5-14 成本不变行业的长期供给曲线

在图 5-14 中，假定开始时，厂商的长期均衡点为图（a）中的 E_A，与此相应，行业的市场长期均衡点为图（b）中的 E_1，在 E_1 点上，市场的供给曲线 S_1 和需求曲线 D_1 相交，市场的均衡价格为 P_1，市场的均衡数量为 OQ_1。图（a）表示，在 P₁ 价格水平上，完全竞争厂商在 LAC 曲线的最低点 E_A 实现长期均衡，每个厂商的超额利润均为零。由于行业内不再有厂商的进入和退出，故称图（b）中的 E₁ 点为行业的一个长期均衡点。此时，均衡价格为 P₁，它等于厂商的最低长期平均成本 E_AQ_A，均衡数量为 OQ₁，它等于在 P₁ 价格水平上所有单个厂商所提供的 OQ_A 之和。

现在假定市场上对这个行业的产品需求量增加，使需求曲线由 D₁ 移动到 D₂ 的位置，市场价格会暂时由 P₁ 上升到 P₂（如图 b 所示）。在短期内，这个行业的厂商数量不会增加，而原有的厂商会按照既定的生产规模沿着短期供给曲线即 SMC 曲线将产量增加到 Q_B，单个厂商的供给量 Q_B 之和便构成了行业的总供给量 Q₂，供给量 Q₂ 满足了市场上增加的需求，同时厂商获得超额利润（如图 a 所示）。由于短期内厂商获得了超额利润，长期后新厂商会被超额利润吸引到该行业中来，其结果是：一方面，行业的供给量增加，从而行业对所需的生产要素的需求量会增加，但是，由于是成本不变行业，生产要素价格不变，新厂商的加入不会引起成本曲线变化，即图（a）中的厂商的成本曲线位置不发生任何移动；另一方面，由于新厂商加入总供给量增加，使市场供给曲线 S₁ 不断向右下方移动。因为只要行业中有超额利润存在，便会有新厂商加入，直到超额利润消失为止。即供给曲线移到 S₂ 的位置，使价格又下降到原来的均衡水平 P₁，形成新的均衡点 E₂，在 E₂ 点上，市场均衡数量由 Q₂ 增加到 Q₃，其中 Q₂Q₃ 是由新加入的厂商提供的。连接 E₁ 和 E₂ 这两个行业的长期均衡点，形成的水平线 LS 就是行业的长期供给曲线。可见，市场供求变动所引起的长期均衡点运动的轨迹就是行业长期供给曲线 LS，它呈水平形状是由于需求变动未改变长期平均成本曲线的位置，它表示成本不变行业是在不变的均衡价格水平提供产量，该均衡价格水平等于厂商的不变的长期平均成本的最低点，市场需求变化会引起行业长期均衡产量的同方向的变化，但长期均衡价格不会发生变化。

2）成本递增行业的长期供给曲线

成本递增行业是指该行业产量增加所引起的生产要素需求的增加，会导致生产要素价格的上升。在这种情况下，厂商的成本规模随要素价格上升而上升。成本递增行业是较为普遍的情况，市场需求增加会导致厂商长期平均成本曲线垂直上移。因此，成本递增行业的长期供给曲线是一条向右上方倾斜的曲线，如图 5-15 所示。

在图 5-15 中，假定开始时单个厂商的长期均衡点为图（a）中的 E_A，与此相应，行业的长期均衡点为图（b）中的 E₁，图（b）中的 Q₁ 等于图（a）中所有厂商提供的 Q_A 之和。现在假定市场上的需求增加，图（b）中的需求曲线由 D₁ 移至 D₂，市场价格会暂时由 P₁ 上升到 P₃，于是厂商获得超额利润（如图 a 所示）。由于超额利润的诱惑，吸引新厂商进入和供给增加，其结果是：一方面，当市场供给增加时，对生产要素的需求也会增加，要素价格随之提高，并推动厂商长期平均成本曲线由 LAC₁ 上升到 LAC₂；另一方面，当市场供给增加时，会导致行业供给曲

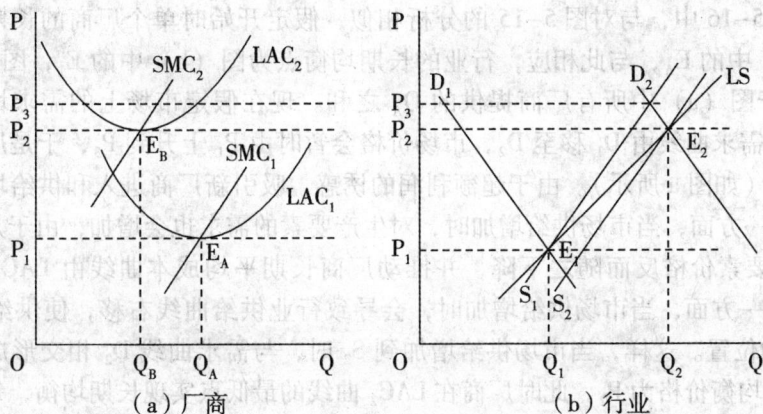

图 5-15　成本递增行业的长期供给曲线

线右移，使供给曲线由 S_1 移到 S_2 的位置。这样，当市场供给增加到 S_2 时，与需求曲线 D_2 相交形成新的均衡点 E_2，均衡价格为 P_2，此时厂商在 LAC_2 曲线的最低点实现长期均衡，每个厂商的超额利润又都为零，价格 P_2 已经足以阻止新厂商进入。连接 E_1 和 E_2 这两个行业的长期均衡点，形成的向右上方倾斜的曲线 LS 就是行业的长期供给曲线。它呈向右上方倾斜的形状是由于需求变动使长期平均成本曲线位置上移，它表示成本递增行业的产品价格和供给量呈同方向变动，市场需求的变动不仅会引起行业长期均衡价格的同方向的变动，还同时引起行业长期均衡产量的同方向的变动。

3）成本递减行业的长期供给曲线

成本递减行业是指该行业产量增加所引起的生产要素需求的增加，反而使生产要素的价格下降了。在这种情况下，厂商的成本规模随要素价格下降而下降。它的成因是存在显著的外在经济的作用，即行业规模扩大使得行业内单个厂商的生产效率提高，从而引起厂商的平均成本下降，会导致厂商的长期平均成本曲线下移。因此，成本递减行业的长期供给曲线是一条向右下方倾斜的曲线，如图 5-16 所示。

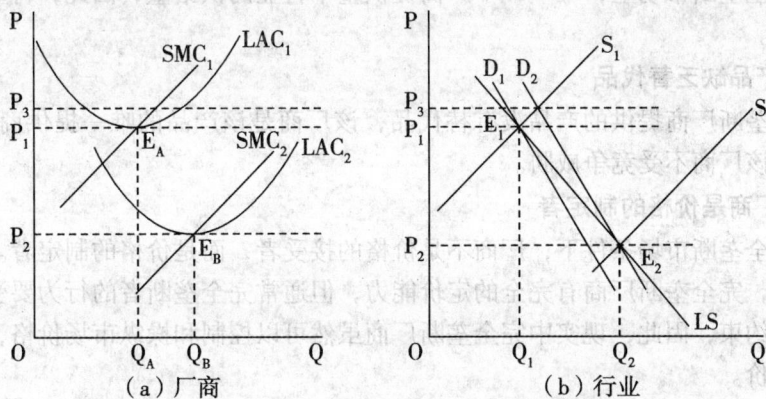

图 5-16　成本递减行业的长期供给曲线

在图 5-16 中，与对图 5-15 的分析相似，假定开始时单个厂商的长期均衡点为图（a）中的 E_A，与此相应，行业的长期均衡点为图（b）中的 E_1，图（b）中的 Q_1 等于图（a）中所有厂商提供的 Q_A 之和。现在假定市场上的需求增加，图（b）中的需求曲线由 D_1 移至 D_2，市场价格会暂时由 P_1 上升到 P_3，于是厂商获得超额利润（如图 a 所示）。由于超额利润的诱惑，吸引新厂商进入和供给增加，其结果是：一方面，当市场供给增加时，对生产要素的需求也会增加，由于是成本递减行业，要素价格反而随之下降，并推动厂商长期平均成本曲线由 LAC_1 下降到 LAC_2；另一方面，当市场供给增加时，会导致行业供给曲线右移，使供给曲线 S_1 移到 S_2 的位置。这样，当市场供给增加到 S_2 时，与需求曲线 D_2 相交形成新的均衡点 E_2，均衡价格为 P_2，此时厂商在 LAC_2 曲线的最低点实现长期均衡，每个厂商的超额利润又都为零。总之，这两方面的变动一直要持续到厂商在 E_B 点实现长期均衡和行业在 E_2 点实现长期均衡为止，每个厂商的利润又恢复为零。连接 E_1 和 E_2 这两个行业的长期均衡点，形成的向右下方倾斜的曲线 LS 就是行业的长期供给曲线。它呈向右下方倾斜的形状是由于需求变动使长期平均成本曲线位置下移。它表示行业的产品价格和供给量呈反方向变动，市场需求的增加会引起行业长期均衡价格的反方向的变动，还同时会引起行业长期均衡产量的同方向的变动。

5.3 完全垄断市场

5.3.1 完全垄断市场的特征

完全垄断是指整个行业的市场完全处于一家厂商所控制的市场类型，即一家厂商控制了某种产品的市场。完全垄断又称垄断。

完全垄断市场具有以下主要特征：

1）市场中只有唯一一个厂商

在完全垄断市场上，唯一一个厂商提供整个行业的供给量，因此，行业由一个厂商构成。

2）产品缺乏替代品

完全垄断厂商提供的产品没有替代品，该厂商是该产品的唯一提供商。因此，通常来说该厂商不受竞争威胁。

3）厂商是价格的制定者

在完全垄断市场条件下，厂商不是价格的接受者，而是价格的制定者。虽然从理论上说，完全垄断厂商有完全的定价能力，但通常完全垄断者的行为要受到政府规制者的约束，因此，现实中完全垄断厂商虽然可以控制和操纵市场价格，但并不能随意定价。

上述的几种特征是识别完全垄断市场的标准。在理解完全垄断市场时要注意两点：一是由于完全垄断市场上只有一家厂商，故才能有完全垄断。因此，完全垄断市场上一家厂商构成了一个行业。个别厂商的均衡也就是全行业的均衡。这一点与其他市场不同。二是完全垄断也是市场经济中一种极端情况。如果说完全竞争是只有竞争而没有垄断因素的一个极端的话，完全垄断则是只有垄断而没有竞争因素的另一个极端。严格来说，在市场经济中完全垄断行业并不多见，但如同完全竞争市场一样，完全垄断市场在现实生活中也是存在的。例如供水行业，电力行业，石油行业等等，它们都近似于完全垄断行业。

5.3.2　完全垄断市场的成因

在完全垄断市场上，是什么因素导致完全垄断的存在？归纳起来有以下几点：

1）自然垄断

当一个厂商能以低于两个或更多厂商的成本为整个市场提供一种商品和劳务时，这个行业就是自然垄断（natural monopoly）。由于存在规模经济，具体地说，由于厂商存在规模报酬递增，一个厂商的平均成本会大大降低，因而，厂商有能力通过增加产量和降低价格的优势来击败其竞争对手，最终实现对行业的完全垄断。自然垄断一般存在于公共事业部门，如煤气、供电、供水等行业。

2）原料控制

厂商对某些生产要素的控制，将使它成为某一行业的完全垄断者。例如，一个钢铁厂商完全控制了该地区的铁矿石资源，那么该厂商将成为该地区钢铁行业的完全垄断者。

3）专利

国家以法律形式授予发明者在一定时期内拥有所创造的新产品或技术的各项相关权利。在此类法律保障下，厂商可以获得专利期内的垄断地位。

4）行政垄断

政府为便于管理和控制，维护公共利益等目的，通常会授予某个或某些厂商对某个行业的独家经营权，通常是与公共福利、财政收入密切相关的产业，如烟、酒、军工等。

5.3.3　完全垄断厂商的需求曲线和收益曲线

1）完全垄断厂商的需求曲线

（1）在完全垄断市场中，垄断厂商的需求曲线是一条向右下方倾斜的曲线。

完全垄断厂商的需求曲线与完全竞争厂商的需求曲线有显著区别。在完全竞争市场中单个厂商没有定价能力，并且单个厂商的产量增加也不会对市场价格产生影响，因此，完全竞争厂商的需求曲线呈水平状。而在完全垄断市场中，由于一家厂商控制了整个行业，因而行业的市场需求曲线就是厂商的需求曲线。并且，在完全垄断下，单个厂商具有制定价格的能力，当垄断厂商把市场价格抬高时，就会对产品的需求量产生影响；或者是当垄断厂商提高产量时，市场的价格就会由于供给的增加而减少。所以，在完全垄断市场中，垄断厂商面临的是一条向右下方倾斜的需求曲线，价格和需求量之间呈现出反方向变化关系。由于在完全垄断下，厂商的产品没有十分相近的替代品，因此，垄断厂商的需求曲线是缺乏弹性的。一般来说，需求弹性大，垄断力小。如完全竞争市场厂商的需求曲线呈水平状，表明需求弹性无限大，垄断力为零；反之，需求弹性小，垄断力大。

（2）在完全垄断市场中，需求曲线代表了价格水平。

在完全垄断市场中，垄断厂商可以用减少产量的办法来提高市场价格，也可以用增加产量的办法来压低市场价格。由于厂商独家定价，垄断厂商可以通过改变产量来控制市场价格，而消费者只是既定价格的接受者。因此，在完全垄断市场中，需求曲线就代表了价格水平。

在市场结构中，关于需求曲线形状的一般规律是，除完全竞争市场外，不完全竞争市场中，包括完全垄断市场、寡头垄断市场、垄断竞争市场中厂商所面临的需求曲线都是向右下方倾斜的，反映出这些市场结构中的厂商具有不同程度的价格制定能力。

2）完全垄断厂商的收益曲线

（1）在完全垄断市场中，平均收益曲线与价格线、需求曲线重叠为一条线。

因为在任何市场条件下，平均收益就是单个产品的价格即 AR＝P。在完全垄断下，厂商独家定价，它所决定的价格就是产品的市场价格，厂商多销售产品，价格就下降，平均收益也就下降，这样一来，厂商平均每销售一单位产品所得到的收益实际上就是市场价格，所以，平均收益曲线和价格线是重合的。另外，在完全垄断下，由于厂商独家定价，消费者只是既定价格的接受者，需求曲线代表了价格水平即 P＝d，所以，价格线和厂商的需求曲线是重合的。总之，完全垄断下，平均收益曲线、价格线、需求曲线重叠为一条线，且向右下方倾斜。

（2）在完全垄断市场中，平均收益和边际收益都是下降的，当平均收益下降时，边际收益一定小于平均收益。

在完全垄断市场上，当销售量增加时，产品的价格会下降，从而边际收益减少，这样，平均收益就不会等于边际收益，而是平均收益大于边际收益。根据平均量与边际量的关系，当平均收益下降时，边际收益小于平均收益。在完全垄断市场上，需求曲线向右下方倾斜，从而平均收益曲线向右下方倾斜，即平均收益下降，因此，边际收益就一定小于平均收益。这一点也可以用数学方法来证明：

设需求曲线为：$Q=f(P)$ 或 $P=f(Q)$

当需求曲线向右下方倾斜，那么其斜率为负值：$f'(Q)=\dfrac{dP}{dQ}<0$

总收益为：$TR=P\cdot Q=f(Q)\cdot Q$

边际收益为：$MR=\dfrac{d(TR)}{dQ}=\dfrac{d(PQ)}{dQ}=\dfrac{d[f(Q)\cdot Q]}{dQ}$

$$=f(Q)\cdot\dfrac{dQ}{dQ}+Q\cdot\dfrac{d[f(Q)]}{dQ}$$

$$=f (Q) +Q \cdot f' (Q)$$
$$= P+Q \cdot f' (Q)$$

其中，f′(Q)<0 且 P 和 Q 均为正数。

所以，有 MR<P 且随着产量 Q 的增加，MR 和 p 之间的差距越来越大。这样边际收益就越来越小于平均收益。完全垄断厂商需求曲线，平均收益曲线和边际收益曲线的关系如图 5-17 所示。

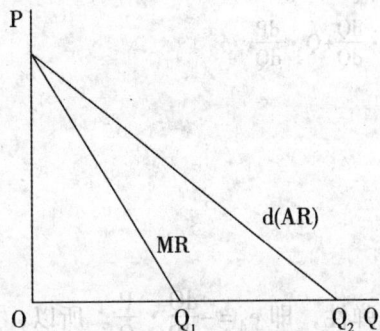

图 5-17 完全垄断厂商需求曲线与收益曲线

在图 5-17 中，d（AR）是需求曲线与平均收益曲线，MR 是边际收益曲线。边际收益曲线是需求曲线之下一条向右下方倾斜的曲线，且随着产量的增加，价格要大于边际收益。

（3）在完全垄断市场中，当垄断厂商的需求曲线为直线型时，需求曲线和边际收益曲线的纵截距是相等的，且边际收益曲线的横截距是需求曲线横截距的一半。

关于这一点如图 5-17 所示，在图 5-17 中有 $OQ_1 = \frac{1}{2}OQ_2$，这也可用公式证明如下：

假定线性的反需求函数为：

$$P=a-bQ \tag{1}$$

式中，a、b 为常数，且 a、b>0。由上式可得总收益函数和边际收益函数分别为：

$$TR = P \cdot Q = aQ-bQ^2 \tag{2}$$

$$MR = \frac{dTR}{dQ} = a-2bQ \tag{3}$$

根据（1）式和（3）式可求得需求曲线和边际收益曲线的斜率分别为：

$$\frac{dP}{dQ} = -b \tag{4}$$

$$\frac{dMR}{dQ} = -2b \tag{5}$$

由此得出一般性的规律，在不完全竞争市场中，边际收益曲线的斜率总是需求曲线斜率的 2 倍，因此，边际收益曲线的横轴截距 OQ_1 必然等于需求曲线横轴截

距 OQ_2 的一半。即 MR 曲线平分由纵轴到需求曲线 d 的任何一条水平线。

3）完全垄断厂商的边际收益、价格和需求的价格弹性的关系

当厂商所面临的需求曲线向右下方倾斜时，厂商的边际收益、价格和需求的价格弹性三者之间的关系可以证明如下。

假定反需求函数为：$P=f(Q)$ 　　　　　　　　　　　　　　　　　　　　(1)

则可以有 $TR=P \cdot Q=f(Q) \cdot Q$ 　　　　　　　　　　　　　　　　　(2)

$$MR=\frac{dTR}{dQ}=\frac{d(P \cdot Q)}{dQ}=P \cdot \frac{dQ}{dQ}+Q \cdot \frac{dP}{dQ}$$

$$=P+Q \cdot \frac{dP}{dQ}$$

$$=P\left(1+\frac{dP}{dQ} \cdot \frac{Q}{P}\right)$$

$$=P\left(1+\frac{1}{e_d}\right) \tag{3}$$

式中 e_d 为需求的价格弹性，即 $e_d=-\frac{dQ}{dP} \cdot \frac{P}{Q}$。所以，

$$MR=P\left(1-\frac{1}{e_d}\right) \tag{4}$$

公式（4）表明：边际收益等于价格乘以 1 减需求弹性的倒数，这就是完全垄断厂商的边际收益、商品价格和需求的价格弹性之间的关系。由（4）式可得出以下三种情况：第一，当 $e_d>1$ 时，有 MR>0，此时，TR 曲线斜率为正，表示厂商总收益 TR 随销售量 Q 的增加而增加；第二，当 $e_d<1$ 时，有 MR<0，此时，TR 曲线斜率为负，表示厂商总收益 TR 随着销售量 Q 的增加而减少；第三，当 $e_d=1$ 时，有 MR=0，此时，TR 曲线斜率为零，表示厂商总收益 TR 达极大值（如图 5-18 所示）。

最后，在这里需要特别强调的是，以上对完全垄断厂商的需求曲线和收益曲线所作的分析，对于其他在不完全竞争市场条件下的厂商也同样适用。只要在不完全竞争市场条件下厂商所面临的需求曲线是向右下方倾斜的，相应的厂商的各种收益曲线就具有以上所分析的基本特征。

5.3.4　完全垄断厂商的短期均衡

在完全垄断市场上，厂商可以通过对产量和价格的控制来实现利润最大化。但在短期内，厂商对产量的调整要受到固定生产要素（厂房、设备等）无法调整的限制。因此，短期内完全垄断厂商是在既定的生产规模下通过对产量和价格的同时调整来实现 MR=MC 的利润最大化或亏损最小化的原则。

在完全垄断市场上，厂商首先根据边际收益等于边际成本的原则来确定产量，然后，按照此产量根据需求曲线来确定产品的价格。这个价格可以高于、低于或等于平均成本，因此，厂商可能出现盈利、亏损或盈亏相抵的情况，下面我们就来分析完全垄断厂商的三种短期均衡情况。

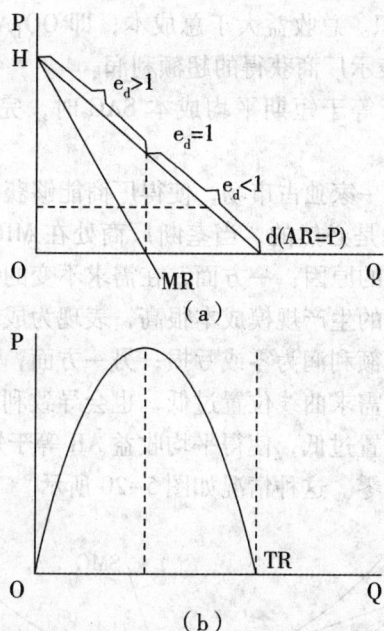

图 5-18 完全垄断厂商的收益曲线与需求弹性

1）完全垄断厂商的短期均衡情况

（1）当平均收益 AR 大于短期平均成本 SAC 时，完全垄断厂商获得超额利润。

由于在完全垄断下是一家独占市场，厂商可以根据已知的市场供求在高价少销和低价多销之间做出选择，以获得最大利润。在进行这种选择时，垄断厂商要考虑到该产品的需求弹性、生产要素供给与价格因素等。因为是完全垄断，其他厂商无法介入这一行业，所以，一般来说，完全垄断厂商始终能获得超额利润。这种情况如图 5-19 所示。

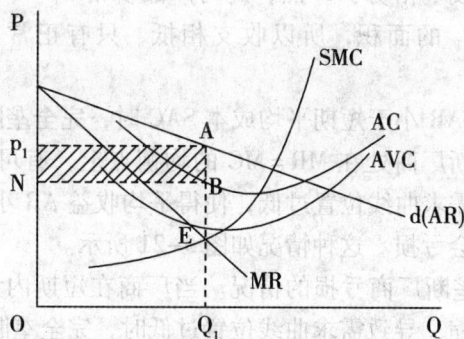

图 5-19 完全垄断厂商短期均衡之一

图 5-19 为完全垄断厂商的盈利情况，MR＝SMC 确定了厂商的产量为 Q_1，又根据产量 Q_1 和需求曲线 d 确定了产品价格 P_1，且 $P_1 > AC$。这时，总收益为平均收益（价格）与产量的乘积，即图中 OQ_1AP_1 的面积，总成本为平均成本与产量的乘

积，即图中 OQ_1BN 的面积。总收益大于总成本，即 $OQ_1AP_1>OQ_1BN$，所以，图中矩形 $NBAP_1$ 的阴影面积表示厂商获得的超额利润。

（2）当平均收益 AR 等于短期平均成本 SAC 时，完全垄断厂商的超额利润为零。

尽管在完全垄断下是一家独占市场，使得厂商能够获得超额利润。但是，有超额利润这种情况也不能说是必然的，当垄断厂商处在 MR＝MC 的均衡点上，有可能是亏损的。这有两方面的原因：一方面，在需求不变的情况下，如果由于外在不经济因素的作用导致既定的生产规模成本很高，表现为成本曲线的位置过高，此时垄断厂商就有可能出现超额利润为零或亏损；另一方面，在成本不变的情况下，如果市场需求缩小，表现为需求曲线位置过低，也会导致利润为零或亏损。当成本曲线位置过高或需求曲线位置过低，使得平均收益 AR 等于短期平均成本 SAC 时，完全垄断厂商的超额利润为零。这种情况如图 5-20 所示。

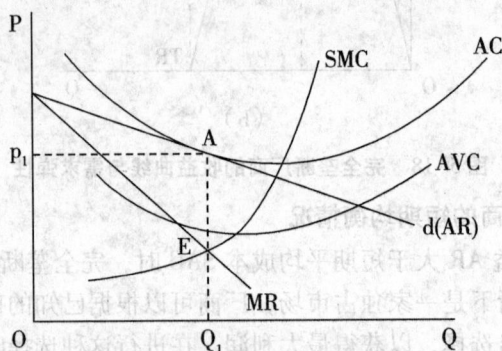

图 5-20　完全垄断厂商短期均衡之二

图 5-20 为完全垄断厂商的超额利润为零的情况。当厂商产量 Q_1 确定后，恰好需求曲线 d 与平均成本相切于 A 点，此时产品价格 $P_1=AC$，总收益与总成本相等，都为图中 OQ_1AP_1 的面积，所以收支相抵，只有正常利润，厂商超额利润为零。

（3）当平均收益 AR 小于短期平均成本 SAC 时，完全垄断厂商亏损。

如上所述，当垄断厂商处在 MR＝MC 的均衡点上，有可能是亏损的。因为当成本曲线位置过高或需求曲线位置过低，使得平均收益 AR 小于短期平均成本 SAC 时，完全垄断厂商就会亏损。这种情况如图 5-21 所示。

图 5-21 为完全垄断厂商亏损的情况。当厂商在短期内无法调整生产规模时，假定市场需求发生萎缩，导致需求曲线位置过低时，完全垄断厂商就会出现亏损情况。此时产品价格小于平均成本即 $P_1<AC$，图中矩形 P_1BAN 的阴影面积表示厂商的亏损额。在亏损的情况下，若 AR＞AVC，完全垄断厂商就继续生产；若 AR＜AVC，完全垄断厂商就停止生产；若 AR＝AVC，完全垄断厂商则认为生产和不生产都一样。在图 5-21 中，平均收益 BQ_1 大于平均可变成本 FQ_1，所以，完全垄断厂商是可以继续生产的。这一点与完全竞争厂商相同。

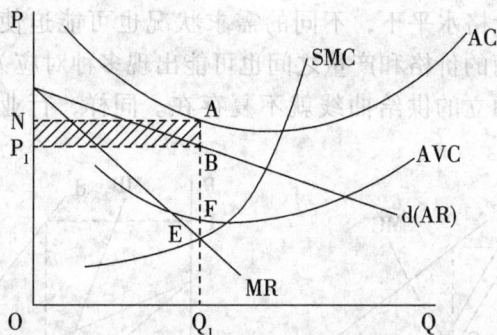

图 5-21 完全垄断厂商短期均衡之三

2）完全垄断厂商的短期均衡条件

从上述完全垄断厂商的三种短期均衡情况来看，完全垄断厂商只有在 MR＝SMC 时实现了短期均衡。因为当 MR＞SMC 时，完全垄断厂商增加一单位产量所得到的收益增量就会大于所付出的成本增量。这时厂商增加产量是有利的。随着产量的增加，MR 会下降而 SMC 会上升，两者之间的差额就逐步缩小，最后达到 MR＝SMC 的均衡点，完全垄断厂商也由此得到了增加产量的全部好处。而当 MR＜SMC 时，完全垄断厂商对产量和价格的调整情况正好与 MR＞SMC 时相反。所以，完全垄断厂商的利润在 MR＝SMC 处达到最大值或亏损达到最小值。由此可以得到完全垄断厂商短期均衡条件为：

MR＝SMC

由以上分析可知，在短期均衡时，完全垄断厂商可能获得最大超额利润，可能超额利润为零，也可能遭受最小亏损。

5.3.5 完全垄断厂商供给曲线

在前述的完全竞争市场理论中，我们从完全竞争厂商的短期边际成本曲线得到完全竞争厂商的短期供给曲线，并进一步得出行业的短期供给曲线。与完全竞争市场不同的是，在完全垄断市场上，厂商的独立的供给曲线是不存在的。

这是因为，供给曲线表示在每一个价格水平生产者愿意而且能够提供的产品数量，即它说明产量和价格之间存在一一对应的关系。

在完全竞争市场上，每一个厂商都无法控制市场价格，它们都是在每一个既定的市场价格水平，根据 P＝SMC 的均衡条件来确定唯一的能够带来最大利润或最小亏损的产量。因此，无论市场需求如何变动，厂商都会将边际成本曲线高于平均可变成本曲线最低点的部分作为自己的供给曲线。各厂商短期供给曲线的水平相加则构成行业的短期供给曲线。

但是，在完全垄断市场上，垄断厂商是通过对产量和价格的同时调整来实现 MR＝SMC 的原则的，且 P 总是大于 MR。因此，市场需求的变动所引起厂商的产量和价格的变动是不规则的，在同一产量下，厂商可能根据不同的需求状况制定出不同的价格；在同一价格水平下，不同的需求状况也可能迫使厂商选择不同的产量。这样一来，厂商的价格和产量之间也可能出现多种对应关系，而不是一一对应的关系，厂商的独立的供给曲线就不复存在。同样，行业的供给曲线也不存在，如图 5-22 所示。

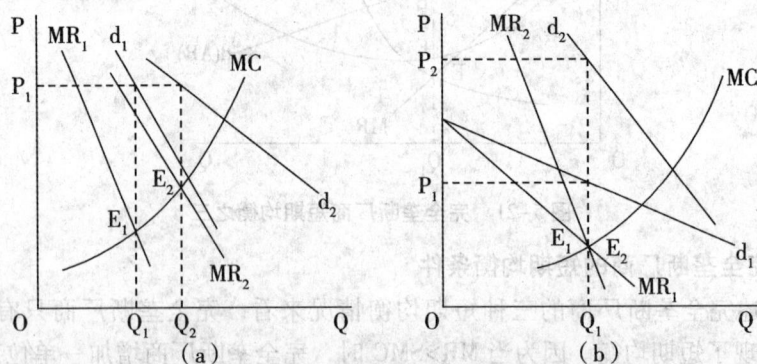

图5-22　完全垄断厂商的产量和价格的多种对应关系

图 5-22（a）表示的是同一个价格对应着两种产量。当垄断厂商的需求曲线为 d_1，边际收益曲线为 MR_1 时，由 $MR=MC$ 的均衡点 E_1 所决定的产量为 Q_1，价格为 P_1。当垄断厂商的需求曲线为 d_2，边际收益曲线为 MR_2 时，由 $MR=MC$ 的均衡点 E_2 所决定的产量为 Q_2，价格仍为 P_1。于是，同一个价格 P_1 对应两个不同的产量 Q_1 和 Q_2。图 5-22（b）表示的是同一种产量对应着两种价格。当垄断厂商的需求曲线为 d_1，边际收益曲线为 MR_1 时，由 $MR=MC$ 的均衡点 E_1 所决定的价格为 P_1，产量为 Q_1。当垄断厂商的需求曲线为 d_2，边际收益曲线为 MR_2 时，由 $MR=MC$ 的均衡点 E_2 所决定的价格为 P_2，产量仍为 Q_1。于是，同一个产量 Q_1 对应着两个不同的价格 P_1 和 P_2。因此，与完全竞争市场不同，在完全垄断市场条件下，不存在具有规律性的可以表示产量和价格之间一一对应关系的厂商和行业的短期供给曲线。

在这里需要指出的是，凡是在带有垄断因素的不完全竞争市场中，厂商和行业的独立的短期和长期供给曲线都是不存在的。其理由与上述完全垄断厂商不存在短期供给曲线是相同的。

5.3.6　完全垄断厂商的长期均衡

1）完全垄断厂商的长期均衡情况

在长期内，完全垄断厂商可以调整一切生产要素的投入量即生产规模，从而实现利润的最大化或亏损的最小化。由于完全垄断行业排除了其他厂商的进入，如果完全垄断厂商在短期内获得超额利润，那么其超额利润在长期内不会因为新厂商的加入而消失。因此，垄断厂商的超额利润将长期保持下去。

完全垄断厂商的长期均衡情况可用图 5-23 来说明。

假定开始时完全垄断厂商是在由 SAC_1 曲线和 SMC_1 曲线所代表的生产规模上

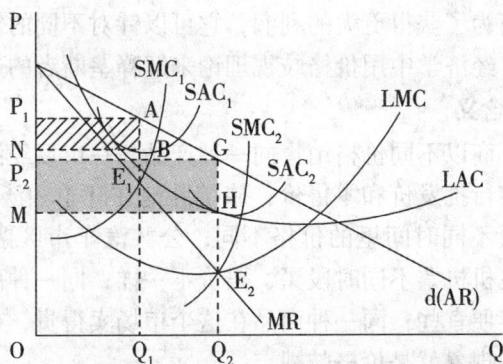

图 5-23 完全垄断厂商的长期均衡

进行生产。在短期内现有的生产规模上，完全垄断厂商按照 MR = SMC 的短期均衡原则，确定了均衡产量和均衡价格分别为 Q_1 和 P_1。在短期均衡点 E_1 上，垄断厂商获得的超额利润为图中 $NBAP_1$ 的面积，即图中较小的阴影部分的面积。

在长期内，完全垄断厂商通过对生产规模的调整，能获得更多的超额利润。假定在长期内完全垄断厂商将生产规模调整到由 SAC_2 曲线和 SMC_2 曲线所代表的生产规模来进行生产，按照 MR = LMC 的长期均衡原则，垄断厂商的长期均衡点为 E_2，长期均衡产量和均衡价格分别为 Q_2 和 P_2，此时，垄断厂商获得的超额利润为图中 $MHGP_2$ 的面积，即图中较大的阴影部分所表示的面积。可见，在长期内垄断厂商获得了比短期内更大的超额利润。

2）完全垄断厂商的长期均衡条件

由图 5-23 可见，当垄断厂商在 E_2 点实现长期均衡时，代表最优生产规模的 SAC 曲线与 LAC 曲线相切于 H 点，同时，SMC 曲线、LMC 曲线、MR 曲线相交于 E_2 均衡点。所以，完全垄断厂商的长期均衡条件为：

MR = SMC = LMC

公式表明，完全垄断市场的长期均衡条件是边际收益等于短期边际成本等于长期边际成本，垄断厂商在长期均衡点上一般可获得超额利润。垄断厂商在长期内之所以能获得更大的超额利润，主要是由于在长期内厂商可以调整生产规模以及新厂商的加入是不可能的。

需要指出的是，由于完全垄断市场条件下，整个行业由完全垄断厂商独家垄断市场，厂商所面临的需求曲线就是行业或市场的需求曲线，垄断厂商的供给量就是行业或市场的供给量，所以，上面所分析的完全垄断厂商的短期和长期均衡价格与均衡产量的决定，就是完全垄断行业或市场的短期和长期的均衡价格与均衡产量的决定。

5.3.7 价格歧视

在上述分析中，假定垄断厂商对一定量的商品只索取统一价格。但是，在现实的生活中，垄断厂商为了获得更大的利润，它可以针对不同的销售量和不同的消费者实行不同的价格，经济学中用价格歧视理论来解释垄断者的这一行为。

1）价格歧视的含义

价格歧视是指厂商以不同价格销售同一种产品。在市场经济中，价格歧视比比皆是。例如，商品实行批发价和零售价；旅游胜地在旺季和淡季收取不同的价格；饭馆和电影院在一天不同时间里的价格不同；公共汽车市区票价与郊区票价不一样；同一个航班的飞机机票不同时段买，票价不一样；同一种商品卖给这些顾客贵些，卖给另一些顾客便宜些；同一种商品在这个市场卖得贵，在另一个市场卖得便宜，等等。此类经济现象就是价格歧视。

2）价格歧视的条件

厂商实行价格歧视是为了获得超额利润，要使价格歧视得以实行，一般要具备以下条件：

（1）厂商面对的是向右下方倾斜的需求曲线

当市场不存在完全竞争时，市场信息不畅通，或者由于种种原因被分割，使市场存在不完善性，厂商成为一个垄断者，或者厂商至少拥有一定程度的垄断权力，可以控制价格，这样就可以实行价格歧视。

（2）各市场间的需求弹性存在差别

由于各个市场对同一种产品的需求弹性不同，厂商有可能根据不同的需求弹性划分出两组或两组以上的不同购买者。需求弹性的不同可以是由于获得替代品的难易程度不同，购买者的收入水平不同，或者是对产品的偏好不同等因素导致。垄断厂商对需求弹性大的市场规定较低的价格，实行薄利多销，以获取垄断利润；对需求弹性小的市场，规定较高的价格，实行少销厚利，以获得垄断利润。例如，供电企业把用电单位分为企业用电和居民用电，通常居民对电的依赖性不如企业强，因此居民的电力消费的需求价格弹性要高于企业，因此，一般居民用电电价低于工业用电电价。

（3）各市场是相互区隔的

由于各市场受信息传递、贸易壁垒、交通运输等条件的限制，相互隔离，即存在市场分割。厂商可以有效地把不同市场之间或市场的各部分之间分开，使同一种产品不能在不同市场间流动，使购买者不能在低价市场上买到的产品再卖到高价市场上去，也就是不存在转售套利的可能性。市场分割的方式可以多种多样，边界、国界是最重要的分割方式，这也包括关税等等。例如，同质同量劳动在国内比在国外值钱得多，原因之一就是国外和国内是分割得很好的劳动力市场，劳动力在两地间的流动几乎被隔绝，所以，同质同量劳动报酬可以相差几十倍。在内地，有时招工有户口限制，那么，户口制度就成为劳动力市场分割的重要原因。一般来说，市场分割得越好，价格相差得就越远。另外，物质产品容易被转卖，价格歧视搞不好就会为其他人创造转手倒卖的机会。例如，公园可以根据年龄实行价格歧视，70岁以上老人享受优惠价，但是，如果肯德基、麦当劳等快餐店也做出如此规定，其价格歧视就不可能成功。再如，超市采取会员卡制度，消费者如果拥有会员卡将享受优惠价格，如果没有会员卡将按照正常价格付费。假如消费者之间可以无成本的借用会员卡，都来享受优惠价格，那么超市采取的价格歧视策略就会失效。因此，价格歧视必须能够杜绝不同顾客（或不同市场）之间的倒卖套利现象，这也就是为什么有些价格歧视大多出现在服务性行业，还有公用事业的原因，如用电、进公园等。

3）价格歧视的种类

一般根据价格差别的程度把价格歧视分为三种类型：

（1）一级价格歧视。它是指垄断者按照消费者对一定数量商品愿意支付的最高价格来制定价格。在一级价格歧视下，厂商把每一单位商品都卖给对其评价最高并愿意按最高价格支付的人，所以，在这样的市场上就不会产生消费者剩余，所有的消费者剩余都归于生产者。例如，某商品的价格为 1 元时，消费者愿意购买 5件，假定这 5 件商品给消费者带来的总效用是 15 元，如果消费者按每件 1 元付款的话，只需付 5 元，由此可得 10 元的消费者剩余。但垄断厂商根据所掌握的该消费者对 5 件商品所愿支付的最高价格是 15 元，于是，将 5 件商品作为一个销售单位出售，即 15 元 5 件，要么全卖，要么一个不卖，使消费者剩余全被垄断者攫取。由此可见，一级价格歧视是将价格定到几乎令消费者拒绝，但又不至于完全拒绝按这种价格支付的程度。因此，一级价格歧视的实现要以买主较少，且垄断者充分了解消费者愿意支付的最高价格为前提。而且，垄断厂商的定价要因人而异，要精明到知道每位消费者对某种商品愿付的最高价格，实际上这是相当困难的。故此，在现实生活中，一级价格歧视是一种很少见的情况。一级价格歧视的典型例子是：有能力控制一个地区市场的律师和医生，他们可以根据人们不同的富裕程度对相同服务收取不同的费用。

一级价格歧视可以用图 5-24 来说明。

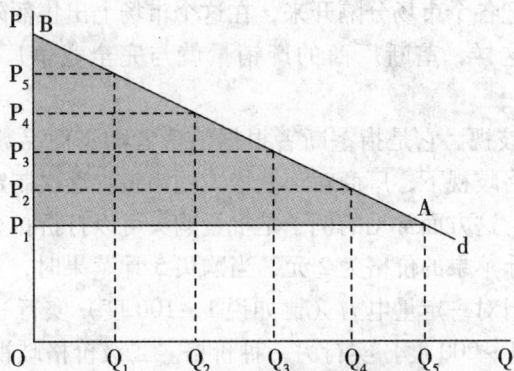

图 5-24　一级价格歧视

在图 5-24 中，消费者购买 Q_1 单位商品愿付的最高价格为 P_5，购买 Q_2 单位商品愿付的最高价格为 P_4，价格随着购买量的增加而递减。当厂商对产品单位无限细分后，最终，垄断厂商几乎获得了全部的消费者剩余，即图中的阴影面积。而如果厂商不实行价格歧视，都按同一个价格 P_1 来销售 Q_5 数量的商品时，总收益仅为图中的 OQ_5AP_1。显而易见，垄断厂商按照一级价格歧视方法定价所获得的利润远大于按照统一定价所产生的利润。

虽然在一级价格歧视下，垄断厂商攫取了消费者的全部消费者剩余，看起来很不公平，但是，一级价格歧视下的资源配置是有效率的，如图 5-25 所示。

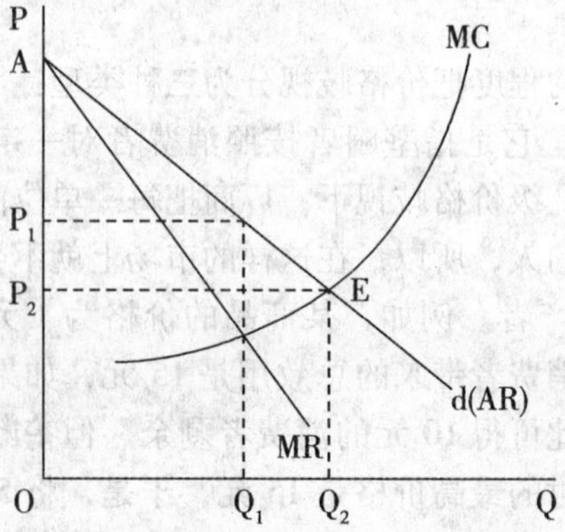

图 5-25　一级价格歧视下的资源配置效率

在图 5-25 中，如果不存在价格歧视，厂商会根据 $MR = MC$ 的原则将价格定为 P_1，产量定为 Q_1，此时厂商是在 $P > MC$ 的条件下进行生产的。如果存在一级价格歧视，由于厂商对每一单位产品收取的价格不同，只要 $P > MC$，厂商就会提供产量，因此，图中厂商会把产量增加到 Q_2 为止，价格为 P_2，而此时 $P = MC$，这正好与完全竞争时的均衡一样。所以，一级价格歧视下的资源配置是有效率的，但由于消费者剩余全被剥夺了，因而缺乏公平。总之，垄断厂商实现一级价格歧视，意味着它必须只比定一个价格的情况下生产和销售了更多的产品，它之所以能做到这一点，是因为它能够把各个市场分隔开来，在这个市场上出售额外商品就不必降低另一个市场的价格。这样，垄断厂商的产销量就与完全竞争厂商的产销量完全相同了。

（2）二级价格歧视。它是指垄断者根据消费者购买商品数量的不同制定不同的价格。在二级价格歧视下，厂商对连续增大的销售量逐次制定较低的价格，夺取一部分消费者剩余。这方面常见的例子是批量购买可以打折扣。例如，消费者在购买水果时，购买 1 斤苹果的价格为 2 元，当购买 5 斤苹果时，消费者只需要支付 8 元。再如，电力部门对一定量电力（比如说 1～100 度）实行一种价格，对再增加的电力（比如说 101～200 度）实行另一种价格。二级价格歧视通常适用于那些易于衡量和记录的按小单位成批出售的商品和劳务。如若干分钟的通电话时长、若干度的耗电量等，因此，二级价格歧视多发生在供电、煤气等公用设施部门。二级价格歧视可以用图 5-26 来说明。

在图 5-26 中，如果垄断厂商根据消费者的购买量来确定价格，当消费者购买

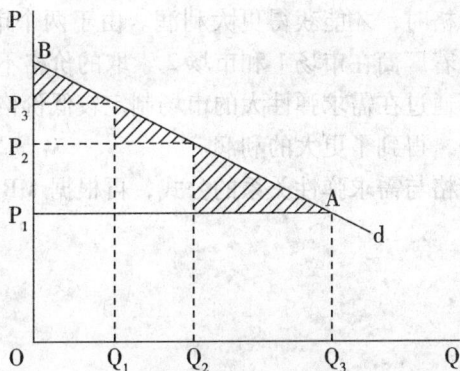

图 5-26　二级价格歧视

Q_1 数量时，商品价格为 P_3；当购买 Q_2 数量时，商品价格为 P_2；当购买 Q_3 数量时，价格为 P_1。这种定价行为，垄断厂商只能获得部分的消费者剩余，图中的阴影部分表示垄断厂商未得到的消费者剩余。显而易见，如果不存在价格歧视，实行统一定价，则厂商的总收益为 OQ_3AP_1，但如果实行二级价格歧视，分档定价，则图中的空白面积为垄断者增收部分，也就是垄断厂商所夺取的消费者剩余。

（3）三级价格歧视。它是指垄断者将消费者进行分类，按需求弹性的大小分别收取不同的价格。三级价格歧视主要是由于顾客会有不同的需求弹性，对顾客实行价格歧视就能使利润增加。例如，对飞机票降价，旅游者和公务乘客的反应是不同的，旅游者对机票的需求富有弹性，公务乘客对机票的需求缺乏弹性。假如由大连到成都的飞机票优惠，不可能使原先打算去西安出差的公务乘客改道去成都，但这将吸引大批原先打算在大连当地海边度假的旅游者飞往成都。可见，公务乘客对飞机票降价的反应小于旅游者，其弹性不足。因此，航空公司一般都对公务乘客收费较高，对旅游乘客收费较低。在现实生活中三级价格歧视非常普遍，如电影院对学生折扣优惠，药店对老年人降价等。从经济学的角度看，对学生、老年人降价是因为学生和老年人同一般消费者相比对价格更敏感，对这些人降价是为了不放过支付能力较低的顾客所组成的市场。

在三级价格歧视下，厂商首先把不同类型的购买者分割开来，形成子市场，然后把总销量分配到各个子市场出售，根据各个子市场的需求价格弹性分别制定不同的销售价格。在具体确定每个市场的销售量和价格时，厂商根据每个市场的边际收益相等，且等于整个产量的边际成本的原则来确定产量和价格，以获取最大利润。假如厂商根据需求弹性不同把买者划分为市场 1 和市场 2 两类市场，分别出售不同数量的商品，市场 1 的边际收益为 MR_1，市场 2 的边际收益为 MR_2，厂商为了使利润达到最大，它必须使两个市场的边际收益相等。如果边际收益不等，市场 1 的边际收益 MR_1 大于市场 2 的边际收益 MR_2，那么，厂商会减少市场 2 的销售量而增加市场 1 的销售量，这种调整一直会持续到 $MR_1 = MR_2$ 为止。与此同时，厂商还应该使每个市场的边际收益等于生产的边际成本。只有当厂商根据 $MR_1 = MR_2 = MC$

的原则来确定产量和价格时，才能获得更大利润。由于两个市场的需求弹性不同，相同的边际收益，意味着厂商在市场1和市场2索取的价格不同，这也就是说，在三级价格歧视下，厂商通过在需求弹性大的市场制定较低价格，在需求弹性小的市场制定较高价格的方法，得到了更大的利润。

根据边际收益、价格与需求弹性关系的公式，再根据 $MR_1 = MR_2$ 原则，可以推导出：

$$P_1\left(1 - \frac{1}{e_{d1}}\right) = P_2\left(1 - \frac{1}{e_{d2}}\right) \tag{1}$$

整理得：

$$\frac{P_1}{P_2} = \frac{1 - \frac{1}{e_{d2}}}{1 - \frac{1}{e_{d1}}} \tag{2}$$

因此，如果市场1的需求弹性大，市场2的需求弹性小，则利润最大化的垄断者会把市场1的价格定得低一些，而把市场2的价格定得高一些。

三级价格歧视可以用图5-27来说明。

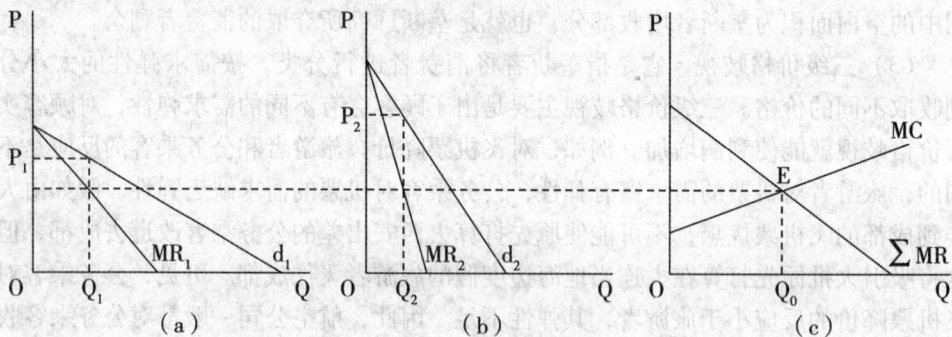

图5-27 三级价格歧视

在图5-27中，垄断厂商根据不同的消费群体，把市场有效的划分为市场1和市场2，如图（a）和图（b）所示。垄断厂商根据 $MR_1 = MR_2 = MC$ 的原则分别在两个市场确定价格和产量。因为市场1的需求弹性大于市场2的需求弹性，所以产品价格 P_1 小于产品价格 P_2，销售量 Q_1 大于 Q_2。垄断厂商的总销量为 Q_0（$Q_0 = Q_1 + Q_2$），如图（c）所示。厂商的这种定价行为，可以从不同的消费群体里获得最大的利润，从而实现厂商利润的最大化。

5.4 垄断竞争市场

5.4.1 垄断竞争市场的特征

垄断竞争市场是指该市场中有许多厂商生产和销售有差别的同一种产品。它是介于完全竞争与完全垄断市场之间的一种竞争与垄断兼而有之的市场结构。垄断竞争市场具有以下基本特征：

1）产品存在差异

产品差异是指基本功能相同的产品之间存在的差异。产品差异形成的原因主要有以下几点：第一，同类产品之间内在品质的不同，即由于技术或原料等方面的不同所产生的物理或化学特性上的差异。第二，同类产品外观形象的不同。主要表现在包装，商标等方面的差异。第三，同类产品的销售方法的差异。如销售区域不同，广告不同，售后服务不同以及服务态度等多方面的不同导致的差异。第四，消费者主观上的差异。每个人对同一产品的主观评价是不相同的，他会选择自己偏好的产品，这也就形成产品差异的因素之一。

在垄断竞争市场上，由于产品存在差别，各厂商都能够在一定程度上排除别的厂商的竞争，而处于一定的垄断地位。例如，香水有多种牌子。由于消费者对这些香水有不同的偏好，生产不同香水的厂商以自己的产品特色在一部分消费者中形成垄断地位。又如，销售位置对商品的价格和销售量也有影响。由于人们不愿意为购买一些普通的商品而花太多时间，因而地理位置占优势的商店，其垄断地位越强，它的价格和销售量可以高于其他商店。这样，产品差别就会引起垄断。但是，这些有差别的产品是同一种产品的差别，因而各种有差别的产品之间又存在替代性，即它们可以互相代替满足某些基本需求。例如，不同品牌、不同类型、不同颜色的电冰箱都可以满足人们的需求，因此可以互相替代。有差别产品之间的这种替代性就引起这些产品之间的竞争。所以说，产品差别既会产生垄断，又会引起竞争，从而形成一种垄断竞争的状态。

2）厂商数目众多

在垄断竞争市场上，有差别的产品往往是由不同的厂商生产的。因此，垄断竞争的另一个条件就是存在较多的厂商。这些厂商努力创造自己产品的特色以形成垄断，而这些产品之间又存在竞争。这就使得这些厂商处于垄断竞争的市场中。

3）厂商可以自由地进入或退出市场

在垄断竞争市场上，由于厂商数目众多，每个厂商的生产规模都比较小，他们能较为自由地进入或退出某个行业。因此，即使存在着产品差别，竞争仍然是不可避免的。例如，假定某厂商的产品在牌子、质量等方面都不占优势，然而，它不但可以通过降价与别的厂商进行价格竞争，而且还可以通过提高质量、改进包装、增加分量等方法与别的厂商进行非价格竞争。此外，厂商还可以利用广告宣传来增强消费者对他的产品的偏好，这也是厂商通常采用的一种非价格竞争手段。

4）厂商是价格的影响者

由于厂商数目众多，且产品之间具有较强的替代性，因此，单个厂商不能决定产品的价格。但又由于产品之间具有差异性，厂商可以根据这种差异来使产品的定价与其他厂商的产品价格略有不同。因此，垄断竞争厂商能够依据其略微的垄断地位拥有一定的定价自主权，但是市场里的竞争因素使得厂商的定价能力十分有限。

上述垄断竞争市场的第二和第三个特征与完全竞争市场基本相同，不同的是第一和第四个特征。而就第一个特征而言，产品差别性越小，它越接近完全竞争市场。在现实经济中，垄断竞争市场主要存在于轻工业、服务业、零售业、加油站等行业中。总之，经济中许多产品都是有差别的，因此，垄断竞争是一种普遍现象。

5.4.2　垄断竞争厂商的需求曲线

与完全垄断厂商一样，垄断竞争厂商所面临的需求曲线也是向右下方倾斜的。这是由于垄断竞争厂商可以在一定程度上控制自己产品的价格，即通过改变自己所生产的有差别的产品的销售量来影响商品的价格。所不同的是，由于各垄断竞争厂商的产品相互之间都是很接近的替代品，市场的竞争因素又使得垄断竞争厂商的需求曲线具有较大的弹性。因此，垄断竞争厂商向右下方倾斜的需求曲线是比较平坦的，相对地比较接近完全竞争厂商的水平形状需求曲线。

与完全竞争和完全垄断厂商的需求曲线不同，垄断竞争厂商的曲线有两条：一条是主观需求曲线；另一条是实际需求曲线（或称客观需求曲线）。主观需求曲线表示，当一个厂商改变自己产品的价格，而该行业中其他与之竞争的厂商并不随它而改变价格时，该厂商的价格与销售量的关系。在这种情况下，该厂商的销售量会大幅度变动。如果该厂商在其他厂商价格不变的情况下降价，就可以争夺别的厂商的顾客，提价会把顾客让出。这说明价格小有变动，则需求量变动大，则主观需求曲线比较平坦。实际需求曲线表示，当一个厂商改变自己产品的价格，该行业中其他与之竞争的厂商也随之改变价格时，该厂商的价格与销售量的关系。在这种情况下，该厂商的销售量变化不大，则实际需求曲线没有主观需求曲线弹性大。因为在这种竞争中任何一个厂商都不能通过降价争夺别的厂商的顾客。

对垄断竞争厂商的行为起制约作用的是实际需求曲线。它是所有厂商同比例改变价格前提下所形成的厂商需求曲线。实际需求曲线反映了一种特殊类型的价格竞争，即一个厂商降价导致所有其他厂商同比例降价，该厂商提价也会导致其他厂商同比例提价。因此，实际需求曲线的斜率大于主观需求曲线。下面用图5-28来分别说明这两种需求曲线。

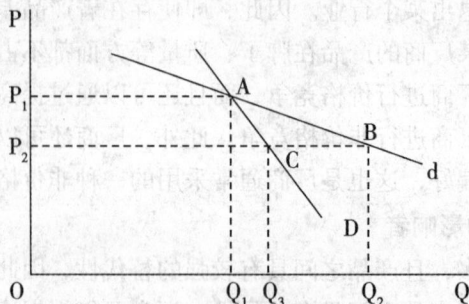

图5-28　垄断竞争厂商的主观需求曲线和实际需求曲线

在图5-28中，垄断竞争厂商面临着两种需求曲线，其中 d 为主观需求曲线，它的斜率较小，弹性较大；D 为实际需求曲线，它的斜率较大，弹性较小。假定某厂商变动价格前的均衡点为 A，此时的产量是 Q_1，产品价格为 P_1。现在它想通过降价来增加自己产品的销售量，于是价格由 P_1 降到 P_2，该厂商假设其他厂商保持价格不变，产量按照其主观需求曲线 d 由 Q_1 增加到 Q_2。既然这个垄断竞争厂商能够通过降价获得好处，那么，因降价而获得更大利润的刺激会引起别的厂商效仿，因此，市场上其他厂商不会保持价格不变，而是随之纷纷降价以争夺市场份额。这样一来，该厂商因降价而增加的销售量比预期的要少得多。所以，这时实际需求曲线成为它的需求曲线，它的实际销售量不是沿着 d 需求曲线向下移动，而是沿着 D 需求曲线向下移动。厂商的销售量实际应该为 Q_3，而不是 Q_2。也就是说价格变动引起的实际销售量的变化小于厂商的主观预期销售量的变化。

从以上的分析中可以归纳出主观需求曲线 d 和实际需求曲线 D 的相互关系的结论：一是当垄断竞争市场上所有厂商都以相同方式改变产品价格时，整个市场价格的变化会使得单个垄断竞争厂商的主观需求曲线 d 的位置沿着实际需求曲线 D 发生平移。二是由于主观需求曲线 d 表示单个垄断竞争厂商单独改变价格时所预期的销售量，实际需求曲线 D 表示每个垄断竞争厂商在每一市场价格水平实际所面临的市场需求量，所以，主观需求曲线 d 与实际需求曲线 D 相交，则意味着垄断竞争市场的供求相等状态。三是主观需求曲线 d 的弹性大于实际需求曲线 D。

5.4.3　垄断竞争厂商的短期均衡

1）垄断竞争厂商的短期均衡情况

垄断竞争厂商在决定产量和价格时，其行为和完全垄断厂商非常相似。它也是先根据边际收益等于边际成本原则确定最大利润产量，然后再根据此产量下消费者能够支付的最高价格确定售价。但是与完全垄断厂商不同的是，它要受到实际需求曲线的制约。只有当它选择的价格产量组合与实际需求曲线所规定的相一致时，它才能够处于均衡状态。

垄断竞争厂商的短期均衡的形成过程可用图 5-29 来说明。

在图 5-29 中，主观需求曲线 d 和实际需求曲线 D 表示厂商的两种需求曲线。与 d_1 曲线相对应的边际收益曲线是 MR_1，与 d_2 曲线相对应的边际收益曲线是 MR_2。假定厂商最初在主观需求曲线 d_1 曲线和实际需求曲线 D 相交的 N 点上进行生产。垄断竞争厂商根据 $MR_1 = SMC$ 的均衡点 E_1，决定将生产由 N 点沿着 d_1 需求曲线调整到 A 点，即将价格降低为 P_1，将产量增加为 Q_1。但是，实际上每个厂商参与竞争的结果，使得每个厂商所面对的实际需求曲线为 D，因此，当整个市场的价格下降为 P_1 时，厂商之间的竞争将使得主观需求曲线 d_1 沿着实际需求曲线 D 移动到了 d_2 的位置，这样，当每个厂商都把价格降为 P_1 时，每个厂商的产量都是 B 点所对应 Q_2，而不是 A 点所对应的 Q_1。

当厂商之间的竞争使主观需求曲线 d_1 沿着实际需求曲线 D 运动到了 d_2 的位置时，相应地，推动边际收益曲线由 MR_1 移到 MR_2 的位置，根据 $MR_2 = SMC$ 原则，

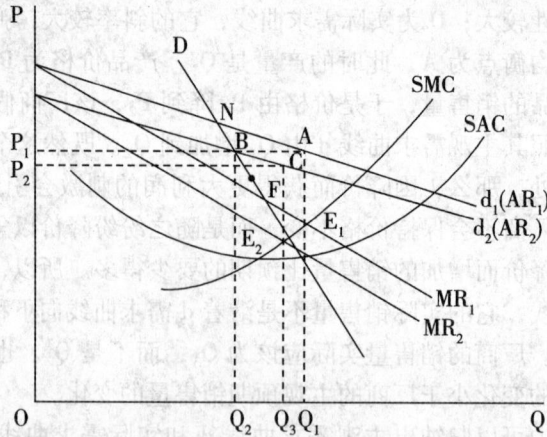

图 5-29　垄断竞争厂商的短期均衡的形成过程

厂商预期要达到的产量和价格是均衡点 E_2 所决定的 C 点 (P_2, Q_3)。但是，当单个厂商把价格由 P_1 降到 P_2 时，所有厂商也都把价格降到 P_2，相应地，这时主观需求曲线 d_2 将继续向下平移，并与实际需求曲线 D 相交于 F 点，此时厂商的价格和产量就是 F 点所表示的（F 点所表示的价格和产量在图中从略），以此类推。总之，随着价格不断下降，厂商的主观需求曲线 d 沿着实际需求曲线 D 向下平移，即在每一价格水平下都有 d 曲线与 D 曲线相交，这一过程一直持续到厂商所追求的均衡条件 MR = SMC 时为止。即边际成本等于边际收益，同时实际需求曲线 D 和厂商的主观需求曲线 d 也相交，此时，厂商的短期均衡就实现了。

在短期均衡中，与完全垄断市场上一样，垄断竞争厂商可能获得超额利润、也可能收支相抵或亏损，这取决于均衡价格大于、等于或小于短期平均成本 SAC。若 P>SAC，厂商获得超额利润；若 P = SAC，厂商收支相抵，超额利润为零；若 P<SAC，厂商出现亏损。在企业亏损时，只要均衡价格大于 AVC，厂商在短期内总是继续生产的；只要均衡价格小于 AVC，厂商在短期内就会停产。下面以垄断竞争厂商获得超额利润为例来说明垄断竞争厂商短期均衡时的盈利情况，如图 5-30 所示。

在图 5-30 中，假定垄断竞争厂商连续降价的结果将使得主观需求曲线 d 和实际需求曲线 D 相交于 M 点上的产量和价格，恰好是 MR = SMC 时的均衡点 E 所要求的产量 Q_0 和价格 P_0。此时，厂商便实现了短期均衡，并获得了超额利润，其超额利润量相当于图中的阴影部分的面积。其他短期均衡时的盈利情况可参照图 5-30 做出，在此从略。

2）垄断竞争厂商的短期均衡条件

垄断竞争厂商除了有两条需求之外，其短期均衡情况和条件与完全垄断厂商的均衡情况和条件是一样的。这是因为，在垄断竞争条件下，短期内每一个厂商对于自己所生产的有差别的产品都具有垄断地位，所以都可以获得超额利润。但是，如果成本不变，市场需求缩小，或市场需求不变，成本上升，会使厂商无利可图，遭

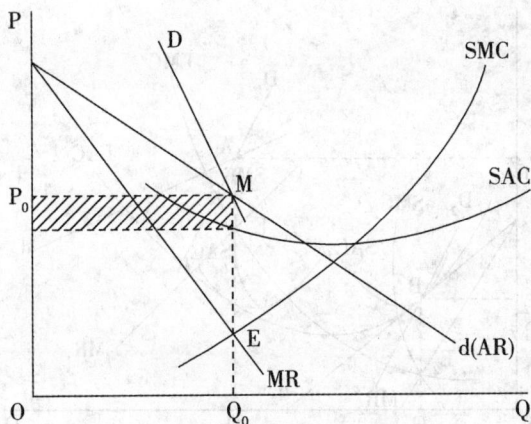

图 5-30 垄断竞争厂商的短期均衡之一

受损失。因此，垄断竞争厂商在短期内也并不一定都能够获得超额利润，但当它实现了 MR=MC 时，即使亏损也是最小亏损。由此可见，垄断竞争厂商关于价格和产量的决定原则都与完全垄断条件下的一样，其实现均衡的条件也是一样的。所不同的是垄断竞争厂商面临的是两条需求曲线。

从图 5-29 和图 5-30 中可见，当 MR=SMC 时，厂商处于均衡状态，它所选择的价格产量组合能够满足实际需求曲线的制约。即短期内垄断竞争厂商处于均衡时，要满足的条件是边际收益曲线和边际成本曲线的交点与厂商主观需求曲线和实际需求曲线的交点位于坐标横轴的同一条垂线上。所以，垄断竞争厂商短期均衡的条件是：

MR=SMC

需要特别指出的是，在垄断竞争市场短期均衡时，必定存在一个主观需求曲线 d 和实际需求曲线 D 的交点，它意味着市场上的供求是相等的。此时，垄断竞争厂商可能获得最大利润，可能利润为零，也可能是最小亏损。

5.4.4 垄断竞争厂商的长期均衡

在长期中，垄断竞争市场内的厂商数目和企业生产规模都可以发生变化，因此，无论是主观需求曲线还是实际需求曲线都是可以发生变动的，厂商在不断的调整中将实现长期的均衡。垄断竞争厂商在长期均衡时的利润必定为零，即在垄断竞争厂商的长期均衡点上，主观需求曲线 d 必定与长期平均成本曲线 LAC 相切，这是与完全竞争厂商相似的。但与完全竞争厂商水平的需求曲线不同，垄断竞争厂商所面临的是两条向右下方倾斜的曲线，因此，垄断竞争厂商的长期均衡的实现过程及其图形有其特点。

垄断竞争厂商的长期均衡情况可以用图 5-31 来说明。

假设垄断竞争厂商开始时在 A 点上经营，其主观需求曲线为 d_1，实际需求曲线为 D_1，此时厂商根据短期利润最大化原则（MR=SMC）在 E_1 点上实现短期均

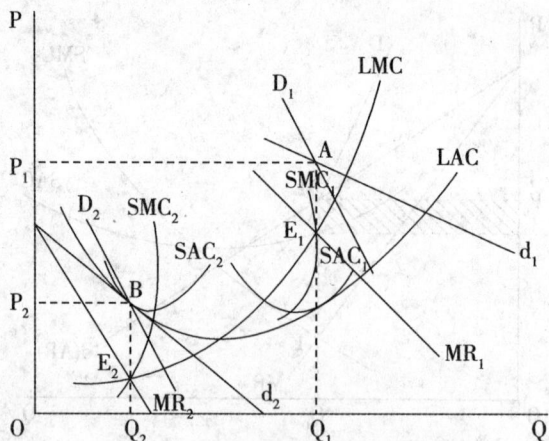

图 5-31　垄断竞争厂商的长期均衡

衡，由此决定产量为 Q_1，产品价格为 P_1，且 $P_1 > LAC$，可以说厂商处于垄断地位，并且获得了垄断利润。但是，在长期的情况下，厂商的垄断地位只是暂时的，其他厂商将会纷纷进入市场来获取超额利润。这种竞争的结果是：厂商的主观需求曲线和实际需求曲线都将向下移动到 d_2 和 D_2。激烈的竞争使得行业的超额利润为零，因此厂商长期均衡时在 B 点上经营，此时厂商根据长期利润最大化原则（MR = LMC）在 E_2 点上实现长期均衡，主观需求曲线 d_2 相切于长期平均成本 LAC，即 $P_2 = LAC$，产品价格与平均成本相等，厂商的超额利润为零，新厂商停止进入。同时，主观需求曲线 d_2 与实际需求曲线 D_2 相交于切点 B，垄断竞争厂商实现长期均衡。可见，垄断竞争厂商实现长期均衡时，不仅主观需求曲线 d 与 LAC 相切，而且实际需求曲线 D 必须与主观需求曲线相交于主观需求曲线与 LAC 的切点。在均衡点上，厂商的总收益等于总成本，即超额利润为零。因此，垄断竞争厂商的长期均衡条件是：

MR = LMC = SMC

AR = LAC = SAC

图 5-31 分析了厂商由盈利到利润为零的长期均衡的实现过程，至于厂商由亏损到利润为零的长期均衡的实现过程，就表现为原有厂商退出的相反的过程，对这一过程的分析在此从略。需要指出的是，尽管垄断竞争厂商具有垄断势力，但是，在长期中厂商不管是由盈利到利润为零，还是由亏损到利润为零，总之，垄断竞争的长期均衡时超额利润（经济利润）必须为零。这一点与完全竞争一样。

5.5　寡头垄断市场

5.5.1　寡头垄断市场的基本特征

寡头垄断市场是指少数厂商控制了某一行业，垄断了这一行业的全部供给。它是介于完全竞争和完全垄断之间的一种市场结构。寡头垄断市场的基本特征是：

1）厂商数目较少

在寡头垄断市场上，行业中只有几家厂商，这几家厂商的产量在该行业的总供给中占了很大的比例，其他厂商由于在规模、资金、原料等方面的限制很难进入该市场。由于这几家厂商的产量都占有相当大的份额，从而这几家厂商对整个行业价格与产量的决定都有举足轻重的影响。同时，这几家厂商之间又存在着不同形式的竞争，这种竞争有价格竞争，也有非价格竞争。

2）厂商之间相互依存

在寡头垄断市场上，几家寡头之间的相互依存性是其具有其他市场结构所没有的一个重要特征。在完全竞争与垄断竞争市场上，厂商数量都相当多，各厂商之间并没什么密切的关系，各厂商都是独立地作出自己的决策，而不用考虑其他厂商的决策或对自己的决策的反应。而完全垄断市场上只有一家厂商，并不存在与其他厂商关系的问题。在寡头垄断市场上，各厂商之间存在着极为密切的关系。因为厂商数量很少，每家厂商在市场上都占有举足轻重的地位，他们各自在价格或产量方面决策的变化都会影响整个市场及其他竞争对手的行为。每家厂商在作出价格与产量的决策时，不仅要考虑到自身的成本与收益状况，而且还要考虑这一决策对市场的影响，以及其他厂商可能作出的反应。所以，寡头之间存在着相互依存性。

寡头之间的这种相互依存性对寡头垄断市场的均衡有着重要的影响。首先，在寡头垄断市场上，由于各寡头之间的相互依存，他们在作出价格和产量决策时都要考虑到成为其竞争对手的其他厂商的反应，而其他厂商对其决策的反应千变万化，不易捉摸，不同的反应方式会影响到厂商的销售量，形成不同的需求曲线形状，因此，寡头之间的相互依存关系使寡头厂商的需求曲线具有不确定性，这就使得在寡头垄断市场上很难对产量与价格作出像前三种市场那样确切而肯定的答案。其次，由于各寡头难以揣摩竞争对手的行为，一般不会轻易变动已确定的价格与产量水平，因此，各寡头厂商的价格和产量决策一旦确定之后有其相对稳定性。最后，由于寡头之间的相互依存性，使他们之间更容易形成某种形式的勾结。但各寡头之间存在着利益冲突，因此，他们之间的勾结并不能取代竞争，寡头之间的竞争往往会更加激烈，其中任何一家的竞争行动，都会影响其他几家的销售量和利润。

3）产品差异可有可无

在寡头垄断市场上，各个厂商生产的产品可能有差异，也可能基本无差异。生产有差别产品的寡头称为差别寡头，彼此的产品存在互相替代的关系。例如汽车、香烟、造船等行业的寡头。生产无差别产品的寡头称为纯粹寡头，彼此依存性很强。例如钢铁、水泥、石油行业等的寡头。

4）进退障碍较高

在寡头垄断市场上，由于规模经济，专利或特殊技术以及企业的策略性行为等原因，使得该市场存在着较高的进退障碍，厂商进入或退出该市场都是比较困难的。而且，较高的进退障碍有效地维护了寡头厂商的垄断地位。

由上可见，寡头市场具有与其他市场结构不同的特征，其中最突出的就是寡头行为之间的相互影响、相互依赖的关系。寡头垄断市场被认为是一种较为普遍存在的市场。西方国家的许多重要行业都由少数几家厂商控制。例如，美国的汽车业、电气设备业、罐头行业等都表现出寡头垄断的特点。

5.5.2　寡头垄断市场的成因

寡头垄断市场在经济中占有十分重要的地位。例如在美国，汽车、炼铝、石油、飞机制造、机械、香烟等重要行业都是寡头垄断市场。这些行业中大都是四五家公司的产量占全行业产量的70%以上。在日本、欧洲等发达国家也存在着同样的现象。为什么在钢铁、汽车、造船这类重工业行业中寡头垄断是最普遍的呢？寡头垄断市场的成因是什么？

一般来说，寡头垄断市场的产品只有在大规模生产时才能获得好的经济效益。也就是说，在这种行业中，大规模生产的经济特别明显。只有在产量达到一定规模后平均成本才会下降，生产者才有利可图。这些行业中每个厂商的产量都占市场份额很大的比例，这就决定了市场上只需要几家厂商的存在，其产量就足以满足市场的需求。因此，寡头垄断的形成可以是由规模经济以及某些产品的生产与技术要求的特点决定的。同时，寡头垄断行业一般都有巨额资金的需要，这样，使得其他厂商很难进入这一行业来与这一行业中已有的厂商进行竞争，何况已有的寡头也要运用各种方法阻止其他厂商的进入。同时，由于巨额资金的投入，使得厂商退出也是相当困难的。总之，规模经济，进退障碍或是这些寡头本身所采取的各种排他性措施等因素都会促使寡头垄断市场的形成。此外，这些寡头对某些生产要素的控制以及政府对这些寡头的扶植与支持，也促进了寡头垄断市场的形成。

5.5.3　寡头垄断模型

基于上述寡头垄断市场的基本特征，寡头垄断市场可分为合作寡头垄断与非合作寡头垄断两种类型。在这里，合作是指厂商之间相互勾结或相互串谋，即厂商之间在进行决策时以某种方式互通信息。因此，合作寡头垄断涉及的是有勾结行为的寡头厂商的价格和产量的决定；非合作寡头垄断涉及的是无勾结行为的寡头厂商的价格和产量的决定。由于在寡头垄断市场上厂商之间决策的相互依存性，加之市场运行中不确定性因素的存在，导致寡头垄断市场均衡价格与均衡产量的决定相对比较复杂。一般来说，有多少关于竞争对手厂商的反映方式的假定，就有多少关于寡头厂商的均衡价格和均衡产量的决定模型。因此，依赖于对厂商行为的不同假设，存在着若干种均衡决定模型。下面介绍几种较为经典的寡头垄断均衡决定模型。

1）古诺模型

古诺模型是法国数学家和经济学家奥古斯丁·古诺（Augustin Cournot）在1838年出版的《关于财富理论的数学原理的研究》一书中首次提出的双寡头垄断

模型，又称古诺解。古诺首次用数学方法研究经济学原理，因而被称为数理经济学的鼻祖。

古诺模型是建立在一些十分抽象的严格的假设前提之上的模型。它的假设前提条件是：

第一，假设只有两个寡头 A 与 B，生产完全相同的商品。

第二，为了简便起见，假设生产成本为零（例如无须任何代价即可取得的矿泉水）。

第三，假设总需求是线性的，并且两家寡头分享市场。

第四，假设各方都根据对方的行动作出反应，并假定对方会继续这样行事，来作出自己的决策。

第五，假设每家寡头都通过调整产量来实现利润最大化。

古诺模型如图 5-32 所示。

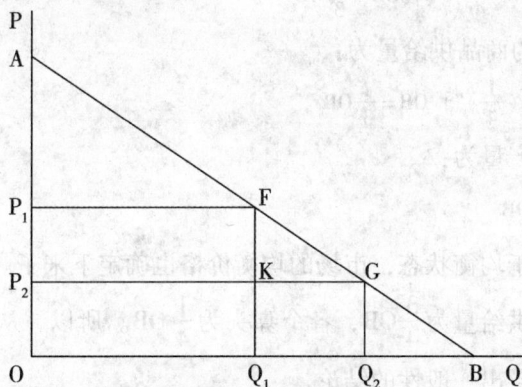

图 5-32　古诺模型

在图 5-32 中，A B 为两家寡头所面临的需求曲线。当不考虑生产成本时，总产量为 OB，价格为零。假定双寡头在第一轮竞争中，A 寡头厂商先进入市场，这时的市场总容量为 OB，为了获得最大利润，寡头厂商 A 必然选择 $OQ_1 = \frac{1}{2}OB$ 的产量，相应的价格为 OP_1，这时获得的利润最大，为图中的 OQ_1FP_1 的面积（矩形 OQ_1FP_1 是直角三角形中 AOB 的最大内接四边形）。当 B 寡头厂商进入这个市场后，它认为 A 寡头厂商不会改变其产量，A 寡头厂商的供给量仍为 OQ_1，因此市场剩余的需求量为 Q_1B。为了获得最大利润，B 寡头厂商只能供给 Q_1B 的一半的供给量，即 Q_1Q_2（$Q_1Q_2 = \frac{1}{2}Q_1B = \frac{1}{4}OB$），相应的价格为 OP_2，这时获得的利润最大，为图中的 Q_1Q_2GK 的面积。当 B 寡头厂商供给量为 Q_1Q_2 时，市场总供给量增加到 OQ_2，因此，价格下降为 OP_2，这时，A 寡头的收益减少为 OQ_1KP_2，于是 A 寡头又要采取行动。

双寡头竞争进入第二轮。寡头厂商 A 认定寡头厂商 B 不会改变其产量，由此认为自己的市场容量为 $OQ_2 = \frac{3}{4}OB$。并把产量定为 $\frac{1}{2}OQ_2 = \frac{3}{8}OB$ ($< \frac{1}{2}OB$)，比原产量减少 $\frac{1}{8}$，价格相应上升。这时，厂商 B 的市场容量增大为 $\frac{5}{8}OB$。并把产量定为其容量的一半，即 $\frac{5}{16}OB$ ($> \frac{1}{4}OB$)，比原产量增加 $\frac{1}{16}$。

循此以往，经过第三轮、第四轮……的竞争，这样，在双方的竞争不断如此进行下去的过程中，A 寡头厂商的产量逐渐减少，B 寡头厂商的产量逐渐增加，最后达到一个均衡点，这时，他们的总供给量将为 $\frac{2}{3}OB$，每人 $\frac{1}{3}OB$，也就是说，双方竞争的结局是：

A 寡头所提供的商品供给量为：

$$\left[\frac{1}{2} - \frac{1}{8} - \frac{1}{32} \cdots \frac{1}{2}\left(\frac{1}{4}\right)^{n-1}\right] OB = \frac{1}{3}OB$$

B 寡头所提供的商品供给量为：

$$\left[\frac{1}{4} + \frac{1}{16} + \frac{1}{64} + \cdots + \left(\frac{1}{4}\right)^{n}\right] OB = \frac{1}{3}OB$$

行业的均衡总产量为：

$$\frac{1}{3}OB + \frac{1}{3}OB = \frac{2}{3}OB$$

这时，市场处于均衡状态，市场的均衡价格也确定下来了。由此可以推出，当有三个寡头时，总供给量为 $\frac{3}{4}OB$，各个寡头为 $\frac{1}{4}OB$。所以，从双寡头垄断理论的古诺模型中可以推导出一般性的结论。

令寡头厂商的数量为 n，则可能得到一般的结论如下：

每个寡头厂商的均衡产量＝市场总容量×$\frac{1}{n+1}$

行业的均衡总产量＝市场总容量×$\frac{n}{n+1}$

古诺模型也可以用以下建立寡头厂商的反应函数的方法来说明，反应函数反映了当对手行动的信息给定时的厂商的最佳行为。

在古诺模型的假设条件下，设市场的线性反需求函数为：

$$P = 300 - Q = 300 - (Q_A + Q_B) \tag{1}$$

式中，P 为商品的价格，Q 为市场的总需求量，Q_A 和 Q_B 分别为市场对 A、B 两个寡头厂商的产品需求量，即 $Q = Q_A + Q_B$。

对于 A 寡头厂商来说，其利润等式为：

$$\pi_A = TR_A - TC_A = P \cdot Q_A - 0 \text{（因为已假定 } TC_A = 0\text{）}$$
$$= [300 - (Q_A + Q_B)] \cdot Q_A = 300Q_A - Q_A^2 - Q_AQ_B$$

A 寡头厂商利润最大化的一阶条件为：

$$\frac{\partial \pi_A}{\partial Q_A} = 300 - 2Q_A - Q_B = 0$$

$$2Q_A = 300 - Q_B$$

$$Q_A = 150 - \frac{Q_B}{2} \tag{2}$$

上式就是 A 寡头厂商的反应函数，它表示 A 厂商的最优产量是 B 厂商的产量的函数。也就是说，对于 B 厂商的每一个产量 Q_B，A 厂商都会作出反应，确定能够给自己带来最大利润的产量 Q_A。

与上述类似，对于 B 寡头厂商来说，则有：

$$\pi_B = 300Q_B - Q_B^2 - Q_A Q_B$$

$$\frac{\partial \pi_B}{\partial Q_B} = 300 - 2Q_B - Q_A = 0$$

$$2Q_B = 300 - Q_A$$

$$Q_B = 150 - \frac{Q_A}{2} \tag{3}$$

上式就是 B 寡头厂商的反应函数，它表示 B 厂商的最优产量是 A 厂商的产量的函数。

联立 A、B 两寡头厂商的反应函数，便得到如下方程组：

$$\begin{cases} Q_A = 150 - \dfrac{Q_B}{2} \\ Q_B = 150 - \dfrac{Q_A}{2} \end{cases}$$

由此方程组得 A、B 两厂商的均衡产量解：$Q_A = 100$，$Q_B = 100$。可见，每个寡头厂商的均衡产量是市场总容量的 1/3，即有：

$$Q_A = Q_B = \frac{300}{3} = 100 \tag{4}$$

行业的均衡总产量是市场总容量的 2/3，即有：

$$Q_A + Q_B = 2 \cdot \frac{300}{3} = 200 \tag{5}$$

将 $Q_A = Q_B = 100$ 代入市场反需求函数（1）式，可求得市场的均衡价格：

$$P = 300 - Q = 300 - (Q_A + Q_B) = 300 - 200 = 100$$

上述方法还可以用图 5-33 中的反应曲线来说明。

图中的横轴 OQ_A 和纵轴 OQ_B 分别表示 A、B 两个寡头厂商的产量。由于市场需求函数是线性的，所以，A、B 两个寡头厂商的反应函数也是线性的。图中两条反应曲线的交点 E，就是古诺模型的均衡解。在均衡点 E 上，A、B 两个寡头厂商的均衡产量都是 100 单位。

从古诺模型可以推知，如果该市场只有一家厂商，厂商的均衡产量应为 OQ_1，即厂商 A 最初进入市场时的情况，实际上是完全垄断市场中的情形。如果市场中有无数家厂商，总供给量等于 OB，价格等于边际成本，二者都等于零，这是完全竞争市场中的情形。可见，完全竞争和完全垄断是古诺模型的两个特例。

比较各种市场结构下的均衡产量可知，完全竞争市场的均衡产量最高，完全垄断市场的均衡产量最低，寡头垄断市场的均衡产量介于两者之间；在均衡价格方

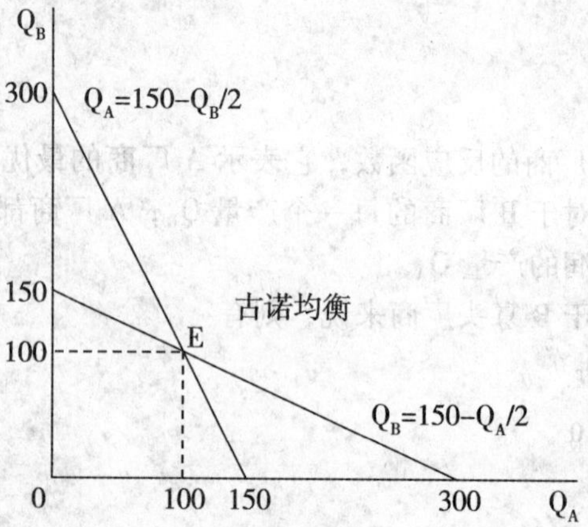

图 5-33 双寡头垄断的反应曲线

面，完全垄断市场中的厂商定价最高，完全竞争市场中的厂商定价最低，寡头垄断市场中的均衡价格介于两者之间。

2）埃奇沃斯模型

埃奇沃斯模型是爱尔兰经济学家埃奇沃斯（F. Y. Edgeworth）于 1897 年提出的一个模型。该模型的假定前提与古诺模型有个重要的不同点，即古诺假定厂商把对手的产量看做是固定的，埃奇沃斯则假定厂商把对手的价格看做是固定的。此外，他还假定每个厂商的产量都是有限的，无法供应整个市场。埃奇沃斯模型如图 5-34 所示。

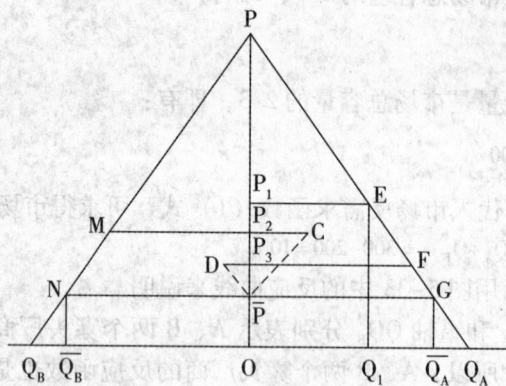

图 5-34 埃奇沃斯模型

在图 5-34 中，A、B 两家厂商平分市场。PQ_A 是 A 厂商的需求曲线，PQ_B 是 B 厂商的需求曲线，$O\overline{Q_A}$、$O\overline{Q_B}$ 分别为两家厂商的最大产量。

假定厂商 A 先进入市场，按照最大利润原则，把价格定在 OP_1，提供 $OQ_1 = \frac{1}{2}OQ_A$ 的产量，得到 OQ_1EP_1 的最大利润。现在厂商 B 进入市场，他假设 A 不会改变价格，而且两家厂商的产品是同质的，于是他把价格定在 OP_2，$OP_2 < OP_1$，这样就能

把 A 的一部分顾客吸引过来,从而销售其全部产量 $CM = \overline{PN} = O\overline{Q_B}$,并获得高额利润。A 发现自己的销量减少,也会如法炮制地采取降价措施,把价格定在 OP_3, $OP_3 < OP_2$,这样就可以抢走 B 的一部分顾客,从而销售其全部产量 $DF = \overline{PG} = O\overline{Q_A}$。接着,B 又会降价……这样如此循环往复地进行价格战,直至价格降到 $O\overline{P}$,A、B两个厂商均售出其全部产量为止,价格不再下降。

但是,$O\overline{P}$ 并不是一个稳定的均衡价格,因为这时的市场总需求中还有 $\overline{Q_A}Q_A$和 $\overline{Q_B}Q_B$ 部分没有得到满足,买者有可能按高于 $O\overline{P}$ 的价格购买。因此,只要一家厂商把价格再提高,就可获得高额利润。但是,一旦厂商 A 抬高价格,厂商 B 也会竞相抬高价格,并使价格稍低于 A 厂商的价格,这样一来,两个寡头厂商又开始了新一轮的价格战,而且价格始终在 OP_1 与 $O\overline{P}$ 之间上下波动。可见,埃奇沃斯模型中的价格和产量解是不确定和不稳定的。

3）张伯伦模型

张伯伦模型是美国经济学家张伯伦于 1933 年提出的一个更加现实的模型。他认为早期模型的假设前提过于脱离实际,因此,在古诺模型基础上,他假定双头寡头在竞争中意识到双方的相互依存性,在采取竞争行动时要考虑到对手的反应,寻求一种妥协的办法,以获得最大利润。张伯伦模型如图 5-35 所示。

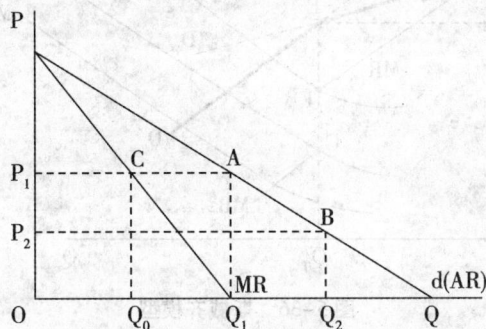

图 5-35　张伯伦模型

在图 5-35 中,厂商 A 首先进入市场,面临的需求曲线为 d,按照利润最大化原则,确定价格为 OP_1,产量为 OQ_1（$= \frac{1}{2}OQ$）。然后厂商 B 进入市场,确定产量为 $Q_1Q_2 = \frac{1}{4}OQ$,价格为 OP_2。由于他们意识到双方之间的相互依存关系,知道只有共同生产 OQ_1,才能共同分享最大利润。因此,当两个厂商都进入市场后,厂商 A 自动让出原产量的一半,只生产 OQ_0,厂商 B 也只生产 Q_0Q_1。双方平分最适度产量 OQ_1,都采用价格 OP_1,从而平分最大利润。其中,厂商 A 的利润为 OQ_0CP_1,厂商 B 的利润为 Q_0Q_1AC,即 $OQ_0CP_1 = Q_0Q_1AC = \frac{1}{2}OQ_1AP_1$。在这里,$OP_1$ 是完全稳定的价格。

4）斯威齐模型

斯威齐模型是美国经济学家斯威齐于 1939 年提出的"折弯需求曲线"模型，用来解释寡头市场上的价格刚性。由于寡头之间的相互依存关系使寡头厂商的需求曲线具有不确定性，进而使寡头市场上的价格具有不确定性，但是，在实际经济中，有些寡头市场的价格一旦形成，即使成本有一定量的改变，一般说来其价格都会保持相当长的时期不变，这就是价格刚性。这种情形往往出现于钢铁、汽车等寡头市场。

斯威齐模型的假设条件是：寡头垄断厂商推测其他寡头厂商对其调整价格的态度是：跟跌不跟涨，即当一个寡头厂商提高价格时，其他寡头厂商为了增加自己的销售量并不提高价格，因而提价的寡头厂商的销售量的减少是很多的；当一个寡头厂商降低价格时，其他寡头厂商为了维持销售量，就跟随着降低价格，因而该寡头厂商的销售量的增加是很有限的。

在上述假设条件下，寡头垄断厂商的需求曲线就呈弯折的需求曲线的形状。因此，斯威齐模型又称弯折的需求曲线模型。斯威齐模型如图 5-36 所示。

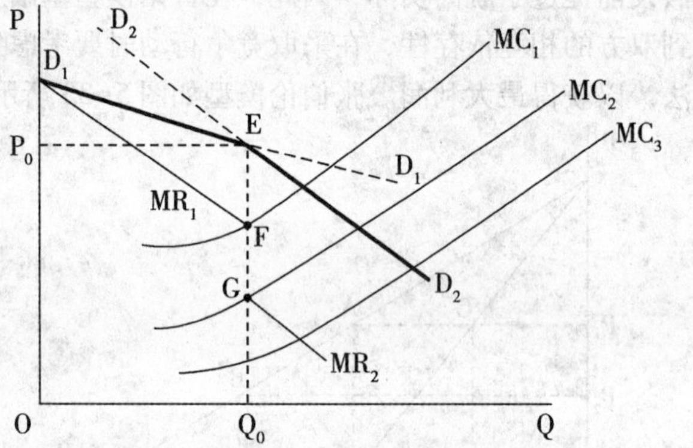

图 5-36 斯威齐模型

在图 5-36 中，需求曲线 D_1 表示某寡头垄断厂商价格上涨时，其他厂商保持价格不变时该寡头厂商所面对的需求曲线。需求曲线 D_2 表示某寡头厂商降价时，其他厂商跟随降价时该寡头厂商所面对的需求曲线。其中，D_1 的需求价格弹性大于 D_2 的需求价格弹性。

假定开始时的市场价格为 D_1 需求曲线和 D_2 需求曲线的交点 E 所决定的 P_0，产量为 Q_0。那么，根据该模型的基本假设条件，由于其他厂商对某寡头厂商的价格变动采取跟跌不跟涨的态度，当该垄断厂商由 E 点出发，提价所面临的需求曲线是 D_1 需求曲线上左上方的 D_1E 段，当厂商降价所面临的需求曲线是 D_2 需求曲线上右下方的 D_2E 段，于是，这两段共同构成的该寡头厂商的需求曲线为 D_1ED_2。显然，这是一条弯折的需求曲线，折点是两条曲线相交的 E 点。

弯折的需求曲线表明：某寡头厂商把价格提高到 OP_0 以上时，因其他厂商不随之提价，意味着该寡头厂商因提价所带来的需求量的减少量是很大的，所以，其提价时所面临的是富有弹性的需求曲线，很容易失去顾客。当该寡头厂商把价格降到 OP_0 以下时，因其他厂商随之降价，意味着该寡头厂商因降价所带来的需求量的增加量是很小的，所以，其降价时所面临的是缺乏弹性的需求曲线，难以争取到顾客。这两种情况下的利润都会减少。厂商这时变动价格无利可图。因此，它既不提价也不降价，维持 P_0 价格不变，即价格呈刚性。

在斯威齐模型中，需求曲线的弯折导致边际收益曲线出现缺口，即 F 点和 G 点之间的空缺。与弯折需求曲线中的 D_1E 段所对应的边际收益曲线为 MR_1，与弯折需求曲线中的 D_2E 段所对应的边际收益曲线为 MR_2，两者结合在一起，便构成了寡头厂商的折断的边际收益曲线，其折断部分为垂直虚线 FG。在这个区域中可以有无数条边际成本曲线存在，因此就会出现厂商成本发生变化，而价格不变的现象。如 MC_1 曲线上升为 MC_2 曲线时，寡头厂商仍将均衡价格和均衡产量保持在 P_0 和 Q_0 的水平。除非成本发生很大的变化，如成本下降使得边际成本曲线下降为 MC_3 曲线的位置时，才会影响均衡价格和均衡产量水平。

折断的边际收益曲线表明：在 FG 表示的一定范围内，边际成本的变动不会影响产量和价格，因为 SMC_1 和 SMC_2 均与 FG 相交，即边际成本等于边际收益，均获最大利润。因此，只要边际成本在 FG 之间变动，厂商就不会改变其价格，价格显示出刚性。

斯威齐模型说明了寡头市场中的价格刚性，但这一理论本身还有缺陷。它没有解释开始时具有刚性的价格本身（如图中的价格水平 P_0）是如何形成的，只是说明了厂商现有产品价格所具有的刚性。

5）卡特尔模型

上述各种模型都属于无勾结行为的寡头垄断，即非合作寡头垄断。但在现实经济中，还存在着有勾结行为的寡头垄断，即合作寡头垄断。由于寡头厂商们认识到它们之间的相互依赖性以及激烈竞争给自己带来的损失，因此，为了避免在竞争中两败俱伤，寡头厂商之间往往会达成某种协议，通过不同的价格操纵方式，确定市场价格和产量，减少价格和产量的不确定性，以谋求最大的共同利益。有勾结的寡头垄断操纵价格的主要方式之一就是卡特尔。

卡特尔是指某一行业内独立的寡头厂商之间作出的有关价格、产量和瓜分销售区域等事项达成明确的协议而建立的垄断组织。它是寡头垄断厂商以公开或正式的方式进行勾结的一种形式。通过这种形式的勾结，寡头厂商达到协调一致的行动，以争取共同的最大利润。

促使卡特尔形成并在一定时期内存在的原因主要有以下几个方面：

第一，卡特尔提高市场价格的能力。只有预计卡特尔能成功的提高并且维持高水平价格的情况下，厂商才会加入到卡特尔。加入卡特尔的厂商数目越多，卡特尔对市场价格的控制能力也就越强。也可以说，厂商预计卡特尔维持高价格水平的时间越久，建立卡特尔的现期价值就越大。

第二，对卡特尔的立法与执法严格程度。目前，卡特尔在绝大多数国家里是违法的，一旦某个卡特尔组织被发现，可能受到严厉的惩罚，如巨额罚款和赔偿，企业法人被判刑入狱等。因此，如果一国对卡特尔组织立法与执法方面的约束较弱，就会在客观上助长卡特尔组织的建立与维持。

第三，卡特尔的组织成本。如果组织卡特尔的成本过高，卡特尔就不容易建立。影响卡特尔组织成本大小的因素有：卡特尔内的厂商数目，市场集中度，产品是否同质和商业协会是否存在。如果厂商数目过多，那么厂商之间协调就比较困难，卡特尔组织费用将上升。成功的卡特尔组织还应该具有较高的市场集中度，这样它才能控制价格，降低组织成本。产品同质也是必要的，如果各个厂商生产的产品不同，那么它们之间很难就价格达成协议，使得卡特尔的组织成本上升。商业协会的存在也将促进卡特尔的形成，它能够协调和监督厂商之间的行为，大大降低组织成本。

第四，违约惩罚的严厉程度。卡特尔组织对内部成员违反串谋协议的行为通常会采取惩罚措施，如减少在下一轮产量分配中所占的比例等。惩罚的严厉程度直接影响厂商违背协议的动机，惩罚越严格，厂商违背协议的可能性就越小。

卡特尔的主要任务：一是决定卡特尔组织能实现最大利润的总产量和销售价格；二是在卡特尔成员之间分配产量限额和利润份额（如图5-37所示）。

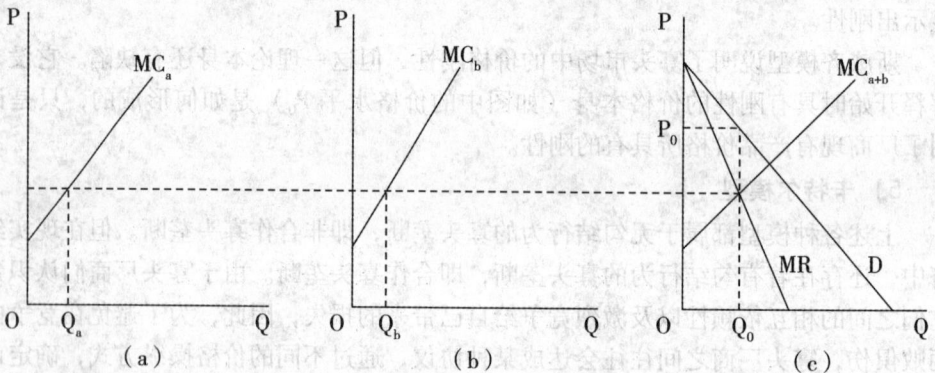

图5-37　卡特尔的产量和价格的决定

在图5-37中，假设一个卡特尔有A、B两家厂商，它们的边际成本曲线分别是MC_a和MC_b，如图5-37（a）和（b）所示。图（c）显示了卡特尔的边际成本曲线MC、边际收益曲线MR及其需求曲线D。

关于决定卡特尔组织能实现最大利润的总产量和销售价格的问题可用图5-37（c）来说明。在图5-37（c）中，卡特尔形成后，整个行业的需求曲线D就是卡特尔的需求曲线，把各个成员厂商的边际成本曲线水平相加，就得到整个卡特尔的边际成本曲线MC_{a+b}。从卡特尔的需求曲线找到相对应的边际收益曲线MR。根据边际收益等于边际成本的原则，便可确定卡特尔的产量和价格了。如图5-37（c）所示，卡特尔的需求曲线是D，卡特尔的边际成本曲线是MC_{a+b}，它与边际收益曲线

MR 相交，确定了产量 Q_0，进而又根据需求曲线确定价格 P_0。很明显，卡特尔组织实行的是统一价格 P_0，总产量是 Q_0。这样，整个卡特尔的行动就像一个独家垄断厂商的行为一样了。

关于在卡特尔成员之间分配产量限额和利润份额的问题可用图 5-37（a）和（b）来说明。卡特尔根据边际收益等于边际成本的原则，确定了卡特尔的价格为 OP_0，产量为 OQ_0 后，那么，总产量 Q_0 是如何在成员内部进行分配呢？在这里总产量的分配是以"卡特尔总成本最小"为原则，即为了使卡特尔的共同利润达到最大，在各厂商间分配销售限额时，必须遵循各厂商的边际成本相等，且都等于卡特尔的边际成本和边际收益的原则。如图 5-37（a）和（b）所示，卡特尔的 A、B 两家厂商，它们的边际成本曲线分别是 MC_a 和 MC_b，从图中可以看出，对于任一给定的产量，厂商 B 的边际成本要大于厂商 A 的边际成本。为了获得卡特尔最大利润，根据边际成本相等的原则，A 厂商的产量要确定在 Q_a，B 厂商的产量要确定在 Q_b，B 的销售份额小于 A 的销售份额。图 5-37 清楚地显示出卡特尔各厂商的产量分配与总产量和价格的确定。

卡特尔具有不稳定性。主要是因为：首先，卡特尔内的成员厂商可能通过秘密降价来突破自己的销售额；那些低成本的成员厂商则可能退出卡特尔，公开以低于卡特尔垄断高价的价格出售其产品，给整个卡特尔施加很大的压力；当价格维持在高水平时，各个厂商将不再遵守承诺，而是扩大生产，追求利润最大化，从而导致总供给量增加，厂商之间的合作遭到破坏。其次，卡特尔之间协调和监督的交易成本过大，有时会大大超出其获得的超额利润。最后，世界各国反垄断法的制定，也极大地限制了卡特尔的形成。这些都使得卡特尔常常面临瓦解的危险。

目前世界上比较成功的卡特尔组织是石油输出国组织（OPEC）。该组织在 1960 年最初成立到现在有 11 个成员方，控制了世界石油储备的 3/4。1973 年至 1985 年之间 OPEC 成功地维持合作和高价。原油价格从 1972 年的每桶 2.64 美元上升到 1974 年的每桶 11.17 美元，然后在 1981 年上升到 35.10 美元。然后各成员国为了自身利益扩大生产，OPEC 之间合作出现了无效率。到了 1986 年，原油价格每桶回落到 12.52 美元。

另一个著名的铜业卡特尔组织（CIPEC）由智利、赞比亚、扎伊尔和秘鲁于 1967 年建立，如今它仍然存在。但是它从未能够在世界市场上显示出任何垄断力量。1974 年，铜价开始下跌，从 4 月到 12 月底，铜价下跌了 55%。卡特尔无力使铜价回升，这是因为绝大多数发展中国家不愿意或者不能够限制它们的铜产量。在国际铜市场里，没有一个国家愿意将其生产削减 50%，以便该卡特尔中的其他成员国可以享有更高的价格。从上可见，卡特尔本身是不稳定的。虽然卡特尔内的成员厂商能获得较多的利润，但却不会就此满足，各成员厂商还是会通过种种手段背弃协议，谋求自身短期利益最大。

卡特尔组织为了保持自身的稳定，采取了以下几种措施来防止成员厂商的背信弃义行为：首先，分割市场。卡特尔通过分配给每个厂商一定的购买者或市场区域，这样可以更容易地监督厂商的行为，防止单个厂商私自增加产量的欺骗行为。其次，同等待遇承诺。卡特尔组织在长期合同或者广告中向消费者保证，如果有单个厂商提供较低价格，那么销售商也将同幅度降价，或允许解除合同。有了同等待遇的承诺，消费者会将较低的价格信息传达给卡特尔组织，而后卡特尔组织将会对违反协议的厂商进行严厉惩罚。最后，实施触发价格。卡特尔成员对产品价格达成协议，如果市场价格降到一定水平（触发价格）以下，每个厂商可以将产出恢复到建立卡特尔之前的水平。因此卡特尔成员厂商不会为了获得短期利益而采取欺骗行为，它们知道这样做将会导致长期收益的损失。总之，上述条款有效地保持了卡特尔的稳定。

6）价格领导模型

除了有勾结的寡头垄断通过卡特尔操纵价格外，无勾结的价格操纵的主要方式有：价格领导模型和成本加成法。

价格领导模型是指某行业中由一家厂商作为价格领袖决定商品价格，其他厂商追随其后按此价格出售商品。如果产品是无差别的，价格变动可能相同；如果产品是有差别的，价格变动可能相同，也可能有差别。这是寡头行业中很普遍的一种价格操纵方式。

价格领导模型的成因主要是这些厂商的实力和地位使它们成为行业中的价格领导。具体来说，一是一些大厂商因生产规模和市场份额较大而成为支配厂商，率先决定价格；二是某些厂商因成本较低，在整个行业中占据明显优势而成为价格领导厂商；三是有些厂商因能较及时地掌握市场信息，并能正确判断全行业的成本及需求状况而成为其他厂商所仿效的晴雨表。上述种种原因促成了价格领导模型。

作为价格领导的寡头厂商一般有三种情况：

（1）支配型价格领导

在支配型价格领导中，领先确定价格的厂商是本行业中最大的具有支配地位的厂商。它在市场上占有份额最大，因此对价格的决定举足轻重。它根据自己利润最大化的原则确定产品价格及其变动，其余规模较小的寡头则根据这种价格来确定自己的价格以及产量。

为分析方便，假设在一个寡头市场上只有两个厂商 A 和 B，生产相同的产品。A 厂商作为领导者率先决定了商品的市场价格，B 厂商作为追随者按此价格出售自己的产品，追随厂商在此价格上不能满足市场需求部分则由领导厂商供给，领导厂商 A 和追随厂商 B 提供的产量共同满足整个市场的需求。根据这一假设，可做出支配型价格领导厂商关于价格和产量决定的模型，如图 5-38 所示。

在图 5-38（a）中，D 曲线表示该寡头市场的需求曲线，S_B 曲线表示追随厂商 B 的供给曲线，由于追随厂商 B 是既定价格的接受者，其需求曲线为一水平线，所以，它的产量由 P＝MC 决定。即当价格已经由领导厂商 A 确定，追随厂商 B 要选择使价格与边际成本相等的产量。

由于市场需求量由领导厂商和追随厂商的供给之和来满足，故可以由市场需求

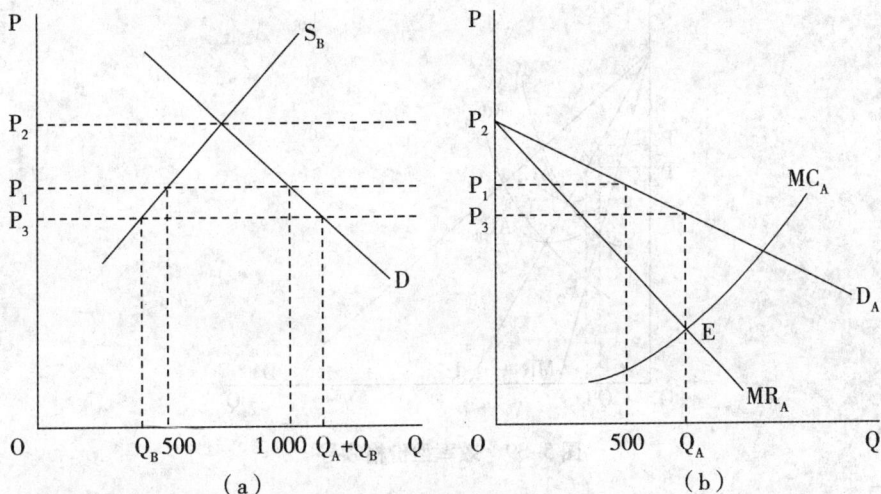

图 5-38　支配型价格领导

曲线 D 和追随厂商的供给曲线 S_B 之差求出领导厂商的需求曲线。当市场价格为 P_1 时，整个市场的需求量为 1 000，由于领导厂商 A 和追随厂商 B 提供的产量共同满足整个市场的需求，此时，追随厂商 B 的供给量为 500。而领导厂商 A 所面临的需求量等于市场总需求量 1 000 减去追随厂商 B 所提供的产量 500，即领导厂商 A 的供给量是 500，如图（b）所示。当市场价格为 P_2 时，追随厂商 B 提供的产量满足了整个市场的总需求，领导厂商 A 所面临的需求量为零，由此我们可以得到领导厂商 A 的需求曲线 D_A。在图（b）中，领导厂商 A 的需求曲线为 D_A，相应的边际收益曲线为 MR_A，边际成本曲线为 MC_A。处于领导地位的厂商 A 首先决定产品的价格，根据利润最大化原则 $MR_A = MC_A$，选择的最优产量是 Q_A，最优价格是 P_3。于是，追随厂商 B 被动地接受此价格，如同完全竞争者一样，根据 $P = MC$ 将利润最大化的产量定为 Q_B。$Q_A + Q_B$ 是在 P_3 价格水平下的行业总产量，即市场总需求量。

（2）效率型价格领导

在效率型价格领导中，领先确定价格的厂商是本行业中成本最低，从而效率最高的厂商。其他厂商为了保持其产品的市场销路，不得不放弃使自己获得最大利润的均衡价格，而是以较低成本厂商的均衡价格作为自己的销售价格，因此，成本较低厂商的价格领导对价格的确定会使其他厂商随之变动。

假设有两个生产同一产品的寡头厂商 A 和 B，其中厂商 B 的成本低于厂商 A 的成本，两个厂商达成协议，均分市场。由此可做出效率型价格领导厂商关于价格和产量决定的模型，如图 5-39 所示。

在图 5-39 中，D 为整个市场的需求曲线，两个厂商面临的需求曲线均为 d，相应的边际收益曲线为 MR。因厂商 A 的生产成本高于厂商 B 的生产成本，故厂商 A 的边际成本 MC_A 和平均成本 AC_A 均高于厂商 B 的边际成本 MC_B 和平均成

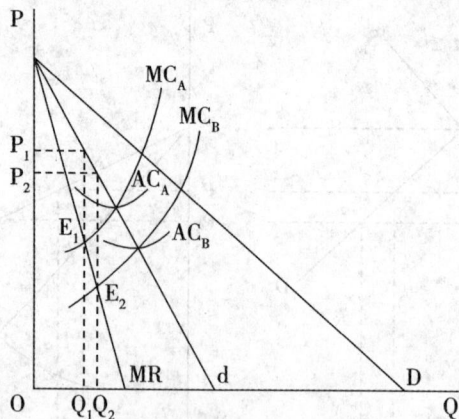

图 5-39　效率型价格领导

本 AC_B。

　　假如两家厂商都按照边际收益等于边际成本的原则定价，那么，厂商 A 的价格 P_1 必然高于厂商 B 的价格 P_2，这意味着厂商 B 会占据绝大部分市场。厂商 A 为了保持自己的销量，只好放弃自己的均衡价格 P_1，接受厂商 B 的价格领导，按照价格 P_2 来销售其产品，从而使其销量与厂商 B 的销量一样，由于价格 P_2 仍然高于厂商 A 的平均成本 AC_A，因此，厂商 A 跟随价格的结果还能保证一定的超额利润。

　　（3）晴雨表型价格领导

　　在晴雨表型价格领导中，价格领导厂商并不一定在本行业中规模最大，也不一定成本最低，效率最高。但它在掌握市场行情变化以及其他信息方面要优于其他厂商，它的价格在该行业中具有晴雨表的作用。因此，它的价格变动会使其他厂商参照其价格变动而变动自己的价格。

7）成本加成法

　　成本加成法是指在估算的平均成本的基础上加一个固定百分率的利润来制定价格的一种方法。这是寡头垄断市场上一种最常用的方法。其具体步骤如下：第一步，企业要算出各项产品直接的单位成本，这种成本通常以生产能力的 2/3 或 3/4 计算，它随实际产量的变化而变动，称为标准成本。第二步，再算出各项产品的所应分摊的共同成本（包括大部分固定成本、一部分可变成本以及正常利润），它是按标准成本的某一百分比计算的，这个百分比称之为加成，它取决于企业可得到的满意的利润率。第三步，将标准成本加上加成部分，就得到销售价格。假定估算的单位成本为 AC，加上的百分比为 r，价格为 P，则 $P = AC + AC \cdot r = AC(1+r)$。

　　例如，某产品的 AC 为 1 000 元，r 确定为 10%，这样，这种产品的价格就可以定为 1 100 元。这种定价方法可使各个厂商定出相同或相似的价格，避免各寡头之间的价格竞争，使价格相对稳定，但不一定使各个厂商都得到最大利润。而如果从长期来看，这种方法是能接近于实现最大利润的，因而是有利的。

5.6 四种市场类型的比较

以上分别研究了完全竞争、完全垄断、垄断竞争和寡头垄断四种市场类型及其产量和价格的决定。各种市场类型根据竞争与垄断这两个因素的程度不同最终归为完全竞争和不完全竞争两大类，二者的效率孰优孰劣，下面通过对四种市场类型的比较加以说明。

5.6.1 四种市场类型的基本特征比较

比较四种市场类型，将各种市场所具有的基本特征列表 5-2 如下：

表 5-2　　　　　　　　　　　四种市场结构的基本特征

市场结构类型	厂商数目	产品差异程度	价格控制力	进退难易度	超额利润	均衡条件	接近的市场
完全竞争	很多	无差异	没有	很容易	短期有 长期无	短期： MR＝SMC 或 P＝MC 长期： MR＝LMC＝SMC＝LAC＝SAC＝P	农产品
垄断竞争	很多	有些差异	有一些	较容易	短期有 长期无	短期： MR＝SMC 长期： MR＝LMC＝SMC AR＝LAC＝SAC	轻工业零售服务业
寡头垄断	几个	有或无差异	较大	较困难	有	依据寡头垄断模型而定	汽车 钢铁制造等重工业
完全垄断	一个	产品唯一	很大	很困难	有	短期： MR＝SMC 长期： MR＝SMC＝LMC	煤气 电力 自来水等公用事业

5.6.2 四种市场类型的效率比较

1）完全竞争与完全垄断的比较

比较两个极端的市场类型完全竞争和完全垄断，西方经济学家认为，完全竞争市场是最具有效率的。因为：第一，从生产者角度看，在完全竞争长期均衡时，每个厂商都可以把生产规模调整到平均成本的最低点，即以最低的平均成本和价格提供了尽可能多的产量水平，且获得最大正常利润，这说明完全竞争厂商的生产资源得到了最充分的利用。第二，从消费者角度看，在完全竞争长期均衡时，商品价格等于最低的平均成本，这意味着消费者在既定的收入水平下能以最低的价格购买到各种商品，从中获得最大满足，这说明整个社会的福利最高。第三，从整个社会角度来看，在完全竞争长期均衡时，市场价格正好等于均衡价格，即社会的需求和供给相等，市场出清，从而资源得到最优配置。总之，完全竞争市场具有低成本、低价格、高产量的优点。此外，在完全竞争市场中，生产者利润最大化条件是产品价格等于边际成本，实现了资源的帕累托最优状态①配置。因此，完全竞争市场的经济效率是最高的。

完全垄断市场的情况则相反。完全垄断市场是最无效率的。第一，垄断引起生产资源的浪费。完全垄断市场的长期均衡点不是在最低平均成本上，而且价格高于边际成本，造成高价格、高成本、低产量的状况。这意味着资源没有得到最有效的利用，存在资源的浪费。第二，垄断造成社会福利的损失。垄断厂商控制了市场和价格，通过高价少销获得超额利润。消费者按高于边际成本的价格购买，没有得到最大满足。这意味着消费者剩余减少和社会福利净损失。第三，垄断影响收入分配。垄断厂商获得的垄断利润由消费者剩余转化而来，这意味着利益从消费者向生产者转移，引起收入分配的不平等。因此，完全垄断市场的经济效率是最低的。

完全竞争与完全垄断的效率比较可用图 5-40 和图 5-41 来说明：

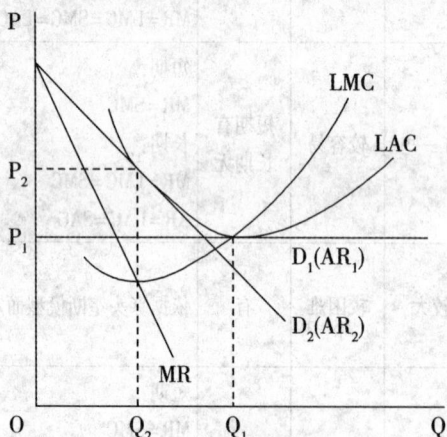

图 5-40　完全竞争与完全垄断的长期均衡

图 5-40 综合了完全竞争市场与完全垄断市场的长期均衡状况。通过这个图对两个市场长期均衡的比较可以看出，在完全竞争市场长期均衡时，水平的需求曲线刚好切于长期平均成本曲线的最低点。可见，在完全竞争市场上，产量为 OQ_1，价格为 P_1，且当产量为 OQ_1 时，长期平均成本为最低点；在垄断市场长期均衡时，向右下方倾斜的需求曲线绝不可能切于长期平均成本曲线的最低点。可见，在完全

① 帕累托最优状态概念属于福利经济学的范畴，是用来衡量经济效率的一个概念，它是指资源配置状态处于任何改变都不可能使至少一个人的状况变好而又不使任何人的状况变坏的状态，这种资源配置状态就是帕累托最优状态。此概念的详细内容将在第 7 章介绍。

垄断市场上, 产量为 OQ$_2$, 价格为 OP$_2$, 且当产量为 OQ$_2$ 时, 长期平均成本并不是最低点。OQ$_1$>OQ$_2$, OP$_1$<OP$_2$, 这说明在完全垄断市场上, 产量低于完全竞争市场, 而价格高于完全竞争市场, 而且长期平均成本无法达到最低水平。所以, 完全垄断市场上, 资源浪费, 经济效率低于完全竞争市场。

垄断造成社会福利的损失如图 5-41 所示。

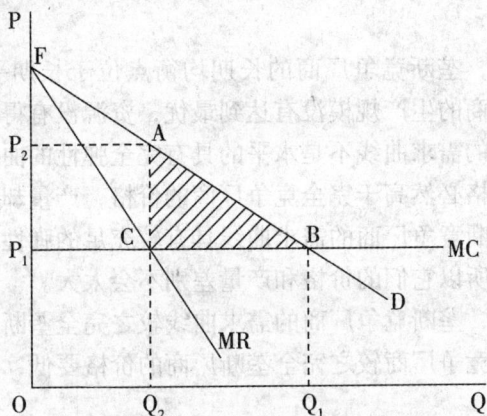

图 5-41 垄断造成的净损失

图 5-41 对完全垄断和完全竞争条件下厂商长期的均衡产量和均衡价格作了粗略的比较。图中假定不论是垄断厂商还是竞争厂商, 成本都是不变的, 所以, 平均成本曲线 P$_1$C 和边际成本曲线 MC 重合并且是水平的。在长期里, 当市场为完全竞争时, 价格为 OP$_1$, 产量为 OQ$_1$, 消费者按照 OP$_1$ 的价格购买 OQ$_1$ 的产品, 将得到消费者剩余为大三角形 P$_1$FB 的面积; 当市场为完全垄断时, 价格为 OP$_2$, 产量为 OQ$_2$, 消费者按照 OP$_2$ 的价格购买 OQ$_2$ 的产品, 只能得到消费者剩余为小三角形 P$_2$FA 的面积, 其中矩形 P$_1$P$_2$AC 的面积为垄断厂商的超额利润, 它由消费者剩余转化而来。而三角形 ABC 的面积代表的消费者剩余由于垄断而使消费者剩余完全丧失了, 却没有任何人得到它。即这一部分消费者没有得到, 垄断厂商也没有得到, 这是由于完全垄断存在所引起的社会福利的净损失, 为图中的阴影三角形 ABC 的面积。

由图 5-41 还可见, 当完全竞争被垄断所取代, 厂商由无经济利润到有经济利润, 且由消费者剩余转化而来, 图中的矩形 P$_1$P$_2$AC 面积代表的是垄断的再分配效应, 即利益从消费者向生产者转移, 引起收入分配的不平等。

此外, 垄断者凭借其垄断地位就可获得超额利润, 因而有可能阻碍技术进步。但从另一个角度看, 垄断厂商具有更雄厚的资金实力和研发能力, 从而有利于技术进步和创新。另外, 由政府完全垄断的一些公用事业, 并不以追求垄断利润为目的, 这些公用事业往往投资大, 投资周期长而利润率低, 但它又是经济发展和人民生活所必需的。然而由政府完全垄断往往也会由于官僚主义而引起效率低下。

总之，竞争为资源的有效配置和社会福利最大化提供了可能，带来了经济的高效率；垄断带来了资源的浪费和经济的低效率。

2）垄断竞争与完全竞争和完全垄断的比较

上述的完全垄断和完全竞争都是极端的情形。在现实的经济社会中，普遍存在的是垄断竞争和寡头垄断的情形。垄断竞争和寡头垄断是介于上述两种市场之间的市场类型。

与完全竞争比较，垄断竞争厂商的长期均衡点位于长期平均成本最低点的左边，说明垄断竞争厂商的生产规模没有达到最优，资源没有得到最有效的利用。而且，因垄断竞争厂商的需求曲线不是水平的具有完全弹性的曲线，而是一条向右下方倾斜的曲线，其价格必然高于完全竞争厂商的价格，产量却少于完全竞争厂商的产量。但是，由于垄断竞争厂商的需求曲线具有较充足的弹性，接近于完全竞争厂商的水平需求曲线。所以它们的价格和产量差别不会太大。

与完全垄断比较，垄断竞争厂商的需求曲线较之完全垄断厂商的需求曲线更富有弹性，因此，垄断竞争厂商较之完全垄断厂商的价格要低，产量要高，所获利润少一些。

总之，从资源配置效率看，垄断竞争市场的资源配置效率要低于完全竞争市场，但高于完全垄断市场。从社会福利角度看，垄断竞争市场同完全垄断市场一样都产生了社会净福利损失。

垄断竞争与完全竞争的效率比较可用图5-42来说明：

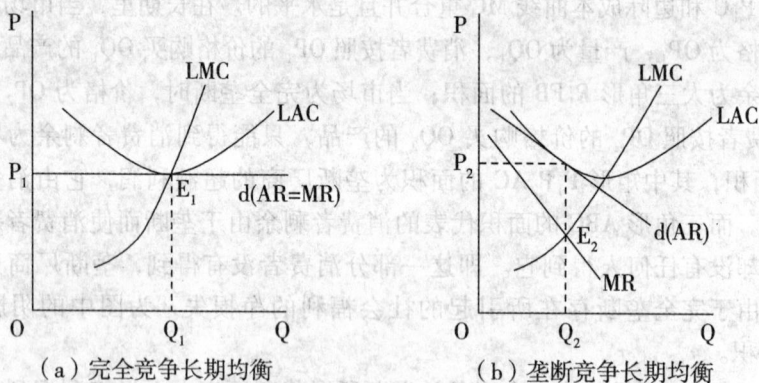

图5-42　完全竞争与垄断竞争长期均衡

在图5-42中，图（a）为完全竞争厂商的长期均衡，图（b）为垄断竞争厂商的长期均衡。E_1为完全竞争下的长期均衡点，均衡价格为OP_1，均衡产量为OQ_1。E_2为垄断竞争下的长期均衡点，均衡价格为OP_2，均衡产量为OQ_2。

从图中可见两者的差别：首先，在长期均衡时，两个市场的长期平均成本的状况不同。在完全竞争下实现了长期均衡时，产量决定的长期平均成本为最低点E_1，而在垄断竞争下实现了长期均衡时，产量决定的长期平均成本为E_2，E_2并不是最低点。这说明在垄断竞争下成本消耗要多，即存在资源浪费。其次，在长期均衡时，两个市场的价格不同。在完全竞争下价格 OP_1 低于垄断竞争下的 OP_2，且垄断竞争中厂商的定价要高于其边际成本 MC。最后，在长期均衡时，两个市场的产量不同。在完全竞争下产量 OQ_1 大于垄断竞争下的 OQ_2。因此，垄断竞争市场的经济效率低于完全竞争市场，但高于完全垄断市场。

尽管垄断竞争市场上平均成本与价格高于完全竞争市场，资源有浪费，但是，垄断竞争市场上存在着丰富多彩的差异化产品，可以满足消费者多样化的需求，这也是垄断竞争市场的优势所在。此外，垄断竞争有利于鼓励进行创新。由于竞争的存在可以激发厂商进行创新，通过生产出与众不同的产品，可以在短期内获得垄断地位及超额利润，促使其不断创新。

3）寡头垄断与垄断竞争和完全竞争及完全垄断的比较

寡头垄断市场存在着与完全垄断市场相似的情况，即寡头厂商的价格高于完全竞争和垄断竞争的价格，产量比完全竞争和垄断竞争的低，成本比完全竞争和垄断竞争的高，利润也较高。总之，寡头市场的经济效率低于完全竞争和垄断竞争。但因寡头市场还存在竞争因素，所以，其经济效率高于完全垄断市场。

综上所述，通过以上对不同市场条件下厂商的长期均衡状态的分析得出结论：完全竞争市场的经济效率最高，垄断竞争市场较高，寡头市场较低，垄断市场最低。可见，市场的竞争程度越高，则经济效率越高；反之，市场的垄断程度越高，则经济效率越低。

5.7　博弈论基本原理

在最近几十年，寡头理论最引人注目的发展就是将博弈论引进来，分析寡头厂商的博弈行为。因为寡头垄断的一个基本特征就是每个厂商在做出决策时，都要考虑竞争对手对自己的行为所做出的反映，这说明寡头垄断厂商的行为明显地带有博弈的特征。为此，我们结合寡头厂商之间的博弈，对博弈论的基本原理做简要介绍。

5.7.1　博弈论的含义

博弈论（game theory），又称对策论，是分析研究两个或两个以上的参与者选择能够共同影响每一参与者行动或策略方式的理论。博弈论关注对人的行为动机与行为方式的分析，认为任何决策的有效制定依赖于决策双方要能够准确的揣度对方心理。因此，博弈论实际上是博弈双方都在追求各自的利益，却没有人能够支配结果的一种竞争态势。

在现实生活中，博弈无处不在。比如玩扑克游戏，猜硬币游戏，石头、剪子、布游戏等都是一种博弈行为，博弈论对现实问题的分析是一种非常有用的工具。博弈论最初曾被应用于政治和军事领域，将博弈论系统地引进经济学应当归功于美国数学家约翰·冯·诺曼（John Von Neumann）和经济学家奥斯卡·摩根斯坦

（Oskar Morgenstern），他们在 1944 年出版的《博弈论与经济行为》中提出"大多数经济行为应当按博弈来分析"，由此引发了经济学的博弈论革命。经济学从传统的注重对稀缺资源配置问题的分析逐渐转向了对经济决策主体行为的分析，博弈论为这种转变提供了切实有效的分析方法与工具。在市场结构理论中，尤其是寡头垄断市场成为博弈论在经济学领域中取得显著成果的领域。1994 年的诺贝尔经济学奖授予了三位在博弈论与经济学相结合领域做出杰出贡献的学者：约翰·纳什（Nash）、泽尔腾（Selten）和海萨尼（Harsanyi）。显而易见，博弈论在经济学的运用是相当成功的。

5.7.2　博弈的基本要素

博弈论的基本要素包括：参与者（player）、行动（action）、战略（strategy）、支付（payoff）、均衡（equilibrium）、支付矩阵（payoff matrix）、支付树（payoff tree）等。下面以智猪博弈（boxed pigs）为例来说明各个要素。

智猪博弈讲的是：猪圈里有两头猪，一头大猪和一头小猪。猪圈的一端有一个猪食槽，另一端安装着一个按钮，控制着猪食的供应。按一下按钮会有 10 个单位的猪食进入食槽，但是按动按钮所需付出的"劳动"要消耗相当于 2 个单位的猪食。每只猪必须做出决策：是等在食槽旁边，还是去按按钮。由于按钮和食槽分置在猪圈的两端，付出劳动按动按钮的猪跑到食槽的时候，坐享其成的另一头猪早已开吃。如果大猪先到，大猪吃 9 个单位的猪食，小猪只能吃到一个单位的猪食；如果同时到达，大猪吃到 7 个单位猪食，小猪吃到 3 个单位猪食；如果小猪先到，小猪可以吃到 4 个单位猪食，而大猪只能吃到 6 个单位猪食。如果用净进食量表示大猪和小猪的得益，则智猪博弈可用图 5-43 的支付矩阵来表示。

小猪

		按	等待
大猪	按	5, 1	4, 4
	等待	9, -1	0, 0

图 5-43　智猪博弈

在图 5-43 中，左上方的一组数据表示，如果两只猪同时跑去按按钮，又翻过头来同时跑到猪槽前，大猪吃进 7 个单位的猪食，付出 2 个单位猪食的劳动，净进食量为 5 个单位猪食，小猪吃进 3 个单位猪食，付出 2 个单位猪食的劳动，实得一个单位的猪食；右上方的一组数据表示，大猪跑去按按钮，小猪先吃，大猪吃进 6 个单位猪食，付出 2 个单位猪食的劳动，净进食量为 4 个单位猪食，小猪吃进 4 个单位的猪食，因为没有付出劳动，实得 4 个单位的猪食；左下方的一组数据表示大猪等待，小猪跑去按按钮，大猪先吃，吃进 9 个单位的猪食，因为没有付出劳动，实得 9 个单位的猪食，小猪吃进 1 个单位的猪食，但付出了 2 个单位用于劳动，因此净进食量为-1 个单位；右下方的一组数据表示双方都在饿着肚子等待双方去按按钮，因此双方得益为 0。

按照以上分析，不论大猪选择"按"或者"等待"，小猪的最优选择均是"等待"；给定小猪选择"等待"，大猪的最优选择只能是"按"。所以，智猪博弈的最优结果就是：大猪按，小猪等待，各得 4 单位。即每次都是大猪去按按钮，小猪等待食槽边先吃，然后大猪再赶来吃，两者共同生存。

参与者（players）是指一个博弈中的决策主体，他的目的是通过选择行动（或战略）来最大化自己的支付水平。在智猪博弈中，大猪和小猪就是参与者。

行动（actions）是参与者在博弈的某个时点的决策变量。在智猪博弈中，大猪和小猪的行动就是"按"或者"等待"。

战略（strategies）是参与者在给定信息集的情况下的行动规则，它规定了参与者在什么时候选择什么行动。应该注意的是，战略和行动是两个不同的概念，战略是行动的规则而不是行动本身。"按"和"等待"是参与者的行动，而什么时候采取行动就是战略。在智猪博弈中，行动和战略是相同的，因为，大猪和小猪是同时行动的，没有任何一方能获得他人行动的信息。

支付（payoff）或称得益，是参与者在某种策略组合下的所得或所失，它反映的是参与者从博弈中能获得的效用水平或者是期望效用水平。支付是博弈参与者真正关心的东西，支付可以为正，也可以为负。对于大猪和小猪来说，猪食量就是它们的支付。

均衡（equilibrium）是指所有参与者的最优战略的组合。在智猪博弈中，均衡就是所有行动组合里的最优的行动，即大猪"按"，小猪"等待"。

对博弈的描述方式有支付矩阵和支付树两种。支付矩阵主要用来表示静态的博弈案例，图 5-44（a）就是这个博弈的支付矩阵。当分析动态博弈案例时，支付树（payoff tree）是一种更加形象化的表述，图 5-44（b）就是这个博弈的支付树。例如，分析市场进入阻挠案例。一个垄断市场内，在位的垄断厂商将会阻挠新厂商进入。在这个博弈中，进入者有两种战略可以选择：进入还是不进入。垄断者也有两个选择：准许或是斗争。各种战略组合下的支付矩阵如图 5-44（a），市场进入阻挠案例用支付树表示如图 5-44（b），显而易见，用支付树表示动态博弈案例更能清楚地反映出参与者行动的先后次序。

垄断者

		准许	斗争
进入者	进入	40, 50	-10, 0
	不进入	0, 300	0, 300

图 5-44（a）　市场进入阻挠支付矩阵

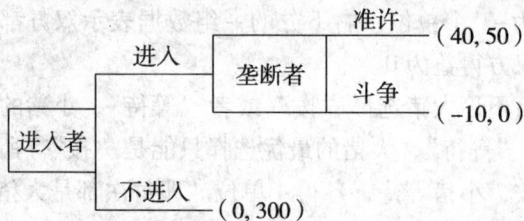

图 5-44（b）　市场进入阻挠支付树

5.7.3　博弈的类型

博弈论可以分为合作博弈和非合作博弈，两者的主要区别是，当人们的行为相互作用时，参与者能否达成一个具有约束的协议。如果能达成这种协议，那就是合作博弈，反之，就是非合作博弈。这里主要介绍非合作博弈，非合作博弈又可以从两个角度进行划分：

一是按照参与者行动的先后顺序来划分，非合作博弈分为静态博弈（static game）和动态博弈（dynamic game）。静态博弈指的是博弈中，参与者同时选择行动或者不同时选择，并且后行动者不知道前行动者采取了什么具体行动。动态博弈指的是参与者的行动有先后顺序，且后行动者能够观察到先行动者所选择的行动。

二是按照参与者对有关其他竞争对手的特征、战略空间等信息的掌握程度来划分，非合作博弈分为完全信息博弈和不完全信息博弈。完全信息指的是每一个参与者对所有竞争对手的特征、战略空间等信息有准确的掌握。否则，就是不完全信息博弈。

将以上两个角度的划分结合起来，就得到四种不同类型的博弈：完全信息静态博弈、完全信息动态博弈、不完全信息静态博弈、不完全信息动态博弈。

5.7.4　博弈均衡的基本概念

1）纳什均衡

纳什均衡是由美国数学家约翰·纳什首先提出，他于 1951 年系统地论证了这个概念，并于 1994 年获诺贝尔经济学奖。纳什均衡是指在给定其他参与者的行为以后，每个参与者将采取他能采取的最好的行为，从而所有参与者达到的均衡状态。这种均衡对于每个参与者可能是最优的，也可能是次优的，但一定是稳定的结果。也可以说纳什均衡就是一个"僵局"，在给定别人不动的情况下，没有人愿意去动。在理解纳什均衡概念时需要注意的是：第一，构成纳什均衡的唯一条件是，它是参与者对于其他参与者均衡策略的最优选择；第二，任何一个参与者在他必须做出自己的策略选择时，都是不知道另一个参与者将会选择什么策略，但是，每个参与者都会对另一个参与者将选择什么策略作出预期。因此，纳什均衡可以解释为是关于每个参与者选择的一对预期，在这些参与者中，当任何一个人的选择显示以后，没有人会想要改变他的行动。

下面我们通过博弈论中的经典例子"囚犯困境"来说明纳什均衡。囚犯困境由数学家塔克于 1950 年在一篇论文中提出。囚犯困境讲述了警察抓住了两个合伙偷窃的嫌疑犯，两个嫌疑犯被警察关到两个屋子里隔离审讯，并被告知量刑原则：如果一个人坦白，另一个人不坦白，那么坦白的人无罪释放，不坦白的人判 8 年徒刑；如果两个人都不坦白，将各判 1 年徒刑；如果两个人都坦白，将各判 5 年徒刑。囚犯甲和囚犯乙根据以上的信息，分别推断对方的选择而进行博弈的过程如图 5-45 所示。

乙

		坦白	不坦白
甲	坦白	5, 5	0, 8
	不坦白	8, 0	1, 1

图 5-45　囚犯困境

在图 5-45 中，左边的数字表示甲囚犯的支付，右边的数字表示乙囚犯的支付。由于这两个囚犯被隔离审讯，二者无法订立攻守同盟。因此，其中任何一个人在选择策略时都不可能知道另一个人的选择，于是，两个囚犯互相揣摩同伙心理来做出决策。两个囚犯面临的困境是：坦白还是不坦白。对于囚犯甲来说，在囚犯乙坦白的前提下，囚犯甲会选择坦白，（因为 5<8）；在囚犯乙不坦白的前提下，囚犯甲仍会选择坦白，（因为 0<1）。显然，无论囚犯乙选择的策略是坦白还是不坦白，囚犯甲都会选择坦白这一策略。同样的道理，对于囚犯乙来说，无论囚犯甲选择的策略是坦白还是不坦白，囚犯乙都会选择坦白这一策略。于是，最终博弈的结果是：他们在利己的动机驱使下，都会选择坦白，因为坦白是他们最好的选择。囚犯甲和囚犯乙都坦白就是一个纳什均衡的结果，即图 5-45 中（5，5）的结果，即在给定另一个囚犯的策略选择的情况下该囚犯所能做出的最好选择。

囚犯困境的均衡反映了个体理性和集体理性的冲突。因为无论是对这两个囚犯总体来讲，还是对他们个体来讲，最佳的结局不是都坦白得到的（5，5），而是都不坦白所得到的（1，1）。但两个囚犯决策时都从个人理性出发，在追求自身利益最大化的动机下，两个囚犯所选择策略都是坦白，结果所获刑年数高于都不坦白的情况下所获刑的年数，即个体理性的结果导致了集体非理性。尽管个体理性的结果的获刑年数远远高于集体理性的结果，但却是一个稳定的结果。

囚犯困境的博弈模型可以用来分析寡头市场上的厂商行为。在现实经济中类似于"囚犯困境"的情形屡见不鲜。如厂商之间的广告竞争就类似于囚犯困境的博弈。如图 5-46 所示，厂商 A 和厂商 B 都对是否做广告进行选择。当两者都选择做广告时，双方获得相同利润；当两者都不做广告时，两个厂商会因为节省广告费用获得更大的利润；当一方做广告，而另一方不做广告时，前者将获得大于后者的利润。尽管两家厂商都不做广告会实现更好的均衡，但是在利己的动机下，两者都选择了做广告。

厂商 B

	做广告	不做广告
做广告	30　30	50　20
不做广告	20　50	40　40

厂商 A（位于行标签左侧）

图 5-46　厂商的博弈

2）占优策略均衡

占优策略，也称上策（dominant strategy）。不论其他参与者选择什么战略，他的最优战略是唯一的，这样的最优战略被称为"占优策略"。占优策略均衡是指由博弈中的所有参与者的占优策略组合所构成的均衡就是占优策略均衡。

下面用图 5-47 来说明占优策略均衡。在图 5-47 中，假定两个汽车厂商 A 和 B 准备为自己的产品做广告宣传。每个厂商只有一种策略选择：选择电视广告或是杂志广告。

汽车厂商 B

	电视广告	杂志广告
电视广告	2　3	1　2
杂志广告	3　2	2　1

汽车厂商 A（位于行标签左侧）

图 5-47　汽车厂商的广告博弈

图 5-47 显示，在这个博弈中，每个参与者都有一个占优策略，即不管汽车厂商 B 选择电视广告还是杂志广告，汽车厂商 A 选择杂志广告所得都比选择电视广告所得多，因而选择杂志广告就是汽车厂商 A 的占优策略。同样，不管汽车厂商 A 选择电视广告还是杂志广告，汽车厂商 B 选择电视广告所得都比选择杂志广告所得多，因而选择电视广告就是汽车厂商 B 的占优策略。这样，每一个参与者都有一个占优策略，此时所有参与者的占优策略组合就是一个占优策略均衡。在占优策略均衡条件下，该博弈的结果是：汽车厂商 A 选择杂志广告，而汽车厂商 B 选择电视广告，即该博弈的解是支付矩阵左下方的格子（3　2），这是任何一个参与者所能得到的最好结果。

占优策略均衡与纳什均衡的联系与区别：第一，占优策略均衡的实质是指不管其他参与者如何行动，每个参与者都有一个对自己来说是最好的策略；而在纳什均衡中须给定其他参与者的行动，每个参与者才可以选择一个对自己来说是最好的策略。第二，在占优策略均衡中，我所做的是：不管你做什么，我所能做的最好的。你所做的是：不管我做什么，你所能做的最好的。第三，占优策略均衡是纳什均衡的一个特例。一个占优策略均衡一定是一个纳什均衡，而纳什均衡不一定就是占优策略均衡。如前面分析的囚犯困境博弈中的（坦白，坦白）既是纳什均衡，又是一个占优策略均衡。

而在图 5-43 的智猪博弈中，大猪没有占优策略。因为大猪的最优策略依赖于小猪的战略：如果小猪选择等待，大猪的最优战略是按（4　4）；如果小猪选择按，大猪的最优战略是等待（9　-1）。在这个博弈中，等待是小猪的占优策略，既不论大猪选择什么战略，对小猪来说，等待优于按，因而理性的小猪会选择等待，即（2　4）和（0　0）两格所示。那么，在这个博弈中，哪一组策略是博弈的均衡呢？这就是（4　4），即大猪按，小猪等待。因为假定小猪是理性的，小猪肯定不会选择"按"的战略，这是由于不论大猪选择什么战略，对小猪来说"等待"都优于"按"，因而理性的小猪会选择"等待"。再假定大猪知道小猪是理性的，那么，大猪会正确地预测到小猪会选择"等待"，给定这个预测，大猪的最优选择只能是"按"。因为在小猪"等待"的情况下，如果"按"得益为 4，而"等待"得益为 0。所以，该博弈的均衡解是（4　4），这种博弈是在大猪没有占优策略的情况下，仍可以达到的博弈均衡，这就是纳什均衡。

5.7.5　重复博弈与信誉问题

前述"囚犯困境"博弈描述的是完全信息静态的情况，且博弈是一次性的。即两个囚犯仅有一次共同犯罪，而且他们不打算再度合作，所以，它是一个不重复博弈。在这个博弈中，纳什均衡的结果是博弈双方不合作，这在很大程度上就是因为博弈只进行了一次。像囚犯困境这种一次性的博弈被称为静态博弈。所谓"静态"，是指所有参与者同时选择行动且只选择一次。需要强调的是，"同时行动"在这里是一个信息概念，而非日历上的时间概念，即指只要每个参与者在选择自己的行动时不知道其他参与者的选择，就称他们在同时行动。静态博弈是一种最简单的博弈，与此相对应的动态博弈是反复进行的博弈，即重复博弈。如果重复的次数是有限的，称之为有限次重复博弈。如果重复的次数是无限次的，即永远重复下去，这样的重复博弈称之为无限次重复博弈。如可口可乐公司和百事可乐公司就认为他们之间年复一年争夺市场的博弈是会永远持续下去的，这就可看做是一个无限次重复博弈。在现实生活中，经常存在着重复博弈的情况。如商业中的回头客、体育比赛、军备竞赛、国家之间的倾销与反倾销、制裁与报复等等。

引入重复博弈概念，可以走出囚犯困境，解决个体理性和集体理性的冲突。也就是说，如果把囚犯困境动态化，即由相同的人反复进行下去，重复博弈结果就会有所不同。因为在重复博弈中，每位参与者都有机会采取"以牙还牙（tit for tat）"针锋相对的策略，即采取对手在上一轮博弈中所采取的策略。也就是说，一个参与者在本轮中所做的，就是另一个参与者在上一轮中所做的。例如，在囚犯困境中，如果一对手上一轮博弈中采取了合作（不坦白）的策略，另一对手在这一轮也采取合作的策略；如果一对手在上一轮采取的是背叛的策略（坦白），那么这一轮另一对手也采取背叛的策略。总之，在这种重复博弈中，对每一个参与者来说，"以牙还牙"针锋相对的策略是最佳策略。美国著名的博弈论专家罗伯特·阿克塞罗德在一个经典性的实验中证明了这一点，他要求数十位博弈论专家为囚犯困境提出他们认为能获得最高支付的策略。然后在计算机上进行这些策略间的比赛，结果他发现结论非常简单：针锋相对这种最简单的策略就是取胜的最佳策略。

下面我们具体分析在"以牙还牙"针锋相对策略假设条件下，寡头厂商之间的重复博弈。以市场竞争中寡头之间的价格战为例：假设 A、B 两个寡头厂商的博弈是无限次的重复博弈，即博弈双方每月都要定价，以至永远。在这种情况下，厂商 A 在本月削价竞争，使他在本月赚取了更多的利润。但厂商 B 在下个月也会削价，从而使厂商 A 的利润下降，由于两个厂商针锋相对，所以价格会压得越来越低。这样，在重复博弈中，厂商 A 累计的损失必然会超过削价第一个月赚取的利润。因此，在重复博弈中厂商的削价竞争是不理性的。

在重复博弈中，理性的选择就是在第一轮就遵守协议——合作，博弈双方一起维持高价。事实上，对一个无限博弈来说，只要博弈一方知道对手有可能采取"以牙还牙"的策略，那么他一定会在开始时就制定高价。因为，在博弈的无限重复中，合作的期望支付会超过削价竞争。也就是说，在无限次重复博弈中会出现一种机制，使囚犯困境的参与者能彼此合作，实现共赢。这种策略的互动机制就是在重复博弈中，如果对手此次拒绝合作，那你就可以在下一轮也拒绝合作，以惩罚他上一轮的不合作行为；如果对手此次采取合作态度，那你可以在下一轮也采取合作态度，以鼓励对手的合作行为。只要双方都关心将来的支付（考虑到来日方长），那么将来（来日）不合作的威胁就足以使他们都采取合作的态度。为简便起见，用图 5-48 来说明。

厂商 B

		低价		高价	
厂商 A	低价	10	10	100	50
	高价	50	100	50	50

图 5-48　重复博弈

在图 5-48 中，由于这个博弈一次次地重复进行，如果厂商 A 和厂商 B 都定一个高价，他们会赚到比他们都定低价时更高的利润。可见，最好的策略就是"以牙还牙"策略：一方从一个高价开始，只要另一方继续"合作"，也定高价，双方就会一直保持下去；一旦一方降低价格，另一方马上也会降低价格；如果一方以后决定合作并再提高价格，另一方马上也会提高价格。因此，降价是不理性的，博弈双方会一起维持高价。

重复博弈会使参与者更加关注行为对自身信誉的影响。例如，很多人都有过在旅游区购物被"宰"的经历，这是因为游客与景区销售者之间是"一锤子买卖"的关系，即通常人一生光顾某个景点的机会只有一次，在景区购物也因此成为游客与景区销售者之间的一次性博弈，销售者知道你下次光临的概率不大，因此，他对"一锤子买卖"的游客一般不会太在意自己的信誉，于是出现了要高价或虚假承诺等问题。而与此不同的是，在你的住宅区之内的食杂店店主通常是比较讲信誉的，因为这时的买卖双方之间的博弈是多次的，建立一个好的名声对实现店主的利润最大化就是至关重要的。因此，在重复博弈中，参与者都愿意树立一个合作者的形象，保持合作者的声誉，从而采取合作的策略和行为。

本章小结

1. 市场结构分为以下四种基本类型：完全竞争、完全垄断、垄断竞争和寡头垄断。

2. 完全竞争市场是指竞争不受任何阻碍和干扰的市场结构。完全竞争市场的基本特征：市场上有大量的买者和卖者；市场上的产品同质无差别；资源可以完全自由流动；市场信息是完全的。

3. 完全竞争市场下，厂商的需求曲线、平均收益曲线和边际收益曲线重合且为一条水平线。

4. 完全竞争厂商的短期均衡的条件是：$MR = SMC$，或 $P = MC$，当厂商处于短期均衡时，厂商可能盈利、可能利润为零、也可能亏损。完全竞争厂商的长期均衡条件是：$MR = LMC = SMC = LAC = SAC = P$。当厂商处于长期均衡时，厂商既无超额利润也无亏损，是一种零利润均衡。

5. 生产者剩余就是厂商实际得到的总支付与愿意得到的最小总支付的差额。

6. 完全竞争行业的长期供给曲线有三种形状：成本不变行业的长期供给曲线是一条水平线；成本递增行业的长期供给曲线向右上方倾斜；成本递减行业的长期供给曲线向右下方倾斜。

7. 完全垄断市场是指整个行业处于一家厂商的控制之下。完全垄断市场的基本特征：市场中只有唯一一个厂商；产品缺乏替代品；厂商是价格的制定者。完全垄断市场的成因：自然垄断、专利和原料控制、行政垄断等因素是企业维持完全垄断地位的保证，也是新厂商进入面临的主要障碍。

8. 完全垄断厂商的需求曲线是一条需求量与价格反方向变动的向右下方倾斜的曲线。而且平均收益曲线和需求曲线重合。边际收益曲线是需求曲线之下一条向右下方倾斜的曲线，且随着产量的增加，产品价格 p 大于边际收益 MR。

9. 完全垄断厂商的短期均衡条件是：$MR = SMC$。在短期均衡时，完全垄断厂商可以获得最大超额利润，可以超额利润为零，也可以遭受最小亏损。完全垄断厂商的长期均衡条件是：$MR = SMC = LMC$。垄断厂商在长期均衡点上一般可获得超额利润。垄断厂商在长期内之所以能获得更大的超额利润，主要是由于在长期内厂商可以调整生产规模以及新厂商的加入是不可能的。

10. 价格歧视是指厂商以不同价格销售同一种产品。价格歧视可以分为三种：一级价格歧视是指垄断者按照消费者对一定数量商品愿意支付的最高价格来制定价格。二级价格歧视是指垄断者根据消费者购买商品数量的不同制定不同的价格。三级价格歧视是指垄断者将消费者进行分类，按需求弹性的大小分别收取不同的价格。

11. 垄断竞争市场是指该市场中有许多厂商生产和销售有差别的同一种产品。它是介于完全竞争与完全垄断市场之间的一种竞争与垄断兼而有之的市场结构。垄断竞争市场的基本特征：产品存在差异；厂商数目众多；厂商可以自由地进入或退出市场；厂商是价格的影响者。

12. 垄断竞争市场中的厂商面对着两条需求曲线：主观需求曲线和实际需求曲线（或称客观需求曲线）。主观需求曲线的弹性大于实际需求曲线。主观需求曲线表示，当一个厂商改变自己产品的价格，而该行业中其他与之竞争的厂商并不随它而改变价格时，该厂商的价格与销售量的关系。实际需求曲线表示，当一个厂商改变自己产品的价格，该行业中其他与之竞争的厂商也随之改变价格时，该厂商的价格与销售量的关系。

13. 垄断竞争厂商的短期均衡条件是：$MR = SMC$，在短期均衡时，垄断竞争厂商可能获得最大利润，可能利润为零，也可能是最小亏损。垄断竞争厂商的长期均衡条件是：$MR = LMC = SMC$；$AR = LAC = SAC$；当垄断竞争厂商处于长期均衡时其超额利润必须为零。

14. 寡头垄断市场是指少数厂商控制了某一行业，垄断了这一行业的全部供给。它是介于完全竞争和完全垄断之间的一种市场结构。寡头垄断市场的基本特征：厂商数目较少；厂商之间相互依存；产品差异可有可无；进退障碍较高。寡头垄断市场的成因：规模经济，进退障碍或是寡头本身所采取的各种排他性措施等因素都会促使寡头垄断市场的形成。此外，寡头对某些生产要素的控制以及政府对寡头的扶植与支持，也促进了寡头垄断市场的形成。

15. 寡头垄断市场可分为非合作寡头垄断与合作寡头垄断两种类型。

（1）非合作寡头垄断模型

第一，古诺模型。从双寡头的古诺模型所推导出的一般结论是：当有 n 个寡头厂商时，总供给量为 $\dfrac{n}{n+1}$，每个厂商的供给量为 $\dfrac{1}{n+1}$。

第二，埃奇沃斯模型。该模型的假定前提与古诺模型有个重要的不同点，即古诺假定厂商把对手的产量看做是固定的，埃奇沃斯则假定厂商把对手的价格看做是固定的。此外，他还假定每个厂商的产量都是有限的，无法供应整个市场。埃奇沃斯模型中的价格和产量，既不确定也不稳定。

第三，张伯伦模型。该模型在古诺模型基础上，假定双头寡头在竞争中意识到双方的相互依存性，在采取竞争行动时要考虑到对手的反应，寻求一种妥协的办法，以获得最大利润。

第四，斯威齐模型。斯威齐模型的假设条件是："跟跌不跟涨"，在这种假设下，厂商就面对弯折的需求曲线。弯折的需求曲线很好地解释了价格的刚性。

第五，无勾结的寡头垄断操纵价格的主要方式有：价格领导模型和成本加成法。价格领导模型是指某行业中由一家厂商作为价格领袖决定商品价格，其他厂商追随其后按此价格出售商品。价格领导模型有三种类型：支配型价格领导、效率型价格领导、晴雨表型价格领导。成本加成法是指在估算的平均成本的基础上加一个固定百分率的利润来制定价格的一种方法。这是寡头垄断市场上一种最常用的方法。

（2）合作寡头垄断模型

卡特尔模型是合作寡头垄断模型之一。卡特尔是寡头垄断厂商用公开或正式的方式进行勾结的一种形式。它的主要任务：一是决定卡特尔组织能实现最大利润的总产量和销售价格；二是在卡特尔成员之间分配产量限额和利润份额。

16. 各种市场类型的效率比较：

（1）完全竞争与完全垄断的效率比较

完全竞争市场是最有效率的，而完全垄断是最无效率的。完全垄断市场中厂商的均衡价格高于完全竞争市场中厂商的均衡价格，均衡产量要低于完全竞争市场中厂商的均衡产量。根据边际成本定价可获得最有效率的资源配置结果，完全竞争市场的产品价格等于边际成本，实现了帕累托最优的资源配置，而完全垄断市场的均衡价格高于边际成本，没有实现资源的最优配置。垄断市场会导致社会净福利损失。

（2）垄断竞争与完全竞争和完全垄断的效率比较

垄断竞争市场的经济效率低于完全竞争市场，但高于完全垄断市场。与完全竞争比较，垄断竞争的价格高于完全竞争厂商的价格，产量却少于完全竞争厂商的产量，这说明垄断竞争厂商的生产规模没有达到最优，资源没有得到最有效的利用。与完全垄断比较，垄断竞争厂商较之完全垄断厂商的价格要低，产量要高，所获利润少一些。总之，从资源配置效率看，垄断竞争市场的资源配置效率要低于完全竞争市场，但高于完全垄断市场。从社会福利角度看，垄断竞争市场同完全垄断市场一样都产生了社会净福利损失。

（3）寡头垄断与垄断竞争和完全竞争及完全垄断的效率比较

寡头厂商的价格高于完全竞争和垄断竞争的价格，产量比完全竞争和垄断竞争的低，成本比完全竞争和垄断竞争的高，利润也较高。总之，寡头市场的经济效率低于完全竞争和垄断竞争。但因寡头市场还存在竞争因素，所以，其经济效率高于完全垄断市场。

17. 博弈论是分析研究两个或两个以上的参与者选择能够共同影响每一参与者行动或策略方式的理论。

18. 囚犯困境的均衡反映了个体理性和集体理性的冲突。

19. 纳什均衡是指在给定其他参与者的行为以后，每个参与者将采取他能采取的最好的行为，从而所有参与者达到的均衡状态。

20. 占优策略均衡是指由博弈中的所有参与者的占优策略组合所构成的均衡就是占优策略均衡。

21. 在重复博弈中，对每一个参与者来说，"以牙还牙"针锋相对的策略是最佳策略。重复博弈会使参与者更加关注行为对自身信誉的影响。

关键词

完全竞争　停止营业点　收支相抵点　生产者剩余　成本不变行业的长期供给曲线　成本递增行业的长期供给曲线　成本递减行业的长期供给曲线　完全垄断自然垄断　一级价格歧视　二级价格歧视　三级价格歧视　社会福利净损失　垄断竞争　产品差异　寡头垄断　古诺模型　斯威齐模型　价格刚性　卡特尔　囚犯困境　纳什均衡　占优策略均衡　以牙还牙策略

思考题

1. 完全竞争市场的特征是什么？在现实生活中，哪些行业类似完全竞争市场？

2. 完全竞争市场条件下，厂商是市场价格的接受者，这是否意味着市场价格是恒定不变的？为什么？

3. 完全竞争市场条件下，边际成本和市场价格有什么关系？为什么？

4. 完全竞争市场的短期和长期均衡条件分别是什么？

5. 在一个完全竞争的成本不变行业中，每个厂商的长期成本函数为 $LTC = q^3 - 50q^2 + 750q$，市场上对产品的需求曲线为 $Q = 1\,500 - 2p$，试求：（1）推导出该行业的长期供给曲线。（2）长期均衡的厂商数目是多少？

6. 垄断厂商的供给是否可形成曲线？为什么？

7. 假设一个完全垄断者在边际成本大于边际收益处生产，它将如何调整产量水平来增加其利润？

8. 完全垄断市场的短期和长期均衡条件分别是什么？

9. 完全垄断市场的特征是什么？在现实生活中，哪些行业类似完全垄断市场？

10. 垄断存在着效率损失，请说明是怎样产生的？

11. 说明一级价格歧视、二级价格歧视和三级价格歧视三者的异同。

12. 完全竞争市场与完全垄断市场中的厂商在均衡产量、均衡价格和社会福利方面有何差异？

13. 垄断竞争市场的特征是什么？在现实生活中，哪些行业类似垄断竞争市场？

14. 在垄断竞争市场中，如果一个厂商推出一种新型的产品，对均衡价格和产量会有什么影响？

15. 垄断竞争市场的短期和长期均衡条件分别是什么？

16. 在垄断竞争市场中，为什么厂商的主观需求曲线总比实际需求曲线要平坦？

17. 假设一个垄断竞争厂商短期中能获得利润，长期中它的需求曲线会发生什么改变？为什么？

18. 为什么完全竞争中的厂商不愿为产品做广告而花费任何金钱，而垄断竞争中的厂商却与其相反？广告支出一定会导致较高的价格吗？现实生活中广告对你的购买决策有何影响？

19. 垄断竞争与完全竞争有什么不同？与完全垄断又有什么不同？

20. 解释双寡头垄断的古诺解。

21. 在斯威齐模型中，需求曲线为什么是弯折的，弯折的需求曲线为什么会导致价格刚性。

22. 弯折的需求曲线的寡头垄断模型是否会出现在同种产品的双头垄断中？如果会的话，弯折的需求曲线有什么特点？

23. 已知某垄断者的成本函数为 $TC = 8Q + 0.05Q_2$，产品的需求函数为 $Q = 400 - 20P$，试求：

（1）垄断者利润最大化时的销售价格、产量和利润。

（2）垄断者收支相抵时的价格和产量。

24. 我国的一些地区推出了网络教育服务超市，在网络教育超市里有各种学校、各种专业学制的产品可供选择。作为网络教育服务的需求者，你认为你所面对的网络教育服务市场属于哪一种类型的市场结构？并说明你的理由。

25. 大学周围或景点附近的小饭店的经营都具有周期性特征，在假期或旅游淡季的时候光顾者寥寥，但许多饭店仍然会照常开门纳客。你能否利用市场结构有关理论说明为什么这些饭店会在淡季时还继续经营？

26. 在住宅小区的物业管理中，由停车难问题导致居民和物业之间的冲突时有发生。冲突的焦点就是：物业要求居民必须以买或租车位的方式将车停到住宅小区的地下停车场中，且不得占用小区内的过道停车，为促使小区居民长期租用或购买地下停车位，物业将日租价格抬得非常高。你能否借助本章所学的竞争与垄断理论，解释出现这种停车纠纷问题的原因，又应该如何解决呢？

27. 你能用博弈论来描述企业之间的"价格战"行为吗？

28. "囚犯困境"的内在根源是什么？你能举出现实生活中"囚犯困境"的例子吗？

29. 用"囚犯困境"说明卡特尔的不稳定性。

30. 什么是纳什均衡？为什么纳什均衡不一定是最优的？

31. 什么是"以牙还牙"策略？它是如何影响重复博弈的结果的？

案例

案例1　　　　　　　　多如牛毛的经济学教科书

大学用的经济学教科书多种多样，可谓多如牛毛。不同的教科书内容基本相同，但在许多方面又有不同之处，诸如作者不同、写作风格不同、内容侧重不同、表述方式不同、包装印刷不同等等不一而足。这些众多的教科书各具特色，产品存在差别，使得每一种教科书都有自己的市场。因为产品特色使它们可以在一部分消费者中形成垄断地位，而内容大同小异又使它们之间相互具有替代性，形成竞争。

在经济学教科书市场上，每一种有特色的教科书都可以获得成功。就拿国外的经济学教科书来说，萨缪尔森的《经济学》凭作者知名度高和历史悠久而占有一部分市场。萨缪尔森是当今世界经济学界的巨匠之一，1970 年获得诺贝尔经济学奖，作者的这种名声与学术地位本身就成为这本书的特色。这本《经济学》是现代经济体系的第一本教科书，截止到目前已经出版了 19 版，其影响甚广，被译成中、德、意、匈、葡、俄、日等多种文字，现在许多国家将《经济学》作为高等学校经济学专业的教科书。以上这些都是其他同类教科书无法与之比拟的产品差别。

蒂格利茨的《经济学》教科书，虽然出版历史较之萨缪尔森的教科书要短得多，但作者曾获得 2001 年诺贝尔经济学奖，不仅理论造诣深，而且曾担任克林顿总统经济顾问委员会主席和世界银行副行长，对现实经济问题有很深的了解。他的《经济学》教科书实现了理论与实际相结合，这成为其重要特色。曼昆是经济学界的后起之秀，他的《经济学原理》以通俗易懂、生动活泼的风格赢得了市场。同样，罗宾·巴德和迈克尔·帕金也并不是很有名气的经济学家，但他们合著的《经济学》具有语言通俗、解释力强的特点，最适合作为入门教科书，因而也获得了自己的市场。可见，每一本经济学教科书都以自己的特色分享一部分市场，它们之间的竞争又使经济学教科书越写越好，而没有特色的教科书就没有市场。

画龙点睛

经济学教科书市场是一个垄断竞争市场。垄断竞争市场上存在着丰富多彩的差异化产品，可以满足消费者多样化的需求。所以，尽管现在的经济学教科书已经很多了，但仍然有新的教科书如雨后春笋般不断涌现，每出版一本新的教科书，必然有与其他教科书的不同之处。在这个市场上通过生产出与众不同的产品，可以在短期内获得垄断地位及超额利润，因此，在教科书市场上创造产品差别的活动是无限的。

案例 2　　　　　　　　　左鞋右鞋分开卖

　　哈佛大学经济学教授高里·曼昆发表过一篇文章，对分拆微软计划提出了质疑。曼昆在文章中讲述了这样一个寓言：当年，某个哈佛大学的年轻人发明了第一双鞋，他为发明申请了专利并且建立起一个名叫 MS 的公司卖这种新型的独家产品。鞋很快卖疯了，MS 的建立者成了最富裕的人。但是，这时 MS 变得贪婪了，它开始把袜子和鞋捆绑销售，同时声称这种捆绑对消费者有利，MS 因此阻止买鞋的人购买竞争者的袜子。希望保护竞争的政府发表了一个声明，认为 MS 正试图将它的垄断地位从一个市场向另一个市场扩展。MS 对这种说法提出申辩，但是，法官站在政府一边。那么，政府应该怎么处置 MS 呢？它可以把垄断者分拆成两个公司：一个卖黑鞋，一个卖棕鞋。因为黑鞋和棕鞋是可以互相替代的，新公司将产生竞争。鞋的价格会下降，消费者会获得好处。然而，政府的律师们建议了一种错误的分拆方式，即创建两个公司，但是一个卖左鞋，一个卖右鞋。这种分拆使事情变得更糟，消费者现在必须与两个垄断公司打交道，它们会比单一的垄断者要价更高。因为生产像左鞋和右鞋这样互为补充的产品的垄断公司，双方都会要求分配到更多的利润。生产右鞋的公司根本不用考虑左鞋的需求就提高价码，生产左鞋的公司也会紧跟而上。而单一的垄断公司则会把二者的互相依赖考虑在内，卖出大量的右鞋会刺激对左鞋的需求，从而使价格保持平衡。

画龙点睛

　　经济学原理表明：竞争为资源的有效配置和社会福利最大化提供了可能，带来了经济的高效率；垄断带来了资源的浪费和经济的低效率。因此，在"左鞋右鞋分开卖"的故事里，政府正确的做法应该是：取消发明者的专利，让所有人都来开鞋厂以消除垄断。

小资料

小资料 1　　　　垄断竞争理论的创始人——张伯伦与罗宾逊

　　爱德华·张伯伦（Edward Chamberlin，1899—1967），当代美国著名经济学家，现代西方垄断经济学的代表人物之一。他和英国经济学家琼·罗宾逊在 20 世纪 30 年代同时独立地创立了垄断竞争理论。该理论被认为是对现代西方经济学的重大贡献，使现代西方经济学大大前进了一步。他的《垄断竞争理论》和琼·罗宾逊的《不完全竞争经济学》正式宣告了"斯密传统"的彻底结束。

　　琼·罗宾逊（Joan Robinson，1903—1983），英国经济学家，有史以来唯一的一位在经济学理论方面不断取得杰出成就的女性，也是试图整合凯恩斯经济学和马克思经济学的第一人。从 1953 年开始，她曾先后七次来过中国，说她是"中国人民的老朋友"应不为过。1975 年美国的绝大多数经济学家都期待她能够摘取诺贝尔经济学奖,但瑞典皇家学院投票的结果是,她落选了。斯库拉斯对她的落选愤愤不平,他说:"琼·罗宾逊在经济学界有两个独一无二的特性:她是迄今为止唯一一位不是男性的经济学家;她不是唯一一位没被授予诺贝尔奖的在世的大经济学家。这两个特性构成经济学界的大丑闻"。今天,人们仍为她没有获得诺贝尔经济学奖而惋惜。

小资料 2　　　　　非合作博弈论的奠基人——纳什

约翰·纳什 (John Nash Jr, 1928—),美国数学家和统计学家,普林斯顿大学数学系教授。他是一个有着传奇人生的数学天才,1944 年因对"在非合作博弈理论中均衡分析方面做出的开创性贡献"而获得诺贝尔经济学奖。由于其传奇而坎坷的人生经历,其传记被改编成电影《美丽心灵》,并获得 2002 年奥斯卡最佳电影。

1948 年,纳什在卡内基理工学院(现卡内基·梅隆大学)获科学学士和科学硕士学位;1950 年,22 岁的纳什获得普林斯顿大学数学博士学位;1951 年,在麻省理工学院数学系做莫尔讲师;1959 年,被诊断患有"妄想性精神分裂症",饱受病魔折磨近 30 年。瑞典皇家科学院在颁奖辞中写道:"纳什博士的非合作博弈的均衡分析,以及对博弈论的所有其他贡献对最近 20 年中经济理论的发展方式有着深刻的影响。"

纳什在 1950 年和 1951 年发表了两篇关于非合作博弈的论文,《n 人博弈中的均衡点》和《非合作博弈》,定义了"纳什均衡"概念,与塔克(Tucker)于 1950 年定义的"囚徒困境"一起,奠定了当代非合作博弈论的基石。纳什获得诺贝尔经济学奖,就是基于这两篇论文。

小资料 3　　　　　石油输出国组织欧佩克 (OPEC)

欧佩克(Organization of Petroleum Exporting Countries,OPEC)是 1960 年 9 月 14 日在伊拉克首都巴格达成立的,创始成员国有 5 个,它们是:伊朗、伊拉克、科威特、沙特阿拉伯和委内瑞拉。1962 年 11 月 6 日,欧佩克在联合国秘书处备案,成为正式的国际组织。

目前,欧佩克共有 11 个成员方(括号内为加入 OPEC 的时间),它们是:阿尔及利亚(1969 年)、印度尼西亚(1962 年)、伊朗(1960 年)、伊拉克(1960 年)、科威特(1960 年)、利比亚(1962 年)、尼日利亚(1971 年)、卡塔尔(1961 年)、沙特阿拉伯(1960 年)、阿拉伯联合酋长国(1967 年)和委内瑞拉(1960 年)。

欧佩克组织条例要求该组织致力于石油市场的稳定与繁荣,因此,为使石油生产者与消费者的利益都得到保证,欧佩克实行石油生产配额制。如果石油需求上升,或者某些产油国减少了石油产量,欧佩克将增加其石油产量,以阻止石油价格的飙升。为阻止石油价格下滑,欧佩克也有可能依据市场形势减少石油的产量。

欧佩克并不能完全控制国际石油市场,因其成员国的石油、天然气产量分别只占世界石油、天然气总产量的 40% 和 14%。但是，欧佩克成员国出口的石油占世界石油贸易量的 60%，对国际石油市场具有很强的影响力，特别是当其决定减少或增加石油产量时。欧佩克旨在保持石油市场的稳定与繁荣，并致力于向消费者提供价格合理的稳定的石油供应，兼顾石油生产国与消费国双方的利益。欧佩克通过自愿减少石油产量，或在市场供应不足时增加石油产量的方法来达成上述目标。例如，1990 年海湾危机期间，欧佩克大幅度增加了石油产量，以弥补伊拉克遭经济制裁后石油市场上出现的每天 300 万桶的缺口。

分配理论

　　通过本章的学习，了解生产要素需求与供给的有关知识，掌握厂商雇用生产要素必须遵循的基本原则和边际生产力理论，理解生产要素市场均衡价格的形成以及厂商面临不同的市场结构如何来决策生产要素的最佳使用量，熟悉工资、利息、地租和利润的决定，知晓衡量社会收入分配的两个重要概念——洛伦茨曲线与基尼系数。

6.1　分配理论概述

分配理论是要解决为谁生产的问题，即生产出来的产品如何在社会各阶级成员中进行分配的问题。

西方经济学认为，基本的生产要素有四种：土地、劳动、资本、企业家才能。社会各阶级成员作为生产要素的所有者，他们在生产中为生产要素的提供都做出了贡献，在生产中，工人提供了劳动，资本家提供了资本，地主提供了土地，企业家提供了企业家才能，因此，要根据贡献的大小获得收入，即劳动得工资，资本得利息，土地得地租，企业家才能得利润。这种收入就是生产要素的价格，即工资是劳动的价格、利息是资本的价格、地租是土地的价格、利润是企业家才能的价格。可见，分配理论就是要解决生产要素的价格决定问题。因此，分配理论又称生产要素价格理论。

在一个经济社会里，可以把所有的市场分为生产要素市场和产品市场。从第2章至第5章我们考察的是经济中的产品市场，分析了商品的需求、供给和均衡价格问题，本章将考察经济中的生产要素市场，分析生产要素的需求、供给和均衡价格问题。

6.2　生产要素的需求和供给

西方经济学认为，生产要素的价格取决于生产要素的需求和供给。

6.2.1　生产要素的需求

1）生产要素的需求是引致需求

生产要素市场与产品市场的重要区别之一就是：在产品市场上，需求来自个人，供给出自厂商，而在生产要素市场上，需求来自厂商，供给出自个人。而厂商之所以产生对生产要素的需求，并不是为了直接从消费生产要素中得到满足，而是为了通过生产要素的组合生产出产品来，满足消费者的需要，以便从中获取利润。因此说，对生产要素的需求归根结底是由对消费品的需求引起的，或派生的。对产品的需求引致了对生产要素的需求，同样，对产品的需求曲线引致了生产要素的需求曲线；产品需求曲线的移动引致了生产要素需求曲线的移动；产品需求弹性的变化同样引致了生产要素需求弹性的变化。例如，对棉花的需求引起对棉田的需求，棉花需求曲线向上移动引起棉田的需求曲线也向上移动；当棉花的需求缺乏弹性，棉田的需求也缺乏弹性。

2）厂商雇用生产要素必须遵循的基本原则

厂商雇用生产要素进行生产的目的是获取最大利润。那么，依照什么样的原则雇用生产要素才能获得最大利润呢？为了说明这个原则，需要介绍以下几个概念。

（1）边际生产力

在其他条件不变的情况下，追加一单位某种生产要素所增加的产量是该要素的边际生产力。边际生产力这个概念是由美国经济学家克拉克于 19 世纪末首创的，至今仍被许多西方经济学家广泛使用。

边际生产力是递减的。这是因为，根据边际收益递减规律，当其他要素不变时，如果连续增加某一种生产要素，其收益是递减的，因此，各种生产要素的边际生产力也是递减的。在这里，边际收益递减规律表现为边际生产力递减规律，也就是说，当其他生产要素的投入量保持不变，只有一种生产要素的投入量不断增加时，随着这一可变要素的不断增加，其边际生产力最初上升，超过某一点后，边际生产力便开始下降。要素的边际生产力最初上升，首先是由于随着可变要素的增加，固定要素得到了更有效的利用。其次，是由于可变要素本身也得到了更有效的利用。再者，是由于最初可变要素的数量大大少于固定要素的数量，边际收益递减规律对可变要素发生了副作用。也就是说，可变要素在达到某一数量之前，每个可变要素单位所提供的产品量都会多于前一个可变要素单位所提供的产品量。当可变要素的数量增加到足以使固定要素的每一个单位都得到有效利用的那一点后，边际收益递减规律开始发生作用。

在这里值得强调的是，在不断增加的某种生产要素的各个单位中，任何一个单位都可能是最后增加的要素单位，任何一个要素单位提供的生产率都可以说是边际生产力。例如，如果厂商所增加的可变要素单位是十个，那么，第十个要素单位的要素生产率是该要素的边际生产力，如果厂商所增加的可变要素单位不是十个，而是五个，那么，第五个生产要素单位的生产率便是该要素的边际生产力。

假定生产中所使用的生产要素只有资本和劳动，那么，边际生产力可分为资本边际生产力和劳动边际生产力。所谓资本的边际生产力，是指当劳动量不变而资本量连续增加时，最后增加的一单位资本所增加的产量就是资本的边际生产力。所谓劳动的边际生产力，是指当资本量不变而劳动量连续增加时，最后增加的一单位劳动所增加的产量就是劳动的边际生产力。

边际生产力还可以用实物和货币来表示。如果用实物来表示某种要素的边际生产力，就叫该要素的边际物质产品。如果用货币来表示某种要素的边际生产力，可分为两种：一种就叫做边际收益产品，另一种叫做边际产品价值。下面分别介绍这几个概念。

（2）边际物质产品

在其他条件不变时，增加一单位某种可变要素的投入量所带来的实物总产量的增量，就是该要素的边际物质产品。边际物质产品简称为 MPP。

从含义中可见，MPP 就是前面所提到的边际产量 MP，在这里为了强调 MP 是实物量，故多用了一个字母 P，英文全称为：marginal physical product。

（3）边际收益产品

在其他生产要素投入不变的条件下，追加某一单位生产要素增加的产量所带来的收益，就是该要素的边际收益产品。边际收益产品简写为 MRP。

MRP = MPP · MR

即 MRP 等于生产要素增量所引起的产量增量与每个产量收益之乘积。

（4）边际产品价值

边际物质产品与产品价格的乘积，就是边际产品价值。边际产品价值简写为 VMP。

VMP = MPP · P

在不同类型的产品市场条件下，厂商的边际收益产品曲线和边际产品价格曲线之间的关系是不同的。在产品市场完全竞争的条件下，厂商的产品价格和边际收益是相等的，即 P = MR，所以，MRP = VMP，即厂商的边际收益产品曲线和边际产品价值曲线是重叠的。在产品市场非完全竞争的条件下，厂商的产品价格总是大于边际收益的，即 P > MR，所以，VMP > MRP，厂商的边际收益产品 MRP 曲线必定位于边际产品价值 VMP 曲线的左下方，曲线的形状都是向右下方倾斜。

这是因为，如前所述 MPP 就是 MP，在边际收益递减规律的作用下，边际产量 MP 曲线是先上升后下降的，但由于厂商总是将生产进行在边际产量的递减阶段（即第 II 区域最佳生产阶段），所以，在经济分析中，通常只取边际物质产品 MPP 曲线的下降段进行分析，又由于 MRP = MR · MPP 和 VMP = MPP · P。所以，要素的边际收益产品曲线和边际产品价值曲线也必定同边际物质产品曲线一样，是向右下方倾斜的。只不过在边际收益 MR 值和产品价格 P 值的作用下，MRP 曲线和 VMP 曲线的斜率位置与 MPP 曲线有所不同，如图 6-1 所示。

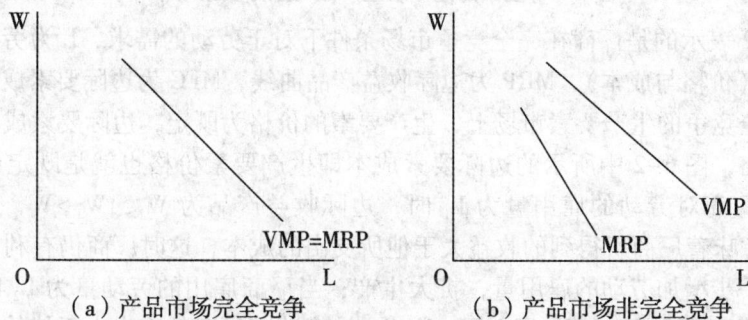

（a）产品市场完全竞争　　　　（b）产品市场非完全竞争

图 6-1　产品市场完全竞争和非完全竞争的要素的边际收益产品和边际产品价值

（5）边际要素成本

所谓边际要素成本，是指厂商所雇用的最后一单位生产要素使厂商增加的货币支出。边际要素成本简写为 MFC。

生产要素市场与产品市场一样，也分为完全竞争和非完全竞争市场（包括完全垄断、垄断竞争、寡头垄断）。在完全竞争的生产要素市场上，生产要素的价格对于厂商来说是一个既定的量，它不会因为单个厂商增加或减少生产要素雇用量而有所改变。因此，边际要素成本始终等于生产要素的价格，而边际要素成本曲线是一条处于生产要素价格上的水平线（两者重合）。在非完全竞争的生产要素市场上，边际要素成本曲线的形状是向右上方倾斜的，关于这一点在后面介绍生产要素供给那一节时再提及。

（6）雇用生产要素的基本原则

西方经济学是用边际收益产品和边际要素成本的概念以及边际收益产品曲线和边际要素成本曲线来说明厂商在决定一种生产要素雇用量时所必须遵循的原则。

在产品市场上，为了获得最大利润，厂商遵循的原则是 MR＝MC，在生产要素市场上，为了获得最大利润，厂商遵循的原则是 MRP＝MFC。

也就是说，为了获得最大利润，厂商雇用一种生产要素所达到的数量正好使生产要素的边际收益产品等于边际要素成本。

下面我们以劳动这种生产要素为例来加以说明，如图6-2所示。

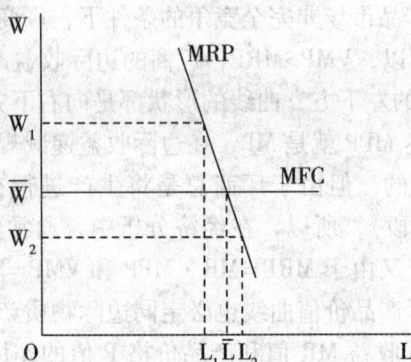

图6-2　要素的边际收益产品与边际要素成本

图6-2表示的是厂商在完全竞争市场条件下对于劳动的需求，L为劳动量，W为工资率（价格与成本），MRP为边际收益产品曲线，MFC为边际要素成本。

在完全竞争的生产要素市场上，生产要素的价格为既定，边际要素成本等于生产要素价格，图6-2中所示的边际要素成本即生产要素价格也就是既定的工资率为 $\overline{W}$，当厂商对劳动的雇用量为 L_1 时，边际收益产品为 W_1，$W_1 > \overline{W}$，即 MRP > MFC，这意味着厂商所得到的收益大于他所支出的成本，这时厂商仍有利可图，所以他会进一步增加劳动的雇用量，扩大生产；当厂商雇用的劳动量为 L_2 时，边际收益产品等于 W_2，$W_2 < \overline{W}$，即 MRP < MFC，这意味着厂商的支出大于他的收益，这时厂商亏损，所以他会减少劳动雇用量，以便使利润进一步增加。由此可见，只有当劳动的雇用量为 $\overline{L}$ 时，即当 MRP＝MFC 时，厂商才获得最大利润。因此，厂商增雇生产要素，一般直到生产要素的边际收益产品和边际要素成本相等为止。这就是生产者雇用生产要素时所必须遵循的原则。

3）生产要素的需求曲线

生产要素市场同产品市场一样，需求曲线也分为单个厂商的需求曲线和整个行业的市场需求曲线。

（1）单个厂商的生产要素需求曲线

由于生产要素的需求是引致需求，由产品的需求引致而来，因此，生产要素需求曲线是受不同类型的产品市场结构影响的。

在第5章，我们已对产品市场结构进行分析，在那里按不同竞争程度把产品市场结构分为四种：完全竞争、垄断竞争、寡头垄断、完全垄断。在这四种产品市场结构中，完全竞争市场中厂商面临的产品需求曲线是水平的，而其他三种市场结构中厂商面临的产品需求曲线都是向右下方倾斜的，因此，我们把市场分成完全竞争和非完全竞争两大类来进行分析。

①产品市场完全竞争条件下厂商的要素需求曲线

厂商在一个生产过程中往往使用多种可变要素，这些可变要素的投入量和价格的变动是相互影响的，从而使得分析厂商的要素需求曲线的问题复杂化。在这里为了简化分析，假定生产过程中只有一种可变要素，分析在只有一种可变要素的情况下厂商的需求曲线，下面我们用图6-3来加以说明。

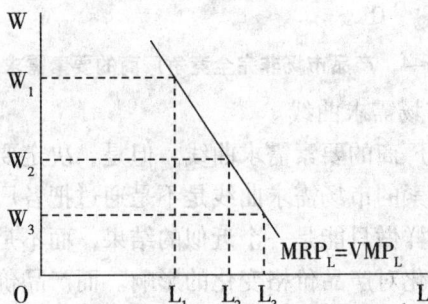

图6-3　产品市场完全竞争的厂商的要素需求曲线

图6-3表示完全竞争条件下单个厂商对劳动的需求，L代表劳动量，W代表工资率，在完全竞争市场上，边际收益产品MRP等于边际产品价值VMP，图6-3中$MRP_L = VMP_L$表示劳动的边际收益产品曲线，同时也是劳动的边际产品价值曲线。

厂商雇用生产要素的基本原则是MRP=MFC即边际收益产品等于边际要素成本。根据这一原则我们就可以找到单个厂商对于生产要素的需求量，从而找到单个厂商的生产要素需求曲线。

在图6-3中，当工资率为W_1时，厂商雇用的劳动只有为L_1时，才能满足MRP=MFC的原则。同样，当工资率分别为W_2、W_3时，厂商会将劳动的雇用量分别增加到L_2、L_3，以满足MRP=MFC的利润最大化条件。可见，厂商可以沿着既定的劳动边际收益产品曲线即劳动的边际产品价值曲线移动，在任何一个工资水平或者任何一个水平的边际要素成本，选择最佳的劳动雇用量，以获得最大的利润。所以，劳动的边际收益产品曲线即劳动的边际产品价值曲线，就是厂商对劳动这一可变要素的需求曲线。

由此得出结论，在产品市场完全竞争的条件下，在只有一种可变要素的情况下，厂商对这种可变要素的需求曲线就是该要素的边际收益产品曲线即边际产品价值曲线。厂商的要素需求曲线是向右下方倾斜的。

②产品市场非完全竞争条件下厂商的要素需求曲线

同在产品市场完全竞争条件下一样，在产品市场非完全竞争条件下，厂商对生产中仅有的一种可变要素的需求曲线就是该要素的边际收益产品的曲线，该曲线必定位于该要素的边际产品价值曲线的左下方，如图6-4所示。

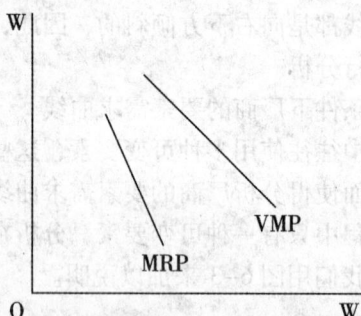

图6-4　产品市场非完全竞争厂商的要素需求曲线

（2）生产要素的市场需求曲线

上面分析的是单个厂商的要素需求曲线。但是，决定要素市场价格的是要素的市场需求曲线。生产要素的市场需求曲线是不是通过把各厂商的要素需求曲线水平相加就可以求得呢？这样做只能是一个近似的结果，而不是正确的结果。因为这样做就忽视了要素价格变化对产品价格变化的影响。而产品价格变化会影响 VMP 值，从而改变需求曲线，使厂商原有的要素需求曲线的位置发生移动。

①产品市场完全竞争条件下要素的市场需求曲线

下面用图6-5来说明产品市场完全竞争条件下要素市场需求曲线的形成。

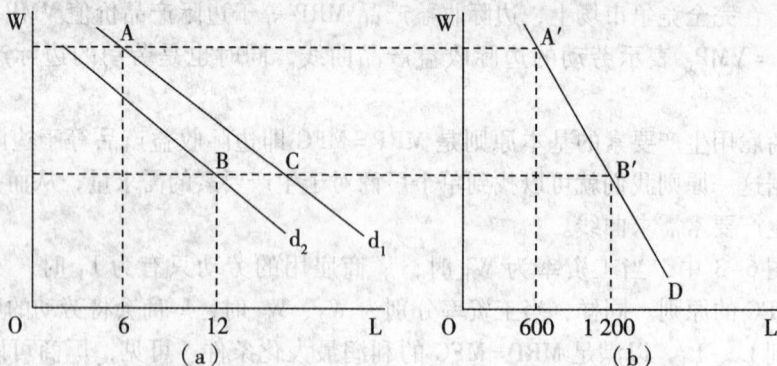

图6-5　产品市场完全竞争的要素市场需求曲线

在图6-5中，假定生产中只有一种可变要素劳动，生产 X 商品，在 X 商品价格既定的条件下，首先我们可以作出单个厂商对劳动这一生产要素的需求曲线（为 d_1），但是，当劳动这一要素的价格水平下降时，生产 X 商品所有企业都会增加对劳动这一要素的需求量，并生产出更多的 X 商品。在 X 商品的市场需求不变的条件下，X 商品的供给的增加，会使 X 商品的价格水平下降，使企业的劳动的边际收益产品曲线 MRP，亦即劳动的边际产品价值曲线 VMP 向左下方平行移动，也就是使厂商对劳动的需求曲线 d_1 向左下方平移，形成企业新的要素需求曲线 d_2。所以，当生产要素劳动的价格下降以后，单个厂商对要素劳动的需求量，应该在要素需求曲线 d_2 上求得，而不是在 d_1 上。

例如，当劳动的工资率 W=8 元时，企业对劳动的需求量为6个单位，如图6-5（a）中的 A 点所示。如果劳动市场上有 100 个相同的企业需要这种劳动要素，则市场上对劳动的需求量为 600 个单位，如图6-5（b）中的 A′点所示。当工资率下降为 4 元时，单个厂商的需求量就不是在 d_1 曲线上去求得，如图6-5中 C 点所示，而是在 d_2 曲线上去求得，如图6-5（a）中 B 点所示。其原因在于：当工资率下降后，厂商对劳动的需求量增加，这样，使得 X 商品的供给量增加，X 商品的价格下降，最后，导致劳动需求曲线 d_1 向左下方平移到 d_2 曲线的位置。于是，当工资率为 4 元时，单个厂商对劳动的需求量为 12 个单位，如图6-5（a）中的 B 点所示。对于 100 个相同的企业来说，整个劳动市场的需求量为 1 200 个单位。如图6-5（b）中的 B′点所示。用类似的方法还可以得到其他的点，连接这些点便得到劳动这一要素的市场需求曲线，为图6-5（b）中的 D 曲线。由此可见，产品市场完全竞争下的生产要素的市场需求曲线也是向右下方倾斜的。

②产品市场非完全竞争条件下要素的市场需求曲线

关于产品市场非完全竞争条件下的要素的市场需求曲线的推导，则需要分两种情况来进行分析：一种是产品市场的完全垄断；另一种是产品市场的垄断竞争和寡头垄断。

第一，产品市场完全垄断条件下要素的市场需求曲线。

如果购买同一要素的所有厂商在产品市场上都是独家垄断者，那么，只要把这些厂商在各个要素价格水平上的要素需求量相加，便可以得到该要素的市场需求曲线。这是因为，在产品市场完全垄断条件下，由于 MRP≠VMP，即边际收益产品不等于边际产品价值，因此，在增雇生产要素时，垄断厂商的总收益不是按照边际产品价值增加的，而是按照边际收益产品增加的。为此，他在增雇生产要素时，会按照生产要素的价格即边际要素成本等于生产要素的边际收益产品的原则来雇用生产要素的数量。因此，产品市场上的垄断者的生产要素需求曲线就是边际收益产品曲线。又由于在产品市场完全垄断条件下，产品价格是独家垄断，因此，要素价格的变化不会影响产品价格；从而不会影响这些厂商的边际收益产品 MRP 曲线即要素的需求曲线的位置。所以，当生产要素价格发生变化后，这些厂商仍然可以在不变的要素需求曲线上找到与新的要素价格水平相应的要素需求量。

由此得出结论，在产品市场完全垄断条件下，生产要素的市场需求曲线就是把各厂商的要素需求曲线水平相加而形成的，它是向右下方倾斜的。

第二，产品市场垄断竞争或寡头垄断条件下要素的市场需求曲线。

如果购买同一要素的所有厂商在产品市场上是垄断竞争者或寡头垄断者，那么，当要素价格发生变化而下降时，会使整个产品市场的供给量增加，产品价格下降，从而使得单个厂商的产品需求曲线的位置变动，进而引起单个厂商的边际收益产品 MRP 曲线即要素的需求曲线的位置发生变动。于是，要素价格变化以后的单个厂商的要素需求量就应在厂商新的要素需求曲线上来求得。在这种情况下，要素的市场需求曲线的推导方法与产品市场完全竞争条件下的要素市场需求曲线的推导方法是类似的，它是向右下方倾斜的。

6.2.2 生产要素的供给

产品的供给者是厂商，而要素的供给者则是要素所有者，所以，要素供给曲线，实际上就是厂商所面临的要素供给曲线，而单个厂商所面临的生产要素供给曲线的特征与该厂商所处的生产要素的市场类型二者之间有着密切的联系。与产品市场一样，生产要素市场也分为完全竞争市场和非完全竞争市场（包括垄断竞争、寡头垄断、完全垄断）。下面我们将分别考察在生产要素完全竞争市场和生产要素非完全竞争市场这两种条件下厂商所面临的要素供给曲线和要素的市场供给曲线问题。

1）单个厂商的生产要素供给曲线

（1）要素市场完全竞争条件下厂商的要素供给曲线

在生产要素市场完全竞争条件下，有无数的生产要素的购买者和供给者。对于购买生产要素的单个厂商来说，他所面临的生产要素的供给曲线是一条水平线。这是因为，一方面，就单个厂商来说，他的购买量仅为整个要素市场购买量中的极小一部分，他的购买量的变化不会影响要素的市场价格，所以，每一个厂商只能被动地接受要素市场的既定价格。另一方面，面对大量的要素供给者，单个厂商可以认为他所面临的要素供给量是无穷大的。因此，单个厂商所面临的要素供给曲线是一条水平线。它表示在既定价格水平下，厂商可以购买到所需要的任何数量的生产要素。值得一提的是，这个既定价格，是由市场供求决定的，一旦要素价格确定后，要素供给者就按此价格提供任何数量的要素，要素购买者则按此价格购买任何数量的要素。这种情况与在产品市场完全竞争条件下一样厂商面临产品需求曲线是一条水平线，如图 6-6 所示。

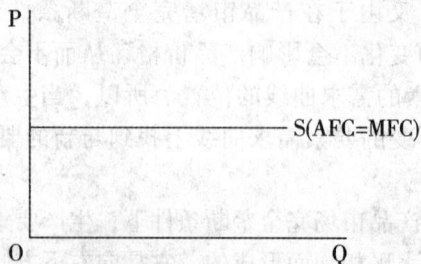

图 6-6 要素市场完全竞争的厂商的要素供给曲线

在图 6-6 中，横轴 Q 为要素数量，纵轴 P 为要素价格，水平的 S 曲线为单个厂商所面临的要素供给曲线。水平的要素供给曲线表示的是在每一要素价格水平上单个厂商所面临的要素供给数量。

另外，在生产要素完全竞争市场上，由于要素的价格是一个既定的常数，所以，在单个厂商眼里，要素价格、平均要素成本 AFC、边际要素成本 MFC 这三个量是相等的。因为，在完全竞争的生产要素市场上，由于价格既定，厂商购买一定量生产要素平均每单位生产要素所需的货币支出（即平均要素成本）实际上就是要素市场价格，所以，完全竞争条件下，要素价格等于平均要素成本 AFC。而由于价格既定，厂商每增加一单位生产要素所增加的货币支出（即边际要素成本）实际上也就是要素价格，所以，要素价格等于边际要素成本 MFC，可见，生产要素市场完全竞争条件下，要素价格 P＝平均要素成本 AFC＝边际要素成本 MFC。因此，对于单个厂商来说，他所面临的要素供给曲线和平均要素成本 AFC 曲线、边际要素成本 MFC 曲线这三条线是重叠的。

（2）要素市场非完全竞争条件下厂商的要素供给曲线

对非完全竞争的生产要素市场的分析以生产要素完全垄断市场为例。

在生产要素市场完全垄断条件下，由于独家垄断，垄断厂商是市场上全部生产要素的唯一购买者。因此，他的购买量的变化直接影响着生产要素的价格，当他增加生产要素的购买量时，生产要素的价格就上涨；当他减少生产要素的购买量时，生产要素的价格就下降。因此，要素市场非完全竞争条件下厂商的要素供给曲线是一条向右上方倾斜的斜率为正的曲线，如图 6-7 所示。

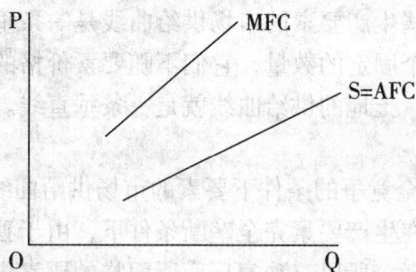

图 6-7　要素市场非完全竞争的厂商的要素供给曲线

在图 6-7 中，横轴 Q 为要素数量，纵轴 P 为要素价格，向右上方倾斜的 S 曲线为单个厂商所面临的要素供给曲线。

另外，在生产要素完全垄断市场上，由于厂商是市场上唯一的买主，他通过增加或减少购买量来控制价格，要素供给曲线就代表了要素价格水平。由于要素价格总是等于平均要素成本，所以，完全垄断厂商所面临的要素供给曲线与平均要素成本曲线 AFC 曲线重叠，都是向右上方倾斜的。又由于平均要素成本是递增的，根据平均量与边际量之间的关系可以推断：边际要素成本必定也是递增的。而且，在每一个要素供给量上，边际要素成本都大于平均要素成本，如图 6-7 所示，边际要素成本 MFC 曲线都高于平均要素成本 AFC 曲线。在完全垄断条件下，厂商所面临的要素供给曲线、平均要素成本曲线和边际要素成本曲线这三条曲线之间的关系如图 6-7 所示。

2）生产要素的市场供给曲线

（1）要素市场完全竞争条件下要素的市场供给曲线

前面已经指出，在生产要素完全竞争市场上，单个厂商所面临的要素供给曲线是一条水平线，但是，要素的市场供给曲线在大多数情况下是一条向右上方倾斜的斜率为正的曲线。

这是因为：单个要素提供者所愿意提供的要素数量与要素价格呈同方向变动。即要素价格上升，人们就愿意多供给，要素价格下降，人们就少供给。因此，单个要素提供者的供给曲线向右上方倾斜，而要素的市场供给曲线是由所有单个要素提供者的供给曲线水平相加而形成的。所以，要素市场完全竞争条件下要素的市场供给曲线是一条向右上方倾斜的斜率为正的曲线，如图6-8所示。

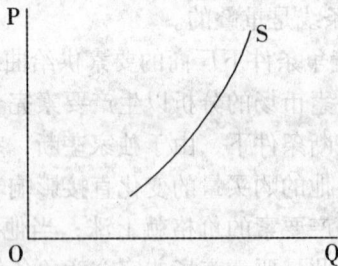

图6-8　要素市场完全竞争的要素的市场供给曲线

需要指出的是，某些生产要素的市场供给曲线是一条垂直线。也就是说，这些生产要素的供给量是一个固定的数量，它们不随要素价格的变化而变化，例如，土地的供给量就是不变的，土地的供给曲线就是一条垂直线。此外，劳动的供给曲线是一条向后弯曲的曲线。

（2）要素市场非完全竞争的条件下要素的市场供给曲线

以完全垄断为例，在生产要素完全垄断条件下，由于独家垄断厂商是市场上全部生产要素的唯一购买者，所以，独家厂商所面临的要素供给曲线就是要素的市场供给曲线。由此得出结论，要素市场非完全竞争的条件下要素的市场供给曲线是一条向右上方倾斜的斜率为正的曲线。

综上所述，我们已经分析了两条斜率不同的市场曲线，一条是向右下方倾斜的斜率为负的市场需求曲线；另一条是向右上方倾斜的斜率为正的市场供给曲线。生产要素的价格就是由市场需求曲线与市场供给曲线共同决定的，由此决定的价格就是生产要素的均衡价格。

6.3　生产要素的均衡价格

在前一节中分别研究了不同产品市场条件下的生产要素的需求曲线和不同要素市场条件下的生产要素供给曲线，在此基础上，这里将研究生产要素的均衡价格的决定。

6.3.1 生产要素市场均衡价格的形成

同产品市场均衡价格和均衡数量的决定相类似，要素市场的均衡价格和均衡数量决定于要素的市场需求曲线和市场供给曲线。前面已经分析了，要素的市场需求曲线是向下方倾斜的，要素的市场供给曲线是向右上方倾斜的。现在我们将这两条曲线结合起来，并置于同一个坐标系中，就可以分析要素市场的均衡，如图6-9所示。

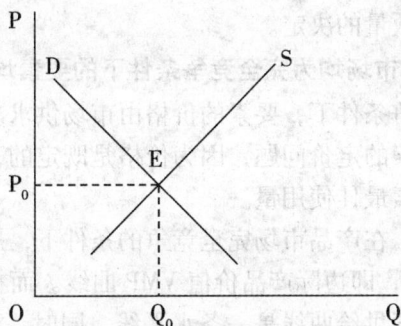

图6-9 要素市场均衡价格的决定

在图6-9中，生产要素的均衡价格就是OP_0，整个行业使用的生产要素的均衡数量是OQ_0，如果价格高于OP_0，供给量会超过需求量，这样对价格就有一个向下的压力，如果价格低于OP_0，供给量将达不到需求量，结果对价格就有一个向上的推力，最后促使S和D在均衡点上形成市场均衡价格。

整个行业的要素市场均衡价格确定后，下面我们来看一下各个厂商面临不同的市场结构，如何来决策生产要素的最佳使用量。

通过前一节的介绍，我们知道，生产要素市场与产品市场一样分为完全竞争市场和非完全竞争市场两大类，那么，一个处在完全竞争要素市场的厂商，他可以面临一个完全竞争的产品市场，也可以面临一个非完全竞争的产品市场，同样，一个处在非完全竞争要素市场的厂商，他可以面临一个完全竞争的产品市场，也可以面临一个非完全竞争的产品市场，也就是说，对一个厂商来说，面临的产品市场结构和要素市场结构可以是一样的，也可以是不同的。这样就会出现复杂的市场组合，概括起来说有以下四种组合（见表6-1）：第一，生产要素市场和产品市场均为完全竞争。第二，生产要素市场为完全竞争，产品市场为非完全竞争。第三，生产要素市场为非完全竞争，产品市场为完全竞争。第四，生产要素市场和产品市场均为非完全竞争。

表6-1　　　　　　　　　　**市场组合**

		产品市场	
		竞争	非竞争
要素市场	竞争	A	B
	非竞争	C	D

下面我们将分别按表 6-1 中的四种情况来研究生产要素的价格和最佳使用，即厂商均衡问题。

6.3.2 　生产要素市场完全竞争条件下的要素均衡价格和数量的决定

如前所述，一个处在完全竞争要素市场上的厂商，他可以面临一个完全竞争的产品市场，也可以面临一个非完全竞争的产品市场，下面将分别研究这两种情况下的要素均衡价格和均衡数量的决定。

1）要素市场和产品市场均为完全竞争条件下的要素均衡价格和数量的决定

在要素市场完全竞争条件下，要素的价格由市场供求决定，厂商无力控制。因此，在这里不用讨论要素的定价问题，因为价格是既定的，厂商是要在一定的市场价格水平下决定它的要素最佳使用量。

前一节里已经介绍，在产品市场完全竞争的条件下，厂商的要素需求曲线就是边际收益产品 MRP 曲线，即边际产品价值 VMP 曲线。而在生产要素市场完全竞争条件下，厂商面临的要素供给曲线是一条水平线。同时，要素价格 P＝平均要素成本 AFC＝边际要素成本 MFC，如图 6-10 所示。

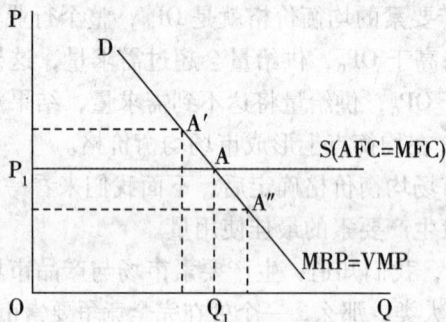

图 6-10　要素市场和产品市场为完全竞争的厂商均衡

由于生产要素市场上利润最大化原则是 MRP＝MFC，根据这个原则厂商来决定生产要素的最佳使用量。在图 6-10 中，MRP 和 MFC 相交于 A 点，因此，A 点就是最佳决策点，在 A 点上厂商实现了利润最大化。Q_1 就是实现利润最大化的生产要素的最佳使用量。此时，厂商达到均衡。为什么说厂商在 A 点就达到了均衡呢？这是因为，如果在 A 点以上，如 A′点，此时 MRP＞MFC，在这里假设生产要素是劳动，意味着厂商继续增雇劳动数量可使收益增加，于是厂商会增雇工人，当厂商增雇的工人数量为 A 点以下的 A″点所对应的数量时，此时 MRP＜MFC，意味着厂商所得到的收益小于他所支出的成本，于是厂商会减少劳动雇用量。由此可见，只有在 A 点上厂商实现了利润最大化，既不增雇工人，也不减少工人，此时，厂商达到要素市场均衡。

由于在 A 点上不仅 MRP＝MFC，而且由于 MFC＝AFC，MRP＝VMP，因此，在要素市场和产品市场为完全竞争条件下厂商的均衡条件是：

AFC＝MFC＝MRP＝VMP

在这里值得一提的是，正像在产品市场一样，完全竞争厂商实际上决策的只是最佳产量，单价是由市场决定的；在要素市场上，完全竞争厂商也只能决定要素的最佳使用量（即均衡数量），要素价格由市场决定。

2）要素市场为完全竞争，产品市场为非完全竞争条件下的要素均衡价格和数量的决定

要素市场是完全竞争的，这同上述第一种情况一样，即厂商面临的要素供给曲线是水平的，即 P＝AFC＝MFC。

但是，由于产品市场是非完全竞争的，产品的价格不由市场供求决定，而由非完全竞争企业自己决定，通常 P>MR，所以，VMP>MRP，此时厂商面临的要素需求曲线就是该要素的边际收益产品 MRP 曲线，该曲线必定位于该要素的边际产品价值 VMP 曲线的左下方。

以上分析了厂商在第二种情况下所面临的要素需求曲线和要素供给曲线，下面我们就可以进一步分析厂商的要素均衡价格和数量的决定问题，如图 6-11 所示。

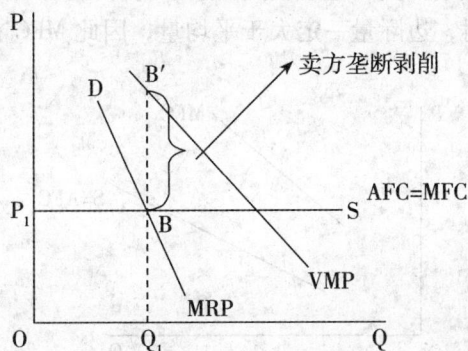

图 6-11　要素市场为完全竞争，产品市场为非完全竞争的厂商均衡

根据生产要素市场上利润最大化原则 MRP＝MFC，在图 6-11 中，B 点是最佳决策点，Q_1 是实现利润最大化的生产要素使用量，此时厂商达到均衡。由于在 B 点上，AFC＝MFC＝MRP，MRP<VMP，因此，在要素市场为完全竞争，产品市场为非完全竞争条件下厂商的均衡条件是：

AFC＝MFC＝MRP<VMP

由于厂商在产品市场上是卖方，它在产品市场上具有垄断地位，被称为卖方垄断。这种垄断引起西方所定义的剥削是指企业支付给要素所有者的价格小于要素的边际产品价值。即要素价格 P 与 VMP 之差为剥削，它适用于一切要素，不过在通常情况下人们考虑的是工资低于劳动的边际产品价值。在完全竞争市场上，由于要素价格 P＝VMP，所以没有剥削。

卖方垄断剥削是由于厂商在产品市场上居于垄断地位所导致的要素价格低于其边际产品价值，它在图形上由图 6-11 中的 BB′ 这一段垂直距离来表示，它既反映着边际产品价值与要素价格的背离，又反映边际产品价值与边际收益产品的差距。

作为卖方垄断剥削的分析者英国经济学家琼·罗宾逊认为，如果不完全竞争市场特指垄断竞争市场，那么它有存在的理由。在长期分析中，垄断竞争市场也不存在经济利润。劳动者在要素市场上受到卖方垄断剥削，是他们作为消费者在产品市场上得到有差别的产品所需要付出的代价。只有在其他类型的不完全竞争市场上，才存在所谓真正的卖方垄断剥削。

3）要素市场为非完全竞争，产品市场为完全竞争条件下的要素均衡价格和数量的决定

要素市场是非完全竞争的，而非完全竞争包括完全垄断、垄断竞争、寡头垄断。在这里只讨论完全垄断情况，不过由此得出的最佳原则也适用于后二者。

在要素市场为完全垄断条件下，厂商所面临的要素供给曲线 S 是向右上方倾斜的。因为他是唯一的买主，即他扩大要素购买量时，要素价格就上涨，他减少要素购买量时，要素价格就下降。因此，要素供给曲线就代表了要素价格水平。同时，要素价格 P＝平均要素成本 AFC。因为是独家垄断厂商平均每单位生产要素所需的货币支出即平均要素成本，实际上也就是要素市场价格。而根据边际量和平均量的关系，当平均量上升时，边际量一定大于平均量，因此 MFC 在 AFC 的上方，如图 6-12 所示。

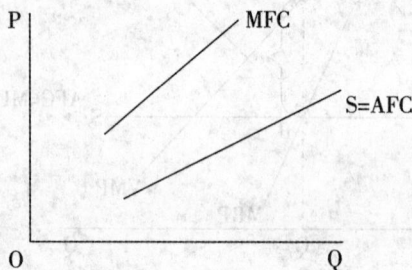

图 6-12　要素市场完全垄断的厂商的要素供给曲线

在产品市场为完全竞争条件下，厂商所面临的要素需求曲线是向右下方倾斜的，这同第一种情况一样，即厂商的要素需求曲线就是边际收益产品 MRP 曲线，即边际产品价值 VMP 曲线，如图 6-13 所示。

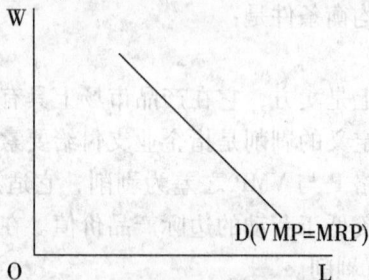

图 6-13　产品市场完全竞争的厂商的要素需求曲线

以上分析了厂商在第三种情况下所面临的要素需求曲线和要素供给曲线，下面我们就可以进一步分析厂商的要素均衡价格和数量的决定问题，如图 6-14 所示。

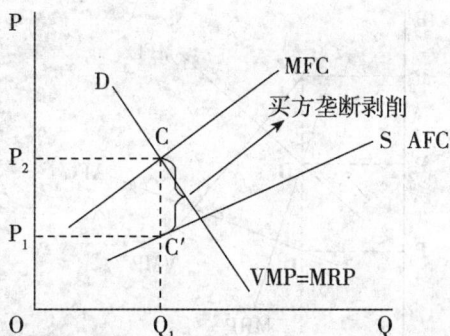

图 6-14　要素市场为非完全竞争，产品市场为完全竞争的厂商均衡

根据生产要素市场上的利润最大化原则，MRP＝MFC。在图 6-14 中，C 点是最佳决策点（均衡点），此时厂商达到均衡，Q_1 是实现利润最大化的生产要素使用量。这时要素价格为 P_1。要注意价格不是在 C 点确定，而是由 C 点做垂线与 AFC 曲线的交点 C′ 来确定要素价格 P_1，因为要素价格 P＝要素供给曲线 S。由于在 C 点上，MRP＝VMP＝MFC，AFC＜MFC，因此，在要素市场为非完全竞争，产品市场为完全竞争条件下厂商的均衡条件是：

AFC＜MFC＝MRP＝VMP

买方垄断企业以 C 点为均衡点，但并不意味着它以 C 点为标准确定要素价格，因为它感兴趣的只是这一点能够使边际要素成本和边际产品价值相等。从图 6-14 中可见，当厂商在 C 点达到均衡时，此时的要素价格为 P_1，要素的使用量为 Q_1，而使用 Q_1 数量的要素的边际产品价值却为 P_2。由此可见，要素价格为 P_1，要素的边际产品价值为 P_2，其差额为 CC′，这部分差额为买方垄断剥削，即由于企业在要素市场上具有买方垄断地位所导致的要素价格低于其边际产品价值，在图 6-14 中由 CC′ 这一段距离来表示。这部分差额的垄断剥削也就是垄断购买者凭借垄断地位而获取的垄断利润。

4）要素市场和产品市场均为非完全竞争条件下的要素均衡价格和数量的决定

由于要素市场是非完全竞争的，厂商面临的要素供给曲线是向右上方倾斜的，MFC＞AFC，S＝AFC。由于产品市场是非完全竞争的，厂商面临的要素需求曲线是向右下方倾斜的，同时，VMP＞MRP，D＝MRP，因此，在第四种情况下厂商的均衡情况如图 6-15 所示。

根据要素市场利润最大化原则，MRP＝MFC，在图 6-15 中，D 点是最佳决策点，即在这点上厂商实现了均衡，这时，均衡价格为 P_1（而非 P_2），均衡数量为 Q_1。由于在 D 点上，MRP＝MFC，AFC＜MFC，MRP＜VMP 因此，在要素市场和产品市场为非完全竞争条件下厂商的均衡条件是：

AFC＜MFC＝MRP＜VMP

由图 6-15 可见，要素价格为 P_1，而此时使用 Q_1 数量的生产要素的边际要素成本为 P_2，边际产品价值为 P_3，其中，要素价格与边际要素成本的差额为 DD′，

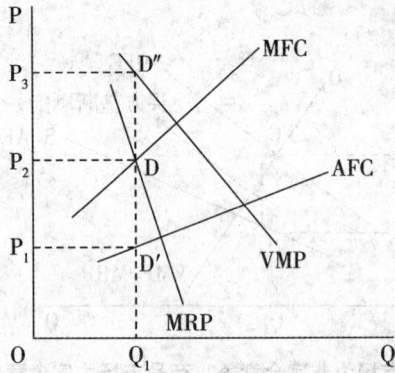

图6-15　要素市场和产品市场为非完全竞争的厂商均衡

为买方垄断剥削，边际要素成本与边际产品价值的差额为DD″，为卖方垄断剥削。也就是说，当使用 Q_1 数量的生产要素时，其平均要素成本只有 P_1 而产品卖价却是 P_3，出现了双重剥削。因此，在要素市场和产品市场都是非完全竞争时，厂商在要素市场上是买方垄断者，在产品市场是卖方垄断者，出现了双边垄断，从而出现双重垄断剥削。

6.4　工资、利息、地租和利润的决定

本节的主要内容是分析在生产要素市场完全竞争和产品市场完全竞争条件下的具体的要素价格——工资、利息、地租和利润的决定。本节的内容是上一节要素均衡价格决定理论的具体运用。

6.4.1　工资理论

1）均衡的工资水平的决定

西方经济学家认为，工资是劳动这种生产要素的价格。而价格又取决于供求关系。因此，在完全竞争条件下，工资是由对劳动的需求与劳动的供给共同决定的，当对劳动的需求与劳动的供给达到一致时，就决定了均衡的工资水平。

首先，对劳动的需求取决于劳动的边际生产力。劳动的边际生产力是指在其他条件不变的情况下，增加一单位劳动所增加的产量。劳动的边际生产力是递减的。厂商在购买劳动时，要使工资等于劳动的边际生产力，即要使增加一单位劳动所增加的工资与增加一单位劳动所增加的产量相等。如果劳动的边际生产力大于工资，即增加一单位劳动所增加的产量大于工资，对劳动的需求就会增加；如果劳动的边际生产力小于工资，即增加一单位劳动所增加的产量小于工资，对劳动的需求就会减少。可见，劳动的需求量与工资呈反方向变动。因此，劳动的需求曲线是一条向右下方倾斜的曲线，如图6-16所示。

在图6-16中，横轴OL代表劳动的需求量，纵轴OW代表工资水平，D为劳

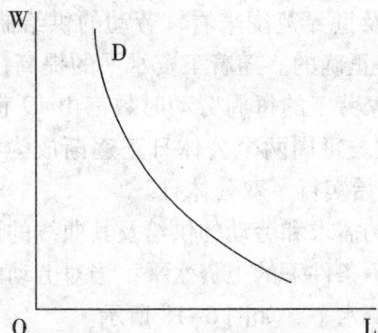

图 6-16 劳动的需求曲线

动的需求曲线，它是向右下方倾斜的。

其次，劳动的供给主要取决于劳动的成本。这种劳动的成本包括两类：一类是实际成本，又称劳动力的生产成本，即维持劳动者及其家庭生活必需的生活资料的费用，以及培养、教育劳动者的费用。另一类是心理成本，又称劳动的负效用，即劳动是以牺牲闲暇的享受为代价的，劳动会给劳动者心理上带来负效用，补偿劳动者这种心理上负效用的费用就是劳动的心理成本。此外，劳动的供给还取决于人口的增长率、劳动力的流动性、移民的规模等因素。

劳动的供给有自己的特殊规律。一般来说，当工资增加时劳动会增加，但工资增加到一定程度后，如果再继续增加，劳动不但不会增加，反而会减少。这是因为：工资收入增加到一定程度后，货币的边际效用递减。根据边际效用递减规律，一物的边际效用随其数量增加而减少。随着货币的增多，这时闲暇在人们的心目中占有更重要的地位，再多的货币不足以抵消劳动者损失的闲暇时间，即不足以抵消劳动的负效用，因而劳动者倾向于减少劳动时间以享受较多的闲暇时间，从而劳动就会减少，如图 6-17 所示。

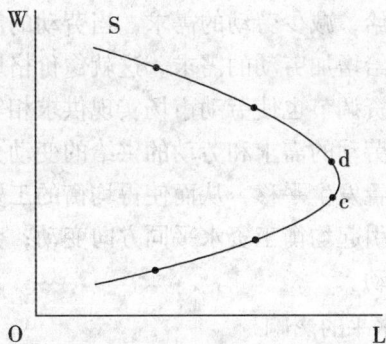

图 6-17 劳动的供给曲线

在图 6-17 中，横轴 OL 代表劳动供给量，纵轴 OW 代表工资水平，S 为劳动的供给曲线。从图 6-17 中可见，在 c 点之前，劳动的供给量随工资的增加而增加，在 c 点到 d 点之间，工资增加而劳动供给量不变，这是一个短暂的过渡。d 点之后，工资增加而劳动供给量减少，这时的劳动的供给曲线称为"向后弯曲的供给曲线"。

　　从历史发展的事实以及世界范围来看，劳动的供给曲线是"向后弯曲的供给曲线"，这个结论基本上是正确的。随着工资水平的提高，每周劳动的时数趋于减少。当前世界主要发达国家劳工的每周劳动时数都由 19 世纪 50 年代的 70 ~ 75 小时降到目前的 30 ~ 40 小时。每周两个公休日正逐渐成为各国普遍接受的劳工制，我国于 1995 年 5 月 1 日开始实行了双公休日。

　　以上分别介绍了劳动的需求和劳动的供给及其曲线的形状，劳动的需求与劳动的供给共同决定了完全竞争条件下的工资水平，当对劳动的需求与劳动的供给达到一致时就决定了均衡的工资水平，如图 6-18 所示。

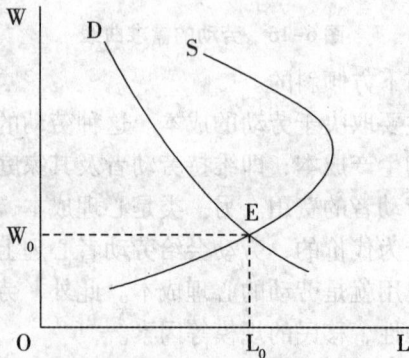

图 6-18　均衡的工资水平的决定

　　在图 6-18 中，横轴 OL 代表劳动量，纵轴 OW 代表工资水平，劳动的需求曲线 D 与劳动的供给曲线 S 相交于 E，这就决定了均衡工资水平为 W。这一工资水平等于劳动的边际生产力，这时劳动的需求量和供给量都为 L_0。

2) 均衡的工资水平的变动

　　20 世纪 30 年代的西方经济学家一般认为，当劳动的需求大于供给时，工资会上升，从而增加劳动的供给，减少劳动的需求，当劳动的需求小于供给时，工资会下降，从而减少劳动的供给增加劳动的需求。这就像价格调节物品市场，使物品市场实现供求相等一样，工资调节也使劳动市场实现供求相等，并保证充分就业。由此可见，在劳动市场上，劳动的需求和劳动的供给的变动分别会引起劳动的需求曲线和劳动的供给曲线的位置发生平移，从而使得均衡的工资水平发生变动。一般来说，劳动的需求的变动会引起均衡工资水平同方向变动；劳动的供给的变动会引起均衡工资水平反方向的变动。

3) 工会对均衡工资水平的影响

　　在现实生活中，劳动市场往往并不是完全竞争的，而是一个带有垄断因素的非完全竞争市场，既可能存在着工会对劳动供给的垄断，也可能存在着厂商对劳动需求的垄断。在这两种情况下，工资可能高于或低于其边际生产力。具体来说，当存在工会对劳动供给的垄断时，工资可能高于其边际生产力；当存在厂商对劳动需求的垄断时，工资可能低于其边际生产力。而实际工资水平取决于工会与厂商双方的力量，即劳资力量的对比，如果工会力量强大，工资就高；如果厂商力量强大，工资就低。此外，工资水平还取决于其他一些经济与非经济因素，如经济的繁荣与萧条，政府的干预等等。

从当前西方国家的情况来看，工会在工资的决定中起着重要作用，工会的目的在于提高工资水平，它可以用种种方法来影响工资的决定，提高工资，这些方法主要是：

第一，增加对劳动的需求。

在劳动供给不变的条件下，通过增加对劳动的需求的方法来提高工资，不但会使工资增加，而且可以增加就业。这种方法对工资与就业的影响可以用图6-19来说明如下：

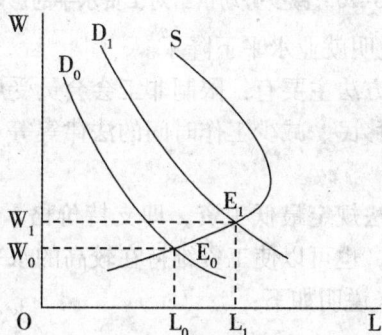

图6-19 增加劳动需求对工资水平的影响

在图6-19中，劳动的需求曲线原来为 D_0，D_0 与 S 相交于 E_0，这时决定了工资水平为 W_0，就业水平为 L_0。当劳动的需求增加后，劳动的需求曲线由 D_0 移动到 D_1，D_1 与 S 相交于 E_1，这时决定了工资水平为 W_1，就业水平为 L_1，$W_1 > W_0$，说明工资上升了；$L_1 > L_0$，说明就业水平提高了。

工会增加劳动需求的方法主要有：增加对产品的需求，增加出口、限制进口、实行保护关税政策等等。实际上，工会使厂商增加对劳动需求的方法最主要的是增加市场对产品的需求。因为劳动需求是由产品需求派生而来的。增加对产品的需求就要通过增加出口限制进口，实行保护关税政策等办法来扩大产品销路，从而增加对劳动的需求，提高工资。此外，机器对劳动的代替是劳动需求减少的一个重要原因。因此，工会也会从增加对劳动的需求这一目的出发，反对用机器代替工人，尤其在早期这一方法被广泛使用。

第二，减少劳动的供给。

在劳动需求不变的条件下，通过减少劳动的供给同样也可以提高工资，但这种情况会使就业减少。这种方法对工资与就业的影响可以用图6-20来说明如下：

在图6-20中，劳动的供给曲线原来为 S_0，S_0 与 D 相交于 E_0，这时决定了工资水平为 W_0，就业水平为 L_0，当劳动的供给减少后，劳动的供给曲线由 S_0 移动到 S_1，S_1 与 D 相交于 E_1，这时决定了工资水平为 W_1，就业水平为 L_1，$W_1 > W_0$，说

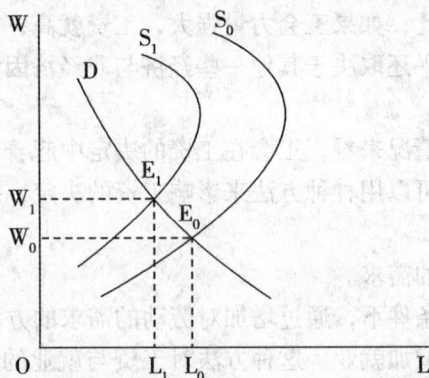

图6-20　减少劳动供给对工资水平的影响

明工资上升了，$L_1 < L_0$，说明就业水平下降了。

工会减少劳动供给的方法主要有：限制非工会会员受雇；迫使政府通过强制退休、禁止使用童工、限制移民、减少工作时间的法律等等。

第三，最低工资法。

工会迫使政府通过立法规定最低工资，即支持价格，它高于均衡价格。这样，在劳动的供给大于需求时，也可以使工资维持在较高的水平。这种方法对工资与就业的影响可以用图6-21来说明如下：

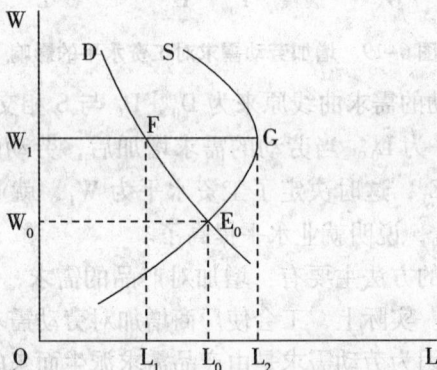

图6-21　最低工资法对工资水平的影响

在图6-21中，当没有最低工资法时，劳动的工资水平由供求力量决定，劳动的需求曲线D与劳动的供给曲线S相交于E_0，决定了工资水平为W_0，就业水平为L_0，假如最低工资法规定的最低工资为W_1，$W_1 > W_0$，这样，能使工资维持在较高水平，但在这种工资水平时，劳动的需求量为L_1，劳动的供给量为L_2，$L_1 < L_2$，有可能出现失业。这时往往由政府来设法安排多余的劳动力。

以上介绍的是工会对工资决定的影响，在这里应该指出的是，工会对工资决定的影响也是有限度的，这种影响的大小取决于整个经济形势的好坏，劳资双方力量的对比，政府干预的程度与倾向性，工会斗争的方式和艺术，社会对工会的同情和支持程度等等。工会只有善于利用各方面的有利条件，才能在争取提高工资的斗争中取得胜利。

4）工资的差别

在现实生活中，不同职业和不同个人之间的工资水平客观上存在很大差别，这是由于不同职业的供给曲线和需求曲线相交于不同的工资水平，那么，各行业的均衡工资水平的位置为什么不同？即引起工资差别的原因是什么？概括起来说，引起工资差别的原因有以下几个方面：

（1）各种职业的负效用的大小

职业的负效用指职业令人厌恶的程度，某职业令人厌恶的程度大，其负效用就大；反之，相反。对负效用较大的职业应给予较高的工资，以诱使人们从事这一行业。因此，这种用来补偿各种职业间负效用而形成的工资差别称"补偿性差别"，构成了工资差别的一部分。一般来说，补偿性差别较大的领域是那些事故发生率较高的职业，例如，建筑业、采煤业、核电站等。

（2）个人之间的"质"的差别

不同个人之间因技术水平不同、受教育程度不同、所提供的劳动的质和量的不同、性别和年龄的不同以及种族的不同，这些差别使得每个人所得的工资也不同。因此，这种由于个人之间的"质"的差别而形成的工资差别称"非补偿性差别"，构成了工资差别的另一部分。例如，白领工人与蓝领工人、白人与黑人等的工资差别属于此种情形。

（3）某些人具有特殊才能和非凡天赋

具有特殊才能和非凡天赋的这些人可能得到高额工资，这是由于他们的供给曲线完全缺乏弹性，他们的工资超过普通工资部分称"纯粹经济租金"。例如，体育明星、电影明星、歌星的收入里很大部分是纯粹经济租金。

6.4.2 利息理论

1）均衡的利息率水平的决定

西方经济学家认为，利息是资本这种生产要素的价格。资本家提供了资本，就应得到相应的报酬——利息，利息与工资计算的方法不同，它不是用货币的绝对量来表示，而是用利息率来表示。利息率是利息在每一单位时间内（例如一年内）在货币资本中所占的比率。例如，货币资本为 10 000 元，利息为一年 1 000 元，则利息率为 10%，这 10% 就是 10 000 元货币资本在一年内提供生产性服务的报酬。即这 10% 就是 10 000 元货币资本的价格。

既然利息是资本这种生产要素的价格，而价格又取决于供求关系。利息又用利息率来表示，因此，利息率是由对资本的需求与资本的供给共同决定的。当对资本的需求与资本的供给达到一致时就决定了均衡的利息率水平。

首先，对资本的需求取决于资本的边际生产力。资本的边际生产力是指在其他条件不变的情况下，增加一单位资本所增加的产量。资本的边际生产力也是递减的。厂商借入资本进行投资，是为了实现利润最大化，因此，他在借入资本时要使利息率等于资本的边际生产力，即要使增加一单位资本所增加的利息率与增加一单位资本所增加的产量相等。如果资本的边际生产力大于利息率，即增加一单位资本所增加的产量大于利息率，资本的需求就会增加；如果资本的边际生产力小于利息率，即增加一单位资本所增加的产量小于利息率，资本的需求就会减少。可见，资本的需求量与利息率呈反方向变动。因此，资本的需求曲线是一条向右下方倾斜的曲线，如图 6-22 所示。

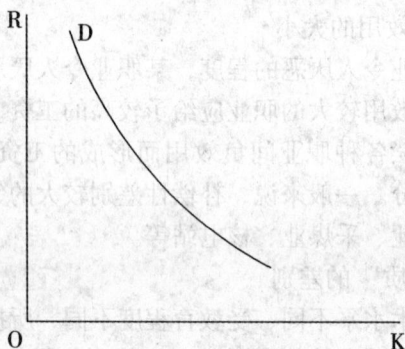

图 6-22　资本的需求曲线

在图 6-22 中，横轴 OK 代表资本的需求量，纵轴 OR 代表利息率，D 为资本的需求曲线，它是向右下方倾斜的。

其次，资本的供给取决于现期消费与未来消费的替代率，即所谓的"节欲"程度。也就是人们储蓄的多少。人们进行储蓄，放弃现期消费是为了获得利息。利息率越高，人们越愿意增加储蓄，从而增加资本的供给；利息率越低，人们就越要减少储蓄，从而减少资本的供给。这样，利息率与资本的供给呈同方向变动，因此，资本的供给曲线是一条向右上方倾斜的曲线，如图 6-23 所示。

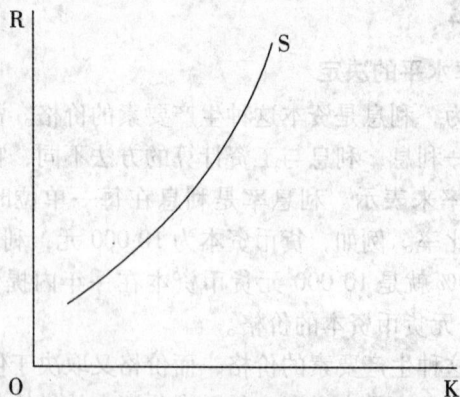

图 6-23　资本的供给曲线

在图 6-23 中，横轴 OK 代表资本的供给量，纵轴 OR 代表利息率，S 为资本的供给曲线，它是向右上方倾斜的。

以上分别介绍了资本的需求和资本的供给及其曲线形状，资本的需求与资本的供给共同决定了完全竞争条件下的利息率水平，当对资本的需求与资本的供给达到一致时就决定了均衡的利息率水平，如图6-24所示。

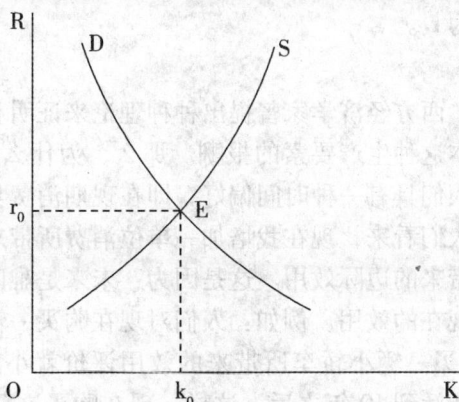

图6-24 均衡的利息率水平的决定

在图6-24中，横轴OK代表资本量，纵轴OR代表利息率，D为资本的需求曲线，S为资本的供给曲线，这两条曲线相交于E，这决定了均衡的利息率水平为r_0，这时资本的需求量和资本的供给量都为k_0。

2）均衡的利息率水平的变动

在资本市场上，资本需求的变动和资本供给的变动都会引起均衡利息率水平的变动。

从长期看，随着生产的发展，经济中的资本供给数量是不断增长的，从而使得利息水平下降。与此同时，随着经济的发展，资本的需求也在不断地增加，从而使得利息水平上升。由于供给和需求这两方面力量的作用，结果使得均衡的利息水平保持在一定的水平上。下面用图6-25来说明均衡的利息率水平的变动。

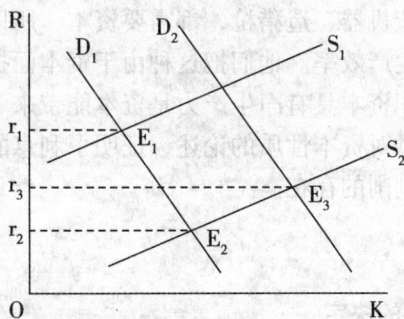

图6-25 均衡的利息率水平的变动

在图6-25中，一开始的均衡利息率水平为r_1，当资本供给曲线由S_1平移到S_2时，均衡的利息率水平由r_1下降为r_2，这样，就会产生这样一个问题：随着资本供给年复一年地增加，利息率是否可能越来越低，甚至趋于零呢？其实这是不可能的。因为：随着经济的增长，不仅资本的供给会不断地增加，资本的需求也在不断地增加，从而使得均衡的利息率水平保持在一定水平上。如图 6-25 所示，在资本的供给曲线由 S_1 移到 S_2 的同时，资本的需求曲线也由 D_1 平移到 D_2，于是形成了新的均衡利息率水平为 r_3。

3）利息的性质

关于利息的性质，西方经济学家曾提出种种理论来证明利息存在的合理性。如前所述，利息是对资本这种生产要素的报酬。那么，为什么要对资本支付利息呢？西方经济学家认为，人们具有一种时间偏好，即在现期消费与未来消费中，人们总是偏好现期消费。在人们看来，现在我增加一单位消费所带来的边际效用大于将来多增加一单位消费所带来的边际效用。这是因为：未来是难以预期的，人们对物品未来的评价总要小于现在的效用。例如：人们对现在购买一辆小轿车所带来的效用评价大，对 10 年后购买一辆小轿车所带来的效用评价就小。因为未来难以预测，他认为自己还不一定能活到 10 年之后，这样，现在购买这辆小轿车能给他带来效用，10 年之后，如果他死了，轿车对他也就没有用了。因此，现在购买这辆小轿车所带来的效用比未来大。到了 10 年之后，就是他没有死还活着，也许那时的汽车不像现在这样稀缺，因此，未来购买汽车不如现在购买。总之，人们总是喜爱现期消费，那么，放弃现期消费就是进行了"节欲"，所以，放弃现期消费把货币作为资本就应该得到利息作为报酬。

那么，为什么资本就能带来利息呢？西方经济学家用迂回生产理论来解释这一点。所谓迂回生产就是先生产生产资料，然后用这些生产资料去生产消费品，他们认为迂回生产能提高生产效率，而且迂回生产过程越长，生产效率越高。例如：原始人空手直接去打猎是直接生产，当原始人先制造弓箭，然后再用弓箭去打猎时就是迂回生产。显然，用弓箭打猎比直接打猎的效率要高。如果延长迂回生产过程，即先采矿、炼铁、造机器，然后制造出猎枪，用猎枪去打猎，那么效率就会更高。他们认为现代生产的特点就在于迂回生产。但迂回生产如何能实现呢？这就必须有资本。如采矿、炼铁、造机器、造猎枪，都需要资本，所以说，资本使迂回生产成为可能，从而就提高了生产效率。他们把这种由于资本而提高的生产效率叫做资本的净生产力。并且认为，资本具有净生产力是资本能带来利息的根源。由以上分析可见，西方经济学家通过对资本性质的论述，证明了利息的性质，说明了利息的合理性，这些论述否认了剥削的存在。

6.4.3 地租理论

1）均衡的地租水平的决定

西方经济学家认为，地租是土地这种生产要素的价格，而价格又取决于供求关系，因此，地租是由对土地的需求与土地的供给共同决定的。当对土地的需求与土地的供给达到一致时，就决定了均衡的地租水平。

首先，对地租的需求取决于土地的边际生产力。土地的边际生产力是指在其他条件不变的情况下，增加一单位土地所增加的产量。土地的边际生产力也是递减的。企业家租种土地进行投资，也是为了实现利润最大化。因此，他在租种土地时要使地租等于土地的边际生产力，即要使增加一单位土地所增加的地租与增加一单位土地所增加的产量相等。如果土地的边际生产力大于地租，即增加一单位土地所增加的产量大于地租，土地的需求就会增加；如果土地的边际生产力小于地租，即增加一单位土地所增加的产量小于地租，土地的需求就会减少。可见，土地的需求量与地租呈反方向变动，因此，土地的需求曲线是一条向右下方倾斜的曲线，如图6-26所示。

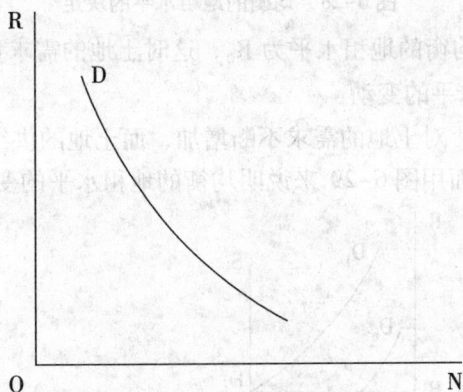

图 6-26　土地的需求曲线

在图 6-26 中，横轴 ON 代表土地需求量，纵轴 OR 代表地租，D 为土地的需求曲线，它是向右下方倾斜的。

其次，土地的供给是固定的。因为在每个地区，可以利用的土地总有一定的限度。这样，土地的供给曲线就是一条与横轴垂直的线，如图 6-27 所示。

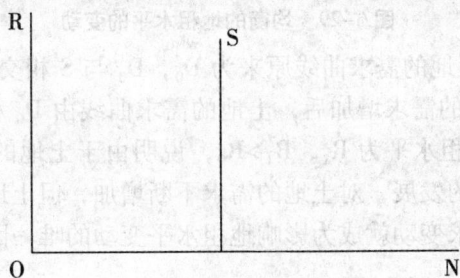

图 6-27　土地的供给曲线

在图 6-27 中，横轴 ON 代表土地的供给量，纵轴 OR 代表地租，S 为土地的供给曲线，它垂直于横轴。

以上分别介绍了土地的需求与土地的供给及其曲线的形状，土地的需求与土地的供给共同决定了完全竞争条件下的地租水平，当对土地的需求与土地的供给达到一致时，就决定了均衡的地租水平，如图 6-28 所示。

在图 6-28 中，横轴 ON 代表土地量，纵轴 OR 代表地租，D 为土地的需求曲线，S 为土地的供给曲线，它是一条垂线，表示土地的供给量固定为 N_0，D 与 S 相

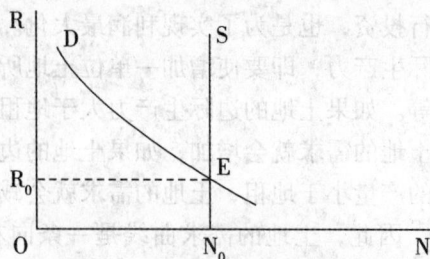

图6-28 均衡的地租水平的决定

交与E，这就决定了均衡的地租水平为R_0，这时土地的需求量和供给量都为N_0。

2）均衡的地租水平的变动

随着经济的发展，对土地的需求不断增加，而土地的供给不能增加，因此，地租有上升的趋势。下面用图6-29来说明均衡的地租水平的变动。

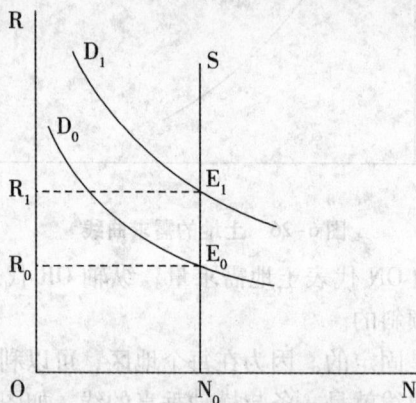

图6-29 均衡的地租水平的变动

在图6-29中，土地的需求曲线原来为D_0，D_0与S相交于E_0，这时决定了地租水平为R_0，当土地的需求增加后，土地的需求曲线由D_0移到D_1，D_1与S相交于E_1，这时决定了地租水平为R_1，$R_1 > R_0$，说明由于土地的需求增加，地租上升了。可见，随着经济的发展，对土地的需求不断增加，但土地的供给数量却是固定的，于是，土地的需求变动就成为影响地租水平变动的唯一因素，使得地租表现出一种上升的趋势。

3）准地租和经济地租

这是由租的概念推广而来的两个概念，在这里，首先要准确地掌握租的概念。在西方经济学中所使用的"租"的概念和我们日常生活中所讲的"租"的概念是完全不同的。在日常生活中，租（或租金）往往是指使用别人所拥有的土地、房屋、汽车或其他物品时所支付的价格。而在西方经济学中，租这一概念是具有严格定义的。十九世纪的古典经济学家认为：假定一种生产要素的供给量是完全固定的，当它的价格上升时，供给量不会增加；当它的价格下降时，供给量也不会减少，这种生产要素的价格就称为租或租金。因此，租的定义是：租是供给数量固定的生产要素的价格。比如，地租就是租的一种具体形式，因为土地的供给数量是固定的，对土地这种固定生产要素所支付的价格就是地租。

在准确地了解了租的概念之后，就可以进一步分析作为租这一概念的推广的另外两个概念：准地租和经济地租。

（1）准地租

准地租，是指对供给数量在短期内是固定的生产要素所支付的报酬。准地租又称准租金或准租。

例如，机器、设备、厂房等这些生产要素的供给量虽然在长期内是可变的，但在短期内却是固定的。显然，准地租是一个短期概念。在短期内，一方面，由于可变要素可以随时向收益更高的地方转移，而固定的生产要素则被固定在现有的用途中，结果，企业为了继续使用可变的生产要素，首先必须对可变生产要素支付相当于他们在其他用途可得到的收入；而固定生产要素则只能得到总收益中扣除了对可变生产要素的支付以后的剩余部分。另一方面，由于厂商即使对固定生产要素支付很低，甚至不支付，他仍然可以在短期内继续使用固定生产要素。所以，固定生产要素所得的准地租也只能是总收益中扣除了可变生产要素收入以后的剩余部分。可见，这剩余部分即准地租是收益与支出之间的差额，它在性质上类似地租，故称准地租，归厂商所有。准地租可以用图 6-30 来说明如下：

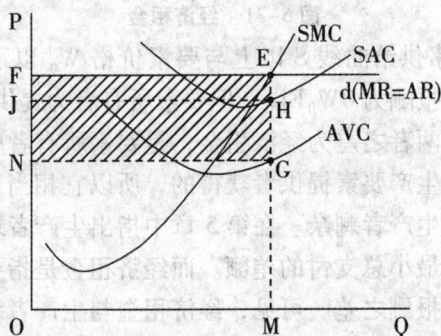

图 6-30　准地租

图 6-30 是产品市场上完全竞争条件下某厂商的利润最大化的短期均衡图。由均衡点 E 出发，可以找到厂商的总收益为 OMEF 的面积，可变要素的总成本为 OMGN 的面积，全部收益 OMEF 扣除了全部可变生产要素成本 OMGN 之后，剩余的部分为 NGEF 的面积，这就是准地租。即图中阴影部分。在图 6-30 中，准地租是大于固定要素总成本的（图中的 NGHJ），其实，准地租并不一定都大于固定要素总成本，在企业亏损时，准地租就小于固定要素总成本。

（2）经济地租

经济地租，是指要素所有者实际获得的报酬与愿意接受的最低报酬之差。经济地租又称经济租金或经济租。

在分析准租时，厂商所得的收益必须首先保证向可变要素支付，以防止可变要素向其他用途转移，然后，剩余的部分才作为准租支付给固定要素。正是从这一意义出发，西方经济学家把租的概念进一步推广到所有的生产要素，从而得出了经济租的概念，它具有与地租相似的性质，故称经济地租。一般来说，由于需求的增长使生产要素供给者能够取得超过他要求的报酬，其多得部分就是经济地租。另外，供给弹性不足的生产要素一般会赚取比使用它们所必须支付的最低报酬还要多的报酬，这种超过最低限度的报酬就是经济租金。总之，当对某一生产要素的支付额超过了对该生产要素所必须支付的最低报酬时，便产生了经济租金。经济租金解释了为什么支付给体育或娱乐等领域的明星的工资特别高的原因。

经济租金的几何图形如图 6-31 所示。

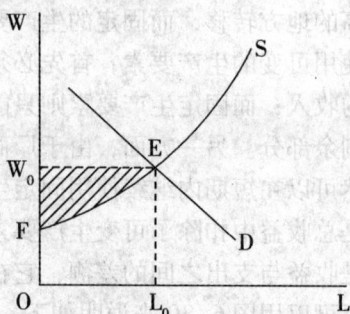

图 6-31　经济租金

在图 6-31 中，要素供给曲线 S 以上与要素价格 W_0 以下的阴影部分 W_0EF 为经济租金。要素的全部报酬为 OW_0EL_0，但要素所有者为提供 L_0 量要素所愿意接受的最低报酬为 $OFEL_0$，两者之差为经济租金，是要素所有者所获得的超额收益。

由于经济租金是由生产要素提供者获得的，所以它相当于生产者剩余，经济租金的几何解释也类似于生产者剩余。在第 5 章中指出生产者剩余是指厂商实际得到的总支付与愿意得到的最小总支付的差额。而经济租金是指要素所有者实际获得的报酬与愿意接受的最低报酬之差。可见，经济租金与生产者剩余密切相关，差别只是在表示生产者剩余的图形中横轴是产量，而在表示经济租金的图形中横轴是要素投入量，如图 6-32 所示。

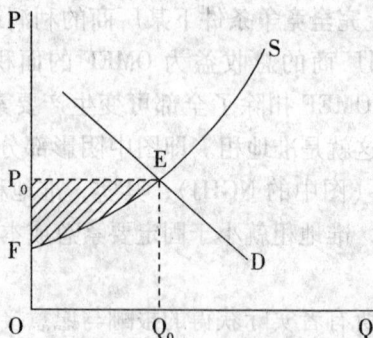

图 6-32　生产者剩余

在图6-32中，图中的阴影部分为生产者剩余，它与图6-31中的经济租金相似。

6.4.4 利润理论

西方经济学家把利润区分为正常利润与超额利润。这两种利润的性质与来源都不相同，因此要分别加以论述。

1）正常利润

西方经济学家认为，正常利润是企业家才能这种生产要素的价格，它包括在成本之中，其性质与工资相类似，它的决定与工资一样，因此，正常利润是由对企业家才能的需求与企业家才能的供给共同决定的。

一方面，对企业家才能的需求是很大的。因为企业家才能是生产好坏的关键，而且使劳动、资本与土地结合在一起生产出更多产品的决定性因素正是企业家才能；而另一方面，企业家才能的供给又是很小的。因为并不是每个人都具有企业家的天赋，都能受到良好的教育，只有那些有胆识、有能力、又受过良好教育的人才具有企业家的才能。所以，培养企业家才能所耗费的成本也是相当高的。如前所述，生产要素的供给由生产它所需要的成本决定，也就是说，企业家才能的供给由生产企业家才能所需的成本决定。由于企业家才能的需求与供给的这种特点，决定了企业家才能的收入（或者说价格、报酬）——正常利润——必然是非常高的。西方经济学家认为，正常利润也是工资的一种形式，是一种特殊的工资，其特殊性就在于其数额远远高于一般劳动所得到的工资。

2）超额利润

超额利润是指超过正常利润的那部分利润。超额利润有其不同的来源，从而也就具有不同的性质。它的主要来源是创新、风险和垄断。下面分别介绍由创新带来的超额利润、由风险带来的超额利润、由垄断带来的超额利润。

（1）创新的超额利润

创新这个概念是美国经济学家熊彼特在《经济发展理论》一书中所提出来的。创新是指企业家对要素实行新的组合。它包括五种情况：第一，引入一种新产品；第二，采用一种新的生产方法；第三，开辟一个新市场；第四，获得一种原料的新来源；第五，采用一种新的企业组织形式。

以上五种形式的创新都可以产生超额利润。例如，引进一种新产品可以使这种产品的价格高于其成本（这里的成本包括企业家的正常利润），从而产生超额利润。又如，采用一种新的生产方法和新的企业组织形式，可以提高生产效率降低成本；获得一种原料的新来源也可以降低成本。这样，产品在按市场价格出售时，由于成本低于同类产品的成本就可以获得超额利润。再如，开辟一个新市场同样也可以通过提高价格而获得超额利润。一般来说，一项创新可以使企业家在一段时期内获得超额利润。但从长远来看，当其他厂商起而模仿以后，这种超额利润就会消失。但由于创新总是不断出现的，所以，新的超额利润就会不断出现。西方经济学家认为，创新是社会进步的动力，因此，由创新所获得利润是合理的，是社会进步必须付出的代价，也是社会对创新者的奖励。

（2）承担风险的超额利润

风险是从事某项事业时失败的可能性。由于未来具有不确定性，人们对未来的预测有可能发生错误，这样，风险的存在就是普遍的。西方经济学家认为，在生产中，由于供求关系难以预料的变动；由于自然灾害、政治动乱以及其他偶然事件的影响，生产也存在着风险，而且并不是所有的风险都可以用保险的方法加以弥补。因为风险分为可保险的风险和不可保险的风险。可保险的风险主要指自然灾害和意外事故带来的经济风险。人们可以根据统计资料显示风险概率，估算出其引起的经济损失的平均值，使不确定性转化为可确定性，通过保险制度使风险损失分散化，由社会群体承担。不可保险的风险主要指经营管理和市场供求变动等因素引起的经济风险。这种风险可能引起的经济损失是难以估计的，因而不能用保险制度加以预防，而只能由个人承担。企业家在生产经营中要冒各种风险，为了抵消人们对风险的厌恶，就要给予企业家一定的报酬，以便诱使更多的人承担风险，这个报酬就是超额利润。也就是说，从事具有风险的生产就应该获得超出正常利润的利润作为风险补偿。在这里超额利润中包含了对可能遭到的失败的赔偿。

西方经济学家认为，许多具有风险的生产或事业是社会所需要的，因此，由风险而得来的超额利润是合理的。例如：某人在粮食丰收时可以大量低价收购，以便在以后粮食歉收时以高价出售。这种活动一方面是社会所需要的，另一方面又有风险。因为从一方面来看，由于他大量收购粮食，遏制了物价下跌，因此有利于抑制物价，对社会是有利的；但从另一方面来看，他又有风险，如果以后的粮食不是歉收而仍然是丰收时，他就会亏本。但如果情况和他预测的一样，以后出现了粮食歉收，那么他就可以高价出售粮食，从而获得超额利润。这种超额利润就是低价与高价之间的差额再减去各种成本的余额。总之，社会中充满了不确定性，社会的发展总需要有一部分人去承担风险，因此由承担风险而产生的超额利润就是合理的，可以作为社会保险的一种形式。

（3）垄断的超额利润

垄断可以分为卖方垄断与买方垄断。卖方垄断也称专卖，是指对某种产品或生产要素出售权的垄断。在这种情况下，垄断者可以抬高销售价格以损害消费者或生产要素购买者的利益而获得超额利润。例如，在第5章厂商理论中分析的垄断竞争的短期均衡、完全垄断的短期与长期均衡以及寡头垄断下的超额利润就是这种情况。卖方垄断的特点是单独一个销售者向无数购买者供给产品。

买方垄断也称专买，是指对某种产品或生产要素购买权的垄断。在这种情况下，垄断者可以压低收购价格，以损害生产者或生产要素供给者的利益而获得超额利润。例如，某钢厂由于拥有某种买方垄断，能以较其他钢厂更为低廉的价格雇佣工人，这个钢厂可以获得高于正常利润的利润。这一利润差额实际上是工资的差额，应归工人所得，但由于各厂商对劳动这种生产要素的竞争不完全，或由于工人缺乏流动性，或对其他可能的机会缺乏知识，使这一部分利润差额被该钢厂的厂商所占有形成垄断利润。买方垄断的特点是单独一个购买者面对许多销售者，买方垄断的典型例子是某一企业是一个偏僻地方唯一的劳动购买者。

双重垄断有时也会出现这种情况，一个企业既是买方垄断者，又是卖方垄断者。例如，一个大商业企业买下某种地方特产的全部产量，从而成为这种产品在国内市场或国际市场的唯一销售者。

西方经济学家认为，由垄断所引起的超额利润是垄断者对消费者、生产者或生产要素的剥削，是不合理的。这种超额利润也是市场竞争不完全的结果。

6.5 社会收入分配与收入分配政策

社会收入分配不平等是一个现实的经济问题。那么，如何衡量社会收入分配状况，并纠正收入分配不平等的状况呢？在这一节里我们要介绍这方面的内容。

6.5.1 社会收入分配的衡量：洛伦茨曲线与基尼系数

1）洛伦茨曲线

洛伦茨曲线是用来衡量社会收入分配（或财产分配）平均程度的曲线。它是由美国统计学家马克斯·奥托·洛伦茨（Max Otto Lorenz）于1905年提出的一种广泛使用的收入分配曲线，下面用图表具体说明之：如果把社会上的人口分为五个等级，每一等级各占人口的20%，按他们在国民收入中所占份额的大小可以做出表6-2。

表6-2　　　　　　　　等级人口占国民收入的份额

级别	占人口的百分比	合计	占收入的百分比	合计
1	20	20	6	6
2	20	40	12	18
3	20	60	17	35
4	20	80	24	59
5	20	100	41	100

根据表6-2可以做出图6-33。

在图6-33中，横轴OP代表人口百分比，纵轴OI代表收入百分比。OY为45°线，图中弯的曲线为反映实际收入分配状况的洛伦茨曲线。在OY这条45°线上，表示每20%的人口得到20%的收入，表明收入分配绝对平等，称为绝对平等线。OPY离绝对平等线OY最远，因此，OPY表示收入绝对不平等，称为绝对不平等线。

从图6-33中可以看出，反映实际收入分配状况的洛伦茨曲线介于OY与OPY这两条线之间。洛伦茨曲线与OY越接近，表示收入分配越平等；洛伦茨曲线与

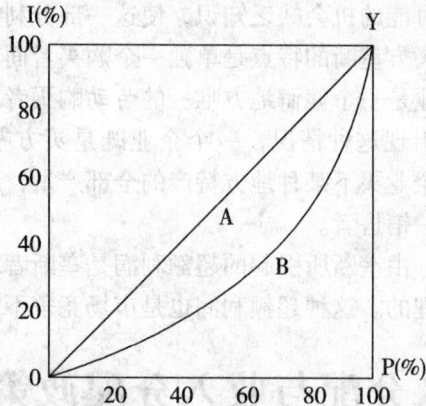

图6-33 洛伦茨曲线

OPY 越接近，表示收入分配越不平等。如果把收入分配改为财产分配，洛伦茨曲线反映的就是财产分配的平均程度。

2）基尼系数

基尼系数是根据洛伦茨曲线计算出的反映收入分配平等程度的指标。它是由意大利经济学家科拉多·基尼（Corrado Gini）于 1912 年提出的用来反映收入分配平等程度的指标。

如果我们把图 6-33 中的实际收入线即洛伦茨曲线与绝对平等线之间的面积用 A 来表示，把洛伦茨曲线与绝对不平等线之间的面积用 B 表示，那么，计算基尼系数的公式是：

$$基尼系数 = \frac{A}{A+B}$$

当 A=0 时，基尼系数等于零，这时收入绝对平等。当 B=0 时，基尼系数等于一，这时收入绝对不平等。而实际上，基尼系数总是大于零而小于一。基尼系数越小，收入分配越平等，洛伦茨曲线的弧度越小；基尼系数越大，收入分配越不平等，洛伦茨曲线的弧度越大。按照联合国有关组织规定：基尼系数若低于 0.2 表示收入绝对平均；0.2 ~ 0.3 表示比较平均；0.3 ~ 0.4 表示相对合理；0.4 ~ 0.5 表示收入差距较大；0.5 以上表示收入差距悬殊。通常把 0.4 作为收入分配差距的"警戒线"，一般发达国家的基尼系数在 0.24 ~ 0.36 之间。

运用洛伦茨曲线与基尼系数可以对各国收入分配的平均程度进行对比，也可以对各种政策的实施对收入分配产生的效应进行比较，下面用图 6-34 来说明这一问题。

在图 6-34 中，有 a、b、c 三条洛伦茨曲线，假设这三条洛伦茨曲线分别为 A、B、C 三个不同国家的洛伦茨曲线，从图 6-34 中可以看出，A 国收入分配最平均，因为它的洛伦茨曲线最接近 OY 绝对平等线；B 国的收入分配平均程度次之；C 国收入分配最不平均，因为它的洛伦茨曲线最接近 OPY 绝对不平等线。

如果我们把 a、b 这两条洛伦茨曲线作为实施一项政策前后的洛伦茨曲线，假设

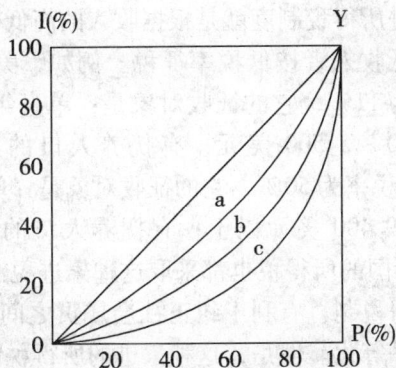

图6-34 洛伦茨曲线的应用

a 为实施前的洛伦茨曲线，b 为实施政策后的洛伦茨曲线，那么就可以看出，在实施政策以后，社会收入分配更加不平等了，因为 b 与 a 相比更加接近绝对不平等线 OPY。

同样，我们还可以根据计算基尼系数来进行比较。从以上分析可见，作为一种分析工具，洛伦茨曲线和基尼系数是很有用的，它可以反映社会收入分配情况，分析政策的收入效应等。

6.5.2 平等与效率

西方经济学家认为，收入分配有三种标准：第一个是贡献标准，即按社会成员的贡献分配国民收入。这种分配标准能保证经济效率，但由于各社会成员能力和机遇的差别，又会引起收入分配的不平等；第二个是需要标准，即按社会成员对生活必需品的需要分配国民收入；第三个是平等标准，即按公平的准则来分配国民收入。其中，第一个标准有利于经济效率提高，但不利于收入分配的平等；而后两个标准有利于收入分配的平等，但不利于经济效率的提高，这就是平等与效率的矛盾。

西方经济学家认为，第一个标准是收入分配的基本原则。因为贡献标准是按贡献来分配，这样有利于鼓励每个社会成员充分发挥自己的能力，在竞争中取胜，有利于经济效率的提高。而经济效率的高低体现经济增长的速度上，所以贡献标准最终有利于经济速度的增长。至于贡献标准不利于收入分配平等的一面则需要通过其他政策来实现收入分配的平等化。因此，收入分配政策的目标就是既要有利于经济效率，又要有利于平等。

6.5.3 收入分配平等化政策

为了实现收入分配平等化，西方各国都采用了一些有关的政策，这些政策包括税收政策和社会福利政策。

1）税收政策

（1）个人所得税

西方国家对个人所得税的征收采取累进所得税制度，从而来调节社会成员收入分配的不平等状况。累进所得税制度就是根据收入的高低确定不同的税率，对高收入者按高税率征税，对低收入者按低税率征税。例如，美国按收入的高低分为 14 个税率等级。最低税率为 11%，它的征收对象是：单身年收入在 2 300 ~ 3 300 美元；夫妇的收入在 3 400 ~ 5 500 美元；有抚养人口的户主纳税人的年收入在 2 300 ~ 4 400 美元。最高税率为 50%，它的征收对象是：单身年收入在 55 300 美元以上；夫妇年收入在 109 400 美元以上；有抚养人口的户主纳税人的年收入在 81 800 美元以上。其他各国的所得税也都采取这种累进税制，只是具体的税率规定有所不同。这种累进所得税制，有利于纠正社会成员之间收入分配不平等的状况，从而有助于实现收入的平等化。但是，这种累进的所得税制不利于有能力的人充分发挥自己的才干，因此，对社会来说也是一种损失。

此外，在征收个人所得税时，西方国家还区分了劳动收入税与非劳动收入税。即对劳动收入按低税率征收，对非劳动收入按高税率征收。非劳动收入包括股息、利息等收入。

（2）遗产和赠予税、财产税与消费税

西方国家除了征收个人所得税外，还征收遗产和赠予税、财产税、消费税等。遗产和赠予税是对财产的转移征收税收；财产税是对不动产（如土地、房产等）征收税收；消费税是对某些商品和劳务的消费征收税收。

征收遗产和赠予税及财产税是为了纠正财产分配的不平等。因为财产分配的不平等是收入分配不平等的重要根源，因此，征收这些税有利于收入分配平等化。征收消费税，尤其是对奢侈性商品和劳务征收较高的税，也是通过税收实现收入分配平等化的一种方法，因为消费奢侈性商品和劳务的人一般都是富人，对他们征收较高的消费税，有利于收入分配平等化。

2）社会福利政策

前述的税收政策主要是通过对富人征收重税来实现收入分配平等化，而社会福利政策则是要通过给穷人补助来实现收入分配平等化。

社会福利政策的历史源远流长，早在 18 世纪的英国就有"济贫法"，但社会福利政策作为一项重要的经济政策是在 20 世纪 30 年代形成的，特别是战后社会福利政策有了迅速发展，许多国家尤其是北欧和西欧一些国家实行了"从摇篮到坟墓"的社会保险福利制度。从当前西方各国的情况来看，社会福利政策主要有以下内容：

（1）各种形式的社会保障与保险

各种形式的社会保障与保险具体包括：第一，失业救济金制度，即对失业工人按一定标准发放能使其维持生活的补助金；第二，老年人年金制度，即对退休人员按一定标准发放年金；第三，残疾人保险制度，即对失去工作能力的人按一定标准发放补助金；第四，对有未成年子女家庭的补助；第五，对收入低于贫困线的家庭与个人的补助。以上这些补助金主要采取货币形式，也有采用发放食品券等实物形式。其资金来源，或者是个人或企业交纳的保险金，或者是政府的税收。

（2）向贫困者提供就业机会与培训

西方经济学家认为，收入不平等的根源在于贡献的大小，而贡献的大小与个人的机遇和能力相关。因此，政府就要采取一系列措施改善穷人的就业条件和就业能力，从而实现收入分配的平等化。首先，改善穷人的就业条件，即给所有的人提供均等的就业机会，并按同工同酬的原则支付报酬。其次，改善穷人的就业能力，即对穷人进行职业培训，实行文化教育计划，实行半工半读计划，使穷人有条件读书等等。以上这些措施都有助于提高穷人的文化技术水平，使他们能从事收入较高的工作，从而实现收入平等化。

（3）医疗保险与医疗援助

医疗保险包括住院费用保险、医疗费用保险以及出院后部分护理费用的保险，这种保险主要由保险金支付。医疗援助则是政府出钱资助医疗卫生事业，使每个人都能得到良好的医疗服务。

（4）对教育事业的资助

具体包括：第一，兴办国立学校，设立奖学金和大学生贷款；第二，帮助学校改善教学条件；第三，资助学校的科研等等。从社会福利的角度来看，对教育事业的资助有助于提高公众的文化水平与素质，从而有利于收入分配平等化。

（5）各种保护劳动者的立法

具体包括：第一，最低工资法和最高工时法；第二，环境保护法；第三，食品和医疗卫生法等等。这些都有利于增进劳动者的收入，改善他们的工作与生活条件，从而也减少了收入分配不平等的程度。

（6）改善住房条件

具体包括：第一，以低房租向穷人出租国家兴建的住宅；第二，对私人出租的房屋实行房租限制；第三，资助无房者建房，如提供低利息率长期贷款，或低价出售国家建造的住宅；第四，实行住房房租补贴；等等。这些政策改善了穷人的住房条件，也有利于实现收入分配平等化。

我们应该看到，以上这六条政策对改善穷人的地位和生活条件，提高他们的实际收入水平，确实起到了相当大的作用，对于社会的安定和经济的发展也是有利的。但是，这些政策也会产生两个严重的后果：一是降低了社会生产效率。因为各种各样的社会保障使人们有可能不劳而获，这样人们生产的积极性下降，社会生产效率也就下降。二是增加了政府的负担。以最著名的福利国家瑞典为例，1981 年公共支出已占国民生产总值的 66%，这种巨额的福利支出已成为各国财政赤字的主要原因。

本来实行福利政策是为了纠正收入分配不平等，但实行福利政策后又会带来两个不良的后果。因此，福利政策的实施再一次给西方经济学家提出了关于平等与效率的矛盾，如何解决这一问题已成为世界各国政府及经济学家关注的课题之一。

本章小结

1. 雇用生产要素的基本原则：在生产要素市场上，为了获得最大利润，厂商遵循的原则是 MRP=MFC，即厂商雇用一种生产要素所达到的数量正好使生产要素的边际收益产品等于边际要素成本。

2. 边际生产力：在其他条件不变的情况下，追加一单位某种生产要素所增加的产量是该要素的边际生产力。

3. 边际物质产品：在其他条件不变时，增加一单位某种可变要素的投入量所带来的实物总产量的增量，就是该要素的边际物质产品，简写为 MPP。

4. 边际收益产品：在其他生产要素投入不变的条件下，追加某一单位生产要素增加的产量所带来的收益，就是该要素的边际收益产品，简写为 MRP。

5. 边际产品价值：边际物质产品与产品价格的乘积，就是边际产品价值，简写为 VMP。

6. 在要素市场和产品市场为完全竞争条件下厂商的均衡条件是：

AFC=MFC=MRP=VMP

7. 在要素市场为完全竞争，产品市场为非完全竞争条件下厂商的均衡条件是：

AFC=MFC=MRP<VMP

8. 在要素市场为非完全竞争，产品市场为完全竞争条件下厂商的均衡条件是：

AFC<MFC=MRP=VMP

9. 在要素市场和产品市场为非完全竞争条件下厂商的均衡条件是：

AFC<MFC=MRP<VMP

10. 均衡的工资、利息、地租水平及利润的决定：在完全竞争条件下，工资是由对劳动的需求与劳动的供给共同决定的，当对劳动的需求与劳动的供给达到一致时，就决定了均衡的工资水平；利息率是由对资本的需求与资本的供给共同决定的，当对资本需求与资本的供给达到一致时就决定了均衡的利息率水平；地租是由对土地的需求与土地的供给共同决定的，当对土地的需求与土地的供给达到一致时，就决定了均衡的地租水平。正常利润是由对企业家才能的需求与企业家才能的供给共同决定的；超额利润是指超过正常利润的那部分利润，超额利润的主要来源是创新、风险和垄断。

11. 准地租：是指对供给数量在短期内是固定的生产要素所支付的报酬，准地租又称准租金或准租。

12. 经济地租：是指由于需求的增长，使生产要素供给者取得超过他要求的报酬，其多得部分被称为经济地租，经济地租又称经济租金或经济租。

13. 生产者剩余：是指厂商实际得到的与愿意得到的差额。

14. 洛伦茨曲线：是用来衡量社会收入分配（或财产分配）平均程度的曲线。

15. 基尼系数：是指根据洛伦茨曲线计算出的反映收入分配平等程度的指标。

关键词

边际生产力 边际物质产品 边际收益产品 边际产品价值 准地租 经济租金 生产者剩余 洛伦茨曲线 基尼系数

思考题

1. 在决定生产要素的投入量时，厂商实现利润最大化的条件是什么？

2. 边际收益与边际收益产品这两个概念有何区别？

3. 劳动供给曲线为什么向后弯曲？

4. 造成工资差别的原因是什么？

5. 假定劳动市场是垄断的，劳动需求曲线为 $LD=10-W$，而同时劳动供给曲线为 $LS=W+2$，这里的 LD、LS、W 分别为劳动小时的需求量、劳动小时的供给量和工人的小时工资。试问：（1）如果厂商支付的工资为每小时 3 元，那么厂商雇佣工人的劳动小时数为多少？（2）如果政府颁布了最低工资法令，规定工人每小时工资不得低于 4 元，那么厂商雇佣工人的劳动小时数又为多少？

6. 请解释垂直的土地供给曲线的经济学含义。

7. 卖方垄断剥削与买方垄断剥削是如何实现的？

8. 什么是准租？什么是经济租？这两个概念有何区别？

9. 某巧克力厂商每月生产巧克力 2 000 盒，每盒价格为 25 元，每盒巧克力的平均可变成本为 10 元，平均固定成本为 5 元。试问该厂商的准租金和经济租金各是多少？

10. 基尼系数与洛伦茨曲线之间有什么关系？

案例

案例 1   米塞斯的管家原则

经济学家路德维希·冯·米塞斯在他的现在被称为"米塞斯的管家原则"的

事例中指出，工资率的提高并不取决于单个工人的生产力，而是取决于劳动的边际生产力。米塞斯认识到，很多年来许多工作并没有发生变化，如理发师、管家等的工作就是如此，但是他们已经从由于劳动竞争而得到的更高工资中受益。也就是说，事实上工资率会由于行情而上升，而其中个人的生产力根本没有任何变化。现实中存在很多这样的事例，如现代的一个理发师替顾客理发的方式，同二百年前他的先辈们相比几乎一样；一个管家在英国首相的桌子边上等候吩咐的方式，也是同曾经服侍皮特和帕默斯顿的管家的方式一样；在农场中一些种类的工作，仍然依照几个世纪以前所采用的工具和方式来进行。而这些工人们在今天所能挣到的要多于他们的过去，工资更高是因为它们由劳动的边际生产力决定。管家的雇主拒绝让这个管家去工厂工作，那么他因此就必须付给这个管家跟一个增加的工人在工厂就业所能多带来的收益同等的补偿。

画龙点睛

"米塞斯的管家原则"说明了工资为什么提高的经济学道理。工资的提高与劳动生产力的紧密相关性毋庸置疑，但是，不是单个工人的生产力增加了工资，而是边际生产力。在劳动市场中，新增加的工人工资水平的变化会影响着全体工人工资水平。新增加的工人的工资水平会由于其边际生产力提高而提高，当然，新增加的工人也不是唯一的更高工资的受益者，全体工人也会由于新增加的工人的工资提高而都获得了提升。

案例2　　　　　　　　**哈莫米斯的"漂亮贴水"**

美国经济学家哈莫米斯（Daniel Hamermesh）首创漂亮的经济学研究，发现各行各业在同等的条件下，丑男丑女的收入较少，美男美女的收入较多。对此，哈莫米斯提出"漂亮贴水（beauty premium）"的解释，认为漂亮是一种资质，能够得到额外的奖励。据他的一份调查报告显示，漂亮的人收入比长相一般的人高5%～10%，而长相一般的人又比丑陋一点的人收入高5%～10%。哈莫米斯提出的"漂亮贴水"几乎成为不证自明的公理。

为什么漂亮的人收入高？经济学家认为，人的收入差别取决于人的个体差异和机遇不同。漂亮程度正是这种差别的表现，这种差别包括个人能力和勤奋程度。首先，个人能力包括先天的禀赋和后天培养的能力。长相与人在体育、文艺、学习等方面的天赋一样是一种先天的禀赋，漂亮属于天生能力的一个方面。另外，漂亮的人不只是单纯取决于其漂亮的外表，还取决于其良好的修养、丰富的学识等内在的气质。在调查中，漂亮程度上得分高的人往往是文化程度高、受教育程度高的人。两个长相相近的人，也会由于受教育程度不同表现出不同的漂亮程度。因此，漂亮是反映人受教育水平的标志之一，而教育是个人能力的来源。那么，受教育多而文化高的人，收入水平高就是正常的。其次，漂亮可以反映人的勤奋程度。一个工作勤奋而勇于上进的人，打扮得体而举止文雅，有一种朝气。这些都会提高一个人的漂亮得分，因而，反映人的勤奋程度的漂亮与收入相关就不足为奇了。最后，漂亮的人机遇多。有些工作只有漂亮的人才能从事，漂亮往往是许多高收入工作的条件之一。诸如模特、演员、推销员和侍者等这些工作，漂亮的人更容易受雇。

画龙点睛

经济学原理表明：产生工资差别的原因之一是个人之间"质"的不同，漂亮的外貌本身也是决定生产率和工资的内在因素之一。在市场经济条件下，由于"看不见的手"的引导，某些行业俊男靓女入职的收入较高以致有较大幅度的加薪和较快的升迁机会，雇主对他们支付较高的收入反映了顾客的偏好，他们的"漂亮贴水"物有所值。但是，在一些行业漂亮贴水定律会完全失效。比如你生病求医，愿花大钱请医生看病，你只会考虑他们的医术和经验，绝不关心他们的外貌是否美丽。因此，并非"美貌等于一切"。

⊔ 小资料

小资料1　　　　　公共事务治理理论的女皇——奥斯特罗姆

艾利诺·奥斯特罗姆（Elinor Ostrom，1933—），印第安纳大学布鲁明顿分校政治学系阿瑟·本特利讲座教授，该校政治理论与政策分析研究所所长，制度、人口与环境变迁研究中心主任，美国公共选择学派的创始人之一。因其在经济管理分析特别是对公共资源管理研究方面的贡献，2009年获得诺贝尔经济学奖，成为诺贝尔经济学奖历史上首位获此殊荣的女性经济学家。

奥斯特罗姆曾三次访问中国。1977年，奥斯特罗姆第一次来到中国，访问了杭州大学和中国社科院政治所。杭州之行使奥斯特罗姆对中国农村地区的研究产生了浓厚的兴趣，并与当地农民进行了有趣的交谈。2007年夏天奥斯特罗姆在北京停留一个月。最近一次是2009年8月，她在中国人民大学公共政策研究院进行学术交流，并在这次访问中度过了她的76岁生日。

小资料2　　　　　就业理论巨匠——莫滕森

戴尔·莫滕森（Dale T. Mortensen），美国西北大学教授。主要研究领域包括劳动经济学和宏观经济学，在工作搜寻和失业理论方面有较深造诣，并在劳动力市场调查、研发、人际关系和劳动力再分配等多个领域有所建树。由于他在研究经济政策如何影响就业、工资等诸多方面的贡献，获得了2010年诺贝尔经济学奖。与他同时获奖的还有美国经济学家彼得·戴蒙德和英籍经济学家克里斯托弗·皮萨里德斯。

莫滕森等经济学家提出了劳动力市场匹配理论。劳动力市场匹配理论认为，如果劳动者的非工作收入增加，失业率会增加；如果劳动者相对于雇主的议价能力提高，失业率会增加；如果经济形势变坏，失业率会增加。这些结论虽然没有太多的新意，但是市场匹配理论的意义在于突破了市场搜寻理论以劳动者一定能够找到适合自身工作的假设前提，通过更符合现实的假设推导出这些合理的结论。同时，市场匹配理论也得出了一些其他失业理论没有的结论。如失业和职位空缺并存；失业补贴会导致失业的持续时间减少，但失业的次数增加，总效果的方向不确定；解雇成本增加会导致失业的持续时间上升、失业的次数减少，但是后者的效果要远大于前者。因此提高解雇成本有利于解决失业问题。

第7章

一般均衡理论与福利经济学

学习目标

通过本章的学习，了解局部均衡分析、一般均衡分析的基本含义，掌握帕累托最优状态的含义、帕累托最优条件、资源配置效率与判断标准。

7.1　一般均衡理论与福利经济学概述

西方经济学家对经济系统的分析方法通常有两种：局部均衡分析与一般均衡分析。前面从第 1 章到第 6 章的微观经济分析都属于局部均衡分析。局部均衡分析是假定经济体系中其他市场情况不变的条件下，单独分析某一市场的均衡决定的研究方法。局部均衡分析只考虑经济系统中某一部分的情况，如单个产品或要素市场的均衡决定与变化，而不考虑其他市场的价格对该市场均衡的影响。局部均衡分析的前提条件是经济中不同部门间的相互关联较小，忽略这种相互作用并不会影响决策结果的有效性。在这种假设条件下，局部均衡分析会使问题大大简化。但经济系统中的各部分常常是密切相关的，任何一种商品和生产要素价格的变化最终都会导致社会上所有商品与生产要素价格变化。例如，粮食价格的提高会引起食品价格的提高，食品价格的提高会引起劳动这种生产要素价格即工资的提高，工资的提高会引起商品生产成本的提高，从而引起商品价格的提高等等。对所有商品与生产要素价格之间的相互关联进行分析，就需要采用一般均衡分析方法，说明各个市场之间的相互影响，并在此基础上说明各市场的均衡价格是如何同时决定的。

一般均衡分析方法将经济系统看做一个整体，研究系统中所有商品与劳务是如何同时决定的。实际上，在现实生活中一般均衡状态是很难存在的。所有的市场都处于运动过程中，而任何一个市场的运行都会引发一系列连锁反应，导致其他市场均衡状态的破坏，但是，一般均衡理论仍具有一定的理论和现实意义，并为福利经济学奠定了基础。法国经济学家瓦尔拉斯开创性地建立了一般均衡分析模型，其模型的基本特征仍然体现在当今的一般均衡研究中。埃奇沃斯、帕累托在瓦尔拉斯的一般均衡分析基础上发展了福利的概念，共同构成了早期一般均衡的研究框架。沃德、阿罗、德布鲁等学者利用高深的数学方法证明了完全竞争条件下一般均衡解的存在。本章简要介绍一般均衡分析方法，并在此基础上讨论福利经济学问题。

7.2　一般均衡理论

7.2.1　一般均衡分析与局部均衡分析

一般均衡分析的研究涵盖了局部均衡分析所要研究的问题，概括起来主要包括四方面内容：（1）消费者的消费决策与生产要素供给决策及消费者间的决策协调与相互作用；（2）生产者的产出决策与对生产要素的需求决策及生产者间的决策协调与相互作用；（3）产品市场中消费者与生产者的决策如何与要素市场的决策相关联；（4）一般均衡分析要同时考虑上述问题。

为更好地理解经济体系中不同市场间的相互作用，我们首先考察一个简化的经济体系。该经济中包括四个市场：两个要素市场（小麦与水稻），两个产品市场

（面粉与大米）。水稻与小麦互为替代关系，面粉与大米也互为替代关系。假定在开始时，这四个市场均处于均衡状态。我们用图7-1中的图（a）、图（b）、图（c）、图（d）分别代表小麦市场、水稻市场、面粉市场、大米市场。每一个市场的初始均衡点为各自的需求曲线D与供给曲线S的交点E_0，初始的均衡价格和均衡产量分别用P_0和Q_0表示，如图7-1所示。

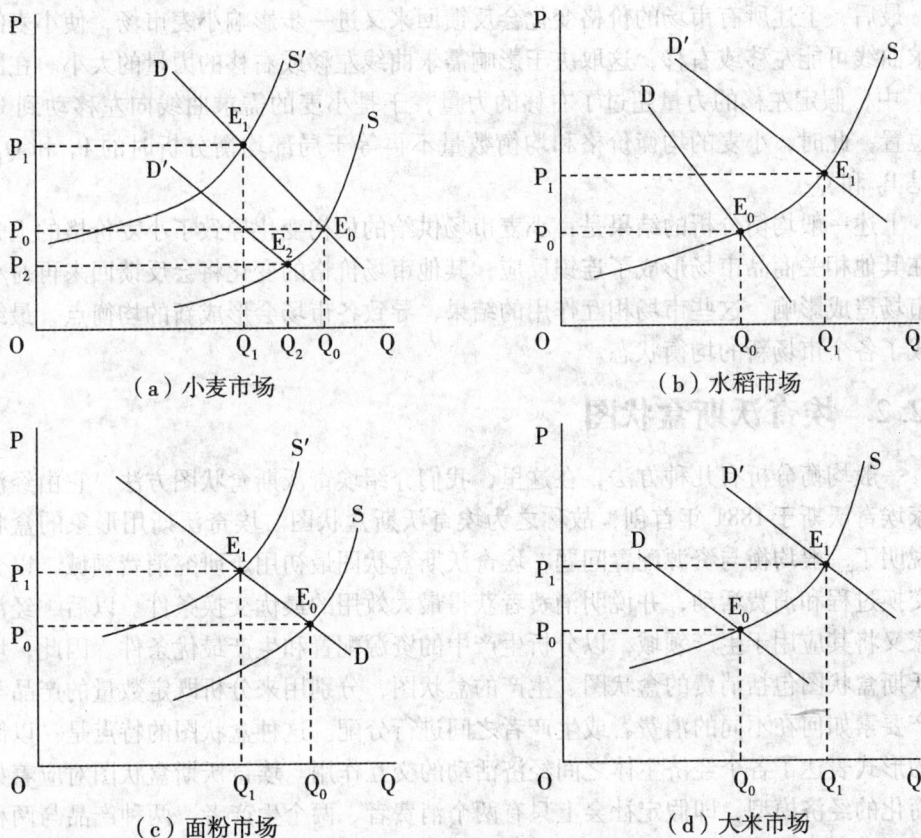

（a）小麦市场　　　　　　　　　（b）水稻市场

（c）面粉市场　　　　　　　　　（d）大米市场

图7-1　市场之间的相互关联

首先，分析要素市场。图（a）为要素市场——小麦市场，图（b）为要素市场——水稻市场。如果某一年由于天气的原因，导致小麦歉收，使小麦供给减少，在图（a）中表现为供给曲线由原来的S向左移动到S′，在需求不变的情况下，这一变化将使小麦价格上升到P_1，均衡产量减至Q_1。如果不考虑其他市场的影响，仅是局部均衡分析，那么分析过程至此结束。但是，在一般均衡分析中，考虑到各个市场的相互影响，这一分析过程并未结束。由于水稻是小麦的替代品，所以小麦价格的上升将会导致水稻需求的增加，在图（b）中表现为水稻需求曲线从D向右移动到D′，从而均衡价格上升到P_1，均衡产量增加到Q_1。

其次，分析产品市场。先看面粉市场，由于小麦是面粉的投入要素。投入要素价格上升使面粉的生产成本上升，在其他条件不变的情况下导致面粉的供给减少，在图（c）中表现为面粉的供给曲线向左移动，从原来的 S 向左移动到 S′，在对面粉的需求不变的情况下，形成新的均衡价格为 P_1 和均衡产量 Q_1。再看大米市场，由于大米和面粉互为替代品。当面粉的价格上升后，对大米的需求将会增加，在图（d）中表现为大米的需求曲线向右上方移动，从原来的 D 向右移动到 D′。结果，大米的均衡价格上升到 P_1，均衡产量增加到 Q_1。

最后，上述所有市场的价格变化会反馈回来又进一步影响小麦市场，使小麦的需求曲线可能左移或右移，这取决于影响需求曲线左移或右移的力量的大小。在图（a）中，假定左移的力量超过了右移的力量，于是小麦的需求曲线向左移动到 D′ 的位置，此时，小麦的均衡价格和均衡数量不再等于局部均衡分析时的 P_1 和 Q_1，而是 P_2 和 Q_2。

上述一般均衡分析的结果是：小麦市场供给的最初变化导致了小麦价格的上升并在其他相关商品市场形成了连锁反应，其他市场价格的变化将会反馈回来再对小麦市场造成影响。这些市场相互作用的结果，导致各市场会形成新的均衡点，最终形成了各个市场新的均衡状态。

7.2.2 埃奇沃斯盒状图

一般均衡分析有几种方法，在这里，我们介绍埃奇沃斯盒状图方法，它由经济学家埃奇沃斯于 1881 年首创，故称之为埃奇沃斯盒状图。埃奇沃斯用形象的盒状图说明了一般均衡与资源配置问题，埃奇沃斯盒状图最初用于研究消费领域，以分析交换过程和消费活动，并说明消费者获得最大效用的最优交换条件。以后，经济学家又将其应用于生产领域，以分析生产中的资源配置和生产最优条件。因此，埃奇沃斯盒状图包括消费的盒状图、生产的盒状图，分别用来分析既定数量的产品与生产要素如何在不同的消费者或生产者之间进行分配。这种盒状图的特点是：以简化的形式表达了各个经济主体之间经济活动的交互作用。埃奇沃斯盒状图对应着如下简化的经济模型，即假定社会上只有两个消费者、两个生产者，两种产品与两种生产要素；两个消费者只消费两种产品，两个生产者各生产一种商品，每种产品分别只使用两种生产要素；产品与生产要素的数量都是既定的。这种假定主要是为了使分析简化，由讨论两人、利用两种生产要素生产两种产品的经济可以很容易地将这种两人、两要素投入、两商品生产的经济模型推广到多人、多要素投入、多商品生产的经济中去。

1）埃奇沃斯盒状图——消费

假定在埃奇沃斯交换盒状图中，两种产品分别为食品和药品，分别用 X 和 Y 表示。有两个消费者：消费者 A 和消费者 B，如图 7-2 所示。

在图 7-2 中，两个人所拥有的食品总量为 OM，用横轴表示；药品总量为 ON，用纵轴表示。O_A 为消费者 A 的坐标原点，O_B 为消费者 B 的坐标原点。从 O_A 点水平向右表示的是消费者 A 对食品 X 的消费量 X_A，垂直向上测量的是消费者 A 对药品 Y 的消费量 Y_A。从 O_B 水平向左表示的是消费者 B 对食品的消费量 X_B，垂直向

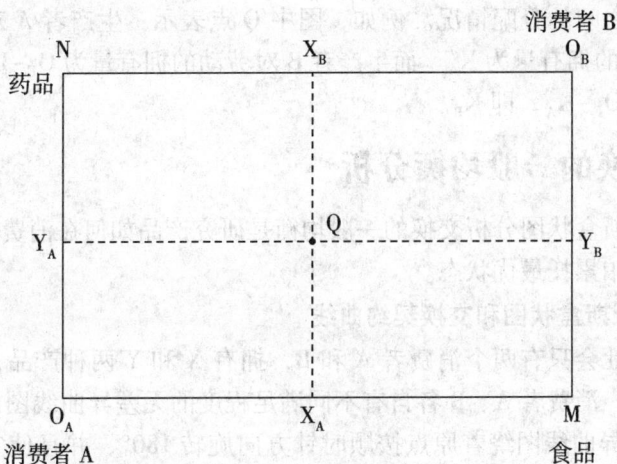

图 7-2 埃奇沃斯盒状图——消费

下表示的是消费者 B 对药品的消费量 Y_B。盒中每一点都表示两种产品的供给总量在两个消费者之间的分配情况。例如，图中 Q 点表示：消费者 A 对食品的消费量为 X_A，对药品的消费量为 Y_A。而消费者 B 对食品的消费量为 $OM-X_A$，即 X_B。对药品的消费量为 $ON-Y_A$，即 Y_B。

2）埃奇沃斯盒状图——生产

假定在埃奇沃斯盒状图中，两种要素分别为劳动和资本，分别用 L 和 K 表示。有两个生产者：生产者 A 和生产者 B，如图 7-3 所示。

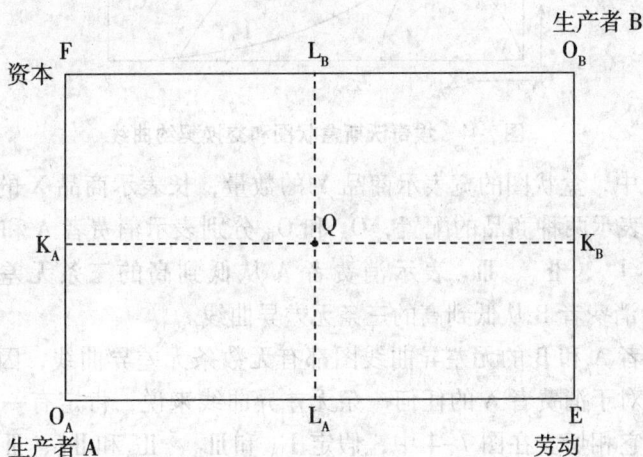

图 7-3 埃奇沃斯盒状图——生产

在图 7-3 中，两个人所拥有的劳动总量为 OE，用横轴表示；资本总量为 OF，用纵轴表示。O_A 为生产者 A 的坐标原点，O_B 为生产者 B 的坐标原点。从 O_A 点水平向右表示的是生产者 A 对劳动 L 的拥有量 L_A，垂直向上测量的是生产者 A 对资本 K 的拥有量 K_A。从 O_B 水平向左表示的是生产者 B 对劳动的拥有量 L_B，垂直向下表示的是生产者 B 对资本的拥有量 K_B。盒中每一点都表示两种要素的供给总量在两个生产者之间的分配情况。例如，图中 Q 点表示：生产者 A 对劳动的拥有量为 L_A，对资本的拥有量为 K_A。而生产者 B 对劳动的拥有量为 O_E-L_A，即 L_B。对资本的拥有量为 O_F-K_A，即 K_B。

7.2.3 交换的一般均衡分析

用埃奇沃斯盒状图分析交换的一般均衡是研究产品如何在消费者之间实现最优配置，即达到帕累托最优状态。

1）埃奇沃斯盒状图和交换契约曲线

假定一个社会只有两个消费者 A 和 B，拥有 X 和 Y 两种产品，对于这两种产品的不同组合，消费者 A、B 各自有不同满足程度的无差异曲线图。现在我们将消费者 B 的无差异曲线图绕着原点按顺时针方向旋转 180°，并且使它的横轴和纵轴与消费者 A 的无差异曲线图的纵轴和横轴相接，就得到了一个交换的埃奇沃盒状图，如图 7-4 所示。

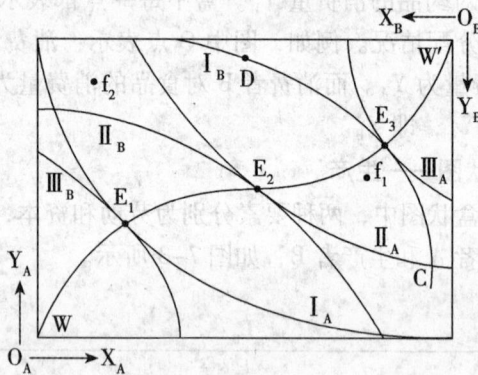

图 7-4 埃奇沃斯盒状图和交换契约曲线

在图 7-4 中，盒状图的宽表示商品 Y 的数量，长表示商品 X 的数量，方盒中的任意一点都表示两种商品的配置，O_A 和 O_B 分别表示消费者 A 和 B 的无差异曲线图的原点，I_A、II_A、III_A 表示消费者 A 从低到高的三条无差异曲线，I_B、II_B、III_B 表示消费者 B 从低到高的三条无差异曲线。

由于消费者 A 和 B 的无差异曲线图都有无数条无差异曲线，因此，在埃奇沃斯盒状图中，对于消费者 A 的任何一条无差异曲线来说，肯定有一条消费者 B 的无差异曲线与它相切。在图 7-4 中，假定 I_A 和 III_B、II_A 和 II_B、III_A 和 I_B 分别相切于 E_1、E_2 和 E_3。把切点用平滑的曲线连接起来，就得到一条曲线用 WW′ 表示，这条曲线叫做交换契约曲线。它表示两种产品在两个消费者之间的所有最优分配的集合，交换双方同时达到最大效用。交换契约曲线的经济含义是，如果交易双方达到契约曲线上的任意一点之后，他们就不可能再做出使双方受益或者使一方受益而又不使另一方受损的交易，所以交换契约上的每一点都是交易的一般均衡点，它是消费者 A 和 B 的无差异曲线切点的轨迹。当两种商品在两人之间的配置状态，不在契约曲线上的任何一点时，他们将总会存在向这一曲线上某一点移动的偏好，因为这种移动可以使其中一人或两人同时有所得，而任何人均无所失。从这个意义上说，契约曲线表示了一系列最优点。

2）交换的一般均衡条件

为什么只有落在交换契约曲线的产品组合，才能使消费者双方同时达到最大效用呢？这是因为，只有落在契约曲线上的产品组合，才具备满足消费者双方同时获得最大效用的条件。假定商品 X 和 Y 的组合不在交换契约曲线上，例如在 II_A 和 I_B 的交点 C 上，这时消费者从 C 点表示的商品组合中没有得到最大效用。如果消费者 A 用商品 X 与消费者 B 的商品 Y 的交换使得点 C 移向点 E_3，那么消费者 B 从商品的消费中所得到的效用没有改变，仍然是无差异曲线 I_B 表示的效用水平，但是消费者 A 所得到的效用则从 II_A 上升到 III_A 表示的水平。但是到达点 E_3 以后，如果消费者 A 继续用商品 X 与消费者 B 交换商品 Y 达到点 D，消费者 B 的效用仍然没有变，但消费者 A 的效用则低于 III_A 所表示的水平。由此可知，当消费者 A 和 B 的交换到达无差异曲线的切点时，他们得到了最大效用。

我们知道，交换的契约曲线是由消费者 A 的一组无差异曲线和消费者 B 的一组无差异曲线的相切之点的轨迹形成的。从图 7-4 看，两条反方向的无差异曲线相切之点的必要条件就是这两条无差异曲线的斜率相等，即消费者 A 的无差异曲线的边际替代率要同消费者 B 的无差异曲线的边际替代率相等。这既是消费者双方在交换过程中同时都获得效用最大化的必要条件，也是交换均衡的条件。所以，交换的一般均衡条件是：两种商品的边际替代率必须对消费者双方都相等。交换的一般均衡条件可以写作：

$$MRS_{XY}^A = MRS_{XY}^B$$

7.2.4 生产的一般均衡分析

用埃奇沃斯盒状图分析生产的一般均衡是研究要素如何在生产者之间实现最优配置，即达到帕累托最优状态。

1）埃奇沃斯盒状图和生产契约曲线

假设有两个生产者 A 和 B，他们都利用 L 和 K 两种生产要素生产不同商品。生产者 A 用生产要素 L 和 K 的不同组合所生产的产量分别用等产量曲线 I_A、II_A 和 III_A 来表示。相应地，生产者 B 用生产要素 L 和 K 的不同组合所生产的产量分别用等产量曲线 I_B、II_B 和 III_B 来表示。与交换的一般均衡分析相似，把生产者 B 的等产量曲线图绕着原点按顺时针方向旋转180°，并且使它的横轴和纵轴与生产者 A 的等产量曲线图的纵轴和横轴相接，便得到一个生产的埃奇沃斯盒状图，如图 7-5 所示。

在图 7-5 中，盒状图的宽表示要素 K 的数量，长表示要素 L 的数量，方盒中的任意一点都表示两种要素的配置，O_A 和 O_B 分别表示生产者 A 和 B 的等产量曲线图的原点，I_A、II_A、III_A 表示生产者 A 从低到高的三条等产量曲线，I_B、

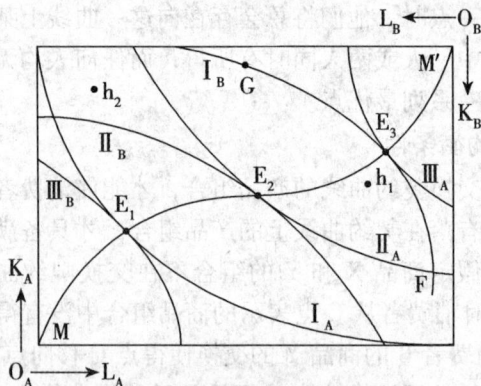

图 7-5　埃奇沃斯盒状图和生产契约曲线

Ⅱ$_B$、Ⅲ$_B$ 表示生产者 B 从低到高的三条等产量曲线。

　　由于生产者 A 和 B 利用生产要素可以生产出不同的产量，假如产量可以无限细分的话，他们都有无数条等产量曲线。因此，在埃奇沃斯盒状图中，他们的等产量曲线必定相切。在图 7-5 中，生产者 A 的等产量曲线 Ⅰ$_A$、Ⅱ$_A$ 和Ⅲ$_A$ 分别与生产者 B 的等产量曲线Ⅲ$_B$、Ⅱ$_B$ 和 Ⅰ$_B$ 相切于 E$_1$、E$_2$ 和 E$_3$。把切点连接起来的曲线 MM′ 叫做生产契约曲线。这条生产契约曲线表明：在两种生产资源被充分利用的条件下，生产者双方各自生产的产品达到最大产量。它表示两种要素在两个生产者之间的所有最优分配的集合。生产契约曲线的经济含义是，如果生产达到契约曲线上的任何一点以后，任何资源的再分配都不可能再使两种产品的产量都增加，或者使一种产品产量增加而另一种产品产量不减少；反过来说，任何对契约曲线上的既定一个点的位置的偏离都会使两种产品的产量都下降，或者使一种产品的产量增加而另一种产品的产量减少。所以生产契约曲线上的每一点都是生产的一般均衡点。它是生产者 A 和 B 的等产量线切点的轨迹。为了使所生产的商品的数量组合调整到契约曲线上，生产者双方必然要调整自己所拥有的劳动和资本的数量组合，使这两种生产资源的组合和产量组合落在契约曲线的某一点上。这样，A、B 双方都达到了最大产量。

2）生产的一般均衡条件

　　为什么只有落在生产契约曲线的产量组合，才能使生产者双方同时达到最大产量呢？这是因为只有落在契约曲线上的产量组合才具备满足生产者双方同时获得最大产量的条件。假定产品产量组合不在生产契约曲线上，生产者 A 用 F 点表示的生产要素组合生产等产量曲线Ⅱ$_A$ 表示的产量，生产者 B 同样用 F 点表示的生产要素组合生产等产量曲线 Ⅰ$_B$ 表示的产量。这时，生产者 A 和 B 的产量并没有达到最大化。如果使点 F 沿着 Ⅰ$_B$ 移向点 E$_3$，也就是生产者 A 用生产要素 L 与生产者 B 交换生产要素 K，那么生产者 B 的产量水平仍然是 Ⅰ$_B$，但生产者 A 的产量水平则从Ⅱ$_A$ 提高到Ⅲ$_A$，总产量增加了。但是到达点 E$_3$ 以后，如果继续交换而到达点 G，虽然生产者 B 的产量不变，生产者 A 的产量却下降了。因此，当生产者 A 和 B

的交换到达等产量曲线的切点时，他们得到了最大产量，表示资源配置是最优的，从而生产达到了一般均衡。

在等产量曲线的切点上，以生产要素 L 代替生产要素 K 的边际技术替代率对生产者双方都相等。所以，生产的一般均衡条件是：两种生产要素的边际技术替代率必须对生产者双方都相等。生产的一般均衡条件可以写作：

$$MRTS_{LK}^{A} = MRTS_{LK}^{B}$$

7.2.5　生产和交换的同时一般均衡

为了分析生产和交换的同时均衡，需要把生产契约线由要素面转移到产品面中来，从而形成生产可能性曲线。

1) 生产可能性曲线

（1）生产可能性曲线的含义

生产可能性曲线表示在既定技术和资源条件下，所可能生产的两种商品的最大数量的各种组合。

假定社会上用既定的资源生产 X 和 Y 两种产品，多生产 X 产品，必定少生产 Y 产品，反之，相反。这两种产品的组合有 A、B、C、D、E、F 六种可能性，则可以做出表 7-1：

表 7-1　　　　　　　　　　　　两种产品组合

组合	X 产品	Y 产品
A	0	15
B	1	14
C	2	12
D	3	9
E	4	5
F	5	0

根据表 7-1 可以做出生产可能性曲线，如图 7-6 所示。

在图 7-6 中，AF 线为生产可能性曲线，线上的各点都是在既定资源下能实现的最大产量组合。生产可能性曲线以内的点是在既定资源下能够实现的，但不是最大产量的组合；生产可能性曲线以外的点是在现有资源条件下所不能够实现的。

（2）生产可能性曲线的推导

生产可能性曲线是由生产契约曲线推导出来的，我们知道生产契约曲线表明的是最优投入要素所生产的最优产出，我们把最优投入要素空间转换为最优产出空间，把最优产出的轨迹描绘在图 7-7 中，就形成了生产可能性曲线。

图 7-7 是由图 7-5 转化而来的，图 7-5 的生产契约曲线是处在 L、K 两种要素

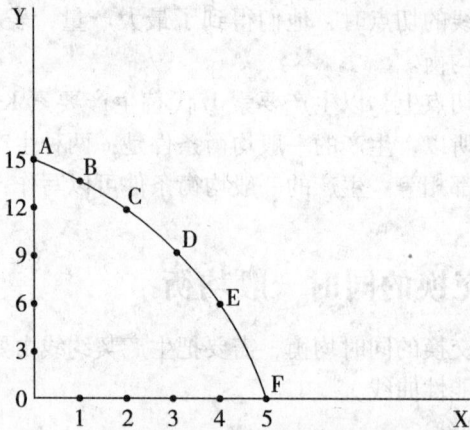

图 7-6 生产可能性曲线

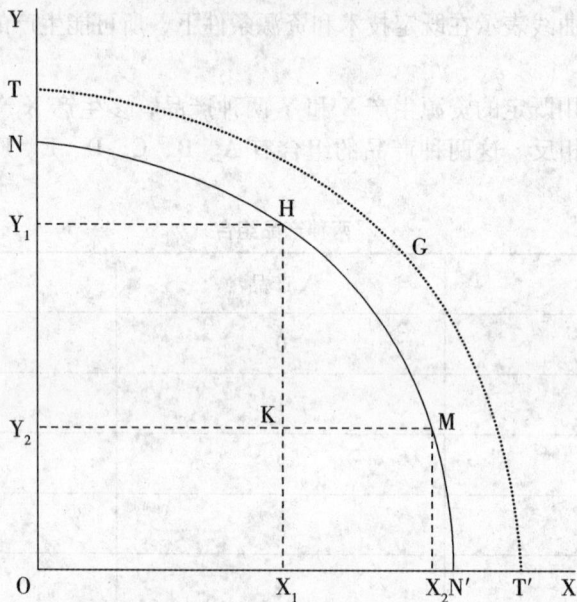

图 7-7 生产可能性曲线的推导

数量的平面坐标系中。现在把这条契约曲线转换到 X、Y 两种产品数量的平面坐标系中，就可得到图 7-7 中的生产可能性曲线 NN'。图中的横轴 OX 和纵轴 OY 分别为 X 和 Y 两商品的产量，生产可能性曲线上的每一点都与图 7-5 中的契约曲线的每一点相对应。例如：生产可能性曲线上的 H 这一点表示 X、Y 两商品的产量水平分别为 X_1 和 Y_1，相应地，在图 7-5 的契约曲线上的 E_1 点是 X 商品等产量线与 Y 商品等产量线的相切点。与此相似，图 7-7 中的 M 点与图 7-5 中的 E_2 点相对应。由此可见，生产可能性曲线是把生产契约曲线由投入要素空间转换成产出空间，生产可能性曲线 NN'就是最优产出量集合的几何表示。

生产可能性曲线上的每一点都对应着生产契约曲线上的点，而生产契约曲线上的每一点都是有效率的点，所以生产可能性曲线上的点是社会在既定资源与技术条件下可能达到的最大产出点。生产可能性曲线以内的点，例如 K 点，虽然是在既定资源下能够实现的，但并不是最大产量的组合，因而是资源配置无效率点；生产可能曲线以外的点，例如 G 点，是在现有资源条件下所不可能达到的点。但是，如果资源数量增加和技术进步，生产可能性曲线会向右上方移动，形成新的生产可能性曲线 TT′，这时 G 点将可能成为新的生产可能性曲线上的点。

（3）边际转换率

边际转换率（marginal rate of transformation，MRT）是在既定的资源下，减少一种产品的数量与增加另一种产品的数量之比。

在图 7-7 中，生产可能性曲线上的点的移动，如从 H 点到 M 点的移动，意味着人们为增加一种产品的数量，必须放弃一定数量的另一种产品。因此，生产可能性曲线的斜率被称为边际转换率，它是在既定资源下减少一种产品数量与增加另一种产品数量之比。边际转换率用公式表示为：

$MRT_{XY} = \Delta Y / \Delta X$

边际转换率为负值，但一般取其绝对值。从图 7-7 中可见，随着 X 产品的数量增加，X 转换为 Y 的边际转换率也在增加，因此边际转换率是递增的，原因在于要素的边际报酬在递减。也就是说，当开始用 X 产品取代 Y 产品时，说明适合生产 X 的资源可以发挥更大效率，正因为如此，才用 X 取代 Y。但当生产者决定把一部分资源转而生产 X 产品时，他总是把那些生产 Y 产品效率不高而生产 X 产品效率较高的资源用来生产 X 产品。因此一开始必然是同样的资源生产 X 产品多，而由此减少的 Y 产品少，这时 X 对 Y 的边际转换率（$\Delta Y / \Delta X$）是低的。但是，随着进一步不断地把用于生产 Y 产品的资源转而生产 X 产品时，这些资源用于生产 X 产品的适应性将减弱，也就是说，要素的边际报酬在递减，亦即要素的边际生产率递减。而此时这些资源用于生产 Y 产品的适应性将提高，也就是说，这时要素生产 Y 产品的边际生产率较高。因而此时把原来用于生产 Y 产品的同量资源转而生产 X 产品，其生产率将比以前有所下降，而由此减少的 Y 产品的量就会增加，这样，X 对 Y 的边际转换率（$\Delta Y / \Delta X$）将上升。这表明每增加一单位 X 产品所牺牲的 Y 产品量是递增的，所以边际转换率是递增的。

2）生产和交换的一般均衡条件

当我们把生产可能性曲线和交换契约曲线放在一起进行这种一般均衡分析时，就可得到生产和交换的一般均衡条件。

如前所述，生产可能性曲线上的每一点都是生产的一般均衡点，交换契约曲线上的每一点都是交换的一般均衡点。当生产可能性曲线上的某一点的斜率与交换契约曲线上的两商品的无差异曲线相切之点的斜率相等时，生产与交换就同时达到一般均衡，如图 7-8 所示。

假定某个经济社会生产 5 单位 X 产品和 6 单位 Y 产品，它由生产可能性曲线上的 B 点（5X，6Y）来表示，从 B 点分别向两轴引垂线，于是便得到 A 和 B 两

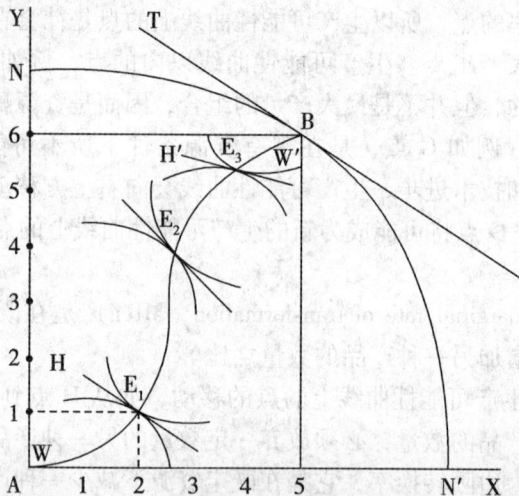

图7-8 生产和交换的一般均衡

个消费者的埃奇沃斯盒状图。该图左下角的坐标原点是 A 的坐标原点,右上角的 B 点是 B 消费者的坐标原点,该图中 A 和 B 两个消费者各有三条无差异曲线,WW′ 为交换契约曲线。如前所述,生产可能性曲线是由生产契约曲线转换而来的,生产 契约曲线上的每一点都满足生产的一般均衡条件,故生产可能性曲线上的每一点都 是生产的一般均衡点,而交换契约曲线上的每一点都是交换的一般均衡点。那么, 当生产可能性曲线上的某点的斜率与交换契约曲线上两商品的无差异曲线相切之点 的斜率相等时,生产与交换就同时达到一般均衡。由图中可见,交换契约曲线上的 E_1 点斜率与生产可能性曲线上 B 点的斜率相等,因为两条切线相平行。因此结论 是:当生产由 B 点给定时,即生产 5 单位 X 产品,6 单位 Y 产品,由 E_1 点可知, A 获得 2 单位 X 产品,1 单位 Y 产品;B 获得 3 单位 X 产品,5 单位 Y 产品,则整 个经济就达到了生产和交换的一般均衡。此时 B 点的边际转换率等于 E_1 点的边际 替代率,因此,生产和交换的一般均衡条件是:

$$MRT_{XY} = MRS_{XY}^A = MRS_{XY}^B$$

总之,边际替代率相等所满足的是交换的一般均衡条件,边际技术替代率相等 满足了生产的一般均衡条件,边际替代率和边际转换率相等满足了交换和生产同时 一般均衡的条件。

7.2.6 瓦尔拉斯一般均衡论

瓦尔拉斯在边际效用价值论的基础上,提出了一般均衡理论。他认为,一种商 品的需求和供给不仅取决于该商品的价格,也取决于其他商品——替代品或互补品 的价格,就是说,市场上所有各种商品的供给、需求和价格是相互影响、相互依存 的,任何一个市场都不可能脱离其他市场而独自达到均衡,任何一个市场的不均衡 都会影响到其他市场,因此,不仅要研究两种商品相交换时的价格决定,而且还必 须考察市场上所有各种商品供给和需求同时达到均衡时的价格决定。由此,瓦尔拉斯建立起西方经济学说史上的第一个一般均衡数学模型。

1）交换的一般均衡

瓦尔拉斯的一般均衡论的基本点就是：任何一个商品的价格必须同时和其他商品的价格联合着决定，当整个价格体系恰好使所有商品的供给和需求相等时，市场就达到了一般均衡。瓦尔拉斯首先把两种商品的交换扩大到全部商品，集中考察了交换的一般均衡。他假定各种商品的总量既定，交易者追求满足或效用最大化。如果市场上有 m 种商品的供给，这些供给是固定不变的，设 S_i（$i=1$，…，m）代表第 i 种商品的供给，对任何一种商品的需求都可以写成价格向量的函数：$D_i = D_i$（P_1，…，P_m），当所有市场都达到均衡时必有 D_i（P_1，…，P_m）$= S_i$（$i=1$，…，m），那么，是否存在一组均衡价格（P_1，…，P_m）使所有商品的供给和需求都相等？在瓦尔拉斯的体系中，为了数学上运算的方便，他在各种商品中选定一种商品作为标准计算单位，并令其价格等于1，它是这个体系的价值尺度，一切其他商品的价格都用它来表达，这样一来，需要决定的价格只有 m-1 个价格。另外，无论价格向量（P_1，…，P_m）取何值，需求总值都必须与供给总值相等，即存在 $\sum P_i D_i = \sum P_i S_i$，这一恒等式被称为瓦尔拉斯定律。根据瓦尔拉斯定律，如果有 m-1 个市场处于均衡，则余下的一个市场也必然处于均衡状态，即如果有 $D_1 = S_1$，…，$D_{m-1} = S_{m-1}$，则必有 $D_m = S_m$。因此，实际上在 $D_i = S_i$（$i=1$，…，m）中，只有 m-1 个独立方程，其中一种商品的方程必须放弃，因为它不是独立的方程，而只是提供了信息。这种信息可以从所有其他方程所包含的信息中推论出来。根据数学原理可知，若方程式数目等于未知数数目，则可以推算出未知数的数值。据此，瓦尔拉斯认为，只要列出和商品交换中未知价格的数目相等的联立方程式，表明每一种商品的总供给等于总需求的条件，就可以推算出一切商品在一般均衡状态下的价格。可见，瓦尔拉斯最后的结论是：存在一组使所有市场都处于均衡状态的价格。

2）实现一般均衡的"摸索过程"

瓦尔拉斯指出，在实际的市场中，均衡价格并不是通过求解联立方程组得到的，而是通过一种所谓的"摸索过程"，通过价格的上下波动来表达均衡的途径。具体来说，就是假定一位卖者首先喊出一组价格，如果此时供给和需求不相等，那么他就会修正自己的喊价，降低供大于求的商品的价格，提高供小于求的商品的价格，这种重新喊价一直进行到各个商品的供求相等时才会停止，此时的价格便等于用联立方程组解出的均衡价格，此时的均衡就是一般均衡。为了保证摸索过程必然趋向均衡，瓦尔拉斯还分析了均衡稳定性的两个条件：一是任何一种商品的需求必须随价格上升而下降，而供给则随价格上升而起初上升而后下降，且需求曲线必须在某一正数价格上与上升阶段的供给曲线相交；二是其他各种商品的价格在趋于均衡时，对该商品造成的并促使其趋向均衡和背离均衡的影响，大都相互抵消，且剩余的纯影响将不能抵消该商品本身价格变动所造成的趋于均衡的主要趋势。瓦尔拉斯认为，只要满足了这两个条件，则摸索过程必然趋于全面均衡。

3）生产的一般均衡

瓦尔拉斯在研究了交换的一般均衡之后，进而讨论了生产的一般均衡。他假定各种资源配置的生产系数是固定的，而并不考虑在生产的"时滞"等条件下建立起生产的一般均衡模型。为了分析生产活动，瓦尔拉斯区分了资本和收入。资本就是一切耐用品，包括用于生产的厂房、机器和用于消费的住宅、家具；收入就是一切非耐用品，包括用于生产的种子、织物以及用于消费的面包或肉。他把使用资本所取得的收入称作服务，并把整个社会财富分成四大类：第一类是土地资本或一切种类的土地，它产生土地服务或土地收入；第二类是人力资本或个人，它产生人力服务或个人收入；第三类是除土地和人力之外的一切其他资本品，简称为狭义资本，它产生资本服务或资本收入；第四类是非耐用的消费品及生产原料。上述前三类属于资本，第四类属于收入。瓦尔拉斯认为生产活动就是土地资本、人力资本和狭义资本三者结合在一起共同提供生产性服务，而生产性服务的结果是产品。因此，整个社会存在两大类市场：一类是服务市场。在这个市场里，工人、地主和资本家是卖主，企业家是买主。该市场形成三种服务的价格：工资、地租和利息；另一类是产品市场。在这个市场里，企业家是卖主，而工人、地主和资本家是买主。该市场形成各种产品的价格。在这里，服务的供给和产品的需求都是服务价格和产品价格的系数，于是便形成一般均衡的一套方程式及其解式。方程式组正好同前面已研究过的多种商品交换的方程式组相类似，所不同的是，现在所供给的是服务而不是商品，只有需求的才是商品。瓦尔拉斯指出，实现生产均衡的条件是所有产品的售价等于其生产要素价格，即价格等于生产费用。其理由是，在完全竞争的场合下，若产品的价格高于生产要素的价格，则有利润，如有利润则会增加竞争对手，必然导致产品价格的下降或生产要素价格的提高，直至价格等于生产费用的均衡状态，因而，到完全竞争的终极均衡状态，便无利可图。一般认为瓦尔拉斯所说的生产费用中，包括了企业家的薪金和正常利润的概念，因此，所谓在静态均衡下没有利润，实际上意味着没有产生超过正常利润的利润。

瓦尔拉斯还强调指出，生产均衡与交换均衡是同时实现的，只要生产和交换有一个均衡尚未实现，另一个均衡也就建立不起来。至此，瓦尔拉斯的一般均衡分析并未结束。由于分析了生产的均衡，就必然涉及资本问题，而在现实的交换中，一般是通过货币来进行的，所以，瓦尔拉斯又进一步考察了引进资本和货币后对均衡所产生的变化，提出了关于"资本积累"的一般均衡模型以及关于"货币和流通理论"的一般均衡模型。

总之，瓦尔拉斯最先认识到一般均衡问题的重要性，后来的西方经济学家利用集合论、拓扑学等数学方法，在相当严格的假定条件下证明一般均衡体系存在着均衡解。

7.3 福利经济学

福利经济学主要采用微观经济学的一些分析方法，并以资源配置效率作为判断经济体系运行的主要标准。因此，它成为微观经济学的重要内容。资源配置效率有时也简称为效率或经济效率。资源配置效率标准最初是由意大利经济学家帕累托在19世纪末、20世纪初提出来的，因而也称为"帕累托标准"，相应地，资源配置效率也称为"帕累托效率"。

福利经济学的基本假设条件是：每个人都是自身福利的最好判断者；每个人都可以按自己的偏好进行自由选择；若个人选择A状态而未选择B状态，则意味着A状态的福利水平大于B状态。

7.3.1 帕累托最优状态

在局部均衡分析中，消费者追求效用最大化，生产者追求利润最大化，这里涉及的是个体福利问题。而在一般均衡分析中，涉及的是有关社会整体福利的问题。为了度量社会的整体福利，意大利经济学家帕累托在序数效用论的基础上，以效率作为福利分析的唯一目标，帕累托所提出的帕累托最优状态成为人们判断社会福利最大的标准。

帕累托最优状态是指：任何改变都不能够使一个人的境况变好同时又不使别人境况变坏的状态。

帕累托最优状态意味着社会资源配置已经达到最优状态。它成为经济效率的判断标准，即帕累托标准。如果某种改变能够增进双方的福利水平，即社会福利还有通过改进资源配置得到改善的余地，则意味着经济尚未达到福利最大化。因此，社会资源的重新配置在不减少其他社会成员福利的前提下，能够使至少一个社会成员的福利水平增加，就称为帕累托改进。所以，如果对于某种既定的资源配置状态，所有的帕累托改进均不存在，这种资源配置状态就为帕累托最优状态。可见，帕累托最优状态实际上是不存在帕累托改进的资源配置状态。

在图7-4中，埃奇沃斯盒状图中的交换契约曲线以外的任何一点都不是帕累托最优状态。因为此时还存在帕累托改进的余地。例如，假定初始的产品分配状态处于两条无差异曲线的交点即交换契约曲线以外的点（C），则C点不是帕累托最优状态点。这是因为，如果从C点变动到E_3点，则A的效用水平提高，B的效用水平并没有变化；如果从C点变动到E_2点，则B的效用水平提高，A的效用水平并没有变化；如果从C点变动到f_1点，则消费者A和B的效用水平都会提高。可见，C点仍存在帕累托改进的余地，即总可以通过改变该状态，使至少有一个人的状况变好而没有人的状况变坏。

在图7-4中，埃奇沃斯盒状图中的交换契约曲线上的每一点都是帕累托最优状态。因为此时不存在任何帕累托改进的余地。即在交换契约曲线上的任一点的变动，都会引起至少交易一方的效用下降。例如，假定初始的产品分配状态处于两条无差异曲线的切点即交换契约曲线上的点（E_2），则 E_2 点是帕累托最优状态点。如果使产品分配状态由 E_2 点向右上方移，则意味着 A 的效用水平提高了，而 B 的效用水平下降了；如果使产品分配状态由 E_2 点向左下方移，则意味着 B 的效用水平提高了，而 A 的效用水平下降了。如果使产品分配状态由 E_2 点变动到 f_2 点，则消费者 A 和 B 的效用水平都下降了。所以，结论是：在交换的埃奇沃斯盒状图中，交换契约曲线上的每一点都是帕累托最优状态，并称之为交换的帕累托最优状态。在这种情况下，不存在任何帕累托改进的余地，即任何改变都不能够使至少一个人的状况变好而同时又不使别人的状况变坏。

与上述分析相似，在图 7-5 中，埃奇沃斯盒状图中的生产契约曲线以外的任何一点都不是帕累托最优状态。因为此时还存在帕累托改进的余地。例如，假定初始的要素分配状态处于两条等产量线的交点即生产契约曲线以外的点（F），则 F 点不是帕累托最优状态点。这是因为，如果从 F 点变动到 E_3 点，则 A 的产量水平提高，B 的产量水平并没有变化；如果从 F 点变动到 E_2 点，则 B 的产量水平提高，A 的产量水平并没有变化；如果从 F 点变动到 h_1 点，则生产者 A 和 B 的产量水平都会提高。可见，F 点仍存在帕累托改进的余地，即总可以通过改变该状态，使至少有一个人的状况变好而没有人的状况变坏。所以，F 点不是帕累托最优状态，即不是资源配置的最优点，同时也意味着与 F 点类似的其他的等产量线的交点也不是资源配置的最优点。

在图 7-5 中，埃奇沃斯盒状图中的生产契约曲线上的每一点都是帕累托最优状态。因为此时不存在任何帕累托改进的余地。即在生产契约曲线上的任一点的变动，都会引起至少交易一方的产量下降。例如，假定初始的要素分配状态处于两条无差异曲线的切点即生产契约曲线上的点（E_2），则 E_2 点是帕累托最优状态点。如果使要素分配状态由 E_2 点向右上方移，则意味着 A 的产量水平提高了，而 B 的产量水平下降了；如果使要素分配状态由 E_2 点向左下方移，则意味着 B 的产量水平提高了，而 A 的产量水平下降了。如果使要素分配状态由 E_2 点变动到 h_2 点，则生产者 A 和 B 的产量水平都下降了。可见，当资源配置处于两个生产者等产量线的切点时，不恶化某一生产者的境况就不能改进其他生产者的境况。所以，结论是：在生产的埃奇沃斯盒状图中，生产契约曲线上的每一点都是帕累托最优状态，并称之为生产的帕累托最优状态。在这种情况下，不存在任何帕累托改进的余地，即任何改变都不能够使至少一个人的状况变好而同时又不使别人的状况变坏。

在图 7-8 中，T 切线与 H 切线平行时所对应的产品组合点 E_1 表示现有的资源配置同时达到了生产和交换的帕累托最优状态。此时生产可能曲线上 B 点的斜率与交换契约曲线上的 E_1 点的斜率相等，即边际转换率等于边际替代率。如果边际转换率与边际替代率不相等，则仍然存在帕累托改进的余地，说明没有达到生产和交换的帕累托最优状态。T 切线斜率与 H' 切线斜率不相等，在 E_3 点就仅表示交换的帕累托最优状态，而非生产和交换的帕累托最优状态。

7.3.2 帕累托最优与完全竞争

1) 帕累托最优条件

由以上分析可知，在一般均衡理论中涉及三个一般均衡的条件，它们都是帕累托最优的必要条件。交换的一般均衡条件是所有消费者买进任何两种商品的边际替代率相等。如果该条件得到满足，那么增进一个人的效用水平必然使另一个人的效用水平下降。生产的一般均衡条件是生产者的边际技术替代率相等。如果该条件得到满足，那么提高一个生产者的产量必然导致另一个生产者的产量水平下降。交换和生产同时达到一般均衡的条件是边际替代率等于边际转换率。如果该条件没有得到满足，就会导致交换和生产的重新配置，在此过程中社会福利还有提高的余地。换言之，如果资源的任何重新配置，使得每个人的处境都较前变好，或者至少有一个人的处境变好，同时没有一个人的处境变坏，就意味着这样的资源重新的配置会导致社会经济福利有所增进，即原来的资源配置还没有达到最优状态。

概括地说，帕累托最优条件是：

（1）交换的帕累托最优条件，即任何两种产品的边际替代率对所有消费者都相等。用公式表示为：$MRS_{XY}^A = MRS_{XY}^B$。

（2）生产的帕累托最优条件，即任何两种要素的边际技术替代率对所有生产者都相等。用公式表示为：$MRTS_{LK}^A = MRTS_{LK}^B$。

（3）生产和交换的帕累托最优条件，即任何两种产品的边际转换率等于它们的边际替代率。用公式表示：$MRT_{XY} = MRS_{XY}$。

2) 帕累托最优状态与完全竞争市场均衡状态

在前面第 5 章市场结构理论的分析中，说明了完全竞争市场是最有效率的，现在我们进一步说明完全竞争经济的一般均衡状态实现了帕累托最优状态，或者说，完全竞争市场实现的资源配置是帕累托最优配置。

（1）商品在消费者之间的最优配置

在完全竞争条件下，每个消费者和生产者都是价格的接受者，他们都是在既定的价格条件下实现自己的效用最大化和利润最大化。换言之，在完全竞争条件下，均衡价格体系对所有消费者和生产者都是相同的。

任意一个消费者，如消费者 A，实现效用最大化的前提条件是任意两种商品的边际替代率等于这两种商品的价格比率，即为：

$$MRS_{XY}^A = \frac{P_X}{P_Y}$$

其中，MRS_{XY}^A 表示消费者 A 消费 X、Y 两种商品的边际替代率；P_X 表示商品 X 的价格；P_Y 表示商品 Y 的价格。

同样的，其他消费者例如消费者 B 实现效用最大化的前提条件也是两种产品的边际替代率等于这两种产品的价格比率，即为：

$$MRS_{XY}^B = \frac{P_X}{P_Y}$$

其中，MRS_{XY}^B 表示消费者 B 消费 X、Y 两种商品的边际替代率。

因此，在 n 个消费者的情况下，要实现商品在消费者之间的最优配置，就是要求所有消费者消费的任何两种商品的边际替代率相等。即：

$$MRS_{XY}^A = \frac{P_X}{P_Y} = MRS_{XY}^B = \cdots = MRS_{XY}^n$$

如前所述，交换的契约曲线是由消费者的边际替代率相等的点所形成的轨迹，因此，无论是两个还是更多的消费者，上述条件意味着商品在消费者之间的配置组合应该处于交换契约曲线上。因此，在完全竞争经济中，商品的均衡价格实现了交换的帕累托最优状态。

（2）生产要素在生产者之间的最优配置

同样，任意一个生产者例如生产者 C 要想达到利润最大化，就应该保证任意两种生产要素的边际技术替代率等于这两种要素价格的比率，即为：

$$MRTS_{LK}^C = \frac{P_L}{P_K}$$

其中，$MRTS_{Lk}^C$ 表示生产者 C 使用资本与劳动两种生产要素的边际技术替代率；P_L 表示生产要素 L 的价格，P_K 表示生产要素 K 的价格。

同样的，其他生产者，例如生产者 D 的利润最大化条件也应该保证任意两种生产要素的边际技术替代率等于这两种要素价格的比率，即为：

$$MRTS_{LK}^D = \frac{P_L}{P_K}$$

其中，$MRTS_{LK}^D$ 表示生产者 D 使用资本与劳动两种生产要素的边际技术替代率。

因此，在 n 个生产者的情况下，要实现生产要素在生产者之间的最优配置，就是要求所有生产者使用的任何两种生产要素的边际技术替代率相等。即：

$$MRTS_{LK}^C = \frac{P_L}{P_K} = MRTS_{LK}^D = MRTS_{LK}^n$$

如前所述，生产的契约曲线是由生产者边际技术替代率相等的点所形成的轨迹，因此，无论存在两个还是更多的生产者，上述的条件意味着生产要素在生产者之间的最优配置应该处于生产的契约曲线上。因此，在完全竞争经济中，要素的均衡价格实现了生产的帕累托最优状态。

（3）商品在消费者之间与生产要素在生产者之间同时实现最优配置

这种最优配置要求任何生产者的任何两种商品间的边际转换率等于这两种商品之间的边际替代率。在这一条件下达到资源最优配置的结果是因为在完全竞争经济中生产者利润最大化的条件是产品的价格与边际成本相等，即：

$$P_x = MC_x, \quad P_y = MC_y$$

其结果是：

$$MRT_{XY} = \frac{P_X}{P_Y} = \frac{MC_X}{MC_Y}$$

但是，对任何消费者而言，要使他们在竞争性市场中实现效用最大化，必须有：

$$\frac{P_X}{P_Y} = MRS_{XY}$$

于是有：

$$MRT_{xy} = \frac{P_X}{P_Y} = MRS_{XY}$$

因此，在完全竞争经济中，商品的均衡价格实现了生产和交换的帕累托最优状态。

综上所述，在完全竞争条件下，市场机制会自发地使任何两种产品的边际替代率对所有消费者都相等，任何两种要素的边际技术替代率对所有生产者都相等，边际转换率和边际替代率相等，因此，完全竞争市场均衡状态满足了帕累托最优条件，即满足帕累托效率标准，因而实现了资源最优配置效率。离开完全竞争这一前提条件，市场机制就不可能出现帕累托最优状态。在现实生活中，由于竞争的不完全性，市场机制往往未能实现福利最大化。正是由于现实世界并非处于完全竞争状态，因此，福利经济学说明竞争市场的效率在应用上尚有很大的局限性。

7.3.3 社会福利：效率与公平

帕累托最优状态只是从效率角度作为检验社会福利的一种标准，而把影响社会福利的收入分配的因素抽象掉了。帕累托认为，如果某些分配标准为既定，我们就可以根据这些标准去考察哪些状态将给社会的各个人带来最大可能的福利。他所表达的是在既定收入分配状况下，单纯从资源配置效率这个因素来论证实现社会福利最大化的条件是生产和交换都达到均衡。这样一来，帕累托最优状态无法判定在分配状况不同时社会福利的大小。因为在一个社会中，每一种收入分配状况都会有一种相应的资源配置的最优状态，这是由于收入分配状况的变化会导致消费需求结构的变化，从而引起资源配置的最优状态相应发生变化。对应于不同的分配状况而存在的不同的最优状态之间，是无法进行社会福利的大小比较的。所以，如果把收入分配这个因素考虑进去，要确定哪一种资源配置是最优的，则取决于在许多种可能的收入分配状态中哪一种收入分配状况从整个社会角度来说是最优的。例如，通过前面的分析，我们知道只要是在生产可能性曲线上进行生产，都能达到帕累托最优。因此，帕累托最优状态不是唯一的，即资源最优配置状态并不是唯一的。那么，在一系列能够满足三个条件的资源配置状态中，究竟哪一个是最理想的取决于人们认为什么是最优收入分配。在上面的分析中，我们是选定图7-6中生产可能性边界上的B点，我们还可以选定其他点，相应地可以构造其他的交换的埃奇沃斯盒状图，就可以得到产品在消费者之间的不同配置方式。所以，并不存在明确的标准说明哪一种资源配置方式是最优的，它取决于人们对什么是最优收入分配的判断。

由上可见，帕累托最优状态给人们的启示是，检验社会福利的标准有两个：生产资源配置方面和收入分配方面，即效率标准和公平标准。然而，在很多情况下，效率与公平是相互矛盾的。一方面，为了提高效率，有时必须忍受更大程度的不公平；另一方面，为了实现公平，有时必须牺牲更多的效率。因此，如何在效率和公平之间进行选择权衡，是经济学面临的重大现实问题。

概括起来说，关于效率与公平的关系经济学家有以下几种观点：第一，效率和平等同等重要。持有此观点的经济学家主张政府要同时考虑双重目标，为了实现双重目标，应当以尽量少的效率损失换取尽可能高的平等程度，或者以尽量小的平等损失换取尽可能高的效率。第二，效率优先。持有此观点的经济学家主张政府把效率作为优先考虑的目标，其主要理论依据是馅饼理论。奥肯作为该理论的提倡者认为，如果政府把效率置于优先地位，则国民生产总值这块馅饼便会更大，即使收入分配不均使部分人所得到的馅饼相对份额较小，但是，他们所得到的绝对数量可能会增加，即可能会高于绝对平分小馅饼所得到的数量。该理论在强调效率优先的同时并未放弃平等目标，而是把平等放在了第二位。第三，平等优先。持有此观点的经济学家主张政府把平等作为优先考虑的目标，他们认为平等是天赋人权。市场机制可能带来效率，但同时它也会导致不公平。市场机制所决定的收入分配也会由于垄断及其他非经济因素而不公平。由于人们的收入及所拥有的生产资料差别，会导致在市场竞争中人们的机会不均等，由于机会不均等进而造成收入不平等。

虽然在解决效率与公平之间的矛盾问题上，经济学并无一致的答案，但大体说来，经济学较为认可的原则是"效率优先，兼顾公平"。为了保证这个原则的执行，需要实施一些具体措施，诸如限制垄断、减少和消除不合理的收入、促进机会平等、消灭贫穷等等。

本章小结

1. 局部均衡分析与一般均衡分析：对经济系统的分析方法通常有两种，即局部均衡分析与一般均衡分析。局部均衡分析是假定经济体系中其他市场情况不变的条件下，单独分析某一市场的均衡决定的研究方法。一般均衡分析方法将经济系统看做一个整体，研究系统中所有商品与劳务是如何同时决定的。法国经济学家瓦尔拉斯开创性地建立了一般均衡分析模型。

2. 埃奇沃斯盒状图：经济学家埃奇沃斯用形象的埃奇沃斯盒状图来说明一般均衡与资源配置问题，通常称为埃奇沃斯盒状图。埃奇沃斯盒状图包括交换的埃奇沃斯盒状图、生产的埃奇沃斯盒状图，分别用来分析既定数量的产品与生产要素如何在不同的消费者或生产者之间进行分配。

3. 交换契约曲线：它表示两种产品在两个消费者之间的所有最优分配的集合，

交换双方同时达到最大效用。交换契约曲线的经济含义是：如果交易双方达到契约曲线上的任意一点之后，他们就不可能再做出使双方受益或者使一方受益而又不使另一方受损的交易，所以交换契约上的每一点都是交易的一般均衡点。

4. 生产契约曲线：它表示两种要素在两个生产者之间的所有最优分配的集合，生产者双方各自生产的产品达到最大产量。生产契约曲线的经济含义是：如果生产达到契约曲线上的任何一点以后，任何资源的再分配都不可能再使两种产品的产量都增加，或者使一种产品产量增加而另一种产品产量不减少，所以生产契约曲线上的每一点都是生产的一般均衡点。

5. 生产可能性曲线：表示在既定技术和资源条件下，所可能生产的两种商品的最大数量的各种组合。生产可能性曲线是凹向原点的，这是边际转换率作用的结果。

6. 边际转换率：是指在既定资源下，减少一种产品数量与增加另一种产品数量之比。它是生产可能性曲线的斜率。边际转换率是递增的，其原因在于要素的边际报酬在递减。边际转换率用公式表示为：

$MRT_{XY} = \Delta Y / \Delta X$

7. 一般均衡理论中涉及的三个一般均衡的条件，即交换的一般均衡条件、生产的一般均衡条件、生产和交换的一般均衡条件，它们都是帕累托最优的必要条件。

8. 瓦尔拉斯的一般均衡论的基本点就是：任何一个商品的价格必须同时和其他商品的价格联合着决定，当整个价格体系恰好使所有商品的供给和需求相等时，市场就达到了一般均衡。

9. 瓦尔拉斯定律：是指在均衡的条件下，需求总值与供给总值相等，即存在 $\sum P_i D_i = \sum P_i S_i$ 这一恒等式。

10. 帕累托最优状态：是指任何改变都不能够使一个人的境况变好同时又不使别人境况变坏的状态。

11. 帕累托改进：社会资源的重新配置在不减少其他社会成员福利的前提下，能够使至少一个社会成员的福利水平增加，就称为帕累托改进。

12. 一个经济若要达到资源配置的帕累托最优状态必须满足以下三个必要条件：

（1）交换的帕累托最优条件，即任何两种产品的边际替代率对所有消费者都相等。用公式表示为：$MRS_{XY}^A = MRS_{XY}^B$。

（2）生产的帕累托最优条件，即任何两种要素的边际技术替代率对所有生产者都相等。用公式表示为：$MRTS_{LK}^A = MRTS_{LK}^B$。

（3）生产和交换的帕累托最优条件，即任何两种产品的边际转换率等于它们的边际替代率。用公式表示：$MRT_{XY} = MRS_{XY}$

13. 帕累托最优状态只是从效率角度作为检验社会福利的一种标准。完全竞争市场均衡状态满足了帕累托最优条件，因而实现了资源最优配置效率。但是，在现实生活中，由于市场处于非完全竞争状态，市场机制往往未能实现福利最大化。因此，福利经济学说明竞争市场的效率在应用上尚有很大的局限性。

14. 社会福利不仅涉及效率问题，也涉及平等问题。效率与平等是一个两难选择，政府必须在这两者之间进行权衡。

关键词

局部均衡 一般均衡 埃奇沃斯盒状图 交换契约曲线 生产契约曲线 生产可能性曲线 边际转换率 帕累托最优状态 帕累托改进 帕累托最优条件

思考题

1. 局部均衡分析与一般均衡分析的区别是什么？
2. 什么是交换的一般均衡？达到交换的一般均衡的条件是什么？
3. 什么是生产的一般均衡？达到生产的一般均衡的条件是什么？
4. 如何使用埃奇沃斯盒状图推导生产和交换的一般均衡？
5. 生产可能性曲线为什么向右上方凸出？
6. 帕累托最优状态的含义是什么？要达到帕累托最优需要什么条件？
7. 为什么完全竞争市场可以实现帕累托最优状态所需具备的三个条件？
8. 一个经济达到了一般均衡状态，即便它是有效率的，但是为什么这个社会可能并不能令人满意呢？
9. 为了达到帕累托最优状态，是否必须使任何使用某两种投入要素的厂商保持两种要素间的边际技术替代率相等？为什么？
10. 为什么消费者的收入与口味不同，但均衡时所有消费者都有相同的商品边际替代率？

案例

案例1　　　　　"最后通牒博弈"实验中的效率与公平

在著名的"最后通牒博弈"实验中，个人被分成一对一对的，要求他们分配一笔钱如50美元。随机地选择每对中的一个成员为提议者，他的任务是提议如何分配这笔钱。例如，他可能提议保留 30 美元，留 20 美元给另一个人。另一方是回应者，可以接受这一提议。如果她接受的话，这笔钱就据此进行分配。或者她可以拒绝，这时双方都得不到任何东西。假设提议者提议给自己保留 49 美元，只给回应者留 1 美元。如果现金对双方来说都是越多越好的物品，根据效率标准，回应者应该接受这一提议。即使这种分配看来非常不公平，但是总比双方什么也得不到要好。

阿尔文·E·罗斯（Alvin E. Roth）及其同事在四个国家（以色列、南斯拉夫、日本和美国）进行了同样的最后通牒博弈的实验。虽然提议者似乎可以成功地提议极其不公平的分配，但是在实验中，半数的提议者提议大家对分。为什么提议者如此慷慨呢？两个可能的主要解释是：一是提议者本身无私地关注公平。二是提议者是自私的，但也是谨慎的，担心不均等的提议会被拒绝。而实验的主要结论是：回应者宁愿牺牲部分收入也不愿受到不公平的对待，即使不是所有人都有牺牲收入以避免受到不公平对待的意愿，但也是广泛存在的态度。

画龙点睛

在一种分配中，如果没有任何一个人羡慕另外一个人，那么就可以把这种分配称作是公平的。显然，均等分配一定可以实现公平，但公平却不一定要求均等。经济学家通常认为，有效率的市场经济并不自动带来公平，为了实现某种程度的公平，政府就要有所举措。

案例 2　　　　　　　　《芋老人传》与收入均等化

《芋老人传》中的故事讲的是一个穷书生进京赶考，没有钱住店，有一天傍晚，饥寒交迫，在一位农夫的房檐下避雨，被农夫叫到屋里给了他一块芋头吃。他吃得香甜无比，对农夫千恩万谢。后来，穷书生金榜题名做了相国，吃遍了天下的山珍海味，越吃越没有味道，于是他开始怀念赶考途中吃过的芋头。便找来当初的那位农夫，请农夫煮一块芋头给他尝一尝，结果大失所望，扔下筷子问："何前者香而甘也？"（为什么以前的芋头就那么香甜可口呢？）农夫感慨地说："时位之移人也。"当故事的主人公还是个穷书生时，一块芋头他吃得香甜无比，从中得到了很大的满足；而做了相国以后，同样的芋头就变得不好吃了，从中得到的满足很少。农夫看到了同一个人的这种变化，于是便发出了"时位之移人也"的感慨。也就是说，同样的消费品，穷人从中得到的满足要比富人多；同样增加一元钱的收入，对于富人来说，是锦上添花；对于穷人来说，是雪中送炭。显然，穷人从中得到的福利要比富人多。

画龙点睛

这个故事蕴含着一个福利经济学原理——收入均等化。福利经济学的核心目标是如何增进个人乃至整个社会的福利。促进个人收入之间收入的均等化被福利经济学认为是增加社会福利的一项举措。收入均等化政策一方面减少了富人的福利，另一方面又增加了穷人的福利，但由于富人的福利损失小于穷人的福利增加，将个人福利加总后，社会的总福利就增加了。

⌐└┘ 小资料

小资料 1　　　　　**一般均衡理论的创建者——瓦尔拉斯**

马利·埃斯普里·里昂·瓦尔拉斯（Marie-Esprit-Leon Walras，1834—1910）出生于法国埃夫勒。他是边际革命的发起者之一，和杰文斯共创数理学派，是数理学派中所谓洛桑学派的创始人。其父奥古斯特·瓦尔拉（1801—1866）曾是法国卡因皇家学院哲学教授，著名的经济学家。瓦尔拉斯早年就学于巴黎大学，1851年获文学学士学位，1853年获理学学士学位。1858年在其父的影响下，瓦尔拉斯转而从事经济学的研究。1870年由友人推荐，瓦尔拉斯被瑞士洛桑大学法学院聘请为新设立的经济学讲座的教授，并逐渐建立起洛桑学派。1876年瓦尔拉斯任洛桑大学校长，1892年退休并推荐意大利经济学家帕累托接任其经济学教授职位。瓦尔拉的主要代表作是《纯粹政治经济学要义》（1874）。瓦尔拉斯以边际效用理论为基础构建的一般均衡理论是瓦尔拉斯对西方经济学的最大贡献。著名经济学家熊彼特曾这样评价瓦尔拉斯的一般均衡理论："经济均衡理论是瓦尔拉斯的不朽贡献。这个伟大的理论以水晶般明澈的思路和一种基本原理的光明照耀着纯粹经济学关系的结构。"美国经济学家埃克伦德曾根据古希腊的一首诗来比喻瓦尔拉斯与马歇尔经济理论体系的特点："虽然狐狸知道很多事情，但刺猬知道一个大事情"，"莱昂·瓦尔拉斯是经济理论中的刺猬，而马歇尔是狐狸"。英国经济学家布劳格说，我喜欢刺猬，但那是我幼年时期的判断，现在我更喜欢狐狸——是斯密而不是李嘉图，是穆勒而不是西尼尔，是马歇尔而不是瓦尔拉斯。

小资料 2　　　　　**新福利经济学的先驱者——帕累托**

维尔弗雷多·帕累托（Vilfredo Pareto，1848—1923）出生于巴黎的意大利经济学家、洛桑学派的创建人之一。其父是意大利热那亚贵族，曾流亡法国。1854年帕累托随父返回意大利，1869年获都灵大学工程学博士学位，毕业后曾任铁路工程师及铁路公司经理等职。在他的一生中接触经济学相对较晚。起初他对瓦尔拉斯的著作并不熟悉，后来在经济学家潘塔里阿尼的影响下，开始从事纯经济理论的研究，研读了瓦尔拉斯的著作，激发了他对一般均衡理论的浓厚兴趣，受到瓦尔拉斯的赏识，并于1893年接替瓦尔拉斯任洛桑大学教授，直到1916年退休。在他教职生涯中，为瓦尔拉斯理论体系培育了一大批欧美各国的信徒，为建立洛桑学派作出了巨大贡献。其主要经济学著作有《政治经济学讲义》（两卷，1896—1897）、《政治经济学教程》（1906）。在西方经济学说史上，帕累托首次提出了序数效用论并采用了埃奇沃斯提出的无差异曲线作为分析工具。在帕累托之前，数理学派乃至整个边际效用学派都坚持基数效用论。帕累托作为瓦尔拉斯教席的继承人，最初也沿袭了瓦尔拉斯等人的基数效用论，认为效用是可以衡量的，并且可以在个人之间进行比较。但是，后来帕累托放弃了这种观点。他在一篇论文中写道："我曾为快乐和痛苦必须加以测定而烦恼，因为，实际上没有人能够测定快乐。谁能说这个快乐是另一个快乐的两倍？我尝到了喝一杯莱茵酒的快乐，但我确信不能理解这个快乐是另一个的两倍或一半。"他认为效用可衡量的原理是没有根据的，应彻底否定基数效用论，因此他创立了序数效用论。帕累托最优状态理论的提出，使他成为新福利经济学的先驱。

第8章

市场失灵与微观经济政策

学习目标

通过本章的学习，了解并掌握市场失灵的含义、市场失灵的表现及原因，重点掌握科斯定理，熟悉解决市场失灵的微观经济政策。

8.1 市场失灵与微观经济政策概述

二百多年前，斯密用"看不见的手"的原理来说明"经济人"各自独立地追求自我利益的行为非但没有造成社会混乱，反而实际上产生了社会福利最优状态。因此，整个经济完全可以靠市场机制的自发调节使资源达到有效配置，自由竞争的市场经济是非常完美的。前一章也论证了市场价格体系作为"看不见的手"使完全竞争市场经济达到一般均衡，并使资源配置达到帕累托最优状态。然而，事实证明，市场并不是万能的，市场也会失灵，因而帕累托最优状态通常不能得到实现。在微观经济学中，市场失灵主要涉及以下几个方面的问题：在外部性明显的产业中市场机制缺乏配置效率问题；竞争市场机制不能解决公共物品的生产问题；由于缺乏足够的信息以及某些人比其他人拥有更多的信息而产生的逆向选择和道德风险问题；垄断市场会导致福利损失问题等等。为此，政府要通过微观经济政策进行干预。

8.2 市场失灵

市场失灵（market failure）是指市场经济中资源配置达不到帕累托最优的各种情况，也是市场机制的某种障碍的存在造成资源配置失误或生产要素浪费性使用的情况，即市场机制缺乏效率。由于在实际经济中，完全竞争市场的一系列理想化假设条件并不能完全成立，"看不见的手"有时也并不能完全有效地发挥作用，价格机制不可能调节人们经济生活的所有领域，市场机制并不是无所不能，市场失灵也因此而形成。从 20 世纪 30 年代起，经济学就开始分析市场机制存在的缺陷。导致市场失灵的原因主要有以下几点：（1）外部性的存在；（2）公共物品供给不足；（3）信息不对称与信息不完全；（4）垄断，即不完全竞争性市场的存在。这些问题的存在使资源配置无法满足资源最优配置的三个必要条件，导致资源配置偏离最优状态。

8.2.1 外部性

1）外部性的含义

外部性（externalities）是指一个经济主体的行为对其他经济主体施加的未在市场交易中反映出来的影响，也称外部效应或溢出效应。当存在外部性时，市场中经济活动主体间的相互影响没有通过价格体系反映出来，即生产或消费行为给他人带来非自愿的成本或收益，而这种成本或收益并未由行为者加以偿付或由收益接受者进行补偿。

根据外部性的性质，即根据外部性是有益的还是有害的，可将外部性分为正外部性和负外部性。当一个经济主体的行为对其他经济主体产生了有利影响，却不能从中得到报偿时，则称为正外部性（或外部经济）。当一个经济主体的行为对其他经济主体产生了不利影响，又未给他人以补偿时，则称为负外部性（或外部不经济）。正外部性的一个例子，如接种天花、流感疫苗不仅保护了接种疫苗的人，而且也保护了所有其他可能被传染的人。负的外部性的例子，如水泥厂向空气中排放粉尘和废气，对附近的房屋和居民健康造成损害。

外部性既可能发生在生产领域也可能发生在消费领域，在任何经济活动主体之间都可能发生外部性，具体包括：

（1）生产者与生产者之间。例如，一个造纸厂把污水排入河流，导致河下游的养鱼场的水受到污染而使鱼类生存环境恶化，甚至死亡。河水污染给养鱼场增加了额外的成本，而造纸厂并没有给养鱼场以补偿，这是造纸厂给养鱼场造成的负外部性。而果园农庄与养蜂厂之间则会产生相互的正的外部性。因为果园中的果树开花后，蜜蜂来采蜜，果树授粉后结果实，蜜蜂采蜜酿成蜂蜜，在这种情况下，正外部性便产生了。

（2）生产者与消费者之间。例如，飞机场飞机起降时的轰鸣声音影响了周围居民的休息，这就是生产者对消费者个人造成的负的外部性。如一个林场种植了大量树木，改善了生态环境，使在其周围居住的居民不付代价地呼吸到新鲜空气，这是生产者对消费者个人所产生的正的外部性的例子。

（3）消费者与消费者之间。与生产者造成的污染相类似，消费者也可能造成污染。吸烟就是一个明显的例子。吸烟者在香烟消费中，可能会使邻近的被动吸烟者的身体健康带来危害，这是消费者个人之间负外部性影响的表现；邻家孩子美妙的钢琴曲给邻居所带来的听觉上的享受是消费者个人之间正外部性影响的表现。

总之，在实际经济生活中，各种类型的外部性无处不在、无时不有。

2）外部性与资源配置扭曲

在前面对完全竞争市场的理论分析中，暗含着生产和消费不存在外部性的假设条件。如果考虑到外部性的存在，则完全竞争的市场也不能满足资源配置最优的必要条件。这是因为，当外部性存在时，会造成私人成本与社会成本，私人收益与社会收益的不一致，导致实际价格偏离帕累托最优状态下的最优价格，使社会资源配置扭曲。如前所述，在有些情况下，生产者给社会中的其他人带来了收益，却无法从他人手中得到报酬，这说明私人收益小于社会收益。而在另一些情况下，生产者使他人蒙受损失，却不必为此付出代价，这说明私人成本小于社会成本。造成私人成本与社会成本、私人收益与社会收益差异的原因就是外部性的存在。

而在前一章关于资源配置最优的分析中暗含着私人成本与社会成本、私人收益与社会收益没有差异的假设，即生产者的成本就是社会成本，生产者的收益就是社会收益。然而这种假设常常是不现实的。也就是说，实际上私人决策只考虑自己的成本和收益，而社会决策则需要从社会成本和社会收益的角度来考虑问题，两者是有差异的。

所谓社会成本是指某一经济主体进行某种经济活动所付出的私人成本和由这种

活动所引起的外在成本之和。即它是社会为某项生产和消费活动承担的全部成本，是私人成本与外在成本之和。其中，私人成本是私人为某项活动付出的代价，如个人购物的成本涉及商品价格、去商店的交通费用以及购物所耗费的时间等。而外在成本是指其他人为某项活动付出的代价。如企业污染给居民带来的损害。

　　所谓社会收益是指某一经济主体进行某种经济活动所得到的私人收益和由这种活动所引起的外在收益之和。即它是社会从某项生产和消费活动中得到的全部收益，是私人收益和外在收益之和。其中，私人收益是指私人从某项活动中得到的收益。如个人接受教育可以增长知识，有条件从事较高报酬的工作。而外在收益是其他人从某项活动中得到的收益，如个人接受教育上大学，社会由此多了一个高素质的公民。

　　由于外部性的存在，使私人成本与社会成本、私人收益与社会收益之间产生差异，这种差异会对资源配置产生重要影响。例如，当存在正外部性时，私人收益小于社会收益，从社会来看该行动是有利的。但从个人来看，其从事这项活动的私人成本大于私人收益，则个人就没有从事这项活动的动力。例如，某企业长期在其周围种植树木和养护草地以美化环境，却得不到任何形式的肯定与报酬，那么企业就可能没有动力去继续从事这一对社会有利的行为。因此，在存在正外部性的情况下，私人活动的水平往往要低于社会所要求的最优水平，因而帕累托最优状态没有得到实现，还存在有帕累托改进的余地，如图 8-1 所示。

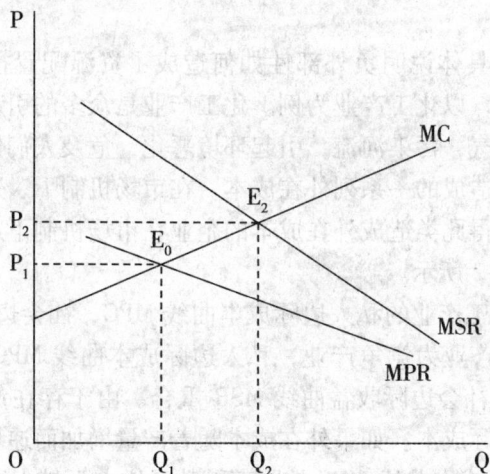

图 8-1　正外部性造成的资源配置扭曲

　　图 8-1 描述了私人边际收益曲线 MPR、社会边际收益曲线 MSR 和边际成本曲线 MC。在这里需要说明的是：与私人成本和私人收益一样存在着边际成本和边际收益范畴，社会成本和社会收益也存在着社会边际成本与社会边际收益范畴。社会边际成本是指生产或消费量所导致的社会成本的增量；社会边际收益是指生产或消费量所带来的社会收益的增量。社会边际成本等于社会边际收益，是在存在外在成本和外在收益的条件下（即存在外部影响的条件下），资源实现最优配置的条件。

如果社会边际成本大于社会边际收益，说明生产或消费的数量过多，减少生产或消费的数量有助于增加社会福利。如果社会边际成本小于社会边际收益，说明生产或消费的数量过少，增加生产或消费的数量有助于增加社会福利。在图 8-1 中，社会边际收益 MSR 大于私人边际收益 MPR，显然存在正外部性，此时，根据私人边际成本与私人边际收益相等原则（图中的 E_1 点），生产的产量水平为 Q_1，而从社会观点来看，这种产品生产得太少了，因此，在存在外部性的条件下，要实现资源的最优配置，应使社会边际成本等于社会边际收益（图中的 E_2 点），使产量水平增加到 Q_2。

当存在负的外部性时，私人成本小于社会成本，从社会来看，该行动是不利的。但从个人来看，其从事这项活动的私人收益大于私人成本，则个人就有动力从事这项活动。例如，污染排放企业通过排放污染将污染治理的成本转嫁给社会，从而降低了自身的生产成本，并进而扩大生产谋取更高的利润收益。这种情况下，尽管企业生产成本没有提高并且获得了更大的收益，但社会则需为企业的污染排放行为付出更高的代价，如政府需投入大量资金进行污染治理。因此，当存在上述负的外部性时，企业生产的私人成本要低于社会成本，这时企业就有动力提高产量，将更多资源用于扩大生产，导致私人企业生产的产量要大于按照社会成本与社会收益决定的最优产量。因此，在存在负外部性的情况下，私人活动的水平往往要高于社会所要求的最优水平，因而帕累托最优状态也没有得到实现，还存在有帕累托改进的余地。

下面用图 8-2 来具体说明负外部性如何造成了资源配置扭曲。假设存在环境污染这样的负外部性，以化工产业为例。化工产业是众多的引起环境污染的企业之一。化工产业污染空气，污染河流，引起环境恶化，危及人们健康等，这些都是化工产业的生产行为所造成的一系列外在成本。在市场机制下，这些外在成本并未由化工企业负担，又使得此类造成外在成本的企业在市场机制下过度膨胀而引起资源配置的扭曲，如图 8-2 所示。

图 8-2 描述了化工产业的私人边际成本曲线 MPC、社会边际成本曲线 MSC 和需求曲线。假设化工产业为竞争产业，私人边际成本曲线 MPC 可代表市场供给曲线，且需求曲线 D 与社会边际收益曲线 MSR 重合。由于存在负外部性，社会的边际成本高于私人的边际成本。如果外在成本随着产量增加而递增，则社会边际成本曲线 MSC 和私人边际成本曲线 MPC 的距离随数量增大而扩大。由于化工企业在进行生产决策时并不考虑它的行为给他人造成的影响，无视污染生产所造成的社会成本，它只计算自己的成本和收益，并根据私人边际成本与私人边际收益相等原则（图中的 E_0 点），生产产量 Q_0，价格为 P_0，迫使社会承担 AE_0 的外在成本，此时社会边际成本大于社会边际收益，从社会观点来看，这种产品生产得太多了。因此，在存在外部性的条件下，要实现资源的最优配置，应使社会边际成本等于社会边际收益（图中的 E_1 点），使产量减少到 Q_1，价格为 P_1。

从图 8-2 中可见，在 Q_1Q_0 的数量区间，社会边际成本曲线高于社会边际收益

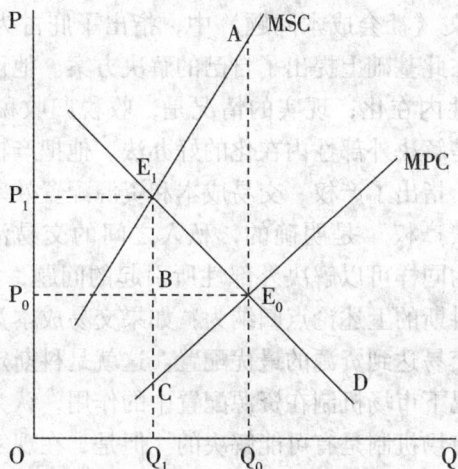

图 8-2 负外部性造成的资源配置扭曲

曲线，社会存在的 AE_0E_1 的福利成本，这表明资源存在过度利用问题而市场机制又无法解决。因为在此数量区间，消费者可以得到 E_1BE_0 的消费者剩余，生产者可以得到 BCE_0 的生产者剩余，他们都不愿自动退出市场交易活动。因此，由外部性造成的资源配置扭曲问题需要政府干预来解决。

3）解决外部性的办法

（1）征税或补贴。解决外部性的基本思路是使外部性内在化。如前所述，在福利经济学的分析中认为，在完全竞争的条件下，社会资源能够得到最优配置，从而帕累托最优状态得以实现，而这一点只有在社会收益和社会成本与私人收益和私人成本相一致时才能达到。如果外部性使社会和私人之间不一致，那么，社会便不会实现帕累托最优状态的目标。英国经济学家庇古提出了解决外部性的办法，按照庇古的观点：在存在外部性的情况下，只有由政府出面，通过各种政策措施来加以改进，使外部性内在化。即当出现正外部性时，国家应给予当事人以补贴，从而使社会收益和私人收益相等；相反，当出现负外部性时，国家应对当事人课以赋税，从而使社会成本和私人成本相等，由于通过征税解决负外部性的办法首先由庇古提出，因此把这种税收称为"庇古税"。就上述的化工企业的例子来说，对于造成负外部性的化工企业国家应该征税，其数额应该等于该企业给社会其他成员造成的损失，从而使该企业的私人成本正好等于社会成本，如图 8-2 中，在对造成污染的化工企业征收一笔税后，使其私人边际成本曲线 MPC 正好与社会边际成本曲线 MSC 重合，这样厂商将承担全部成本，同时市场机制将使价格为 P_1，产量被限制在 Q_1，符合资源最优配置条件。

（2）科斯定理

上述由政府干预解决外部性的办法暗含的一个假定是：在私人生产者之间，无法通过私人交易或私人谈判来解决外部性所引起的问题。但是，美国经济学家科斯从交易成本和产权的角度对庇古提出的解决外部性的办法进行了挑战。科斯在

1960 年发表的著名论文《社会成本问题》中，指出了庇古为消灭外部性所提出的解决办法的缺陷，并在此基础上提出了自己的解决方案。他认为靠事后征税的办法不能从根本上使外部性内在化，现实的情况是，收税归收税，污染照样污染。因此，简单的税收并不是解决外部性内在化的好办法。他把产权和交易成本引入资源配置效率的分析之中，指出了产权、交易成本和资源配置效率的关系。

科斯认为，只要"产权"是明确的，私人之间的交易活动不存在交易成本，则私人之间达成的契约同样可以解决外部性所引起的问题，实现资源的最优配置。以后西方经济学家把科斯的上述论点归纳为：如果交易成本为零，不管产权如何界定，都可以通过市场交易达到资源的最优配置。这就是科斯定理。科斯定理强调了在交易成本为零的情况下市场机制在资源配置中的作用，认为外部性问题不需要政府的直接干预，依靠市场机制是有可能解决的。但是，在现实生活中交易成本不可能为零，因而由此推论，如果交易成本大于零，初始产权的界定会影响资源配置的效率。于是有学者将前者称为科斯第一定理，后者称为科斯第二定理。

科斯定理所讲的产权是指确定人们在经济活动中相互之间利益关系的一组行为规则。制定并实施产权，可以协调由使用资源而发生的人与人之间的利益冲突。这样，法律在决定资源如何利用方面就具有极其重要的作用。科斯认为，在交易活动中，由于市场信息的不充分和市场价格的不确定，人们为了使未知变为已知，不确定变为确定，就要付出代价，这个代价就是交易成本。交易成本大体上包括：①搜寻交易对象和获得交易信息的成本；②交易谈判和签订交易合同的成本；③对合同条款的履行实施监督的成本。科斯正是以交易成本为中介，分析了产权制度对资源配置效率的影响，从而说明了任何制度的运行都是有成本的，因此，在进行制度选择时，必须通过交易成本和收益的比较作出选择。总之，科斯认为不需要政府干预通过私人契约的解决办法就可以达到资源配置最优。这样，科斯定理在逻辑上否定了庇古建议征税存在的根据。

下面我们用一个具体的例子来说明科斯定理。假设有一个工厂向其附近地区喷放烟尘，污染了空气。按照科斯的观点，如果工厂的烟尘给邻近的居民带来有害影响，就对工厂征税的办法并不合适。因为这里具有相互性，即避免了对居民的损害就会使工厂利益受损。必须解决的真正问题是：是允许 A 损害 B，还是允许 B 损害 A，关键在于避免较严重的损害。依此思路，科斯认为，就污染问题而言，可通过污染方和被污染方的产权（污染权）的交易，就可解决外部性问题，无需政府干预。如果居民拥有清洁空气不被污染的权力，则工厂向居民购买污染权（支付赔偿金），直到支付赔偿金的边际成本等于边际收益为止；如果工厂拥有污染的权力，则邻近的居民向其购买减少污染的权力，直到边际成本等于边际收益为止。

从以上的例子分析中证明了两点：第一，产权明确条件下的私人交易能够克服外部性，实现帕累托最优；第二，在外部性问题上，如何分配产权，只是决定收入分配，而不影响资源配置效果。从这种意义上看，科斯定理为解决外部性这一市场失灵问题提供了新的基于市场机制而不是政府干预的新思路。科斯定理在经济实践中有了较为广泛的尝试与应用，通过可交易排污权制度解决环境污染问题便是一种已在某些领域取得成功实践的制度，如美国在二氧化硫排放、水污染物排放、英国在二氧化碳排放问题上所实施的有效制度。

科斯定理尽管具有较强的创新性与挑战性，但是其交易成本为零的假设则过于严格，现实中几乎不存在交易成本为零的情况，并且在很多情况下交易成本非常高，以至于使私人间的谈判无法进行，因此，无法通过自愿交易（市场机制）实现最优配置。例如，在现实生活中，单纯靠竞争性的市场无法解决与环境有关的外部性问题。如企业和个人的活动常常污染空气；都市中的噪音常常有损于居民的健康；沿街的招贴小广告造成了大量的视觉污染。那么，这些外部性的受害者是否可以通过与外部性的生产者进行交易，从而使外部性内部化来改善资源的配置呢？显然，在现实生活中很难做到这一点。其原因就在于交易成本太高，要将这些外部性的受害者组织起来，形成一个有效的交易实体常常是非常困难的。而且这些外部性给受害者造成的损失很难用货币单位量化，同时法律体系一般是为处理特定的原告与被告间的纠纷而设立的，不适合处理大而松散的团体利益问题。所有这些因素都会增加交易成本，致使交易成本过高，从而超过了交易所带来的好处。所以，在现实生活中，由于交易成本过高，外部性照样存在，资源配置常常达不到帕累托最优。当然，交易成本并非是一成不变的，可以通过一些合理的制度安排来降低交易成本，从而使科斯定理能更有效地应用于对现实中市场失灵问题的解决，学者们已在这一领域的研究中取得了丰硕的成果并已付诸实践。

8.2.2 公共物品

1）公共物品的含义

所谓公共物品（public goods）是指具有非排他性与非竞争性的物品。公共物品是正外部性的一个极端情况的例证。

所谓非排他性的物品是指任何人都可以无偿享用的物品。从消费角度看，如果某物品满足了某个人的需要，却无法排除其他人对该物品的享用，或是可以排除但要付出高昂的代价，这种物品就具有非排他性。公共物品具有非排他性特征，如国防、治安、环境保护、公海捕鱼等。就拿国防来说，无法或很难以低成本排除某个居民享受国防服务。非排他性会使搭便车（free-riding）行为成为可能，即某些人没有付费就可以享受这种物品却难以被发现。还是以国防为例，人们都知道国防的威慑力量可以有效地阻止外敌入侵，自己从中得到了好处。但同时由于他不作出自己的贡献也并不妨碍他从国防中得到好处，因此他不具有自动为国防提供费用的动机，成为国防服务的免费搭车者。

所谓非竞争性的物品是指某物品消费者数量的增加并不会带来成本的额外增加。从消费角度看，即使使用这种物品的消费者人数增加了也不会影响原来消费者的消费。同时也不会增加社会成本，即新增消费者使用该物品的边际成本为零。公共物品具有非竞争性特征，如国防，增加或减少一个居民并不会影响国防的成本；

海上的灯塔，多增加一艘船通过并不会增加灯塔的成本。此外，还有道路、过桥、收看电视频道等都属此情形。

非排他性与非竞争性之间存在某种相关性。现实生活中，许多物品既具有非排他性，又具有非竞争性。公共物品就是同时具有非排他性与非竞争性的物品，又称之为纯公共物品，国防就是一个最典型的例子。而有的物品只具有其中一种属性，或者只具有非排他性，或者只具有非竞争性，这种只具有非排他性或非竞争性的物品，称之为半公共物品或准公共物品。例如桥梁，从某些桥上通过是非竞争性的，但却可以通过收取过桥费实现排他性使用。此外，游泳池、高速公路等都属此类情形。再如海鱼，到公海捕鱼是具有非排他性的，不能阻止人们到公海里自由捕鱼，但捕鱼人数增加会使鱼类资源枯竭从而增加社会成本，显然公海捕鱼是具有竞争性的。此外，牧地、公共草坪、清洁空气等都属此类情形。这种只具有非排他性但却具有竞争性的物品称之为公共资源。

与公共物品相对应的是私人物品，私人物品是指既不具有非排他性也不具有非竞争性的物品。换言之，私人物品具有排他性与竞争性特征。就私人物品的排他性而言，例如，一个人穿了这件衣服，其他人就无法同时穿这件衣服。就私人物品的竞争性而言，例如饭店，多增加一个顾客，成本也会额外增加。

公共物品与私人物品的划分不是绝对的、一成不变的。随着技术进步与制度变迁，某些公共物品可能具有了排他性和竞争性而演变成私人物品，或是具有了非排他性或非竞争性而演变成半公共物品。如传统意义上典型的公共物品灯塔，当技术进步到一定程度，可以在付费的船只上安装某种信号发射设备，并在灯塔上安装信号接收设备。当付费船只通过时，灯塔就提供服务，否则则关闭。这种情况下灯塔的消费就具有了排他性，从而演变成半公共物品。

公共物品不限于物质产品，一些由政府提供的非物质产品和服务也是公共物品，如法律、规章、政策、环境保护、天气预报、消防、社会保障、失业保险、甚至有效的政府本身也被视为一种公共物品。

2）公共物品引致的市场失灵

（1）公共物品导致市场失灵的原因

如上所述，公共物品是正外部性的一个极端情况的例证。因而公共物品是外部性造成市场失灵的一个特殊表现。我们知道，在完全竞争市场中，如果商品是私人物品，则市场均衡时的资源配置是最优的。生产者之间的竞争将保证消费者面对的商品价格是等于商品的边际成本的价格，没有哪个消费者会得到低于市场价格而买到商品的好处。但是，如果商品是公共物品，任何一个消费者消费一单位商品的机会成本总为零。这就意味着，没有任何消费者要为他所消费的公共物品与其他人去竞争。因此，市场不再是竞争的了。如果消费者认识到他们自己消费的机会成本为零，他就会尽量少支付给生产者以换取消费公共物品的权利，如果消费者都这样行事，则消费者支付的数量就将不足以弥补公共物品的生产成本，结果便使公共物品的生产数量低于资源配置最优状态的产出水平，市场失灵由此形成。可见，公共物品导致市场失灵的原因就在于公共物品所具有的非排他性与非竞争性这两种属性。

（2）免费搭便车者难题

从理论上说，一些非纯公共物品具有不同程度的排他性，因此，他们可以由私人提供。例如，灯塔可以由私人建筑，并由私人向过往船只收费；私人可以架桥，并对过往车辆收费。但是实际上，公共物品由私人提供是缺乏效率的。假如某烟花厂决定举行一场烟花表演，在卖门票时一定会遇到麻烦，因为烟花没有排他性，有的顾客即使不买门票也能看到烟花。因此，人们有一种免费搭便车的激励。所谓免费搭便车，是指某些个人虽然参与了公共物品的消费，却不愿意支付公共物品的生产成本，完全依赖他人的支付。这种市场失灵的产生是由于外部性，烟花表演给那些不交钱看表演的人提供了一种外部收益。尽管从社会来看烟花表演是有利的，但从私人来看却无利可图，结果通常的情况是个人不会举行烟花表演。

由此可以得出结论：由于公共物品具有非排他性，使免费搭便车行为成为可能。而免费搭便车问题的存在导致公共物品由私人提供缺乏效率，进而排除了私人提供公共物品的可能性。

总之，公共物品的非排他性与非竞争性的存在使私人不愿提供公共物品，那么，如果完全依赖市场机制，这类物品的供给就会严重不足，无法满足社会的需要。这就会使得公共物品的产量低于在资源最优配置状态下的产量水平，即公共物品能够导致市场失灵，因此，需要政府来提供公共物品。

（3）公共物品最优数量的决定

如上所述，公共物品必须由政府来提供，那么，公共物品的最优数量如何决定呢？下面我们用图8-3来说明公共物品最优数量的决定问题。

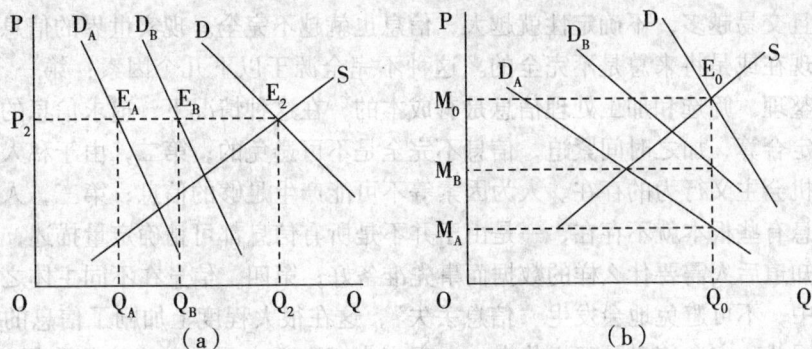

图8-3 私人物品与公共物品的最优数量

图8-3（a）是私人物品最优数量的决定，假定社会上只有两个消费者A和B，市场需求曲线D为消费者A和B的需求曲线的水平相加，市场供给曲线为S，市场需求曲线D与市场供给曲线为S的交点E_1决定了该私人物品的均衡数量为Q_1，均衡价格为P_1，这个均衡数量就是该私人物品的最优数量。图8-3（b）是公共物品最优数量的决定。公共物品的市场需求曲线D只能由个人需求曲线垂直相加而成，原因在于公共物品具有非竞争性：一方面由于消费上的非竞争性，每个消费者

消费的都是同一个商品总量，因而每一个消费者的消费量都是与总量相等的；另一方面对这个总消费量所支付的全部价格是所有消费者支付的价格总和。于是，当公共物品数量为 Q_0 时，根据供给曲线 S，公共物品的边际成本为 M_0，而根据需求曲线 D 由 A 和 B 的需求曲线垂直相加而成，则社会的边际利益就是 M_A 与 M_B 之和，即 $M_A+M_B=M_0$，可见，社会的边际利益等于边际成本，公共物品数量达到最优。

但是，由于每个人都想搭便车，不付成本就想得到利益，从而消费者会隐瞒自己对公共物品的偏好，使得个人需求的真实性受到怀疑，这样一来，就难以通过公共物品的供求分析来确定它的最优产量。因此，关于公共物品的供给不是由市场决策，而是由政府来提供。

3）解决公共物品短缺问题

由于公共物品由私人提供缺乏效率，因此，许多公共物品都是由政府提供的。而且有些公共物品如国防，只能由政府提供。政府购买是提供公共物品的直接方式，比如政府购买军用设施加强国防建设，政府进行基础设施建设等。而征税有助于为政府提供公共物品筹集资金，比如增加用于国防建设、基础教育科研与社会基本医疗等方面的开支。此外，政府可以通过补贴的方法增加公共物品的数量。

8.2.3　信息不完全和信息不对称

完全竞争市场有一个重要假设前提是完全信息，即信息是完善的、畅通的，市场上每一个买者和卖者都掌握与自己的经济决策有关的一切信息。完全信息的假定保证了帕累托最优状态的实现。但实际上，完全信息的假定并不符合现实。在现实经济中信息常常是不完全的。这是因为人们所面临的是一个复杂的、不确定的世界，而且交易越多，不确定性就越大，信息也就越不完全。现实世界的信息无论过去还是现在或是将来总是不完全的。这种不完全源于以下几个因素：第一，搜索、获取、整理、筛选和加工处理信息是有成本的，在这种情况下，追求信息的完全性并不一定合算，加之时间紧迫，信息不完全是不可避免的；第二，由于私人信息的存在、机会主义行为的存在、人为因素等不可能产生足够的信息；第三，人们所需要的信息有些根本就不存在，一是由于并不是所有信息都可精确定量描述，二是前人怎会知道后人需要什么样的数据而事先准备好；第四，信息在不同主体之间的传递过程中，不可避免地会发生"信息丢失"，这在很大程度上加剧了信息的不完全程度。因此，完全信息是理想状态，在现实中存在着大量的信息市场失灵的表现，存在着大量的信息不完全的情况。同时，由于不同经济主体缺乏信息的程度往往是不一样的，也存在着信息不对称的情况。信息不完全和信息不对称会导致资源配置失当，降低市场效率。

1）信息不完全与信息不对称的含义

所谓信息不完全是指由于认识能力的限制，人们不可能知道在任何时候和任何地方发生的或将要发生的任何情况，即市场经济主体本身不能够生产出足够的信息并有效地加以配置。

所谓的信息不对称（asymmetric information）是指市场上买卖双方所掌握的信息是不等同的，一方掌握的信息多些，另一方掌握的信息少些。在有些情况下，卖方掌握的信息要多于买方，如卖者对商品性能和质量更为了解，俗话说的"买的不如卖的精"很大程度上是指卖方掌握更多的商品信息，因此在交易中占有更大的主动权；在有些情况下，买方所掌握的信息要多于卖方，如在人寿保险市场上，投保人对自身的健康状况及家族病史等信息更为了解，因此在与保险公司的谈判中具有一定的优势。可见，信息不对称的现象非常普遍。

2）逆向选择与道德风险

信息不完全和不对称的存在会导致逆向选择与道德风险问题。当存在逆向选择与道德风险时，会导致市场的失灵，市场会发出错误的信号，甚至有时会不存在市场。

（1）逆向选择

逆向选择（adverse selection）是指交易双方在签订交易合约之前，拥有信息较多的一方做出对拥有信息较少一方的不利选择。所以，逆向选择又称"隐藏信息"问题。逆向选择在保险业最为突出，这个概念也是在保险业中首次使用的。例如，在保险市场上，逆向选择表现为那些具有最高风险的人最有可能购买保险。由于参保人大多是高风险的人，因此，保险公司的赔付率就会大大提高，而为了保持赔付能力，保险公司就必须提高保险费用，其结果是高风险的人所占比例会更大，而保险公司又必须进一步提高保险费用。如此循环往复，直至把那些低风险的人完全赶出去，客户群体中只剩下那些高风险的人。这就是所谓"好"的被淘汰，"坏"的被保留下来，类似于劣货驱赶良货现象。如果存在失业保险的话，保险公司会希望具有较低失业倾向的人投保，这样可降低赔偿的数量，但由于存在信息不对称，导致保险公司对投保人的情况并不了解，因此无从全面了解哪些人的失业倾向更高。最终会导致投保的人往往是失业倾向最高的人，而不易失业的人通常不会来投失业保险。这种逆向选择的根源在于保险公司所掌握的信息是不完全的，即无法分清楚哪些顾客是高风险顾客，哪些顾客是低风险顾客。如果保险公司能够分得清楚不同类型的顾客群体并且收取不同的保险费就不会出现保险市场上的逆向选择问题。

经济学上的逆向选择就是市场上出现劣质产品驱逐优质产品的现象。逆向选择的经典案例就是柠檬市场理论。该理论是由 G. 阿克洛夫 1970 年在题为《柠檬市场：市场机制与商品质量的不确定性》这篇论文中首次提出来的。"柠檬"是相对"李子"而言的。在英美俚语中，"柠檬"意为"次品"，"李子"则表示"正品"。柠檬问题描述了一个二手汽车市场的交易。在二手车市场上，卖家比买家拥有更多的信息，卖家使出"王婆卖瓜，自卖自夸"的招数，说得天花乱坠，买家也不相信，买家唯一自保的办法就是压低价格以避免信息不对称带来的风险损失。而买者过低的价格使卖者不愿提供高质量的产品，从而低质量的产品充斥市场，高质量的产品被逐出市场，形成了劣币驱逐良币的现象，即好的商品被坏的商品赶跑。这种逆向选择导致了市场低效率，市场失灵。柠檬市场的主要特征是产品质量参差不齐，鱼目混珠，这种柠檬现象在实际生活中比比皆是。例如，在现实生活中我们会发现原来某些知名的品牌突然消失，这种现象有的时候就有可能是"柠檬"惹的祸。

（2）道德风险

道德风险（moral hazard）是指交易双方签订交易合约后，信息拥有优势的一方为了最大化自己的收益而损害另一方，同时也不承担后果的一种行为。所以，道德风险又称"隐藏行为"问题。道德风险这一概念也是源于保险业中，其最初的含义是由于交了一小笔保险费用，一旦出了事，保险公司就会照单赔付。于是投保人就会发生变化，失去了自我约束和防范的动力。一些本可以避免的事故也会发生，这样，保险公司赔付的可能性就会大大提高。可见，由于针对某种投保风险的保险机制的存在，使得风险事故发生的可能性增加。或者说，保险的存在降低了个人躲避和防止风险的动力，从而扭曲了损失的概率时，便发生了道德风险问题。在很多情况下，道德风险并不成为问题，如人们不会因为投了人寿保险而不珍惜自己的生命。但在一些情况下，道德风险就是很严重的问题，在车辆保险业中的道德风险是很有代表性的。例如，投保了汽车意外伤害险的保户，由于失窃、撞车的损失由保险公司赔付，他们的自我防范意识就会大大降低；而投保了汽车财产险的保户可能会在汽车即将报废时人为地将汽车损坏来换取保险公司的赔偿。又如，对于一个没有对其住房购买保险的人来说，可能会购买一系列的设备来预防房屋受到损失，并且会特别小心谨慎以减少风险的发生。但如果他购买了保险，他可能就不这样小心了。道德风险的存在不仅使得处于信息劣势的一方受到损失，而且还会破坏原有市场的均衡导致资源配置低效率。

信息不对称会导致私人保险公司不愿提供某些险种，如失业保险、养老保险、基本医疗保险等，而这些险种无论从经济还是社会意义上看都是必要的保险产品，因此完全依赖市场机制就会导致资源不会向这些产品流动，导致这类需求无法得到满足，形成了市场失灵的另一种表现形式。

3）解决信息不完全和信息不对称问题

由于信息不对称的存在导致市场失灵，造成资源配置出现扭曲，偏离了社会最优状态。为此，政府可以凭借其强制力，通过立法等形式加强信息的披露，缓解信息不对称带来的问题，如强制排污企业披露其污染排放信息，使社会对排污企业的污染情况有更详细的了解，从而可以加强对其排污行为的监督；政府还可以通过强制企业披露其产品质量信息，避免企业利用消费者对产品质量信息的不知情而出售假冒伪劣产品，从而减少劣质产品对资源的占用，也减少对消费者的损害。

由于信息不对称会导致某些市场不存在，如由私人运行的失业保险、基本医疗保险、养老保险是不存在的。为此，政府可以通过建立社会保险的方式来提供这类产品，保证这类市场的建立以满足客观存在的巨大的市场需求。

8.2.4 垄断

1) 垄断造成的效率损失

在第 5 章的完全垄断市场的分析中，已经说明了垄断市场的低效率。并且对垄断与完全竞争市场的资源配置效率进行了比较：当厂商在某个市场中具有一定的垄断力量时，该厂商就有能力将其产品价格定在高于边际成本的水平上，这时厂商的产量水平就会低于完全竞争时的产量水平，消费者对这种产品的购买也就会少于完全竞争时的购买量。同时，垄断的存在也会导致消费者剩余减少，并会导致社会福利的净损失。关于垄断的存在导致资源配置低效率的详细内容可见本书前面章节有关论述，这里不再重复介绍，在这里主要介绍对垄断的价格管制政策及反垄断法。

2) 对垄断的价格管制政策

管制政策，也称规制政策，按其规制对象不同可以分为社会性规制与经济性规制。社会性规制主要是指对环境污染、产品质量、工作场所安全等问题所采取的政府管理措施。如通过发放排污许可证、制定污染排放标准等方式控制厂商的污染排放，解决污染排放的负外部性问题。经济性规制是指通过对厂商产品价格、市场进入、投资等行为的直接干预，限制厂商的不正当竞争与垄断地位滥用的行为，经济性规制主要针对自然垄断行业，包括煤气、水、电力等公用事业部门。对自然垄断行业的经济性规制不同于反垄断政策，它是允许或承认这些行业的垄断地位后，对这些行业可能滥用垄断地位进行的干预，而反垄断政策的出发点则是不允许垄断行为的存在。一般来说，政府对那些公共事业部门实行经济性管制政策，而对其他带有垄断性的市场则通过制定反垄断法或托拉斯法来进行管理。

由于垄断市场的低效率与垄断厂商人为地减产提价有关，如果政府不对它实行价格管制，垄断厂商便会为追求最大垄断利润而限产提价，造成资源配置失当和社会福利损失，导致收入分配不公。因此，政府需要对它进行价格管制。政府的价格管制可以采取边际成本定价法，也可以采取平均成本定价法。

（1）边际成本定价法

边际成本定价法是使管制价格等于边际成本的定价方法。具体来说，它是根据边际成本曲线 MC 与需求曲线的交点来确定管制价格的，如图 8-4 所示。

在图 8-4 中，垄断厂商的边际成本曲线为 MC，边际收益曲线为 MR_2，需求曲线为 D，平均成本曲线为 AC。在不存在管制的情况下，如果市场需求曲线是 D_1，垄断厂商将根据边际成本与边际收益相等的利润最大化原则将价格定为 P_1，产量为 Q_1；如果市场需求曲线是 D_2，垄断厂商将价格定为 P_2，产量为 Q_2。显然，以上两种情况的垄断均衡其价格高于边际成本，即缺乏效率又不公平。

在存在管制的情况下，根据边际成本定价法即 P=MC，如果垄断厂商的边际成本不变，那么使用边际成本定价法所确定的价格主要取决于需求曲线的位置。如果市场需求为 D_1，政府所制定的价格将为 P_3，在 P_3 这种管制价格下将导致垄断厂商

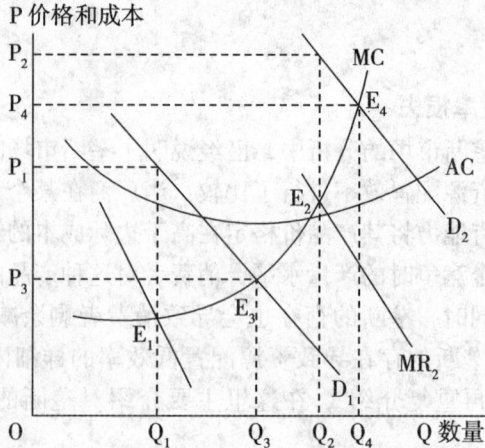

图 8-4　对垄断的管制

将产量确定为 Q_3；如果市场需求为 D_2，政府所制定的价格则为 P_4。在 P_4 这种管制价格下将导致垄断厂商将产量确定为 Q_4。可见，政府管制的价格 P_3 和 P_4 分别低于在这两种需求情况下垄断厂商自行制定的价格 P_1 和 P_2。同时管制价格使垄断厂商所确定的产量 Q_3 和 Q_4 分别高于垄断价格下的产量 Q_1 和 Q_2。

由上可见，政府实行边际成本定价法，使价格等于边际成本，满足了完全竞争厂商的均衡条件，在一定程度上剥夺了垄断厂商的垄断力，使垄断市场的价格水平和产量更接近于完全竞争水平，实现了资源的优化配置，保证社会福利最大化。但是，这种定价方法只是解决了资源配置的效率问题，不一定能够解决收入分配的公平问题。因为这种定价方法既有可能导致厂商亏损，也可能使厂商获得超额利润。例如，当需求为 D_1 时，管制价格 P_3 便低于平均成本。当需求为 D_2 时，管制价格 P_4 便高于平均成本。所以，为了解决公平问题，当这种定价法导致垄断厂商亏损时，政府可以给厂商发放补贴加以补偿；当它导致垄断厂商获得超额利润时，政府可以对厂商增加税收加以消除。

（2）平均成本定价法

平均成本定价法是使管制价格等于平均成本的定价方法。具体来说，它是根据平均成本曲线 AC 与需求曲线的交点来确定管制价格的，如图 8-5 所示。

在图 8-5 中，厂商的平均成本曲线 AC 随着产量增加而不断下降，显然，这是自然垄断行业的特征，存在着规模经济，如供水、供电、通讯等行业都具有这一特征。由于自然垄断厂商是在 AC 曲线下降的规模经济段进行生产的，故厂商的边际成本曲线 MC 总是位于 AC 的下方，因此，如果按照边际成本定价法对自然垄断厂商进行管制，则管制价格一定小于 AC，厂商就会亏损，以致退出生产，这时政府或是补贴亏损厂商，或是放弃边际成本定价法，这就使价格管制失去意义。故此，平均成本定价法成为政府价格管制的必要手段。而如果政府不对其进行价格管制，垄断厂商的价格和产量分别为 P_1 和 Q_1，当政府实行平均成本定价法即 P＝AC，制

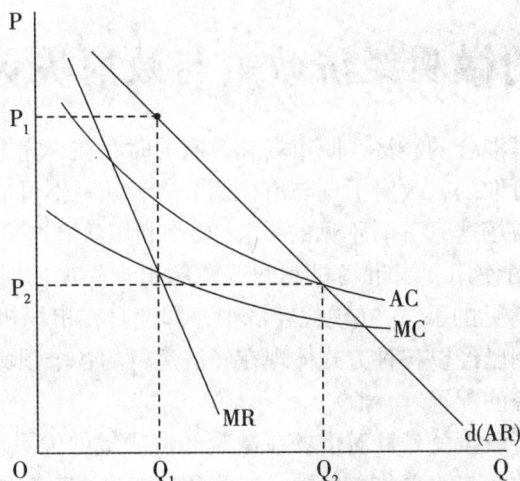

图 8-5 对自然垄断的管制

定的管制价格为 P_2，相应的产量为 Q_2。此时厂商不再亏损，厂商会继续经营，但超额利润为零。在这种情况下，政府制定的管制价格 P_2 以及管制价格所决定的产量 Q_2，它们分别低于厂商的垄断价格 P_1 和产量 Q_1。

由上可见，政府实行平均成本定价法，偏重于追求收入公平分配的目标。它总是能够使垄断厂商只能得到正常利润，而无法得到超额利润。同时，这种定价法也具有压低垄断价格和提高垄断厂商产量的作用，它能够改进资源配置状况。但是，这种定价法不能实现社会福利最大化。因为它所确定的管制价格 P_2 高于边际成本，意味着增加产量仍可增进社会福利。

3）反垄断法

为了防止完全垄断市场的形成，使寡头厂商采取类似竞争的行为，西方国家的立法机构通过了一系列的反垄断法规。世界上最早的明确的以立法形式来限制垄断行为的实践发生在美国。1890 年美国制定了世界上第一部反垄断法《谢尔曼法》，除此之外，在 1890 年到 1950 年期间，美国国会还通过了一系列反垄断法案，包括《克莱顿法》（1914）、《联邦贸易委员会法》（1914）、《罗宾逊-帕特曼法》（1936）、《惠特-李法》（1918）和《塞勒-凯弗维尔法》（1950）等，这些法律构成了美国迄今为止反垄断法的核心内容。

反垄断法从两个方面来限制垄断势力的滥用：一是禁止厂商的某些不正当竞争行为，如固定价格、捆绑销售、限制竞争等；二是限制某些可能导致限制竞争行为的市场结构，如垄断或接近垄断的市场。前者为反垄断的行为标准，即根据厂商是否存在垄断行为而决定是否对其实施反垄断措施；而后者为反垄断的结构标准，即根据厂商的市场份额是否达到了一定标准而决定是否对其实施反垄断措施。鉴于这两种标准各有利弊，在政府的政策实践中往往把两种标准结合起来加以运用。

8.3 政府的微观经济政策与政府失灵

现代市场经济是混合的经济,既市场和政府同时存在,完全的自由放任和过度的政府干预都是不可取的,政府干预与市场调节二者缺一不可成为调节资源配置的手段。即要么利用市场这只"看不见的手",要么利用政府这只"看得见的手"或者是两只"手"同时使用。当市场机制配置资源出现失灵的时候,就需要转而求助于政府这只"看得见的手"。在现代经济中,即使是在市场机制非常发达的经济体系中,政府的作用已经以各种方式体现在经济运行的各个领域,与价格机制共同影响着社会稀缺资源的配置。

政府的微观经济政策就是针对市场在微观经济领域的失灵而实施的干预措施,旨在提高资源配置效率与改善收入分配。本章各节在论述市场失灵的四个主要表现时已经论及到政府微观经济政策的具体内容及其运用,在此不再赘述。概括起来主要有以下几方面:包括解决外部性问题、公共物品短缺问题、信息不完全和信息不对称问题、垄断缺乏效率问题。政府在制定和实施微观经济政策时,面临着在效率与公平的双重目标中优先偏重哪一个目标的问题,根据不同的政策目标采取不同的措施进行干预。

虽然市场失灵需要政府干预解决,但是政府也会失灵。因为政府干预微观经济运行以纠正市场失灵的前提条件是政府的干预是有效的,但从政府干预的实际效果来看,由于政府与微观经济主体之间存在着信息不对称、政府决策者决策失误、体制不健全、官员腐败及寻租集团的影响会导致政府干预是不完善的,甚至会造成更严重的资源配置扭曲。那么,政府在纠正市场失灵中存在的缺陷或不完善之处,就称之为政府失灵。以诺贝尔经济学奖获得者美国经济学家布坎南为代表的公共选择学派率先对政府失灵问题进行了研究,将政治主体政府官员也视为"经济人",对成本、收益的计算也指导着政治主体的行为,"政治人"是"经济人"的一个特殊形式,"经济人"的目标是追求效用最大化和利润最大化,而政治人的目标函数是追求政治支持最大化。因此,只有利用"经济人"假定才能够在一个统一的行为基础上同时对"市场失灵"和"政府失灵"进行有效的分析。布坎南的"政府失灵论"表明:现实中的市场和政府都有其本身不可克服的缺陷,当发现一方有缺陷时在逻辑上并不必然保证来自另一方的替代将一定是合理的选择。在现实经济生活中,任何一种资源配置的实现都是市场与政府相结合的结果,而任何一种结合都是在不完善的市场与同样不完善的政府间的一种次优结合。布坎南认为,政府干预永远是第二位的,只有当政府缺陷明显小于市场缺陷的情况下,才可以选择适当的政府干预。政府与市场既然不是非此即彼的选择,双方合理界限的确定就必然依不同的行业和情况而定。布坎南的思想为人们正确选择两者的结合增加了必要的审慎和理智,也为人们重新思考如何更有效的解决市场失灵问题,实现资源的最优配置提供了新思路。

本章小结

1. 市场失灵：是指市场经济中资源配置达不到帕累托最优的各种情况，也是市场机制的某种障碍的存在造成资源配置失误或生产要素浪费性使用的情况，即市场机制缺乏效率。

2. 市场失灵的主要表现及原因：外部性、公共物品、信息不完全和信息不对称、垄断。市场失灵的存在造成市场对资源配置没有达到帕累托最优。

3. 外部性：是指一个经济主体的行为对其他经济主体施加的未在市场交易中反映出来的影响，也称外部效应或溢出效应。外部性包括正外部性与负外部性，当一个经济主体的行为对其他经济主体产生了有利影响，却不能从中得到报偿时，则称为正外部性。当一个经济主体的行为对其他经济主体产生了不利影响，又未给他人以补偿时，则称为负外部性。

4. 具有外部性的物品在私人部门生产都会造成其产量与社会最优产量不相等。从而造成市场失灵。政府采取税收等强制性措施减少负外部性；通过补贴等方法增加正外部性。从而纠正由外部性引起市场失灵。总之，解决外部性的基本思路是使外部性内在化，科斯对"庇古税"提出挑战。

5. 科斯定理：如果交易成本为零，不管产权如何界定，都可以通过市场交易达到资源的最优配置。科斯定理强调了在交易成本为零情况下市场机制在资源配置中的作用，认为外部性等问题不需要政府的直接干预，依靠市场机制是有可能解决的。

6. 公共物品：是指具有非排他性与非竞争性的物品。所谓非排他性的物品是指任何人都可以无偿享用的物品。从消费角度看，如果某物品满足了某个人的需要，却无法排除其他人对该物品的享用，或是可以排除但要付出高昂的代价，这种物品就具有非排他性。公共物品具有非排他性特征。所谓非竞争性的物品是指某物品消费者数量的增加并不会带来成本的额外增加。从消费角度看，即使使用这种物品的消费者人数增加了也不会影响原来消费者的消费。同时也不必增加社会成本，即新增消费者使用该物品的边际成本为零。公共物品具有非竞争性特征。公共物品是正外部性的一个特例。公共物品由私人提供缺乏效率，因此，许多公共物品都是由政府提供的。

7. 信息不完全和信息不对称：信息不完全是指由于认识能力的限制，人们不可能知道在任何时候和任何地方发生的或将要发生的任何情况，即市场经济主体本身不能够生产出足够的信息并有效地加以配置。信息不对称是指市场上买卖双方所掌握的信息是不等同的，一方掌握的信息多些，一方掌握的信息少些。解决信息不完全和信息不对称的办法是政府可以凭借其强制力，通过立法等形式加强信息的披露，缓解信息不完全和信息不对称带来的问题。

8. 逆向选择和道德风险：逆向选择是指交易双方在签订交易合约之前，拥有信息较多的一方做出对拥有信息较少一方的不利选择。所以，逆向选择又称"隐藏信息"问题。道德风险是指交易双方签订交易合约后，信息拥有优势的一方为了最大化自己的收益而损害另一方，同时也不承担后果的一种行为。所以，道德风险又称"隐藏行为"问题。由于信息不完全和不对称的存在会导致逆向选择与道德风险问题。

9. 垄断的存在不仅在生产上造成了低效率，引起资源的浪费和社会福利的损失。政府采取管制和反托拉斯法等手段促进竞争，减小垄断所造成的市场失灵。

10. 边际成本定价法是使管制价格等于边际成本的定价方法。具体来说，它是根据边际成本曲线 MC 与需求曲线的交点来确定管制价格的。

11. 平均成本定价法是使管制价格等于平均成本的定价方法。具体来说，它是根据平均成本曲线 AC 与需求曲线的交点来确定管制价格的。

12. 政府失灵的存在导致社会必须重新寻求解决市场失灵途径，而任何一种资源配置的实现都是市场与政府相结合的结果，双方合理界限的确定就必然依不同的行业和情况而定。

关键词

市场失灵　外部性　科斯定理　公共物品　信息不完全和信息不对称　逆向选择和道德风险　边际成本定价法　平均成本定价法　政府失灵论

思考题

1. 什么是市场失灵？导致市场失灵的原因是什么？

2. 什么是外部性？举出一个相互有利的外部性的例子和一个相互有害的外部性的例子。是否存在这样的例子：一方对另一方的影响是有利的，但另一方对它的影响却是有害的？

3. 什么是科斯定理，你能举出科斯定理会失灵的例子吗？

4. 什么是公共物品？为什么在公共物品的情况下垂直加总个人的需求曲线，而在私人物品的情况下则是水平加总个人的需求曲线？

5. 是什么限制了私人提供公共物品的可能性？政府提供公共物品是否意味着供给数量就会更接近最优数量？

6. 为什么国家要进行国际条约的谈判以限制捕鱼的数量？津巴布韦政府出售射杀大象权，并严密地控制大象数目，这些政策如何能够有助于带来对大象的保护而不是相反？

7. 在什么情况下会出现"搭便车"问题？政府的所有努力都是在解决"搭便车"问题吗？

8. 用柠檬原理和逆向选择的思想解释老年人投保困难的原因。

9. 在现实生活中，你经常能看到这样的报道：一些企业从银行贷了款之后就逃之夭夭；一些获得了国家助学贷款的大学生毕业之后违背承诺不还贷款；一些地区办假文凭证书的不法行为泛滥；对这些不胜枚举的现象，你能说明政府可以如何通过加强信息披露的方式限制这些行为吗？

10. 根据道德风险理论，保险公司会设置学生成绩保险吗？当投保学生学习成绩下降时会给学生一定的补偿吗？为什么？

11. 你能利用信息不对称来说明为什么厂商与雇员签订包括惩罚与激励条款在内的合同？为什么公司的股东需要监督经理？

12. 如何理解政府官员也是"经济人"的提法？请结合实际加以说明。

案例

案例 1　　　　　　　　　"镇场之店"的外部性

购物中心（shopping mall）一般需要"镇场之店"来引人注意，"镇场之店"通常都是百货公司。"镇场之店"能带来大量的顾客流量，可能还以其他方式为购物中心里的所有独立商店带来正外部性。所有小型商店也许会集中起来进行谈判，邀请一家镇场之店，向它提供一些条款，以补偿这家大型商店所带来的外部性，但这种谈判非常困难。解决方法是由一家独立的企业经营购物中心，在经营过程中收取能反映这种外部性的租金。

B. 彼德·巴西简（B. Peter Pashigian）和埃里克·D. 顾尔德（Eric D. Gould）调查了美国好几个区域与跨区域的购物中心。调查数据表明，购物中心业主会把外部性考虑在内，向作为镇场之店的百货公司收取较低的租金。以每平方英尺租金对每平方英尺销售额的比率来计算，在区域性的购物中心里，镇场之店支付的是1.3%，而其他类型的商店支付的大约是 8%。这并不是因为镇场之店比其他类型的商店有更高的销售额（相反，它们每平方英尺的销售额较低）。对跨区域的购物中心来说，这一对比甚至更强。这是因为跨区域购物中心里的镇场之店是信誉特别高的企业，能比区域连锁店中的镇场之店吸引更多的购物者。

画龙点睛

购物中心的镇场之店能吸引顾客到购物中心来，从而吸引顾客到其他商店去，这是正的外部性。在存在正外部性的情况下，私人活动的水平往往要低于社会所要求的最优水平，因而帕累托最优状态没有得到实现，还存在有帕累托改进的余地。因此，可以通过各种政策措施来加以改进，使外部性内在化。当出现正外部性时，应给予当事人以补贴，购物中心就是通过向镇场之店收取折扣租金来为这种好处付费的。

案例 2 **滥竽充数与搭便车**

"搭便车"这一说法的由来据说是起源于欧洲中世纪的一个故事。一批中世纪的骑士行军路上碰到路障，要想通过，必须先清除路障。但是，这批高傲的骑士谁也不愿意担当清除路障的角色。争执许久，无法解决。最后，一个骑士找到附近的村民帮助清除路障，借着村民的帮助，这个骑士过去了，其他的骑士们便一起得以通过。后来，这批不愿自己劳动而只想着借别人光的骑士被人们称作"自由骑士"（free riders，另一译法就是搭便车者）。

著名的中国典故"滥竽充数"实际上就是搭便车问题。战国时候，齐国有位国君叫齐宣王。他喜爱音乐，特别喜欢听竽乐合奏。吹竽的乐队越大，他听得越起劲儿。有个南郭先生，既没有学问，又不会劳动，专靠吹牛拍马混饭吃。听到齐宣王要组织大乐队的消息，就托人向齐宣王介绍，说是吹竽的高手。于是齐宣王请他加入了竽乐队。合奏的时候，他坐在 300 人组成的乐队里，腮帮子一鼓一瘪，上半身前俯后仰，好像吹得十分卖力，其实，他的竽一点声儿也没出。但是，每天他都和其他乐师一样，拿高薪，吃美餐，一混就是好几年。后来，齐宣王死了。齐湣王当了国君。这个齐湣王也喜欢听音乐，但是，不爱听合奏。他让乐师挨个儿独奏给他听。这一来，南郭先生混不下去了，就悄悄地卷起铺盖溜了。

从经济学原理来看，滥竽充数典故中的齐宣王喜欢 300 只竽同时合奏，300 只竽不再可分，等于是一种公共物品，无论你付费不付费（吹不吹），都可以消费（获得齐宣王的奖赏）。南郭先生没有付出而得益，等于是免费搭便车。当齐湣王不再喜欢群竽合奏而偏好独奏的时候，一个演奏者吹得努力、吹得好就可以得到奖赏，吹得不好就得不到奖赏，甚至被赶出去，南郭先生就不能再搭别人的便车。齐湣王的独奏改革等于把公共物品变成了私人物品，搭便车便不能再存在下去。

画龙点睛

由于公共物品具有非排他性，使免费搭便车行为成为可能。现实生活中类似滥竽充数里的南郭先生搭便车的情况很多，几乎凡是公共物品的生产消费中都存在搭便车的现象。如政府近年出台的经济适用房政策，本意是解决中低收入者的住房问题，但实际上经济适用房大多被中高收入者买走了，这等于是富人搭了政府政策的便车。搭便车现象的存在使公共物品的生产和消费效率降低，使资源配置发生扭曲。滥竽充数的典故不仅解释什么是搭便车，而且它还提示了搭便车问题的解决之道——把群竽合奏改成单竽独奏。由此可见，解决搭便车问题的关键之一是制度创新。

小资料

小资料 1 　　　　　　　新制度经济学的开山鼻祖——科斯

罗纳德·哈里·科斯（Ronald Harry Coase），美国著名经济学家，产权理论的创始人，西方产权学派的领军人物。科斯"因为对经济的体制结构取得突破性的研究成果"，荣获 1991 年诺贝尔经济学奖。

科斯小时候常一个人玩国际象棋并轮流扮演玩棋的两方，他是独生子，由于有腿疾，所以上的是地方委员会办的残疾人学校。科斯 11 岁时被父亲带着去看过一次类似于中国面相一样的骨相，看相的人告知："你有许多智慧，虽然你可能倾向于低估你的才能……你不会像一条有病的鱼随湖水沉下去……"，看骨相的人建议科斯将来选择的职业是："科学和商业、银行、会计，以及把园艺和养鸡作为业余爱好。"他根本无法预料到，这个腼腆的小男孩有一天会是一项诺贝尔奖的获得者。

科斯于 1932 年获得伦敦大学学士学位，1951 年获得伦敦大学理学博士学位，同年移居美国。科斯是继布坎南之后，不用数学方法研究经济学的诺贝尔经济学奖获得者，他是美国经济学家中研究最具特色的一个。瑞典皇家科学院院士、诺贝尔奖评委拉思·魏林（Lars Werin）教授这样评价科斯理论的影响力："基础经济学不得不因此而改观，管理经济学找到了新的支点，经济史的研究增加了新推动力，一门新的学科——法律经济学，在经济学和法学的交叉地带应运而生，传统的法学开始动摇了。"科斯的杰出贡献是发现并阐明了交易成本和产权在经济组织和制度结构中的重要性及其在经济活动中的作用。科斯的代表作是两篇著名的论文。其一是 1937 年发表的《企业的本质》一文，该文独辟蹊径地讨论了产业企业存在的原因及其扩展规模的界限问题，科斯创造了"交易成本"（transaction costs）这一重要的范畴来予以解释。另一篇著名论文是 1960 年发表的《社会成本问题》。该文重新研究了交易成本为零时合约行为的特征。斯蒂格勒（1982 年诺贝尔经济学奖得主）将科斯的这一思想命名为"科斯定理"。

1994 年 5 月，科斯在接受中国记者的采访时曾说，"我从未学习过经济学类的课程，从没有。那使得我的思维不受任何约束，十分自由。这是一个优势。如果我去接受经济课程的训练，就会学习一些技巧和思维方式，然后透过那些有色眼镜去观察这个世界。我幸好不曾有那种眼镜。这是对我产生影响的主要因素。不是谁对我产生什么影响，而是一些偶然事件对我产生影响。"

小资料 2 　　　　　　　新自由主义的巨擘——哈耶克

弗里德曼·冯·哈耶克（Friedirich Von Hayek，1899—1989），出生于维也纳，当代自由主义经济学家，1974 年，哈耶克与瑞典经济学家缪尔达尔一起分享了诺贝尔经济学奖。瑞典皇家科学院在公告中称赞哈耶克在经济理论领域内的贡献既深刻又有创造性，他对不同经济制度功能效率的分析是他在较广意义上的经济研究的最重要的贡献之一。

哈耶克毕业于维也纳大学法律系，1927 年获维也纳大学经济学博士学位，后任该校教授并兼任奥地利经济研究所所长。1931 年起他任教于伦敦经济学院，后来加入英国国籍。1950 年起任教于美国芝加哥大学，1962 年退休后，又被德国弗赖堡大学聘为终身教授。由于奥地利维也纳大学、英国伦敦经济学院、美国芝加哥大学、德国弗赖堡大学分别是四个新自由主义学派即新奥地利学派、伦敦学派、芝加哥学派和弗赖堡学派的学术中心，因此，这四个学派都把哈耶克推崇为本学派的主要代表人物之一。1984 年英国女王授予哈耶克英国爵位，1991 年哈耶克获得美国自由勋章，1992 年在弗赖堡与世长辞，享年 93 岁。

哈耶克一生研究领域极为广泛，涉及经济学、哲学、法学、政治学、生物学等诸多学科。自 20 世纪 30 年代以来，他倡导自由主义，是新自由主义的旗手，反对任何形式的政府干预，学术观点自成体系。他的足迹遍布四大学术中心，堪称当代西方各自由主义流派的精神领袖，被人们称为"缔造了自由世界经纬的大师"，曾被凯恩斯誉为"欧洲最杰出的头脑糊涂的经济学家"。他在 1944 年发表的《通往奴役之路》一书中向计划经济进行全面讨伐，他生前的最后一部著作《致命的自负》认为，计划经济者的致命自负就是对整个社会实行全面计划，他大声疾呼不要走那条路，那是一条非效率之路，是一条"通往奴役"之路。他因之被称为行政控制经济模式的死敌。他一直坚持不懈地抨击出于理性自负而人为刻意从整体上设计和建构"人造"社会经济秩序的做法，宣传他的自发社会秩序思想。

参考书目

[1] 萨缪尔森，诺德豪斯．经济学［M］．萧琛，等，译．北京：华夏出版社，1999.

[2] 斯蒂格利茨．经济学［M］．姚开建，刘凤良，吴汉洪，译．北京：中国人民大学出版社，1997.

[3] 赫舒拉发，格雷泽，赫舒拉发．价格理论及其应用：决策、市场与信息［M］．李俊慧，周燕，译．北京：机械工业出版社，2009.

[4] 巴德，帕金．经济学原理［M］．石良平，黄庐进，朱姝，译．北京：机械工业出版社，2009.

[5] 索贝尔，格瓦特尼，斯特鲁普，等．经济学：私人与公共选择［M］．王茂斌，吴宏，夏冰，等，译．北京：机械工业出版社，2009.

[6] 范里安．微观经济学：现代观点［M］．费方域，等，译．上海：上海三联书店，上海人民出版社，1994.

[7] 哈克斯．曼昆经济学原理学习指南［M］．梁小民，译．北京：机械工业出版社，2004.

[8] 史库森．经济逻辑——微观经济学视角［M］．杨培雷等，译．上海：上海财经大学出版社，2005.

[9] 高鸿业．西方经济学［M］．北京：中国人民大学出版社，2011.

[10] 朱善利．微观经济学［M］．北京：北京大学出版社，1994.

[11] 汪祥春．微观经济学［M］．大连：东北财经大学出版社，2002.

[12] 梁小民．西方经济学教程［M］．北京：中国统计出版社，1997.

[13] 何璋．现代西方经济学［M］．呼和浩特：内蒙古大学出版社，1993.

[14] 李翀．现代西方经济学原理［M］．广州：中山大学出版社，1988.

[15] 史美麟．西方经济学原理［M］．上海：立信会计出版社，1996.

[16] 隋维林，王丽，梁莹．经济学教程［M］．哈尔滨：东北林业大学出版社，2005.

[17] 张东辉．西方经济学习题集粹［M］．北京：经济科学出版社，2004.

[18] 陈恩，吴卫华．西方经济学习题精编［M］．北京：高等教育出版社，2003.

[19] 王文举．诺贝尔经济学奖获得者学术思想举要（1969—2010）［M］．北京：首都经济贸易大学出版社，2011.

［20］王跃生．没有规矩不成方圆：新制度经济学漫话［M］．北京：生活·读书·新知三联书店，2000.

［21］李正波．经典寓言故事中的经济学 80［M］．北京：国家行政学院出版社，2004.

微观经济学术语表

A

Administered prices 被操纵的价格：也称刚性价格，指在一定时期内、一系列交易中保持不变的价格（与价格的灵活性相对应）。

Accounting profits 会计利润：在一个规定时期内（通常是一年），企业的销售收入减去支出。会计利润一般要扣除企业存货的变动和其资产的折旧，但是并不扣除企业所有者股权资本的机会成本或其他隐性成本。

Adverse selection 逆向选择：原指由于面临高风险的人更愿意购买保险而导致的市场失效。一般来说，逆向选择包括卖者和买者对同种商品拥有不同信息的各种情况。例如旧车市场。

Agent 代理：替另一方做经济决策的角色，如一个企业的经理受雇于企业所有者，代理所有者管理企业。

Allocative efficiency 配置效率，也称帕累托最优：指一种资源配置状态，在这种状态下，没有任何的重新配置或交易活动能够提高一个人的效用或满足程度而不降低另一个人的效用或满足程度。这种状态有时被描述为："无法使任何人的境遇得到改善而不使另一个人的境遇恶化。"在一定条件下，完全竞争可以使经济趋向这种状态。

Antitrust legislation 反托拉斯法：禁止垄断、贸易限制和企业勾结以抬高价格或抑制竞争的法律。

Arc elasticity of demand 需求的弧弹性：表示需求量对价格变化敏感程度的一个标准。

Asymmetric information 不对称信息：表示有关各方所拥有的信息不相同的情况。例如在旧汽车的交易中卖者通常总是比潜在的买者更了解这辆车的质量如何。

Average cost curve, long-run（LRAC or LAC）长期平均成本曲线：在技术和要素价格既定，但生产者可选择其最优生产规模的情况下，生产每一产量的某种产品所需最小平均成本的轨迹。

Average cost curve, shot-run（SRAC）短期平均成本曲线：在技术、要素价格和设备既定时，生产每一产量的某种产品所需最小平均成本的轨迹。

Average fixed cost 平均固定成本：总固定成本除以生产的单位量。它总是随着产量的增加而下降。

Average product 平均产量：总产量除以某种要素投入量所得出的值，如劳动的平均产量等于总产量除以劳动投入量。

Average total cost 平均总成本：总成本除以生产的单位量。

Average variable cost 平均可变成本：总可变成本除以生产的单位量。

Average revenue 平均收益：总收益除以总销售量所得出的值。平均收益一般等于产品价格。

B

Backward bending labor supply curve 向后弯曲的劳动供给曲线：在工资水平较高时，由于收入效应大于替代效应，进一步提高工资反而使劳动供给减少。

Barriers to entry 进入障碍：指阻止潜在竞争者进入某一市场，从而减弱某一行业中竞争程度或生产数量的因素。主要有法律障碍、管制和产品差别等。

Breakeven price（or level，or point）盈亏相抵价：在这一价格水平上，企业恰好可以收支相抵，但得不到任何利润。

Budget line 预算线：有时也称为预算约束（Budget constraint），是在商品价格既定的条件下，消费者用全部收入所能买到的各种商品组合点所构成的曲线。

C

Capital 资本：(1) 在经济理论中，是指三种生产要素（土地、劳动、资本）之一。资本由各种用于生产的生产性耐用品构成。其主要组成部分是设备、建筑物和存货。当表示资本品时也称为真实资本。(2) 在会计和财务方面，"资本"意指一个公司中由股东提供的货币总量，股东提供货币时收到等量的公司股票。

Cardinal utility 基数效用：用基数度量的效用。用基数度量效用意味着不仅可以对不同商品的效用加以比较，而且不同的人的效用也可以比较和加总。与基数效用相对的是序数效用，用序数度量效用意味着不能对不同人的效用进行比较和加总。

Cartel 卡特尔：一个行业中的生产者为限制竞争而达成有关协商定价和瓜分销售区域等事项的协议，以便使成员的共同利润最大化的卖方组织。卡特尔在市场上寻求建立一种垄断。

Change in demand vs. Change in quantity demanded 需求的变化与需求量的变化：由商品价格以外的其他因素（如收入的增加、偏好的变化等）所导致的商品需求量变动，称为需求的变化（在曲线图中表现为需求曲线的移动）。相反，由于商品价格变化引起的需求量的变动，则称为"需求量的变化"（在曲线图中表现为需求量沿同一条需求曲线的移动）。

Change in supply vs. Change in quantity supplied 供给的变化与供给量的变化：由商品价格以外的其他因素所导致的商品供给量的变动（在曲线图中表现为供给曲线的移动），称为供给的变动。相反，由于商品价格变化所引起的供给量的变动，则称为"供给量的变化"（在曲线图中表现为供给量沿同一条供给曲线的移动）。

Clearing market 市场出清：价格充分灵活，足以使供给和需求迅速趋于平衡的市场。在出清的市场中，不存在定额的配给、未被利用的资源，不存在过量的需求和供给。在现实中，有些商品和金融市场可能接近于这种市场，但另一些商品及劳动市场并非如此。

Coase theorem 科斯定理：当交易成本非常低时，只要把产权明确化，无论产权是如何分配的，通过有关各方的市场交易，均可以纠正外部效果所造成的偏差，实现资源的最优配置。

Cobweb model 蛛网模型：有关在非均衡价格上进行的某些交易的一种价格调整模型。

Collective bargaining 集体讨价还价：工人团体（通常是一个工会）与其雇主进行谈判的过程，通常这一过程可达成关于工资、福利和工作条件的协议。

Collusion 相互勾结：不同企业间达成协议，一致地提高价格、瓜分市场或采取其他限制竞争的行动。

Collusive oligopoly 相互勾结的寡头垄断：具有寡头垄断地位的少量企业，在制定决策时相互勾结的市场结构。当这些寡头垄断企业成功地使其联合的利润最大化时，这一市场上的价格和产量将接近于独家垄断市场。

Common property 共有财产：归社会或群体所有，任何人都可以无偿使用的物品。共有财产的产权既是所谓共有产权。

Compensating wage differentials 补偿性工资差别：抵消或补偿不同工作间非货币收入差别的工资率差别。例如，在荒无人烟的地域工作是令人不快的，因此必须向在这种工作岗位上工作的人支付较高的工资。

Competition, imperfect 不完全竞争：至少有一个买者或卖者的购买量或销售量大到足以影响市场价格，从而不存在完全竞争的市场，包括垄断、寡头垄断和垄断竞争市场。

Competition, perfect 完全竞争：一种市场条件：（1）买者和卖者的人数很多；（2）卖者提供的产品是同质的。在这种条件下，任何企业都不能影响价格，每个企业面临的需求曲线是水平的。

Competitive equilibrium 竞争均衡：完全竞争条件下实现的市场中供给和需求的平衡。由于在竞争的条件下，买者和卖者不具有影响市场价格的力量，所形成的价格将等于边际成本和边际效用。

Complements 互补品：相互补充的商品，两种商品必须同时使用才能满足消费者的某一种欲望。一种商品的需求量与其互补品的需求量呈同方向变化，而与其互补品的价格呈反方向的变化。

Concentration ratio 集中率：表示各个行业集中程度的指标，通常由四个或八个最大企业的产出占全行业总产出的百分比来表示。

Conglomerate 联合大企业：生产并销售许多不相关商品的大企业。

Constant returns to scale 规模报酬不变：当所有投入品的数量都以同比例增加时，产量也以相同的比例增加。

Constant-cost industry 成本不变行业：指具有水平的长期供给曲线的行业，这种企业生产规模的变化不会引起其投入品价格的变化。

Consumer surplus 消费者剩余：消费者愿意为购买一定量的某种商品，而支付的货币数额与其实际支付的数额之差。这一差额的产生是由于所购买的商品的边际效用高于其价格，只有最后一个单位是边际效用等于价格，因而所消费的商品用货币单位衡量的总效用，可能超过为购买这些商品而支付的全部货币额。在严格的假设条件下，消费者剩余的数量可表示为需求曲线与价格线围成的面积。

Contestable market 可竞争市场：指进入完全自由，退出没有成本的市场。在这种市场中，现有企业受到潜在竞争者的威胁。

Contract curve 契约曲线：由消费者们边际替代率相等的点所形成的轨迹或由生产者们各种要素边际技术替代率相等的点所形成的轨迹，也即由各经济主体的无差异曲线或等产量曲线斜率相等的点所构成的曲线。契约曲线表示了一系列资源配置最优点。

Cooperative equilibrium 合作的均衡：博弈中各方寻求使其总和利益最大化策略的一种博弈结果。

Corporation 公司：现代经济中占支配地位的工商业组织形式。公司是由个人或其他公司所有的一个企业，它可以像一个人那样拥有买、卖和签订合同的权利。在法律上它与其所有者是分离的，因此其所有者只具有"有限责任"。在最坏的情况下，其所有者们只损失其对公司的投资，而不负在此范围外的债务的责任。

Corporate income tax 公司所得税：对公司年净收入征收的一种税。

Cost, average 平均成本：总成本除以所生产的产品产量所得之商。短期与长期平均成本与短期和长期总成本对应。

Cost, average variable 平均变动成本：总变动成本除以产量所得之商。

Cost, fixed 固定成本：企业在一定时期内，即使在产量为零也仍需承担的成本，如利息、管理人员的薪金等。

Cost, marginal 边际成本：增加一个单位的产量而需额外增加的成本，或减少一个单位的产量所能减少的成本。短期和长期边际成本分别与短期与长期总成本相对应。

Cost, minimum 最低成本：可能到达的最低平均成本或最低边际成本。平均成本曲线上的各个点，是企业为生产每一不同产量所需支付的最低平均成本，从这个意义上说，平均成本曲线上的每一点都是最低平均成本点，但严格地说，最低平均成本是指平均成本曲线上的最低点。

Cost, total 总成本：指在技术和要素价格既定的条件下，可能达到的最低总成本。在固定成本给定时的总成本为短期总成本；在企业所有的要素投入量和决策均可调整的条件下所发生的总成本是长期总成本。

Cost, variable 变动成本：总成本减去固定成本，也即随产量变动的成本，如为购买原材料、劳动力和燃料等所支付的成本。

Cross elasticity of demand 需求的交叉弹性：衡量一种商品价格变动对另一种商

品需求量影响的指标。确切地说，是其他条件不变，一种商品价格变动 1/100 时，另一种商品需求量变动的百分比。

D

Deadweight loss 净损失：由于垄断、关税、配额、征税等造成的真实收入或消费者剩余与生产者剩余的损失。

Decreasing-cost industry 成本递减行业：指具有向下倾斜的长期供给曲线的行业。这种行业的平均成本会随其生产规模的扩大而下降。

Decreasing return to scale 规模报酬递减：当所有投入品的数量以相同比例增加时，产量增加的比例小于投入品增加的比例。

Demand 需求：指在一定时期，某种商品的各种可能的价格与这些价格水平下，消费者愿意并能够购买的数量之间的关系。需求量则指按照某种给定的价格人们愿意并能购买的数量。

Demand curve 需求曲线：表明在其他情况既定时，对应于每一价格水平，买者将要购买的商品数量的曲线图。在需求曲线图中，一般以纵轴表示价格，以横轴表示需求量。

Demand function 需求函数：用函数的形式表现的需求量与影响需求量的因素之间的关系。

Demand schedule 需求表：表明在其他情况既定时，对应于每一价格水平，买者将要购买的商品数量的表格。

Derived demand 引致需求：对生产要素的需求是由对用这种生产要素生产的最终产品的需求"引致"的，因此称为引致需求。

Differentiated products 差别化产品：竞争者之间具有高度替代性但又有所不同的产品。其判别可体现在产品的功能、外观、质量等方面。

Diminishing marginal utility, law of 边际效用递减规律：随着一种商品消费量的增加，其边际效用将逐渐减少。

Diminishing returns, law of 边际收益递减规律：当其他要素投入量和技术不变时，一种要素投入量增加到一定量后，继续增加这种要素的投入量，新增加的每单位该种要素所能增加的产量将越来越少，也即在一定点之后，变动要素的边际产量趋于下降。

Direct taxes 直接税：直接向个人或企业征收的税，如针对收入、劳动所得、利润征收的税。与直接税对应的是间接税，即针对某些商品征收的税，这些税间接地由人来负担，如销售税、财产税、酒税、进口税、汽油税等等。

Disequilibrium 非均衡：一种没有达到均衡的经济状态。这种状态可能出现于某种冲击使需求或供给曲线发生了移动，而市场价格（或数量）尚未做出充分调整之时。

Distribution 分配：在经济学中，指总产出在个人或要素（如资本和劳动）间的分配。

Diversifiable risk 可分散风险：可以通过多样化来分散的风险。

Division of labor 劳动分工：组织生产的一种方式，按照这种生产方式，每个工人专业化地负责生产过程的一部分。劳动专业化可以提高劳动生产率，因为专门从事特定的工作可以提高技能，并可以引入专业化的机器。

Dominant firm 主导企业：在寡头垄断市场中能够自主定价格的大企业。

Dominant strategy 占优策略：在博弈中，不管其他参与者会选择什么策略，某一策略总是一个参与者的最佳选择。当所有参与者均具有占优策略时，博弈的结果称为占优均衡。

Downward-sloping demand，law of 需求曲线向下倾斜规律：在其他情况不变的情况下，消费者的购买量随某种商品或劳务价格的下降而增加。

Duopoly 双头垄断：一种只有两个卖者的市场结构。

Durable goods 耐用品：可使用几年以上的设备或机器等，如计算机、汽车等。

E

Economic efficiency 经济效率：在经济学中，经济效率一词通常是指这样的一种状态，在这种状态下，无法通过某种变革使一些人得益又不使任何人受损，也称帕累托效率或帕累托最优。

Economic good 经济物品：相对于需求而言具有稀缺性，因而通常须按一定价格换取的物品。

Economic profit 经济利润：企业总收入和总成本之间的差额，包括显性和隐性成本。

Economic rent 经济租金：指对某一生产要素的支付额，超过该生产要素维持目前用途须支付的最低报酬。

Economic surplus 经济剩余：总满足或效用超过生产成本的差额，它等于消费者剩余与生产者剩余之和。

Economies of scale 规模经济：由生产规模扩大引起生产率的提高或平均成本的下降。如一个企业大批量生产时，可以降低购买原材料，可以促进分工的细化，从而提高效率。

Economies of scope 范围经济：生产多种产品或服务的经济性。例如，同时生产两种产品时的生产效率可能高于分别生产这两种产品时的生产效率。

Edgeworth box diagram 埃奇沃斯盒状图：一种表明可用于两种经济活动的商品或投入生产要素总量既定时，两种经济活动间相互影响的模型。埃奇沃斯盒状图的长和高分别代表两个消费者或生产者所拥有的两种商品或生产要素的总量，盒中各点表示两种商品或生产要素，在两个消费者或生产者间配置状态。

Efficient market 有效的市场：所有的新信息能够迅速被市场参与者了解，并被立即纳入市场价格之中的市场。有效的市场理论认为所有现存的有用信息均已纳入市场价格之中。

Elastic demand（with respect to price）有（价格）弹性的需求：指需求的价格

弹性绝对值大于 1，也即需求变动的百分比大于价格变动百分比的情况。在这种情况下，生产者的总收益（价格乘以销售量）将随价格的下降而增加。

Elasticity 弹性：指一个变量的值变动 1% 所引起另一个变量变化的百分比。弹性的测定一般有两种方式，即点弹性和弧弹性。点弹性测定某个点上的弹性，弧弹性测定某一区间上的弹性。

Engel curves 恩格尔曲线：反映一种商品的需求量与总收入之间的关系。

Entrepreneur 企业家：一般而言是组织生产的人，这种人使用各种生产要素、管理日常经济活动并承担风险。企业家的一个重要作用是承担创新活动的风险。

Entry 进入：指一个新企业加入到某一行业的行动。

Equal-product curve（or isoquant）等产量曲线：表示能够生产既定产量的各种要素的组合的一条线。

Equilibrium 均衡：指各种对立的、变动着的力量处于一种力量相当、相对静止的状态。市场的均衡是指供给与需求相平衡的状态，也称作均衡状态，此时的价格是均衡价格。此时的供给与需求量一致，称为均衡数量。某个企业的均衡是指在限定条件下，处于能使利润最大化的产量水平，因而企业不具有改变产量或价格的愿望，这意味着企业处于使边际收益等于边际成本的产量水平上。某个消费者的均衡是指在给定收入和价格的条件下，消费者购买商品的组合能给他带来最大的满足，即使其效用最大化的状态。

Equimarginal principle 边际均等原则：决定如何在各种消费品之间配置收入的原则。按照这一原则，即一个消费者用于任何一种商品的最后一个单位的货币支出，能够带来的效用均相等，就能够使这个消费者的效用最大化。

Excess capacity 过剩生产力：指成本最低产量与长期均衡中的实际产量之差。

Exchange efficiency 交换效率：现有可用商品的一种配置状态，在这种状态下，改变配置不能使一个人的境遇有所改善而不损害另外一个人。

Exclusion principle 排他原则：区别共用品与私用品的一个标准。当一个人购买了某一商品时，可以容易的排斥其他人享用或从该商品获益时，这种商品就是排他性商品。共用品如公共卫生、国防等不具有排他性。

Exogenous vs. induced variables 外生与内生变量：外生变量是在一个体系内或在一个模型中不能得到说明的变量。内生变量是在一个体系内或在一个模型中可以得到说明的变量。或者说，外生变量是决定于经济外部条件的变量；内生变量是由经济体系运行决定的变量。例如，气候的变化是外生的，消费的变化则是由收入变化引起的。

Expansion path 扩张路线或扩展线：在要素价格不变的条件下，一个企业以最低成本生产各种产量的要素组合点的轨迹。

Explicit cost 显性成本：指账目上所包括的企业正常费用，如用于支付工人的工资和购买原材料的支出。

Externalities 外部性或外部效应：是指对他人产生有利或不利的影响，但不需要他人对此支付报酬或进行补偿的活动。是未能适当地反映在市场中、没有在正常的价格体系中得到体现的、经济活动主体间的相互影响，是一方对另一方的非市场影响。外部性或外部效应包括外部经济（external economie）和外部不经济（external diseconomies）。外部经济是指一方使他方收益，而收益方不必支出任何费用的情况。外部不经济是指一方给他方造成损失而不付任何补偿的情况。外部经济和外部不经济合称为外部效应。外部效应的存在会使单个经济活动主体的私人成本与社会成本之间及私人收益与社会收益之间产生差异，这种差异会对资源配置产生重要影响，从而导致市场失效。

F

Factor of production 生产要素：指生产过程中所用的各种要素。传统的经济学一般把生产要素分为劳动、土地、和资本三种，现代经济学一般将企业家才能或管理也称为一种生产要素，因而便有了四种生产要素。

Fallacy of composition 合成谬误：认为对个体来说是正确的对整体或整个体系便是正确的。

Firm（business firm）厂商（企业）：经济体系中基本的私人生产单位。它雇佣劳动，购买其他投入品，以制造和销售商品。

First -degree price discrimination 一级价格歧视：指垄断者对每一单位产品都按消费者所愿意支付的最高价格出售。

First-mover advantage 先行优势：在博弈论中，指博弈中首先采取行动的一方所拥有的优势。

Fixed input 不变投入品：指用于生产过程的特定时期内其数量不能改变的资源。

Fixed-proportions production function 固定比例的生产函数：一种其各种收入必须保持固定比例的生产函数。

Flow vs. stock 流量与存量：流量是指一定时期内发生的变量的数值。流量是像一条河流一样随时间流动的变量。存量是指一定时点上存在的变量的数值。存量是像湖泊一样处于某一时点的数量。

Free goods 自由取用品：不是经济物品。如空气、海水，其存量非常之大，以致无须限制任何使用，因而其市场价格为零。

Free rider 搭便车者：在其他消费者付费的情况下，不付费而消费非排他性物品的消费者。

G

Game theory 博弈论：对两个或两个以上利益不一致的决策者所面临情况进行的分析，可用来分析寡头垄断市场、各种讨价还价、竞赛性活动、战争等许多情况下的各方互动过程。

General equilibrium 一般均衡：是指在整个经济体系中，各种商品和生产要素的供给、需求、价格相互影响的情况下，所有商品和劳务的市场同时达到均衡的状态。相应地，如果在分析中考虑到不同价格或若干相关市场间的相互关系和相互影响，则称为一般均衡分析。

Graduated income tax 累进税：见个人所得税（Income tax, personal）。

Giffen's paradox 吉芬之谜：一种商品价格提高，消费者反而更多地消费这种商品的现象。

|

Implicit-cost element 隐性成本：不直接表现为货币支出，但应算进成本。如一个私有企业主在经营自己的企业时，应将自己放弃在其他企业工作可能得到的工资收入计为成本。隐性成本有时也称为机会成本，但机会成本有着比隐性成本更为广泛的含义。

Incidence 税负：一种税收的最终经济负担（与法律所要求的支付相对）。如销售税是由零售商支付的，但其最终负担可能压在消费者身上。税负的确切情况决定于供给和需求的价格弹性。

Income effect of a change in wage 工资变化的收入效应：真实工资提高，使消费者处于较高的无差异曲线上，在此情况下，工人可能"购买"更多的闲暇，减少工作时间。

Income effect（of a price change）（价格变动的）收入效应：一种物品价格下降（或上升）而使消费者的实际收入扩大（或减少）从而引起的那部分消费量的增加或减少。价格变动的收入效应是价格变动的替代效应（substitution effect）的一种补充。

Income elasticity of demand 需求的收入弹性：收入变化1%所导致的需求量变化的百分比，它衡量需求量对收入变化的反映程度。

Income policy 收入政策：政府为缓解通货膨胀而直接限制工资和价格变动的政策，包括基于自愿的工资—价格指导，到以法律形式控制工资、薪金和价格的一系列手段。

Income tax, personal 个人所得税：对个人所得征收的税种。在美国，所得税是累进的，即收入越高付税额占其收入的比例越高。

Income 收入：个人或一国的工资、利息、红利和其他收入的流量。

Increasing returns to scale 规模报酬递增：当所有投入品的数量以同比例增加时，产量会以更大的比例增加。

Increasing-cost industry 成本递增行业：指具有向上倾斜的长期供给曲线的行业，这种行业总产出的增长将会引起其投入品价格的上涨。

Independent goods 独立品：需求相对独立的商品，具体说，在其他条件不变的条件下，如果一种商品的价格变化对另一种商品的需求量没有影响，则称这两种商品是相互独立的。

Indifference curve 无差异曲线：在两个轴分别代表两种不同商品消费量的图中，由能使个人获得同样满足的商品组合点所构成的曲线，也就是说，曲线上的任何一点对这个消费者来说是无差异的。

Indirect taxes 间接税：见直接税（Direct taxes）。

Individual demand curve 个人需求曲线：表明消费者个人在一定时间内，对某种商品的需求量与该种商品价格之间的关系。曲线的形状取决于消费者的偏好、收入水平及其他商品的价格水平。

Industry 产业：生产同一产品或相似产品的企业总体。

Inelastic demand（with respect to price）缺乏价格弹性的需求：需求的价格弹性小于1的情况。

Inferior goods 低档品或劣等品：消费量随收入增加而减少的物品。

Insurance 保险：一种通过在大量个人之间分散风险使人们能够减少风险损失的制度安排。

Integration，vertical vs. horizontal 垂直与水平的联合：垂直联合指将两个或两个以上的生产阶段纳入同一个企业；水平联合是将处于同一生产阶段的不同单位纳入同一个企业。

Intellectual property right 知识产权：有关专利、版权、商业机密、电子媒介等主要由信息构成的商品的法律。这些法律保护这些信息商品创造者的权益，使再生产者给初创者以补偿。

Internalization of an externality 外部效应的内部化：使经济活动者在进行决策时，考虑到外部效果的边际社会成本，例如通过征税和企业合并。

Invisible hand 看不见的手：亚当·斯密于1776年提出的一个概念，用于阐述自由放任市场功能的一种观点。按照这种观点，在人们追求个人私利的同时，市场机制像一只仁慈的手引导全部过程，使共同利益得以实现。

Isocost curve 等成本曲线：表示一定的总支出所能得到的各种投入品组合的曲线。

Isoprofit curve 等利润曲线：表示能够生产一定利润的所有投入品组合的曲线。

Isoquant curve 等产量曲线：表示能够生产出一定产量的所有投入品组合的曲线。

Isorevenue line 等收益线：表示能够产生一定总收益的两种产品的所有组合的曲线。

L

Labor 劳动：指人们为生产产品和劳务而付出的努力。

Laber force 劳动力：美国官方统计中，16岁和16岁以上的失业或就业的人口群体。

Laber-force participation rate 劳动力参与率：属于劳动力范围的人口占16岁及16岁以上的全体人口比率。

Laber productivity 劳动生产率：总产出除以劳动投入就是劳动生产率。

Labor supply 劳动供给：一个经济可以提供的劳动者数量或劳动时数。决定劳动供给的主要因素有：人口数量、实际工资和社会传统等。

Laber theory of value 劳动价值论：常与卡尔·马克思联系在一起的学说，认为每种商品价值的唯一衡量标准都应是生产它所需要的劳动量。

Laissez-faire 自由放任：认为政府不应干预经济活动（"不要管我们"）的观点。按照古典经济学家，如亚当·斯密的表述，政府的职能只应局限于：（1）维护法律与秩序；（2）对外防务；（3）提供私人企业不能提供的共用品。

Land 土地：在古典和新古典经济学中，系指三种生产要素之一。更一般地说，土地包括用于各种产业的土地及取自地表和地下的自然资源。

Least-cost production rule 成本最小原则：指当产量水平达到使各种要素的边际收益产量与其价格之比均相等时，生产成本最小。

Leisure 闲暇：用于任何非市场性活动的时间。

Lerner index 勒纳指数：一种表示企业所拥有的垄断势力大小的指标。

Limit pricing 限制性定价：为限制其他企业进入而采取的一种定价策略。

Long run 长期：指对所发生的变化作出充分调整所需的足够长的一段时间。在微观经济学中，是指企业能够调整资本存量及进入或退出某一产业的一段时间。在宏观经济学中，是指所有价格和工资合同，税率和预期都能得以充分调整的一段时间。

Lorenz curve 洛伦茨曲线：以横轴表示人口的累积百分比，纵轴表示收入的累积百分比，用以反映收入分配均等或不均等程度的曲线图。洛伦茨曲线距45度线越远表示收入分配不均等程度越高。

M

Marginal benefit 边际利益：消费者愿意为增加一单位而支付的最高价格。它是消费者从增加的一单位物品中得到的边际效用的美元价值，因而随消费增加而下降。

Marginal cost pricing 边际成本定价：使价格等于边际成本的定价方式。

Marginal cost 边际成本：指由于增加最后一个单位的产量而增加的成本。

Marginal product theory of distribution 边际生产力分配理论：按照这种分配理论，各种要素所得的收入是按其边际产量支付的。

Marginal product（MP）边际产量：有时也称作边际物质产量或边际物质产品（Marginal physical product），指当其他要素不变时，增加最后一个单位的某种要素所引起的产量增量。

Marginal rate of substitution（MRS）边际替代率：是指在保持消费者效用不变的前提下，放弃一种商品的数量与必须增加另一种商品的数量之比。

Marginal rate of technical substitution（MPTS）边际技术替代率：是在维持相同产量水平时，减少一种生产要素的数量与必须增加另一种生产要素的数量之比。

Marginal rate of transformation（MRT）边际转换率：在既定的资源下，减少一种产品的数量与增加另一种产品的数量之比。

Marginal revenue product（MRP）边际收益产量或边际收益产品：是企业增加一个单位的某种投入，并售出由此增加的产品所能带来的收益增量，它等于边际收益与边际产量（边际物质产品）的乘积。

Marginal revenue（MR）边际收益：企业增加一个单位的产品销售所能增加的收益。在完全竞争条件下，边际收益等于价格。在不完全竞争条件下，边际收益低于价格，因为此时要增加销售量，就须以低于原有的价格出售。

Marginal utility（MU）边际效用：在其他商品消费量不变的情况下，某种商品消费量增加一个单位时所带来的满足程度的增量。

Market 市场：（1）由买者和卖者间相互作用决定商品价格和数量的制度安排；（2）指一群为买卖某种商品而相互接触的企业和个人；（3）进行交易的场所。

Market demand curve 市场需求曲线：表明在一定时间内，市场上所有的消费者对某种商品的需求量与该种商品价格之间的关系。

Market failure 市场失效：价格机制中妨碍实现资源最优配置的缺陷。外部效果和共用品的存在及竞争的不完全，是造成市场失效的主要原因。

Market power 市场力量：一个企业或企业集团对某一产业中价格和生产决策的控制程度。垄断者具有较大的市场势力，而在完全竞争的市场中，企业不具有市场势力。集中率是衡量市场势力的通用指标。

Market share 市场份额：一个企业或企业集团的产量占某一产业全部产量的比例。

Market structure 市场结构：在经济学中，通常将市场分为四种类型的市场结构：完全竞争、垄断竞争、寡头垄断、完全垄断。一个市场的结构决定于买者和卖者的数量、产品差别的大小等因素。

Markup pricing 加成定价法：在所估定的成本之上加上一个固定的百分比来确定价格的一种定价方法。在不完全竞争市场条件下，许多企业常常采用这种定价方法。

Merger 兼并：一个企业获得另一企业，通常通过一个企业购买另一企业的股份来实现。（1）垂直兼并（vertical mergers），即处于不同生产阶段的企业间的兼并，如钢铁企业与铁矿的兼并；水平兼并（horizontal mergers），即同行业企业的兼并，如两个汽车制造企业的兼并；混合兼并（conglomerate mergers），在生产上不相关的两个企业的兼并，如制鞋业和炼油业的兼并。

Microeconomics 微观经济学：对经济中个量的分析，如某一种产品的价格决定，单个的企业、消费者的行为。与之相对应的是宏观经济学（macroeconomics）。

Minimum efficient size of plant 工厂的最小有效规模：能够使长期平均成本最小或近于最小的工厂规模。

Mixed economy 混合经济：现代世界中普遍实行的一种经济制度。混合经济的运行主要靠价格机制，但政府也对经济加以少量干预以应付宏观经济不稳定和市场失效。

Model 模型：一种以少数核心性的相关关系表现复杂系统基本状况的形式框架。模型的形式主要有图形、数学公式、和计算机程序等。

Monopolistic competition 垄断竞争：有较多卖者但他们所卖商品具有很大的替代性，却不能完全替代的一种市场结构。在这种市场中，单个企业的行为对该种商品的价格有一定的影响。

Monopoly rents 垄断租金：垄断企业在长期中可获取的利润。

Monopoly 独家垄断：一种商品全部由一个企业提供的市场结构。

Monopsony 买方独家垄断：只有一个买者的市场。

Moral hazard 道德风险：市场失灵的一种形式。由于针对某种投保风险的保险机制的存在，使得风险事故发生的可能性增加。例如，一个对其汽车投保了失窃险的车主，可能会在锁车这件事上变得粗心。这是因为保险的存在降低了对防盗的激励。

Multinational firm 跨国企业：指在其他国家投资并在国外生产和销售其产品的企业。

N

Nash equilibrium 纳什均衡：有时也称作非合作均衡，是指在博弈中，当其他参与者的策略给定时，任何一个参与者都无法通过改变自己的策略而获益的策略组合。

Natural monopoly 自然垄断：随着产量增加，生产的平均成本持续下降的市场状况。因此，在自然垄断状况下，当一个单独的大型企业生产市场上所需产品的总产量时，生产的平均成本将最低。

Nonrival goods 非竞争性物品：随消费者人数增加不会影响原有消费者利益的物品，增加消费者不必增加社会成本，即新增消费者使用该物品的边际成本为零。与之相对应，竞争性物品是只能使特定的消费者受益的物品，即特定的一个物品被消费者消费后，其他人就无法消费这同一物品。

Normal goods 正常品：需求量随着消费者实际收入的增加而增加的商品。

Nornal profit rate 正常利润率：零经济利润，提供了所有者资本（和劳动）的竞争性回报率。正常利润之上会引起更多的人进入市场，而正常利润之下又会使投资者和资本退出市场。

Normative vs. positive economics 规范经济学与实证经济学：规范经济学研究"应该怎么样"的问题，即关于公共政策的价值判断或目标问题。实证经济学研究"是怎样"的问题。

O

Oligopoly 寡头垄断：指极少数企业控制一行业的状况。

Oligopsony 买方寡头垄断：只有少数买者的市场结构。

Opportunity cost 机会成本：为进行某种经济活动而必须放弃其他经济活动所能带来的利益。生产的机会成本是生产一种物品或劳务的总经济成本。成本的组成部分包括所有资源的机会成本，其中包括企业所拥有的资源。生产的机会成本等于使用某要素于特定用途所必须放弃的该要素在其他用途上所可能带来的最高收益。

Optimal input combination 最优投入品组合：能够保证经济上有效率或能够使利润最大化（或两者兼有）的投入品组合。

Ordinal utility 序数效用：用序数表示效用。用这种方法表示效用，可以表示出A好于B，但不能说好多少。与此相对应的是基数效用（cardinal utility）。基数效用有时用来分析对风险的态度。

Other things equal 其他条件不变：表示其他因素均不变，只有所考虑的一种因素变化。

P

Paradox of value 价值悖论：是指这样一种现象，许多生活必需品（如水）的"市场"价格很低，而许多没有多少实际用处的奢侈品（如钻石）市场价格极高。对这一现象的解释是：价格不反映商品的总效用，而反映商品的边际效用。

Pareto efficiency 帕累托最优：如果一种变化可以改善某些人的处境，同时对任何人都没有损害，则这种变化是好事。所有满足这一标准的变革都已得到实施的社会状态即是所谓的帕累托最优状态。

Patent 专利：赋予发明者在一定时期内排他性使用某发明的权利。发明权以暂时的垄断地位作为发明活动的报偿，是促进个人和小企业进行发明创造的一个重要工具。

Partial equilibrium 局部均衡：在其他条件不变的情况下，一种商品或一个市场上的均衡。与此相对应，在一个市场的价格变动对其他市场价格没有明显影响的假设基础上，进行的分析称为局部均衡分析（partial-equilibrium analysis）。

Payoff table 报偿表：在博弈论，用来描述参与者的策略和报偿的表格。所谓报偿包括参与者的利润或效用。

Pigovian tax 庇古式税收：使私人边际成本与社会边际成本相等的一种税收或补贴。

Predatory pricing 掠夺性定价：指为把竞争者赶走而指定低价的定价策略。

Price ceiling 最高限价：指政府对某种商品规定的最高价格。

Price controls 价格管制：政府控制的价格，通常是以最高限价和最低限价的形式给出。

Price discrimination 价格歧视：在不同市场上对同种商品实行不同价格的行为。

Price elasticity of demand 需求的价格弹性：指在市场需求曲线上的任何一点上，价格变化1%所导致的需求量变化的百分比，它衡量需求量对价格变化的反映程度。

Price flexibility 完全灵活的价格：价格可对需求或供给方面的任何变化立即作出充分反映。

Price floor 最低限价：指政府对某种商品规定的最低价格。

Price index 价格指数：反映一定时期内，"一揽子"商品的平均价格变化幅度的指数。在计算平均价格时，各种商品的价格需用其经济重要性（即用于每种商品的支出占用于全部一揽子商品指出的比例）加权。

Price inelastic 缺乏价格弹性：指价格弹性小于 1 的情况。

Price leadship 价格领导制：在一个行业中，一个企业制定的价格决定着其他企业的价格，或者说，其他企业都根据某一个企业制定的价格来制定本企业的价格。

Price system 价格体系：由所有产品、劳务和要素价格所构成的一个体系。在市场经济中，生产什么、怎样生产、为谁生产以及整个经济的状况主要是通过价格体系来调节的。

Price taker 价格接受者：其购买或销售活动对市场价格没有影响的企业或个人。

Prisoner's dilemma 囚徒困境：由于双方都有采取欺骗性对策的动机，有关双方都希望得到的结果是不稳定的。

Private cost 私人成本：由经济活动者自己承担的为进行某种经济活动而产生的成本。

Private property 私有财产：由特定的人（包括自然人和法人）所有，其所有者可以禁止其他人使用，非所有者只能在所有者同意的情况下，并通常须支付一定费用才能使用的物品。

Producer's suplus 生产者剩余：企业生产某种产品的总利润与付给要素所有者的收益中，高于其所要求的最低水平的差额之和。用图形表示，生产者剩余是价格曲线之下、供给曲线之上的区域。

Product differentiation 产品差别：同类产品不具有完全替代性的现象。具有产品差别的企业面临着向下倾斜的需求曲线，而不是像完全竞争那样面临水平的需求曲线。

Production function 生产函数：既定投入与可以生产的产量之间的关系或数学方程。生产函数可以是个别企业的，也可以是经济总体的"总生产函数"。

Production-possibility frontier（PPF）生产可能性边界曲线：也称社会生产可能性边界，是指一个社会用其全部资源和当时最好的技术，所能生产的各种产品的最大数量的组合。在简单的例子中，经常只考虑两种产品，从而可以平面图的形式画出生产可能性边界曲线。在生产可能性边界曲线之外的点表示无法获得的产品组合；在生产可能性边界曲线之内的点表示资源未能得到充分利用，或过时的技术仍在使用，因而是缺乏效率的。经济增长可使生产可能性边界曲线向外移。

Profit 利润：（1）在会计学术语中指总收益减去与其相应的成本所得之差；（2）在经济学理论中指生产和出售产品所得销售收入和与生产这些产品的要素的全部机会成本之差。

Property rights 产权：对谁拥有一种物品以及作为所有者可以与他人做什么形式的交易所作出的法律规定。

Public good 共用品或公共物品：具有非排他性和非竞争性的物品。与共用品相对应，经济学中常常将具有排他性和竞争性的物品称为私用品或私人物品。

Q

Quasi-rent 准租金：指在短期内固定供给的生产要素的收益。

R

Regulation 管制：为改变企业行为而制定的政府法律或规则。主要有经济管制（economic regulation）和社会管制（social regulation）。

Rent-seeking behavior 寻租行为：企业或个人为增加它们的利润而影响政府政策。

Resource 资源：经济学中的资源是指相对于人类的需要是有限的、必须付出一定代价才能获得、用于生产、能够满足人类需要的那些物品或劳务。无须付出代价即可取得的资源，不在经济学家的研究视野之内。

Resource allocation 资源配置：一个经济在各种可能的用途间分配其资源（各种生产要素），以生产各种最终产品的一种特定组合的方式。

Retained earning 保留的所得：也称未分配利润（undistributed profit）。公司利润中未作为红利分给股票持有者的部分，这部分利润留在公司，通常用于扩大经营。

Returns to scale 规模报酬或规模收益：所有投入品同时增加时产出增加的比例。例如，在所有投入同时增加一倍的情况下，如果产出也增加一倍，称为规模报酬或规模收益不变；如果产出增加不足一倍时，称为规模报酬或规模收益递减；如果产出规模增加一倍以上则称为规模报酬或规模收益递增。

Revenue, total 总收益：也即总销售额，它等于价格乘以产量。

Risk 风险：指结果不确定，但可以知道或可以估计每种结果发生概率的情况。

Risk aversion 风险厌恶：人们不愿承担风险的倾向。在面对具有相同预期收益的可选择方案时，风险厌恶者喜欢结果比较确定的方案，而不喜欢结果不确定的方案。

Risk lover 风险爱好者：在面对具有相同预期收益的可选择方案时，风险爱好者喜欢结果不确定的方案，而不喜欢结果比较确定的方案。

Risk neutral 风险中性：风险中性者不考虑结果是否确定，而只根据预期收益的高低来进行选择。其追求的目标是使预期收益最大化。

S

Scarcity 稀缺：稀缺是经济物品所特有的属性。说经济物品是稀缺的，并非说它很少见，而是说它不是可以自由取用的。要得到这种物品，必须生产或用其他经济物品换取这种物品。

Second-degree price discrimination 二级价格歧视：指垄断企业按照消费者量的大小索取不同价格，从而提高其收益和利润。

Shortage 短缺：在现行价格时生产者提供销售的物品量小于买者需求量的状

态。价格上升能消除短缺。

Short run 短期：无法使所有的因素都得到充分调整的一段时间。在微观经济学中，指资本存量和其他"固定"要素无法调整，企业不能自由进入。在宏观经济学中，指价格、工资合同、税率和预期不能充分调整。

Shutdown price（or point）停产价格或停业点：在企业理论中，停产价是仅能弥补平均可变成本的价格水平，因此企业在此价格水平上进行生产和销售，其亏损正好等于其固定成本，与停产的效果相同。

Slope 斜率：在图中，横轴的变量每变化一个单位，纵轴上的变量的变化幅度。向上倾斜的曲线，其斜率为正数；向下倾斜的曲线，其斜率为负数，水平线的斜率为零。

Social costs 社会成本：包括某一经济主体为进行某种经济活动，所付出的成本和由这种活动引起的外部效果。

Social returns 社会收益：包括某一经济主体通过进行某种经济活动，所得到的收益和这种活动的外部效果。

Speculator 投机者：进行投机活动的人，如买卖商品或金融资产，以图利用价格涨落的获利者。

Stable equilibrium 稳定的均衡：市场力量促使价格向其均衡水平移动的情况。

Strategic interaction 策略性互动：在寡头垄断市场中，各企业的策略决定于其竞争者计划的情况。可用博弈论对这种情况进行正式的分析。

Subsidy 补贴：政府向提供或消费某种商品的企业或家庭无偿支付条款。例如，政府经常对低收入家庭的食物消费给予补贴。

Substitution effect of a change in wage 工资变化的替代效应：真实工资的变化使人们沿同一条无差异曲线发生移动，真实工资的提高使人们更多地去从事各项工作。

Substitution effect（of a price change）（价格变动的）替代效应：与价格变动的收入效应（Income effect）相对应，在消费行为理论中，指消费者在一种商品相对价格下降时多消费这种商品，相对价格上升时少消费这种商品的倾向。这种替代效应使需求曲线向下倾斜。

Substitution 替代品：用途接近的商品，两种商品可以相互替代满足消费者的某一种欲望。一种商品的需求量与其替代品的需求量呈反方向变化，而与替代品的价格呈同方向的变化。

Sunk costs 沉没成本：由于过去的决策已经发生的成本。沉没成本有时也称为历史成本。

Supply 供给：指生产者在某一特定时期内，在每一价格水平上愿意而且能够出售的商品量，即价格同与其对应的供给量之间的关系。供给可以分为个别供给和市场供给。个别供给是指个别企业在一定时期内，在每一价格水平上愿意而且能够出售的某种特定商品的供给。市场供给则是市场上全体企业在一定时期内，在每一价格水平上愿意而且能够出售的某种商品的供给。市场供给是个别供给的加总。

Supply curve 供给曲线：表示供给者在每一价格水平上愿意卖出的商品数量的曲线。

Supply function 供给函数：用函数的形式表现的供给量与影响供给量的因素之间的关系。

Surplus 过剩：在现行价格下，生产者提供的物品数量大于消费者愿意购买的数量。价格的下降将会消除过剩。

T

Technological change（progress）技术进步：引进新的生产方法，改进产品或降低成本，从而使生产效率提高。其结果是使生产可能性曲线向外移动。

Theory of income distribution 收入分配理论：解释一个社会中个人收入和财产如何分配的理论。

Third-degree price discrimination 三级价格歧视：指一个垄断者在不止一个市场上销售商品，并且这种商品不能从一个市场转移到另一个市场上再销售的情况下，企业在不同市场上制定不同的价格。

Total product（output）总产量：以实物单位计量的全部产量。

Total revenue 总收益：价格与总产量或总销售量的乘积。

Total surplus 总剩余：消费者剩余与生产者剩余之和。

Transactions cost 交易成本：为进行市场交易及为进行这些交易而收集信息所发生的成本。

U

Underground economy 地下经济：不向政府登记的经济活动，包括合法但未向税务机构登记的活动（如出售旧货、朋友间互助性交易）和非法活动（如毒品交易、赌博、卖淫等）。

Unit-elastic demand（with respect to price）单位弹性的需求：介于有弹性的需求和缺乏弹性的需求之间，即价格弹性等于 1 的情况。

Unstable equilibrium 不稳定均衡：市场力量促使价格偏离其均衡水平的情况。

Utility 效用：人们从消费中获得的满足或愉快。

Utility-possibility frontier 效用可能性边界曲线：与生产可能性边界曲线类似，是指在横轴和纵轴分别代表两个消费者（或消费者集团）的满足程度或效用的图形中的一条曲线。这一曲线是向下倾斜的，这表示如果通过再分配增加一个消费者的收入及其效用，将会减少另一消费者的效用。效用可能性边界曲线上的各个点是有效配置（或帕累托效率）点。

V

Value added 增加值：产品价值与生产中的物质消耗之差。增加值由工资、利息和利润构成。

Value-added tax（VAT）增值税：按照其增加值一定比例对企业征收的税。

Variable 变量：一种可以定义并可计量的因素。在经济学中，重要的变量有：价格、产量、利率、汇率、财富的货币价值等等。

W

Welfare economics 福利经济学：微观经济学的一个分支，它包括一系列广泛的问题，其中主要的问题是与资源配置有关的政策问题，即它主要研究各种要素在生产者间的最优配置和各种商品在消费者间的最优分配。

Z

Zero-profit-point 零利润点：对一个厂商而言，收支相抵时的价格水平，即全部成本得到弥补但利润为零的价格水平。